Beiträge zu Friedrich Nietzsche

Quellen, Studien und Texte
zu Leben, Werk und Wirkung
Friedrich Nietzsches
Begründet von
David Marc Hoffmann

Herausgegeben von
Andreas Urs Sommer

Band 16

Schwabe Verlag Basel

Beiträge zu Friedrich Nietzsche

Martin W. Pernet

Friedrich Nietzsche und das «Fromme Basel»

Schwabe Verlag Basel

Publiziert mit freundlicher Unterstützung von
Freie Akademische Stiftung, Basel
Johannes Oekolampad-Stiftung der evang.- ref. Kirche Basel-Stadt
SWISSLOS/Kulturförderung, Kanton Graubünden
Evangelisch-reformierte Landeskirche Graubünden
Evangelisch-reformierte Kirche des Kantons Basel-Stadt
Evangelisch-reformierte Kirche des Kantons Basel-Landschaft

MIX
Aus verantwortungs-
vollen Quellen
FSC® C068066

Fotographie Umschlag: Hôtel de la tête d'or, Basel, 1870er Jahre, Staatsarchiv
Basel-Stadt, Hö C 190 (Fotoarchiv Höflinger)
Lektorat: Angela Zoller, Schwabe
Gesamtherstellung: Schwabe AG, Muttenz/Basel, Schweiz
Printed in Switzerland
ISBN Printausgabe 978-3-7965-3308-2
ISBN eBook (PDF) 978-3-7965-3309-9

rights@schwabe.ch
www.schwabeverlag.ch

Ὁμοφροσύνη φιλίην ποιεῖ
meiner lieben Frau Gaby

Und überhaupt – auch das geringste Schaffen
steht höher als das Reden über Geschaffnes.
Friedrich Nietzsche: Nachgelassene Fragmente 1875, 7[5]

INHALTSVERZEICHNIS

Vorwort

Friedrich Nietzsche lebte von 1869 bis 1879 in Basel, wo er als Universitätsdozent für altgriechische Sprache und Literatur und als Lehrer am Pädagogium tätig war. Aufgewachsen war Nietzsche in einem evangelischen Pfarrhaus, erzogen in pietistisch-erwecklichem Geist. Während seiner Jugendzeit ist der junge Nietzsche auch außerhalb seines Elternhauses immer wieder 'Erweckten' begegnet, die den jugendlichen Nietzsche in ihrer Glaubenshaltung überzeugten. So im großelterlichen Haus mütterlicherseits, in den Elternhäusern seiner Jugendfreunde Pinder und Krug, wo er sich oft und gerne aufhielt und in seinem verehrten Religionslehrer Robert Buddensieg. Also eigentlich überall dort, wo er 'zu Hause' war. Die Einflüsse pietistisch-erwecklicher Art waren für den jungen und jugendlichen Nietzsche ausgesprochen dominant und prägend. Im jugendlichen Alter von gut 24 Jahren nahm Nietzsche seine Arbeit in Basel auf. Zu der Zeit, als Nietzsche in der Rheinstadt weilte, war die pietistisch-erweckliche Glaubensart vornehmlich in der maßgebenden Gesellschaftsschicht der Stadt stark verbreitet, was Basel den Beinamen 'fromme Stadt' einbrachte. Die vorliegende Untersuchung geht nun den Einflüssen nach, die diese pietistisch-erweckliche Glaubensart auf Friedrich Nietzsche während seiner zehn Basler Jahre hatte und macht deren Spuren in seinen Schriften, Briefen und Notizen aus dieser Zeit sichtbar. Entsprechend richtet sich dieses Buch nicht nur an Nietzsche-Leserinnen und -Leser, sondern ebenso an solche mit Interesse an der Basler Kirchen- und Profangeschichte.

Ohne die Unterstützung von vielen Seiten hätte die vorliegende Abhandlung nicht geschrieben werden können. Zu danken habe ich allen, von denen ich Anregungen empfing, und allen, von denen ich Widerspruch erfuhr. Insbesondere zu danken habe ich Herrn Prof. Dr. Dr. h.c. Ulrich Gäbler für seine sorgfältige Durchsicht des Manuskripts und die vielen wertvollen Hinweise; Frau Prof. Dr. Annemarie Pieper für ihren förderlichen Beistand in *philosophicis* und ihre Bereitschaft, mir immer wieder Hilfe zukommen lassen zu wollen, und Herrn Prof. Dr. Andreas Urs Sommer für seine vielfältigen Anregungen in sprachlicher und inhaltlicher Hinsicht und für die Aufnahme dieses Manuskripts in die Reihe *Beiträge zu Friedrich Nietzsche* im Schwabe Verlag, für die er verantwortlich zeichnet. Im Weiteren danke ich herzlich Herrn Prof. Dr. Rudolf Dellsperger, Herrn PD Dr. Peter Villwock, Herrn Dr. Hermann Wichers, Leiter Informationsvermittlung des Basler Staatsarchivs, Herrn Dr. Ueli Dill, Vorsteher der Handschriftenabteilung der Basler Universitätsbibliothek, Frau Karin Brechbühl und Frau Selina Bisaz von der Kantonsbibliothek Graubünden für jeden gewährten Beistand sowie Frau Angela Zoller als Verantwortliche im Schwabe Verlag für die Betreuung dieses Buches.

Von Herzen dankbar widme ich dieses Buch meiner Frau für ihre unendliche Geduld, ihre konstruktive Kritik, das Mitlesen des Manuskripts und ihre weiterführenden Fragen. Ohne ihre beharrliche Begleitung wäre diese Untersuchung, deren Arbeit sich über viele Jahre erstreckt hat, nicht zustande gekommen.

Martin W. Pernet
Sent, im Frühjahr 2014

Einleitung

Die ungebrochene Aktualität Friedrich Nietzsches und das anhaltende Interesse an seinen Schriften ist aufs Engste verknüpft mit seinen Äußerungen über das Christentum. Kein anderer Aspekt seiner Weltanschauung hat sich so sehr in der weitesten Öffentlichkeit durchgesetzt, wie seine Urteile über die christliche Kirche. Für Nietzsche, der als einer der prononciertesten Kritiker des Christentums in der abendländischen Geistesgeschichte gilt, war das Christentum seit Kindertagen ein bestimmendes Thema. Immer wieder und immer wieder von neuem hatte sich der Denker mit dem Christentum beschäftigt, in dessen Geist er selber erzogen worden war und dem er auch stets dankbar blieb. Dabei enthielt seine Deutung des Christentums immer ein Doppeltes: das Bedenken der eigenen Christlichkeit genauso wie auch eine oft schonungslose Analyse der christlichen Religion – wobei diese beiden Denkwege in einem wechselseitigen Verhältnis zueinander standen: je stärker Nietzsches Interesse am Nachdenken über den eigenen christlichen Glauben im Laufe der Zeit nachließ, umso intensiver und eindringlicher wurde seine Kritik am Christentum, an dessen Geschichte und Glaubensinhalten. Dabei vollzog sich seine Auseinandersetzung mit dem Christentum nicht anders als in einer sich ständig steigernden Beziehung zu ihm. Und auch wenn der Philosoph dabei nicht selten in den Ton eines militanten Atheismus verfiel, so ist nicht zu übersehen, dass sein «Kampf gegen das Christentum aus seiner eigenen Christlichkeit erwachsen ist» (Karl Jaspers).

In seinem Verhältnis zum Christentum wirkt Nietzsche zutiefst gespalten: noch in der Aggression blieb er ihm vielfach verhaftet. Trotz der häufig festgestellten und ausführlich beschriebenen, aber seltener hinterfragten Feindschaft, kam er nie davon los. Letztlich ist Nietzsche selbst betroffen von dem von ihm scharfsinnig analysierten Verlust eines transzendenten Ansprechpartners und einer letzten Geborgenheit. Seine oft geradezu ätzende Kritik am Christentum und am christlichen Glauben kann deshalb nicht als leichtfertige Blasphemie abgetan werden. Derart ist er weder der Antichrist, zu dem er sich selbst stilisierte, noch der heimliche Gottsucher oder gar der Lehrer einer radikalen Nachfolge Christi, zu dem einige Nietzscheinterpreten ihn erklärten.

Um ihm in diesem Punkt gerecht zu werden, wird man in allen seinen Verneinungen den affirmativen Ton nicht überhören und genau so wenig vergessen dürfen, dass Nietzsche immer nur als Widersprechender bejaht. Gerade seine Schrift *Der Antichrist. Fluch auf das Christenthum* (1888) enthält im Kern eine Verteidigung des Evangeliums gegen das Christentum selbst, insofern als er darin den Stifter des Christentums gleichzeitig in seine Kritik einbezieht und von ihr auch wiederum ausnimmt.

Nietzsches Urteile über das Christentum, über den Gottesglauben und die Person Jesu sind aus verschiedensten Perspektiven und so häufig bedacht, beschrieben und interpretiert worden, dass die Zahl solcher Schriften inzwischen kaum mehr zu überblicken ist. Und wenn diese Themen von theologischer wie philosophischer Seite oftmals auch mit außerordentlichem Tiefsinn behandelt worden sind, so geben sich viele Nietzscheinterpreten mit wenigen Belegstellen aus Nietzsches Werken und Nachlass zufrieden, was – kaum verwunderlich – zur Folge hat, dass die Deutungen von 'Missverstehen' über eine gewisse 'Affinität' bis zu heimlicher Identifizierung reichen. Dabei halten viele Ausleger Nietzsche für den Philosophen der Postmoderne und Diagnostiker einer postmodernen Bodenlosigkeit oder sehen in ihm den Visionär des europäischen Nihilismus, dessen Heraufkunft er prophetisch vorausgesehen hat. Angesichts solcher und weiterer, hier nicht genannter Divergenzen, die die verschiedensten Interpretationen ermöglichen, kann man nur staunen – oder an der Möglichkeit verzweifeln, Nietzsche je wirklich zutreffend verstehen zu können. Die ungeheure Fülle an Deutungen legt die Frage nahe, ob Nietzsche in diesem Punkt überhaupt verstehbar ist. Es scheint, dass sich die Nietzscheforschung mit dem Vexierbild immer nur pluraler und divergenter Deutungsansätze, Interpretationsverfahren und sich gegenseitig ausschließender Ergebnisse abzufinden habe. Was letztens nicht befriedigt.

Aus diesem Grund habe ich, um einem adäquaten Verständnis von Nietzsches Auseinandersetzung mit dem Christentum näher zu kommen, einen anderen Weg beschritten. Eine Vorüberlegung gründete dabei in der Tatsache, dass Nietzsches Kritik am Christentum auf weite Strecken das Christentum seiner eigenen Sozialisierung im Auge hat. Und so lag es nahe, nach der Besonderheit dieser Frömmigkeit zu fragen. Wonach erstaunlicherweise kaum je gefragt worden ist. Deshalb habe ich in meinem Buch *Das Christentum im Leben des jungen Friedrich Nietzsche* (1988) die Art des Christentums herausgearbeitet, der er in seiner Jugendzeit, zunächst in seinem Vater- und Mutterhaus, dann im weiteren Familien- und Bekanntenkreis und schließlich in den

Lehrerpersönlichkeiten, denen der Schüler und Gymnasiast im Religions- und Konfirmandenunterricht begegnete und denen er sich, wie etwa seinem Konfirmator Robert Buddensieg, eng angeschlossen hatte. Diese Art von christlicher Frömmigkeit war vornehmlich die pietistisch-erweckliche, eine kritische Erneuerungsbewegung innerhalb des gesamten Protestantismus im 19. Jahrhundert, eine elementare Bußbewegung, die zu einem echten Bibelglauben zurückführen wollte.

Das Thema 'Christentum' war später auch für den Basler Nietzsche ein wichtiger Gegenstand seines Nachdenkens – der junge Gelehrte war 1869, noch nicht fünfundzwanzig Jahre alt, auf den Lehrstuhl für griechische Sprache und Literatur der Basler Universität berufen worden und zehn Jahre in der Rheinstadt verblieben. So liegt es nahe, die Einflüsse der Erweckung nachzuzeichnen, wie sie gerade in dieser «frommen» Stadt damals besonders deutlich in Erscheinung traten und für Nietzsche von erheblicher Wichtigkeit waren. Denn nur so kann die Tatsache erhärtet werden, dass Nietzsche die pietistisch-erweckliche Glaubensart als eine, wenn auch nicht für sich selbst, so doch für andere auch zu seiner Zeit noch mögliche christliche Glaubenshaltung verstand und von seiner Christentums-Kritik ausnahm. Und auch, dass er in seinen Schriften wie selbstverständlich immer wieder auf Traditionsstücke dieser Frömmigkeitsart zurückgriff und davon Gebrauch machte. Das wird in der vorliegenden Untersuchung dargestellt.

Im neunzehnten Jahrhundert galt Basel als eine von pietistischer und erwecklicher Frömmigkeit geprägte Stadt. Ihren Ruf als das «Fromme Basel», ja gar als «Liebling Gottes», war sowohl als polemische Beschimpfung als auch als wohlwollende Charakterisierung verstanden worden. Er gründete nicht zuletzt auf den vielen Reich-Gottes-Werken, die der umtriebige Württemberger Christian Friedrich Spittler (von 1808 bis zu seinem Tod 1867 Sekretär der in Basel domizilierten Deutschen Christentumsgesellschaft) auf ihrem Boden ins Leben gerufen hatte. Die Deutsche Christentumsgesellschaft hatte sich anfänglich den Kampf gegen die rationalistische Theologie aus der Zeit der Aufklärung und die Bildung einer weitgespannten Gemeinschaft frommer Pietisten zum Ziel gesetzt. Seit 1780 galt sie als das wichtigste Zentrum der europäischen Erweckungsbewegung und war für Basel, für seine Bürgerinnen und Bürger und für die kirchliche und politische Entwicklung der Stadt von eminenter Bedeutung. Nach den Trennungswirren in den 1830er Jahren – für Basel zeitigte die Kantonstrennung geradezu traumatische Folgen – prägte das «Fromme Basel», ein Zusammenschluss von ebenso frommen, wohlhabenden wie auch einflussreichen Kantonsbürgern und Familien, das öffentliche, politische und kirchliche Leben.

Außerdem gingen diese christlichen Kreise während den auf die Kantonstrennung folgenden Jahrzehnten eine Verbindung mit dem politischen Konservatismus ein. Bis sie, vom aufkommenden politischen und kirchlichen Liberalismus immer mehr bedrängt, in den 1870er Jahren, dem turbulentesten und ereignisreichsten Jahrzehnt des 19. Jahrhunderts in dieser Stadt, Macht und Einfluss ihren Gegnern, den Radikalen und kirchlich Liberalen, überlassen mussten.

Zu eben dieser Zeit, als sich die kirchlichen und politischen Verhältnisse grundlegend änderten, hielt sich der Philosoph Friedrich Nietzsche in der Rheinstadt auf. Will man die Situation verstehen, die Nietzsche bei seiner Ankunft in Basel im Frühjahr 1869 antraf, ist es unerlässlich, sich zunächst die politische und kirchliche Lage vor Augen zu führen, wie sie sich seit der Kantonstrennung ergeben und während der Jahre weiterentwickelt hatte, als der junge Gelehrte in Basel weilte (Erstes Kapitel). Nicht zuletzt wird hier sichtbar, wie prägend die pietistisch-erweckliche Glaubenshaltung für die ganze Stadt und auch für den jungen Universitätsdozenten Nietzsche war. Sie lag dem politischen und sozialen Handeln der einflussreichen Basler Persönlichkeiten zugrunde. Dass das erste Kapitel dieses Buches mit der Schilderung von Leben und Glauben des Basler Großbürgers Christoph Merian einsetzt, ist deshalb keineswegs zufällig. Ist er doch in mehrfacher Hinsicht ein überaus exemplarischer Vertreter des damaligen «Frommen Basel».

In einem zweiten Kapitel wird sodann Nietzsches religiöse Sozialisation beschrieben, die Entwicklung seiner religiösen Überzeugungen und der Gesamtprozess, in dem seine religiöse Entwicklung steht, dargestellt.

Als sich Nietzsche in der Stadt Basel niederließ, waren für ihn nicht nur die politischen und kirchlichen Gegebenheiten seiner Wahlheimat von Belang. Wesentlich wurden für ihn auch die Menschen, zu denen er in ein persönliches Verhältnis trat. Die Öffentlichkeit sowie Freunde und Bekannte gewannen für ihn an Gewicht und Geltung und damit an Einfluss auf seine Überzeugungen. Deshalb bin ich im dritten Kapitel allen Bekannten Nietzsches nachgegangen, mit denen er in Basel in engerem Kontakt stand. Dabei habe ich insbesondere nach ihrer jeweiligen politischen Haltung und Glaubensüberzeugung gefragt – soweit diese noch zu eruieren waren. Denn es ist offensichtlich, dass Nietzsche, für den Religion und Glaube immer ein Thema war, das ihn nicht ruhen ließ und worüber er sich mit seinen Bekannten und Freunden austauschte, auch auf diesem Weg mancherlei Anregungen erhalten hat. Diese äußerst zeitintensive Suche nach Hinweisen für eine sachgemäße Darstellung von Nietzsches Basler Vertrauten hat zu dem überraschenden Ergebnis geführt, dass von einer einzigen Ausnahme abgesehen, alle seine Bekannten sowohl in ihrer politischen wie meist auch in ihrer kirchlichen Ansicht konservativer Überzeugung waren. Die Ausnahme ist Franz Overbeck, Nietzsches Hausfreund, der sich weder den konservativen noch den liberalen Kräften zugehörig wusste, obwohl er als Theologe ausdrücklich von den kirchlich Liberalen auf sein Universitätsamt gehoben worden war. So ist es durchaus Absicht, wenn das dritte Kapitel dieser Untersuchung den Charakter einer aneinanderreihenden Darstellung von Persönlichkeiten hat, denn ich wollte allen Bekannten Nietzsches nachgehen und nicht nur denjenigen, die mit ihrer bekannten pietistisch-erwecklichen Glaubensüberzeugung meine These, dass die pietistisch-erweckliche Glaubensform in mehrfacher Hinsicht auch für den Basler-Nietzsche von besonderer Bedeutung gewesen war, untermauern. Dass eine Darstellung der jeweiligen Frömmigkeit dabei oftmals nur auf indirektem Weg erschlossen werden konnte, mag ebenfalls nicht erstaunen. Liegen doch schriftliche Dokumente, die zwischen Nietzsche und seinen Bekannten gewechselt wurden und die allenfalls Hinweise auf unser Thema enthalten könnten, nur dann vor, wenn sich Nietzsche selbst oder aber seine Bekannten außerhalb der Stadt befanden. Alles andere wurde mündlich besprochen und bleibt damit der schriftlichen Überlieferung entzogen.

Im vierten und letzten Kapitel bin ich schließlich den Spuren gefolgt, die die pietistisch-erweckliche Glaubensart, die Nietzsche in seiner Jugendzeit und während seines Jahrzehnts in der Rheinstadt Basel kennen gelernt und teilweise auch verinnerlicht hatte, in seinen Basler Schriften, Notizen und Briefen hinterließ. Und tatsächlich schöpfte Nietzsche wiederholt aus dieser Glaubenstradition. Dass er dies mit Absicht tat, darauf weist etwa Nietzsches Lesestoff, vornehmlich seine regelmäßig wiederkehrende Bibellektüre, für Erweckte das essentielle Schriftgut überhaupt. Wenn ich endlich für meine Untersuchung auch einige wenige Schriften hinzuzog, die Nietzsche nach seiner Basler Zeit schrieb, und auch dort auf deutliche Zeichen einer pietistisch-erwecklichen Geisteshaltung stieß, so macht dies deutlich, dass diese Glaubensüberzeugung für sein ganzes Schaffen von einer nicht zu unterschätzenden Bedeutung war. Damit kann nun, wie ich hoffe, das, was Nietzsche im Auge hatte, wenn er vom Christentum sprach, deutlicher und präziser und seine Auseinandersetzung mit ihm eindeutiger erfasst und verstanden werden.

1. Politik und Kirche in der Stadt Basel 1830–1880

1.1 CHRISTOPH MERIAN-BURCKHARDT
EIN HERAUSRAGENDER BASLER GROSSBÜRGER

Merians Jugendzeit. Merian als Großbürger. Die Wirren um die Kantonstrennung 1831– 1833 und ihre Folgen. Der Erweckte Ludwig Hofacker. Pietismus und Erweckungsbewegung. Die Pietisten Spener, Francke, Zinzendorf. Die Bekehrung als biographisches Schlüsseldatum. Hofacker als machtvoller Kanzelredner stärkte auch Merians Glauben. Merian als Mäzen. Basel, die *Stadt des Mäzenatentums und dessen Gründe.*

Christoph Merian stammte aus einer der vornehmsten Basler Familien. Sein Vater, Christoph Merian-Hoffmann, hatte zunächst als Großkaufmann das ererbte Vermögen vermehrt, indem seine Firma «Frères Merian», Basels erstes großes Handelshaus, durch Umgehung von Napoleons Kontinentalsperre die Produkte der britischen Inseln und deren Kolonien trotz der französischen Abriegelung des Festlandes weiterhin an West- und Mitteleuropa vermittelte und damit außerordentliche Gewinne erzielte – was freilich eine diplomatische Demarche Frankreichs an die Schweiz zur Folge hatte. Später vergrößerten er selbst und nachfolgend auch sein Sohn das Vermögen vor allem durch Bankgeschäfte und den Ankauf von Land, das der junge Merian nach einer Ausbildung zum Agronom nach den damals modernsten Methoden bewirtschaften ließ. Sein Interesse an der Landwirtschaft – mit dieser Berufswahl hatte Christoph Merian jun. die industrielle und kommerzielle Tradition seines Standes durchbrochen – war durch den Besuch des landwirtschaftlichen Instituts in Hofwyl, in das er im Herbst 1818 eingetreten war, noch genährt und gesteigert worden.

Philipp Emanuel von Fellenberg hatte von seinem Vater Daniel von Fellenberg den Hof bei Münchenbuchsee übernommen und in kurzer Zeit zu einem schon bald weiterum berühmten landwirtschaftlichen Musterbetrieb ausgebaut. Dieser Hof bildete das ökonomische Fundament für Fellenbergs Erziehungsanstalt. Der Gründer dieses Erziehungswerks war der Überzeugung, dass sich die Zielsetzungen von Landwirtschaft und Erziehung gegenseitig insofern durchdringen und bereichern, als der Landbau eine große Quelle von ökonomischen, ethischen und sozialpädagogischen Werten darstelle, die für die Erziehung von jungen Menschen nutzbar gemacht werden müssten. Dieses landwirtschaftliche Institut, 1808 ins Leben gerufen, war bestrebt, Söhnen aus höheren Ständen während einer zehnjährigen Schulzeit eine umfassende Bildung neuhumanistischer Ausrichtung zu vermitteln. Viele Basler besuchten diese Erziehungsanstalt, so auch Wilhelm Vischer, später Professor für griechische Sprache und Literatur an der Universität Basel und Präsident des Erziehungskollegiums und der Kuratel der Universität. Vischer, von dem später noch zu berichten sein wird, besuchte das Fellenberg'sche Institut von 1816 bis 1825. Merian, der zusammen mit Vischer und anderen Baslern, aber auch mit Jugendlichen aus dem höchsten europäischen Adel in Hofwyl weilte, verließ allerdings diese Schule schon ein Jahr später, im Herbst 1819, und trat in die nach dem Vorbild Hofwyls ins Leben gerufene landwirtschaftliche Akademie von Hohenheim ein, wo er seine land- und forstwirtschaftlichen Kenntnisse vermehrte.

In Plieningen, einem Nachbardorf von Hohenheim, lernte Merian während dieser Zeit den Theologen Ludwig Hofacker kennen, den gewaltigsten württembergischen Kanzelredner seiner Zeit. Oft saß er diesem im Gottesdienst zu Füssen und wurde durch dessen machtvolles Predigen aufs Tiefste beeindruckt und geprägt. Nach kurzen Aufenthalten in England und Frankreich kehrte Merian 1823 nach Basel zurück und verließ seine Vaterstadt mit Ausnahme von einigen Kuraufenthalten bis zu seinem Lebensende nicht mehr. 1824 verheiratete sich Merian mit Margaretha Burckhardt, Tochter des Seidenbandfabrikanten Jeremias Burckhardt und der Rosina Iselin. Ihre Ehe blieb kinderlos. Als Hochzeitsgeschenk erhielten sie von Merians Vater den Landsitz Brüglingen, den der neue Besitzer seither selber bewirtschaften ließ und im Laufe der Jahre durch Grundstückzukäufe von 56 auf schließlich 311 Hektar erweiterte – für damalige schweizerische Verhältnisse eine einmalige Größe. Unermüdlich vermehrte Merian als unternehmerisch denkender Kapitalanleger sein Vermögen, wobei er die aufkommende Industrialisierung und die damit verbundene Erschütterung der traditionellen Ständeordnung meist eher als Bedrohung denn als Chance wahrzunehmen vermochte. Ein tief verwurzeltes Standesbewusstsein ließ ihn in der überkommenen Tradition verharren, korrespondierte aber mit einem paternalistischen Verantwortungsgefühl für Arme und Hilfesuchende in seiner Umgebung, das beispielhaft geblieben ist. Ohne Aufhebens half er dort, wo es ihm nötig erschien, sei es privat, sei es als Mitglied des Vorstandes des Basler Armenvereins. Auch spendete er immer wieder namhafte Beiträge, etwa zur Verbilligung des Brotes, zum Bau von Spital- und Schulbauten und gewährte Handwerkern, Bauern und Gewerbetreibenden günstige Kredite.

Die Basler Kantonstrennung 1833 war für Merian, wie für viele Basler, zu einem tiefen und erschütternden Erlebnis geworden. War er auch im Grunde seines Wesens eine unpolitische Persönlichkeit, so bewog ihn dieses für die Stadt Basel demütigende Ereignis umso mehr, sich mit Kraft, Zeit und Geld für seine Vaterstadt und nur für sie allein einzusetzen. Die Niederlage der Stadt 1833 verstanden die damals tonangebenden konservativen Kreise in der Rheinstadt als Schmach, die Gläubigen unter ihnen aber auch als Mahnung zur Busse und Neubesinnung. Man rückte zusammen und konzentrierte seine Kräfte auf die eigenen Angelegenheiten. So zeichnete Merian ganz selbstverständlich den zehnten Teil einer Anleihe von einer Million Franken, die der Basler Rat schon bald nach der Niederlage an der Hülftenschanz im August 1833 aufgelegt hatte. «Die zwei grossen Kraftlinien», so notiert Christoph Merians Biograph, Gustaf Adolf Wanner,

> die im Wesen Christoph Merian immer deutlicher hervortraten, sollten ihn auch in der Entscheidung über sein irdisches Gut bestimmen: die Verbundenheit mit der Vaterstadt, die in der jahrhundertealten Tradition seiner Vorfahren wurzelte, seit der für Basel schicksalhaften Trennung der dreißiger Jahre aber auch für Merian zum bewussten Element seines Dasein geworden war, und der christliche Glaube, der, in der Periode seines Wachstums durch die Begegnung mit Ludwig Hofacker entzündet, auf der Höhe der Jahre durch das geistige Erbe der Gattin und durch den Umgang mit christlichen Persönlichkeiten vertieft und seither in den schweren Fügungen des eigenen Lebens erstarkt war.[1]

Merian, der wohl reichste Basler Stadtbewohner des ganzen 19. Jahrhunderts, stiftete noch zu Lebzeiten nebst dem Missionshaus den Bau und das nötige Geld für den späteren Unterhalt der stattlichen protestantischen Kirche zu St. Elisabethen. Starke religiöse Kräfte, die nach dem Ende der napoleonischen Ära und der Katastrophe von 1833 der Stadt Basel bis weit ins 19. Jahrhundert hinein das besondere Gepräge einer frommen Stadt verliehen, hatten auch neuen Sinn für die Sonntagsheiligung und das gottesdienstliche Leben geweckt. Da das bestehende vernachlässigte Gotteshaus St. Elisabethen den neuen Ansprüchen nicht mehr genügte, fasste der große Mäzen Anfang 1856 den Entschluss, daselbst eine neue Kirche mit Kindergarten und Lehrerwohnung auf eigene Kosten bauen zu lassen. Dieser neugotische Kirchenbau ist wohl zu Recht «das Tatbekenntnis Christoph Merians zum reformierten Basler Stadtstaat»[2] genannt worden.

---

[1]   Gustaf Adolf Wanner: Christoph Merian 1800–1858, S. 335.
[2]   Ebd., S. 352.

Als Merian 1858 starb, hinterließ er ein Testament, in dem er neben den Bau- und Unterhaltskosten für die noch im Bau befindliche Kirche weitere wohltätige Anstalten der Stadt mit enormen Summen bedachte. Zudem verfügte der Gönner, dass nach dem Tod seiner Gattin zwei Drittel seines Vermögens der Stadt zufallen sollten, wobei nur die Zinsen des Vermögens und die Erträge des Grundbesitzes, nie aber das Kapital selbst, «zu ewigen Zeiten für wohltätige und das Wohl der Menschen fördernde Zwecke verwendet werden muss».[3] Diese Erträge sind noch heute so hoch, dass die Christoph Merian Stiftung Jahr für Jahr Dutzende von Millionen Franken für kulturelle und wohltätige Zwecke in Basel zur Verfügung stellen kann. Diese testamentarische Beschränkung auf die Stadt Basel, die im Kanton Baselland, aber auch in anderen Schweizer Kantonen seinerzeit als Affront zur Kenntnis genommen und kritisiert worden war, ist durchaus als späte Reaktion Merians auf die Kantonstrennung zu verstehen. Merian und andere Vertreter der konservativen Basler Oberschicht hatten diese immer als tiefe Demütigung empfunden, was bei ihnen zu einer gewissen Abwendung vom 'Rest der Schweiz' geführt hat.

Für unsere Untersuchung ist die Persönlichkeit Christoph Merians in dreifacher Hinsicht beispielhaft. Einmal ist es seine Reaktion auf die Kantonstrennung von 1833. Dann seine pietistisch-erweckliche Frömmigkeit und schließlich sein außergewöhnliches Mäzenatentum.

*

In Basel hatte die Zeit der Restauration zwar nicht die Untertanenverhältnisse des *Ancien Régime*, aber doch deutliche Rechtsungleichheiten zwischen Land und Stadt wiederhergestellt. Dadurch konnten wiederum nur jene Männer ein politisches Amt ausüben, die aufgrund ihres materiellen Vermögens, ihrer Bildung und der 'richtigen' Herkunft dazu auch in der Lage waren. Während der Helvetik waren die politischen Vorrechte aufgehoben und allen Männern die gleichen Bürgerrechte zugestanden worden und die Verschiedenheit der Kantone durch eine von oben verordnete Einförmigkeit ersetzt worden. Jetzt aber lebte im Kanton Basel wieder die altbekannte Geld- und Bildungsaristokratie auf, die als ein maßgeblicher Teil von Basels politischer Elite in eine Haltung von politischer Kurzsichtigkeit verfiel, die sie für die Forderungen der Zeit blind werden ließ. Für die Bevölkerung der Landschaft hingegen bedeutete diese Entwicklung eine schwere Enttäuschung. Etliche unzufriedene 'Landschäftler' forderten deshalb dem Zeitgeist gemäß,

---

3   Ebd., S. 337.

dass die alte, während der Zeit der Helvetik erstmals kodifizierte Rechtsgleichheit wiederhergestellt werden müsse. Die Städter kamen diesen Forderungen halbwegs entgegen, indem sie eine neue Verfassung ausarbeiten ließen, worin sie allerdings auf einer Parität von Stadt und Landschaft und damit auf einer Überrepräsentanz der Stadt bestanden, lebten doch in der Stadt 20'000, auf dem Land jedoch 40'000 Einwohner. Die 'Landschäftler' forderten hingegen einen Wahl- resp. Repräsentationsmodus gemäß der Bevölkerungszahl, was sie selber bevorteilt hätte. Darauf trat die Stadt aber nicht ein. Zum großen Erstaunen beider Parteien wurde dann allerdings der Verfassungsentwurf 1831 von beiden Teilen mit einem auffallend hohen Ja-Stimmen-Anteil angenommen. Die Tagsatzung ihrerseits bestätigte das Vorgehen der Stadt und gewährleistete die neue Verfassung.

Damit fand die Auseinandersetzung aber noch kein Ende. Im Gegenteil: den Gegensatz von Stadt und Land verschärften jetzt auch wirtschaftliche Spannungen. So waren die ländlichen Bandweber, ein mächtiger, doch bei weitem nicht der einzige Erwerbszweig, in hohem Maß von den in der Stadt lebenden Verlagsherren abhängig und deshalb nicht bereit, weitergehende politische Forderungen gegenüber der Stadt mitzutragen, aus Angst, ihren Arbeitsplatz zu verlieren. Andere wirtschaftliche Sektoren kannten diese Abhängigkeit von der Stadt weniger oder gar nicht; ein Grund, der jedenfalls teilweise erklärt, warum das Baselbiet keine geschlossene Einheit darstellte und so auch nicht mit einer Stimme sprach. Im Weiteren hatten 1830 im Laufe weniger Monate in der Tagsatzung die Kantone mit einer liberalen Verfassung die Mehrheit gewonnen und diese bestand nun gegenüber der Stadt Basel auf einer Verfassungsrevision im Sinne der 'Landschäftler'. Daraufhin verfügte die Landschaft eine Partialtrennung von der Stadt und rief am 17. März 1832 den neuen Kanton Baselland aus. Diese Proklamation provozierte eine militärische Auseinandersetzung und führte zum Bürgerkrieg.

Basler Truppen besetzten zweimal Liestal, eidgenössische Truppen marschierten unter dem Kommando von Oberst Dufour zur Aufrechterhaltung von Ruhe und Ordnung in Basel ein. Am 3. August 1833 kam es an der Hülftenschanz, seit der Römerzeit als *un passage obligé* ins obere Baselbiet und zum Hauensteinübergang bekannt, zu einer entscheidenden Schlacht zwischen den Parteigängern der neuen provisorischen republikanischen Verfassung und den Städtern, wobei die Städter eine empfindliche Niederlage hinnehmen mussten. Dieser Bürgerkrieg, während dessen Verlauf etwa 80 Menschen ums Leben kamen, wurde auf beiden Seiten mit großer Härte und Unnachgiebigkeit ge-

führt, brach aber schließlich der Kantonstrennung Bahn. Eine liberale
Tagsatzungsmehrheit als oberstes Schiedsgericht besiegelte am 26. August 1833 die Totaltrennung und damit die Schaffung von zwei neuen
Halbkantonen. Dabei wurden der Stadt nur die rechtsrheinischen Gemeinden Riehen, Bettingen und Kleinhüningen zugeschlagen. So war
die Hauptstadt des Kantons zur Kleinstadt geworden. Zudem wurden
der Stadt alle Kriegskosten aufgebürdet und das Staatsvermögen nach
Bevölkerungszahl – ein Drittel des Staatsgutes ging an den Stadtkanton, zwei Drittel an die Landschaft, darunter auch ein Teil des Münsterschatzes, den der junge Kanton aber schon zwei Jahre später für
25'000 Franken verhökerte – aufgeteilt, für die Stadt Basel eine schwere
finanzielle Belastung.

Basels politische Stellung in der Eidgenossenschaft war fürderhin geschwächt, die Stadt und ihre Führungsschicht durch den als Schmach
empfundenen Trennungsbeschluss der übrigen Schweiz entfremdet. Basel stand im eidgenössischen Abseits und mit dem Rücken zum Land.
Davon kam man nicht leicht wieder los. Man fühlte sich in der Stadt als
Opfer der Ereignisse, insbesondere auch deshalb, weil man das Eingreifen der Tagsatzung als unerhörte Einmischung empfunden hatte. Im
Gefolge davon rückten die Städter enger zusammen, die traditionsgebundenen Kräfte wurden gestärkt und führende Köpfe der Regierung
wandten sich jetzt zusammen mit dem fortschrittlichen, liberal-konservativen Teil des Bürgertums, das vor 1830 auch liberalen Ideen gehuldigt hatte, dem politisch konservativen Lager zu. Gerade diesem Teil
der Stadtbevölkerung blieb das von führenden 'Landschäftlern' geforderte Gleichheitsprinzip fremd. Dabei scharten sie sich um die von 1831
bis 1859 vom äußerst konservativen Basler Ratsherrn Andreas Heusler-
Ryhiner, den nicht zuletzt die Kantonstrennung zum erbitterten und erklärten Gegner jeglicher liberalen und radikalen Gedankenwelt gemacht hatte, gesteuerte *Basler Zeitung*. Diese Haltung ließ nur wenig
Raum, Basels kompromittierte Stellung im Schweizerbund wieder in
Ordnung zu bringen.

Auch Kirche und Geistliche in beiden Kantonsteilen waren von den
Trennungswirren nicht verschont geblieben. Wie bei den Politikern, so
bekämpften sich auch hier die «baseltreuen» und die «landschaftlich
Gesinnten» mit Wort und Tat. Wie heftig auch Geistliche aneinander
geraten konnten, zeigen die zwei folgenden Briefausschnitte: «Ihr zugeloffenes Pfaffengesindel», so schrieb ein Anonymus dem «von Liestal eingesetzten» Pfarrer Jakob Gabathuler in Waldenburg, «seid lauter
dem Teufel ab den Hosen geschabtes und dem Schinder entnommenes
Zeug und sonst nichts; schämt Euch, Ihr Lumpenhunde!» Aber auch

gewisse «Landprediger» führten eine spitze Feder, so der in Pratteln als Pfarrer tätige frühere Frankfurter Advokat Herold:

> Jetzt schleichen die ehemaligen Basler Landpfarrer als müssige Himmelsdemagogen in der Missionsstadt herum und leben von Angeberei und tückischen Blindschleichen. Sie möchten alles gerne mit dem Blut Christi anstreichen, des Himmels Blau und der Wiese Grün möchten sie christblutrot färben. Pfaffen, Millionarren, Betstündeler und Leckerlikrämer sind sie alle! Traktätleinschreiber, Achselhänger und heidengierige Missionsgesellen, die den Schutt Jerusalems auf die blühende Wiese der Gegenwart streuen.[4]

Einige baseltreue Landpfarrer, die nach der Kantonstrennung ihre Gemeinden hatten verlassen müssen, traten in den Dienst der Basler Kirche, amteten jetzt in der Stadt und nahmen da zum Teil führende Stellungen ein, so Johannes Linder, vormals Pfarrer in Ziefen, als Obersthelfer, und Samuel Preiswerk, ehemals Pfarrer in Muttenz, als Antistes. In dieser gekränkten Stadt galt es nun, wenn auch unter schwierigen Bedingungen, gemeinsam etwas Neues zu bauen, wozu sich in Staat und Kirche die verschiedensten Gruppen, vor allem die konservativen Kräfte, eng zusammenschlossen. Dieser Zusammenschluss war insofern von weittragender Bedeutung, als dass nun auf Jahrzehnte hinaus eine Verbindung bestand zwischen einer allem Radikalismus abholden, einzig der Tradition verpflichteten Politik einerseits und einer konservativen pietistisch-erwecklichen Christlichkeit innerhalb der Kirche andererseits. Eben diese Verbindung gab dem Stadtstaat bis ins letzte Viertel des 19. Jahrhunderts hinein sein sichtbares und unverwechselbares Gepräge.

*

Christoph Merian war während seines gut achtzehnmonatigen Aufenthalts in Hohenheim vom Herbst 1819 bis Frühjahr 1821 mit dem kraftvollsten Prediger und Theologen Württembergs jener Zeit, Ludwig Hofacker, bekannt geworden. Hofacker hatte in Tübingen als Schüler des Tübinger Stifts Theologie studiert, wo er im Laufe seines Studiums in tiefe innere Unruhe und Glaubenszweifel geraten war. Vergeblich hatte er versucht, diese durch strengste Askese und die Lektüre vorwiegend von Schriften des Mystikers und Theosophen Jakob Böhme zu überwinden. Dies gelang ihm erst später durch ein intensives Studium der biblischen, insbesondere der paulinischen Schriften und durch den

---

4   Zitiert nach: *Basellandschaftliche Zeitung* von Anfang August 1983, Spezialausgabe *150 Jahre unterwegs*, herausgegeben anlässlich des 150. Geburtstags der Kantons Baselland.

Kontakt mit Gleichgesinnten in christlichen Erbauungskreisen und Ge-
betsgemeinschaften, die von Menschen aus den verschiedensten Gesell-
schaftsschichten wie frommen Professoren, Weingärtnern, Schneidern
und Schustern besucht wurden. Den Durchbruch zum Glauben – aus
Glaubenszweifeln zur Gewissheit, aus einer abgrundtiefen Verlorenheit
herausgeführt worden zu sein – verstand er als Bekehrung. «Es ging an
Abgründen vorbei», so urteilte er rückblickend auf diese Zeit. Jetzt war
er von alterprobten Grundsätzen der paulinischen und reformatorischen
Botschaft von Sünde und Gnade mit großer Wucht ergriffen worden
und diese Botschaft mit christologischer Zuspitzung wurde von nun an
sein sich immer wiederholendes Thema.

Am 20. November 1820 wurde Hofacker als Vikar nach Plieningen
bei Stuttgart berufen. Der Mangel an ausgebildeten Vikaren war damals
groß, hatte doch Napoleon tausende Württemberger unter seine Fahne
gezwungen und nur vereinzelte waren zurückgekehrt. Hinzu kam nach
dem Friedensschluss von 1815 im Winter 1816/17 eine schwere Hungers-
not übers Land, was das soziale Elend zusätzlich verschlimmerte. Eine
große Verunsicherung, ja Verzweiflung hatte die Menschen erfasst. Im
Weiteren waren durch die Französische Revolution und die Napoleo-
nische Herrschaft die politischen Ordnungen Alteuropas in ihren
Grundfesten erschüttert worden, Fürsten hatten ihre Unantastbarkeit
und damit ihr Gottesgnadentum verloren – wies das nicht alles auf eine
Endzeit hin? Viele Menschen wandten sich unter diesen Umständen
wieder vermehrt dem Glauben zu in der Hoffnung, dort Antworten auf
ihre existenziellen Fragen zu finden, nachdem Gesellschaft und Politik
kaum mehr solche zu geben vermochten. So stießen Hofacker und andere Prediger mit ihren machtvollen Kanzelreden bei vielen Gläubigen
auf offene Ohren und Herzen. Ihnen ging es um die Erneuerung der
Wahrheit und des Lebens jedes Einzelnen, um das Angerührt- und Be-
troffenwerden des Herzens, um den Ruf nach persönlicher Bekehrung.
«So sind meine Predigten mehr erwecklich als erbaulich, mehr auf das
Herz als auf den Verstand meiner Zuhörer berechnet», wie Hofacker
treffend bemerkte.[5]

Diese Erweckungs- und Bekenntnisbewegung entdeckte angesichts
von vielen verunsicherten Menschen die Kraft der inneren Gemeinschaft des Glaubens und betonte den Bruch mit der 'sündigen Welt'.
In kleinen Kreisen suchte man nach dem Erleben von göttlichen
Führungen im eigenen Leben und in den Lebensschicksalen anderer

---

5   Zitiert nach Gerhard Schäfer: Ludwig Hofacker und die Erweckungsbewegung in
     Württemberg, S. 373.

Menschen. Wo die Welt versagt hatte, da rettete jetzt der im Leben er-
fahrene Glaube, der mitten in Anfechtung und Glaubensnot die wohl-
tuendsten, wahrhaft rettenden Zeugnisse von Vorsorge und Führung
des lebendigen Gottes empfing. Im täglichen Umgang mit der Bibel
und im Gebetskreis zusammen mit anderen verschaffte sich jetzt das
individuelle Bedürfnis nach Sicherheit und Gewissheit der göttlichen
Führung seinen sichtbarsten Ausdruck. Dabei waren zwei Grundein-
sichten zentral: einmal die Erkenntnis vom Gewicht der Sünde und vom
Angewiesensein des Menschen auf Gnade, ferner das Verständnis des
Glaubens als eines rational nicht aufzulösenden Geheimnisses. Dies
machte den Aufbau einer neuen Gemeinde nötig, einen Aufbau, der
von unten her ins Werk gesetzt werden musste, nicht durch Bewälti-
gung theologischer Probleme im Sinne einer Theologie als wissenschaftlicher Erkenntnisbemühung. Volksmission und Volkserziehung
waren jetzt gefragt. Dabei hatte man die Bedürfnisse und geistigen Ansprüche des einfachen Volkes vor Augen. Das Denken der theologischen Zunft interessierte wenig. Hofacker selber sagte es so:

> Wisset, dass der Heiland keine Weltstudenten brauchen kann, sondern Tagelöhner,
> Knechte, Lastenträger, die aber ihn liebhaben – Leute, die schwitzen, frieren und hun-
> gern, und sich eine Lust daraus machen um seinetwillen. – Es geht in den Feldzug, da
> kann man keine Leute brauchen, die die Kleider schonen. Ihr seid keine Paraderosse,
> sondern sollt Zugpferde werden.[6]

Herausgewachsen, wenn später durchaus auch zu einer eigenständi-
gen Größe geworden, war diese neue Bewegung, Erweckungsbewegung genannt, aus dem Pietismus, einer im 17. Jahrhundert entstande-
nen und im 18. Jahrhundert zu voller Blüte gekommenen religiösen
Erneuerungsbewegung. Philipp Jakob Spener hatte mit seiner Schrift
*Pia Desideria oder Herzliches Verlangen nach gottgefälliger Besserung
der wahren Ev. Kirchen* (1675), die später geradezu zur Programm-
schrift des Pietismus wurde, einen ungeheuren Widerhall erlebt. Er
redete nicht weniger als einer neuen Reformation das Wort: gegen die
altprotestantische Orthodoxie, die im Dogmatischen und Institutio-
nellen stecken geblieben war, setzte er den Begriff 'Leben': 'Leben'
gegen 'Lehre', 'Geist' gegen 'Amt', 'Kraft' gegen 'Schein'. Dabei ging
es ihm allein um den «lebendigen Glauben», nur dieser führe zur
christlichen Vollkommenheit und damit zur Wiedergeburt jedes Einzelnen. Weltverwandlung durch Menschenverwandlung – so liest sich
Speners Programm auf einen Satz gebracht.

---

6 Zitiert nach Erich Beyreuther: Ludwig Hofacker, S. 122.

Mit Spener gut bekannt war August Hermann Francke, der Gründer und Erbauer der Francke'schen Stiftungen in Halle, die wenige Jahre nach ihrer Entstehung schon Weltruf erlangt hatten, wo Lehrer, Prediger und Missionare ausgebildet und in alle Welt geschickt wurden. Franckes Reformpläne umspannten die ganze Breite öffentlichen Lebens. Francke wie Spener ging es insbesondere um eine Frontstellung gegen die Aufklärung, wenn auch Francke mit den Aufklärern ihre Bildungsbegeisterung teilte. Pietismus und Erweckung lehnten Aufklärung und Rationalismus ab, deren Anliegen sich im 17. und 18. Jahrhundert auch im Protestantismus Gehör zu verschaffen wussten. Ihr Ziel sahen sie in der Rückkehr zu einer Frömmigkeit, die auf dem schlichten Glauben, auf der Bibel und der christlichen Gemeinschaft fußte. Traditionelle theologische Hauptbegriffe wie Sünde, Gnade, Erlösung und Busse kamen jetzt wieder zu Ehren. Allerdings soll nicht unerwähnt bleiben, dass manchen Erweckten ein wenig differenziertes Bild der Aufklärung vor Augen stand. War doch die Aufklärung viel weniger antichristlich oder antikirchlich als die Erweckten selber vorgaben und damit die Diskontinuität zwischen der Aufklärung und der Erweckung weniger tief als bisher angenommen.[7]

Der Dritte im Bunde war Graf Nikolaus Ludwig von Zinzendorf, Schüler im Francke'schen Pädagogium, wo er entscheidende Eindrücke von den missionarischen und ökumenischen Unternehmungen Halles erhalten hatte. Spener war ein Freund von Zinzendorfs Vater und des Grafen Taufpate gewesen. In Halle pflegte Zinzendorf engen Kontakt mit Francke. Die Begegnung mit dessen pietistischem Gedankengut blieb auch für ihn nicht ohne Folgen. So suchte er eine Zeit lang seine Lebensaufgabe in den Anstalten von Halle, wo er den für viele Pietisten charakteristischen Kampf um die eigene Heilsgewissheit ausfocht. Der Tatsächlichkeit seiner Gotteskindschaft vorübergehend nicht mehr sicher, forschte er nach einer Manifestation des Göttlichen bei sich selber, nach einem «Durchbruch der Gnade», nach einer fixierbaren «Bekehrung». Deren Eintreffen datierte er nachträglich auf den 19. Juni 1729, ein für seine Biographie bleibendes und herausragendes Datum.

War das Erlebnis der Bekehrung für die Reformatoren noch durchaus eingebettet gewesen in den größeren Zusammenhang von Rechtfertigung und Glauben, so hat sich nachfolgend bei den Pietisten und später auch in der Erweckungsbewegung die Bekehrung verselbständigt. In der subjektiven persönlichen Erfahrung der Gottesgewissheit,

---

7   Vgl. dazu etwa Ulrich Gäbler: «Auferstehungszeit». Erweckungsprediger des 19. Jahrhunderts, S. 161–186.

in der Gewissheit vom eigenen Heil, lag jetzt die Entdeckung des neu gewordenen frommen Individuums. Wesentlich für diesen einmaligen, in sich abgeschlossenen Akt der Umkehr, ist die Angabe des genauen Zeitpunktes, dem letztlich eine größere Bedeutung zukam als dem leiblichen Geburtstag. Die Stunde der Bekehrung konnte so biographisch genau fixiert werden, was zu einem starken Aufblühen der christlichen oder christlich gefärbten Autobiographie führte, die im 18. Jahrhundert ihre Blütezeit erlebte (man denke nur an Rousseaus *Confessions*, die wohl berühmteste Autobiographie des 18. Jahrhunderts). Mit dieser einmalig vollzogenen und biographisch fixierten Lebenswende wurde auch der Entscheidungscharakter des eigenen Christseins herausgestellt. So haben der Pietismus und die Erweckungsbewegung das Erlebnis der Bekehrung geradezu im Stand der Bekehrtheit gipfeln lassen und damit zwischen bloß getauften und bekehrten Christen bewusst unterschieden.

An die Stelle eines selbstverständlichen gewohnheitsmäßigen Christseins aus Tradition trat jetzt der Ernst der persönlichen Entscheidung, der individuelle Glaubensweg. Im übrigen lag den Bekehrten viel daran, wenn sie auch nach ihrer Lebenswende auf eine gewisse Art und Weise in einem gebrochenen Verhältnis zur Welt standen, ihrem eigenen Neugewordensein immer wieder nach außen hin beredten Ausdruck zu verleihen und dies vor allem in Aktivitäten erzieherischer, karitativer und missionarischer Art. Denn auch andere Menschen sollten durch ihr persönliches Beispiel zur inneren Umkehr ermutigt werden. So fand die Erweckung ihr fruchtbarstes Aufgabengebiet in der Mission, speziell in der Heidenmission, wie sie in der 1815 erfolgten Gründung der Basler Missionsgesellschaft ihren sichtbarsten Ausdruck fand. Vor allem in der Inneren und Äußeren Mission entfaltete sie eine im Protestantismus bisher in dieser Breite ungekannte Aktivität und lieferte damit einer sich vorsichtig Bahn brechenden ökumenischen Entwicklung die ersten entscheidenden Anstöße. Dergestalt sind alle Erweckungsbewegungen immer auch Missionsbewegungen, die neuere protestantische Missionsbewegung ist demnach immer auch ein Kind der Erweckung gewesen.

*

Als Leiter der Brüderunität von Herrnhut, einem religiösen und sozialen Gemeinwesen (bedrängte Pietisten lebten in Herrnhut in freiwilligem Zusammenschluss und christlicher Gemeinschaft, wobei die Unterschiede von Lehre, Konfession und persönlicher Erfahrung ihnen unwesentlich erschienen angesichts der Möglichkeit einer aus der Ver-

söhnung in Christus gelebten Bruderliebe), erlangte Zinzendorf Welt-
ruhm. Wobei die Eigenart dieser Brüdergemeine, im Gegensatz zu den
von Spener und Francke ins Leben gerufenen Institutionen, darin liegt,
dass sie an die Tradition des vorreformatorischen Laienchristentums
anknüpfte. Allerdings ist nicht zu übersehen, dass die brüdergemeind-
liche Art der Frömmigkeitspflege in der weiten Öffentlichkeit nur wenig
Resonanz gefunden und im Allgemeinen auf den privaten Raum beschränkt geblieben ist. Glaube bedeutete für die Herrnhuter weitgehend
Anschauung und Einfühlung in Geschichte, Person und Werk Jesu
Christi. Dies war ihre «Herzreligion». Wie die anderen Pietisten, so
suchte auch der Graf mit seinem Wirken den Einflüssen der Aufklärung
entgegenzutreten, doch entfremdete ein grotesker Blut- und Wunden-
kult mit der Person Christi Zinzendorf zeitweilig den anderen Pietisten.

Dennoch: in ihrer ökumenischen Ausrichtung, ihrer vorbildlichen
Erziehungsarbeit, den starken von ihr ausgehenden Impulsen für die in-
nerkirchliche pietistische Erneuerungsbewegung und in ihrem ausgesprochen missionarisch ausgerichteten Wirken liegt die beträchtliche
Bedeutung dieser von Zinzendorf geprägten und getragenen freikirchlichen Brüderunität. Ferner zeichneten hauptsächlich er und seine
Herrnhuter Brüdergemeine insgesamt für den Brückenschlag zwischen
der Erweckungsbewegung und dem älteren Pietismus verantwortlich.
Auch Ludwig Hofacker hat Zinzendorf sehr geschätzt, viele seiner
Schriften gelesen, wobei ihn besonders die «Berliner Reden» – Predigten und Andachten, die der Graf während eines viermonatigen Aufenthalts 1738 in Berlin gehalten hatte – viel bedeutet haben.

Allerdings kann Zinzendorfs herrnhutische Theologie, jedenfalls in
ihren Anfängen, nicht ohne weiteres als pietistisch, noch der Pietismus
und die spätere Erweckungsbewegung als einheitliche Bewegung
wahrgenommen werden. Trotzdem verbinden etliche gemeinsame
Überzeugungen die bekannten und weniger bekannten Träger dieser
kirchlichen Erneuerungsbewegung miteinander: nämlich die Überzeugung, dass Deismus und Rationalismus, Determinismus und Pan-
theismus, Neologie und Säkularismus die Kirche verderben und das
Evangelium zerstören.[8] Zudem verstand man sich als elementare Bußbewegung, die zum Bibelglauben zurückzuführen suchte, und fand so
inmitten aufwühlender geschichtlicher Erschütterungen und geistiger
Wandlungen weiten Widerhall, wohl weil diese Bewegung neu er-
wachte Fragen religiös, d.h. im Sinne einer Heilsvergewisserung, zu
beantworten suchte. Das kam besonders eindrücklich zum Tragen in

---

8   Vgl. kritisch dazu die in Anm. 7 genannte Quelle.

Werken, welche zunächst dem Pietismus und später auch der Erweckungsbewegung zuwuchsen. Pietismus und Erweckungsbewegung haben innerhalb des gesamten Protestantismus kräftige Impulse vermittelt, die bis zum heutigen Tag nachwirken. Kräftig waren und sind diese
Impulse geblieben, weil hier der kirchengeschichtlich tiefste und umfas-
sendste Versuch vorlag, urchristliche Anliegen wieder lebendig werden
zu lassen. Es sind starke Anstöße zur Mildtätigkeit von diesen Bewegungen ausgegangen. Überdies zeichnete vor allem die Erweckungsbewegung auch verantwortlich für ein Zusammengehen von kirchlicher
Orthodoxie mit dem politischen Konservatismus. Damit schuf sie in
Deutschland, aber besonders augenfällig in Basel die geistigen Grundlagen für jenes betonte Interesse der führenden politischen und gesellschaftlichen Kreise an der Geltung christlicher Prinzipien in Staat und
Gesellschaft.

*

Wegen einer Nervenkrankheit musste Ludwig Hofacker nach nur wenigen Monaten seinem Amt in Plieningen entsagen. Überhaupt war der
nun schon weit herum bekannte Kanzelredner häufig krank und musste
sich von seinem Amt immer wieder für viele Monate dispensieren lassen. Wieder genesen, hielt er Ende Januar 1824 seine erste Predigt in
Stuttgart, wo er als Vikar und Stellvertreter seines kranken Vaters an
die Leonhardskirche gerufen worden war. Auch hier machten ihn seine
Predigten bald weit herum beliebt, so dass sich Stuttgarter Bürger in einer mit 1600 Unterschriften versehenen Bittschrift an den König wandten und ihn baten, Hofacker als Diakon an der Leonhardskirche behal-
ten zu dürfen. Doch nach erneuter Erkrankung und Genesung wurde
Hofacker ins Dorf Rielingshausen bei Marbach versetzt, wo er nach nur
kurzer Wirkungszeit und weiteren Krankheitspausen am 18. November
1828 starb. Wie schon in Plieningen und Stuttgart, so waren auch hier
jeweils am Sonntag Massen von Gottesdienstbesuchern aus einem Um-
kreis von bis zu acht Wegstunden unter seine Kanzel geströmt, um den
wortgewaltigen Redner zu hören. Überhaupt war die Predigt eine für
diese kirchliche Erneuerungs- und Bußbewegung wichtige Möglichkeit,
ihre Anliegen unter das Volk zu tragen. Häufig publizierten Kanzelredner auch Predigtsammlungen, die fleißig verkauft und gelesen wurden.
So hat auch Hofacker, auf Drängen seiner Freunde, noch kurz vor seinem Tod ein Heft mit zwölf seiner Predigten veröffentlicht und diesem
wenig später ein zweites Heft mit weiteren Predigten folgen lassen,
Hefte, die in Hunderttausenden von Exemplaren weit verbreitet wurden und eine ungewöhnlich starke Wirkung ausübten. Diese Predigt-

sammlungen müssen auch Christoph Merian bis in seine letzten Lebenstage hinein begleitet haben. Denn in einem Nachruf wird darauf Bezug genommen:

> Wie wir hörten, hatte er [sc. Merian] auch Ludwig Hofacker's Predigten in diesen Tagen der Krankheit gesegnete Eindrücke zu verdanken; als er in Hohenheim studierte, war dieser herrliche Zeuge der Wahrheit Vikar in Plieningen und der Vollendete hatte hier das lebendige Zeugnis seines Mundes vernommen; die Erinnerungen daran waren nicht verloren, und machten jetzt das Wort umso lebendiger, aber er bereute es, jenem Zeugnisse damals nicht noch mehr sein Ohr geliehen zu haben.[9]

In seinen Begegnungen mit Hofacker war Merians Glaubensüberzeugung gestärkt und der Boden für eine eindrückliche Frömmigkeit der Tat gelegt worden. Zurückgekehrt in seine Heimatstadt, blieb Merian auch da ein treuer Kirchenbesucher. Während seiner Sommeraufenthalte auf seinem Landgut Brüglingen besuchte er Sonntag für Sonntag den Gottesdienst zu St. Jakob und pflegte überdies zeitlebens enge Beziehungen zu einzelnen Theologen wie Theophil Passavant, dessen Wege sich mit denjenigen Merians bereits unter der Kanzel Hofackers in Plieningen gekreuzt hatten. Passavant hatte Hofacker von seinem Studienort Tübingen aus kennen und schätzen gelernt. Auch der spätere Antistes und Münsterpfarrer Jacob Burckhardt, Vater des Historikers Jacob Burckhardt, wurde ein enger Weggefährte Merians, der dem schwer Erkrankten während vieler Stunden ein treuer Seelsorger war und nach Merians Tod auch dessen Trauerfeier leitete. Doch nur vier Monate später sollte der Antistes seinem Freund Merian in den Tod folgen.

Wie Passavant, so war auch Burckhardt zu jener denkwürdigen Zusammenkunft im Hause zum Ernauerhof in Merians Stadtwohnhaus am St. Alban-Graben, eingeladen gewesen, zu der Merian gegen Ende Mai 1856 zehn Freunde gebeten hatte. Seinen geladenen Gästen eröffnete Merian den Plan, eine neue Elisabethenkirche auf seine privaten Kosten bauen lassen zu wollen, dem wohl denkbar sichtbarsten Zeichen seiner eigenen Frömmigkeit. Dabei sollte der Staat nur den Boden zur Verfügung stellen und eine Stützmauer zur Festigung des abschüssigen Bodens bauen lassen. Unter den Geladenen waren Ratsherr Adolf Christ, Karl Sartorius, Pfarrer zu St. Elisabethen, und Johannes Riggenbach, Professor der Theologie und Präsident der Evangelischen Missionsgesellschaft Basel, einer Anstalt, mit der Merian über lange Jahre eng verbunden gewesen war.

---

9   *Christlicher Volksbote* aus Basel vom 1. September 1858, Heft 35, S. 280.

Sein Engagement für die Mission war Merian zunächst von Hofacker, selbst ein überzeugter Missionsfreund, durch seine Verkündigung ans Herz gelegt worden. Merians Einsatz für diese Basler Institution stand aber entschieden mit der Person des Ratsherrn Adolf Christ, der selber 35 Jahre deren Präsidium versehen hatte, in engster Verbindung. Er war es gewesen, der in Merian die Begeisterung für die Sache dieses Reichgotteswerkes entfacht hatte. Zu nennen ist in diesem Zusammenhang auch Merians Begegnung mit dem Lehrer, Mitarbeiter und Komiteemitglied dieser Institution, Albert Ostertag-von Speyr. Ostertag hatte sich seinerzeit im persönlichen Umgang mit Ludwig Hofacker zum Theologiestudium entschlossen und Merian später zur Mitarbeit an diesem Werk ermuntert. So war Ludwig Hofacker zu Merians *spiritus rector* geworden, ein bestimmender Geist in seinem ganzen Arbeits-, Freundes- und Familienkreis und nicht zuletzt in ihm selber. Dieser begnadete württembergische Prediger prägte Merians Lebensweg entscheidend. Zudem hatte Merian ein stark traditionelles, konservatives Element in seiner positiven Gläubigkeit aus Plieningen mit ins Leben genommen. Diesem Grundzug ist er innerlich und äußerlich treu geblieben.

Merians konservative Gläubigkeit wird nicht zuletzt auch am eingeladenen Freundeskreis ersichtlich, zählten sich doch alle genannten und von ihm eingeladenen Freunde zum konservativen Teil der Basler Kirche. Über seinen Tod hinaus hat seine ihn um beinahe drei Jahrzehnte überlebende Gattin – und dies durchaus im Sinn ihres Gatten –, mit großen Geldbeträgen in erster Linie diejenigen religiösen Werke bedacht, die im aufbrechenden Kampf zwischen den Konservativen und den kirchlichen Modernisten oder Reformern, wie man sie nannte, die Sache der Altgläubigen verteidigten. So unterstützte sie die Gründung einer freien evangelischen Schule, die für eine biblisch-christliche Grundlage der Erziehung sorgen sollte, eine Erziehung, die Margaretha Merian durch eine fortschreitende Säkularisierung der Staatsschule in Gefahr sah, ebenso die Stadtmission, die Traktatgesellschaft und verschiedene Kirchgemeinden. Und schließlich wurde auch das Christliche Vereinshaus am Nadelberg, Sammelpunkt der kirchlich konservativen Bewegung, mit einem hohen Geldbetrag bedacht. Damit ist deutlich genug, dass Merians religiös konservative Haltung durchaus mit seiner politisch ebenso konservativen Haltung korrespondierte.

Bekannt geblieben ist Christoph Merian seinen Mitbürgerinnen und Mitbürgern bis zum heutigen Tag vor allem durch sein sprichwörtliches Mäzenatentum. Damit steht der große Wohltäter in einer guten baslerischen Tradition. Dazu notiert Philipp Sarasin: «Wer als Historiker aus

Basel über Stiften und Schenken in dieser Stadt im 19. und 20. Jahrhundert nachdenkt, dem kann es leicht geschehen, dass er vor lauter Mäzenen die Stadt nicht mehr sieht, die diesem Schenken erst seinen Sinn gibt.»[10] Und unter all den vielen Mäzenen ist Christoph Merian der bedeutendste. Schon allein bei seinem Tod 1858 ließ er testamentarisch allen wohltätigen Institutionen der Stadt einen Betrag von 300'000 Franken zukommen, eine für die damalige Zeit gewaltige Summe. Wer waren aber diese Basler Großbürger und was hatte sie dazu veranlasst, als Mäzene zu wirken?

*

Das Basler Großbürgertum rekrutierte sich in der zweiten Hälfte des 19. Jahrhunderts zur Hauptsache aus der wirtschaftsbürgerlichen Seidenbandbourgeoisie. Diese Fabrikanten machten Basels potentesten Wirtschaftszweig jener Zeit aus. Die bedeutenden Vermögen einiger Großbürger waren vor allem in den frühen 1870er Jahren ins schier Unendliche gewachsen, während und nach dem Deutsch-Französischen Krieg von 1870/71, als die Exporte von Basels Nachbarstaaten in europäische und außereuropäische Märkte ausfielen und vorwiegend durch solche von Basler Firmen ersetzt wurden. Jene Jahre wurden für das Basler Großbürgertum zu einer Goldgräberzeit mit großartigsten Gewinnen! Manch ein Vermögen ist in diesen Jahren gebildet und vermehrt worden. Erst 1873 führte ein einschneidender Konjunktureinbruch, am 9. Mai 1873 war die Wiener Börse zusammengebrochen, zu schwierigeren Zeiten, die bis fast zum Ende des Jahrhunderts andauerten und auch für Basels Export- und Finanzindustrie eine wirtschaftlich prekäre Zeit bedeuteten. Um diesen vermögenden Kreisen angehören zu können, musste jemand entweder «über Produktionsmittel verfügen oder aber über Bildungsqualifikationen, um sich von der grossen Zahl der abhängig Beschäftigten zu unterscheiden, und er muss ein Einkommen haben, welches ihm ein Mindestmass von bürgerlicher Lebensführung und Kultur, von 'Bürgerlichkeit' ermöglichte.»[11]

Zur Kultur der Bürgerlichkeit, so wie sie in Basel gelebt wurde und teilweise bis heute gelebt wird, gehörte auch die Kultur des Schenkens, eine Kultur des Mäzenatentums, wie sie sich gerade in dieser Humanistenstadt schweiz- und auch europaweit in einzigartiger Art und Weise entwickelt und ausgebildet hat. Für diese noble Haltung kön-

---

10   Philipp Sarasin: Stiften und Schenken in Basel im 19. und 20. Jahrhundert, S. 192.
11   Ders.: Stadt der Bürger, S. 92.

nen verschiedene Gründe geltend gemacht werden.[12] Ein Hauptmotiv
dafür ist – in einer Gesellschaft mit extrem ungleicher Einkommens-
verteilung, wie jener der Stadt Basel im 19. Jahrhundert – der Wunsch
gewesen, durch große Wohltaten die augenfälligen ökonomischen Dif-
ferenzen einerseits auszuhalten und andererseits die größte Not zu lindern. Nicht zuletzt hatte sich hier das mittelalterliche Prinzip einer ob-
rigkeitlichen Fürsorge für die gesamte Einwohnerschaft durchgehalten,
ein Grundsatz, der in Basel nie vergessen worden ist. Denn in den engen Grenzen des Basler Stadtstaates, der sich nach der Demütigung
durch die diktierte Kantonstrennung noch enger nach innen zusammengeschlossen hatte, blieb der Zusammenhang zwischen Individuum
und Gesamtheit viel effektiver und besser gewahrt als in Staaten, wo
Gesamtheit und Individuum, wenn überhaupt, dann nur in einem losen
Verhältnis zueinander standen. Deshalb sahen es in Basel vermögende
Private als ihre gesellschaftliche Pflicht an, der zunehmenden Verelendung eines wachsenden Arbeiterproletariats mit einem nicht unerheblichen Teil ihres persönlichen Vermögens zu wehren und damit, wenn
immer möglich, etwas Linderung zu verschaffen.

*

Neben Christoph Merian ist hier auch ein Mann wie Karl Sarasin zu
nennen, von dem später noch zu reden sein wird. Diese individuelle,
wenn auch nicht immer selbstlos gewährte Fürsorge, hat gewiss ihren
Teil dazu beigetragen, dass ein egoistischer Manchester-Kapitalismus,
wie er in vielen europäischen Ländern im Zeitalter der Industrialisierung Einzug gehalten und an manchen Orten auch zu blutigen Arbei-
teraufständen geführt hat, auf Basler Boden nie wirklich Fuß fassen
konnte. Doch keineswegs nur im Sozialen, sondern ebenso für das kirchliche und religiöse Leben kamen Basler Wohltäter etwa zu einem Drittel für alle diesbezüglichen Investitionen auf. Die Motivation der Mäzene dafür ist in ihrer christlichen Gesinnung zu suchen, dass nämlich
der Reiche für das Los der Armen in der eigenen Gesellschaft Verantwortung zu übernehmen habe, was wiederum, wenn auch aus anderen
Gründen, die in Basel so typische christlich-fürsorgerische Gesinnung
augenfällig befördert hat. Für sich selber waren diese christlichen Kreise
jedem Luxus abgeneigt und pflegten ihrerseits nur bescheidene Formen
von Geselligkeit wie beispielsweise eine bürgerliche Einladungskultur,
wo man aber bewusst nur unter Seinesgleichen blieb. Doch so ganz un-
eigennützig war diese Haltung nicht. Eine auf Vermögenserhalt oder

---

12 Vgl. dazu Philipp Sarasin in seinen in den Anm. 10 und 11 genannten Quellen.

gar Vermögensvermehrung ausgerichtete Heiratspolitik sorgte strikt dafür, dass man 'unter sich' blieb und der eigene Wohlstand nicht vermindert wurde. Auch an der Sozialstruktur sollte möglichst nichts verändert werden. Dafür war auch das politische System besorgt. Bis 1875 ruhte die politische Macht fast ausschließlich in den Händen jener reichen Basler, deren Vermögen eine Voraussetzung war für die Übernahme von ehrenamtlichen politischen Ämtern in der Stadtregierung, Ratsherrenregiment genannt. Und es dauerte noch viele weitere Jahre, bis die ersten Arbeitervertreter in die oberste politische Behörde gewählt wurden. Man wusste sich die eigene Macht zu erhalten und in diesem Sinn zeigt sich, dass der Mäzen immer auch politisch handelt. Denn wer schenkt, befiehlt.

*

Eine auch für Basel ganz besondere und außergewöhnliche Schenkung war Christoph Merians aus eigenen Mitteln finanzierter Neubau der neugotischen Kirche zu St. Elisabethen. Es sollte in seinen Augen ein für alle sichtbares religiöses Denkmal, nicht zuletzt auch ein sichtbarer Ausdruck und Tatbeweis seiner eigenen Frömmigkeit sein, ein letzter Ausdruck von Merians tiefverwurzeltem Glauben, ein Tatbekenntnis zum reformierten Basler Stadtstaat. Dieser Kirchenbau war der erste seit der Reformation in der Stadt Basel. Mehrere Jahre über den Tod des Stifters hinaus dauerte der Bau dieser Kirche, bis sie 1864 feierlich eingeweiht und ihrem Zweck übergeben werden konnte. Drei Millionen Franken hatte das Ehepaar Merian-Burckhardt schließlich dafür aufwenden müssen. Noch zu seinen Lebzeiten hatte der Stifter angeordnet, dass die gemalten Scheiben, die in die drei hohen Chorfenster eingelassen werden sollten, mit den Motiven von Geburt, Kreuzigung und Auferstehung Christi zu versehen seien, den drei Grundtatsachen des Glaubens, wie sie für Merian in Geltung standen. Ein Jahr nach der feierlichen Einweihung des Gotteshauses wurden diese von den Gebrüdern Burkhard in München bemalten Scheiben an den ihnen zugedachten Ort gebracht. Mit dem Aufsetzen der Kreuzblume auf dem Kirchturm und dem Wegräumen des Gerüstes hatte die Kirche am Ende des Jahres 1865 nach einer Bauzeit von sieben Jahren ihr endgültiges Aussehen erlangt. Der Stifter selber und später auch seine Gattin erhielten in der Krypta unter dem Altar ihre Grabstätte. Jacob Burckhardt, der weltbekannte Kulturhistoriker, ging ein paar Jahre lang täglich an diesem Neubau vorbei, als er noch an der Elisabethenstrasse wohnte und machte in einem Brief vom 12. Juni 1864 seinem Neffen Jacob Oeri in Bonn nach der Einweihung davon Mitteilung: «Vor acht

Tagen ist die Elisabethenkirche eingeweiht worden, nachdem sie zuvor
einige Tage dem herbeiströmenden Volke geöffnet gewesen. Der Eindruck des Innern ist so schön als er bei einer Emporenkirche sein
kann.»[13] Und über Christoph Merian, auch für Burckhardt ein Sonder-
und Glücksfall für seine Vaterstadt, meinte der Gelehrte in einem Brief
an Friedrich von Preen:

> Hier [sc. in Basel] scheiden sich auch scharf Amtsgeschäfte und Erwerbsgeschäfte,
> letztere consumiren den Menschen völlig und verhärten ihn gegen Alles übrige. Wir
> haben hier noch wahrlich einen Kaufmannsstand, der durch seine Theilnahme für das
> Außergeschäftliche eine gloriose Ausnahme macht.[14]

---

[13] Jacob Burckhardt: Briefe, Band IV, S. 147.
[14] Ders., Briefe, Bd. V, S. 98.

1.2 Das «Fromme Basel»

Pietisten und Erweckte. Die Basler Christentumsgesellschaft. Christian Friedrich Spittler.
Die Basler Missionsgesellschaft. Die Entstehung des «Frommen Basel». Adolf Christ. Das
konservative Basel.

Die Kantonstrennung 1833 war für viele Basler ein äußerst einschnei-
dendes Ereignis, das als Katastrophe und Demütigung erlebt, aber auch
als Mahnung zur Neubesinnung verstanden wurde. Auf diese traumati-
schen Erlebnisse folgte mit der Zuwendung eines einflussreichen Teils
der gesellschaftlichen Oberschicht zur Erweckungsbewegung die Epoche des «Frommen Basel». Wichtig war diesen Kreisen die Betonung
eines individuell-religiösen und geheiligten Lebens, das sich mit einem
ausgeprägt diakonisch-missionarischen Einsatz im Privaten und in der
Öffentlichkeit aufs Engste verband. Zwar ist der Individualismus expli-
zit ein programmatischer Begriff neuzeitlich-bürgerlichen Denkens. Er
hat aber durchaus christliche Wurzeln, denn mit dem Christentum
wurde erstmals die Besonderheit des einzelnen Menschen betont. Der
hohe Stellenwert des Individuums im Christentum resultiert aus Jesu
Verkündigung, dass Gott jeden einzelnen verlorenen Menschen mit seiner unendlichen Liebe sucht und nicht zugrunde gehen lässt. Auch ist
es nach christlichem Verständnis die Glaubensentscheidung eines jeden
Einzelnen, die über den Sinn seines Lebens bestimmt und dies unabhängig von Volks- und Standeszugehörigkeit. Verbunden mit dieser
ausgesprochen individualistischen Glaubenssicht war ein solches Christ-
sein – angenommen und gelebt als persönlicher Entschluss – eine bewusst erlebte und auch reflektierte Form der Frömmigkeit, wie sie besonders eindrücklich in Tagebüchern und Autobiographien aufscheint.

*

Die Pflege der Selbstbiographie, der Austausch von frommen Lebens-
läufen und die eindrückliche Briefkultur besonders des 18. und 19. Jahrhunderts sind für den Pietismus und die Erweckungsbewegung charakteristisch. Mit dieser Glaubenshaltung verbunden war in vielen Fällen
ein Tatbeweis nach außen, ein großer persönlicher Einsatz für die Innere und Äußere Mission. Letztlich beabsichtigten viele Pietisten und

Erweckte eine umfassende Erneuerung von Kirche, Erziehung und Gesellschaft. Zu diesem Zweck wollte die christliche Erneuerungsbewegung möglichst viele Menschen für ihre Sache gewinnen, eine, wie man glaubte, wesentliche Voraussetzung für die Wiederkehr Christi, die nach den gewaltigen politischen Umbrüchen der Französischen Revolution für dringlicher als je zuvor erachtet wurde.

Dieses neue Glaubens- und Lebensgefühl, wie es die Herrnhuter Brüdergemeine und im Gefolge ihre Basler Tochtergemeine bereits seit längerem praktizierten, entsprach in mancher Hinsicht dem Lebenshorizont des Basler Großbürgertums, wie es sich hauptsächlich nach der Kantonstrennung ausgebildet hatte. Man machte Front gegen die übrige Schweiz, bildete gesinnungsgemäß einen Staat im Staate und wuchs so nach innen zusammen, ganz im Einklang mit dieser neuen Art von Frömmigkeit, die nicht, wie in der Kirche üblich, gelehrt, sondern in kleinen privaten Kreisen eingesungen und 'eingebetet' wurde. Ihre Zusammenkünfte waren Pflanzstätten der Gemeinschaft, wo Vertrauen wachsen konnte; ihre Stärke die Unmittelbarkeit der Empfindung, die Freude und Seligkeit des Gefühls. Dabei wusste man sich durchaus im Einverständnis mit den von der Aufklärung provozierten restaurativen Kräften sowohl innerhalb der Theologie, als auch im politischen Raum. Diese Haltung hatte allerdings zur Folge, dass man sich in der Zeit danach in dieser Stadt noch immer mit politischen und kirchlichen Angelegenheiten beschäftigte, die in der übrigen Schweiz schon längst nicht mehr zur Debatte standen.

Der Theologe und Pietist Graf Niklaus Ludwig von Zinzendorf hatte bereits bei seinem ersten Besuch in Basel im Jahre 1740 – ein Jahr später und 1757 folgten weitere Besuche – eine kleine Brüdersozietät vorgefunden und dieser durch seine Gegenwart und seine einnehmende Persönlichkeit zu einem bemerkenswerten – wenngleich vor Rückschlägen nicht verschonten – Aufschwung verholfen. Im 19. Jahrhundert fühlten die Mitglieder dieser Sozietät sich in mancherlei Hinsicht mit den Erweckten eng verbunden: Wie jene war man jedem Separatismus abhold und wollte keineswegs ein Kirchlein neben der Kirche bilden. Zudem wandte man sich ebenso vehement gegen die, wie man meinte, verderblichen Einflüsse der Aufklärung in Kirche und Gesellschaft.[15] Damit sind jene beiden Verhaltensweisen gekennzeichnet, die im Allgemeinen die Stellung der Pietisten und Erweckten zu Kultur und Wissenschaft charakterisierten: die Abkapselung auf der einen und die Bekämpfung auf der anderen Seite. Diese Haltung barg allerdings die

---

15 Vgl. dazu aber Anm. 7.

Gefahr, den Anschluss an neue Entwicklungen in den verschiedensten Bereichen der Kultur, Wissenschaft, aber auch der Theologie zu verlieren, jede Modernisierung, eben weil sie Neues brachte, abzulehnen und sich im Bemühen, die eigenen Traditionen und Positionen zu verteidigen und an Altbewährtem konsequent festzuhalten, von geistigen und wissenschaftlichen Entwicklungen abzusetzen. Der Wissenschaftsgläubigkeit großer Teile des gebildeten Bürgertums im 19. Jahrhundert wurde der eigene Glaube und das Vertrauen in den Fortschritt des Reiches Gottes entgegen gesetzt. Auch führten die Ablehnung des aufkommenden Marxismus und Sozialismus sowie das Abseitsstehen beim Aufbau christlicher Gewerkschaften die Erweckten zwangsläufig dem konservativen Lager zu und hielten sie davon ab, zeitgemäße soziale Reformen an die Hand zu nehmen. Ihre Welt blieb gebunden an die traditionellen Formen der Arbeitsteilung und der Ethik, an die Sonntagsheiligung, an die Werke der Inneren und Äußeren Mission und die Familie, als wichtigstem Ort religiöser Sozialisation, der «wahren Kirche».

*

Dass diese Form von Frömmigkeit und Lebensgefühl ausgerechnet in Basel eine so breite Wirkung entfalten konnte, ist in erster Linie auf die 1780 gegründete Christentumsgesellschaft und deren bedeutsame Wirkungsgeschichte im 19. Jahrhundert zurückzuführen. Der Initiant dieser Anstalt war der pietistische Augsburger Pfarrer Johann August Urlsperger. Wie viele seiner pietistischen Zeitgenossen war Urlsperger von der Angst bestimmt, die immer stärker um sich greifenden Folgen der Aufklärung würden die biblisch-christliche Tradition, das christliche Ethos und alle Glaubensbindung aushöhlen und zum Verschwinden bringen. Gegen diese Flut Dämme zu errichten sah er als seine Lebensaufgabe an und dazu gründete er «eine Gesellschaft zur Beförderung der reinen Lehre und der wahren Gottseligkeit». Diese Organisation wollte eine Vereinigung von gläubigen Christen aus den unterschiedlichsten Ständen sein, ohne Einschränkungen hinsichtlich Geschlecht und Besitz, und sollte der immer weiter um sich greifenden Entchristlichung und Entkirchlichung wehren. Das vom Pietismus – wie auch von der Aufklärung – in seinen gemeinnützigen und patriotischen Vereinen hochgehaltene soziale Moment ermöglichte eine Mitgliedschaft allein auf der Basis einer freiwilligen Entscheidung und war unabhängig von Berufs- und Standeszugehörigkeit. In guter ökumenischer Absicht spielten auch konfessionelle und innerprotestantische Abgrenzungen keine Rolle.

Die Stadt Basel – deren kirchliche Situation der Gründung der Christentumsgesellschaft eigentlich nicht bedurft hätte, stand doch das rege kirchliche Leben nie in Gefahr – war Urlsperger als Zentrum seiner Organisation besonders geeignet erschienen, weil der Pietismus in Basel im 18. Jahrhundert in einer durchaus gemäßigten, allem Schwärmerischen abholden Gestalt Fuß gefasst hatte und in friedlichem Einvernehmen mit der Kirche existierte, einer Kirche, die seit jeher ein Grundpfeiler der städtischen Herrschaft mit der ihr wesentlichen gesellschaftlich-hierarchischen und stabilisierenden Funktion gewesen war. Zudem hatte der Stadtstaat Basel seinen protestantischen Charakter in einem relativ freiheitlichen Klima über lange Zeit bewahren können. Auch fand sich ein tüchtiges Kader von Laienchristen, das bereit und auch ökonomisch dazu in der Lage war, finanziell und organisatorisch das geplante Unternehmen nicht nur zu wagen, sondern auch dessen Zukunft garantieren zu können. Schließlich bestanden in Stadt und Landschaft bereits vor 1780 vereinsmäßig zusammengeschlossene pietistische Kreise, bei denen die neu gegründete Gesellschaft ertragreichen Boden vorfand und ohne deren tätigen Einsatz die weiträumige und fruchtbare Tätigkeit der Basler Christentumsgesellschaft nicht möglich gewesen wäre. Dank der grossen missionarischen Kraft dieser Gesellschaft hatten sich schon bald vor allem in Deutschland und Holland, aber auch weit darüber hinaus, über vierzig Partikulargesellschaften gebildet.

So entstand in Basel eine bedeutende Privatversammlung erweckter Bibelchristen, die nach individueller Gnade und Heiligung strebten und mit dem Mittel der Erbauung das Ziel einer Ausbreitung des «Reiches Gottes» als Erfahrung der Weltwirksamkeit Gottes für möglichst viele Menschen anstrebten. Überhaupt war die Mission ein Herzensanliegen der Erweckung gewesen, eine Form der *praxis pietatis*, eine essentielle Reichgottesarbeit. Im Gegensatz zu Urlsperger, der mit Hilfe der Gesellschaft anfänglich mehr zu einer aktiv-polemischen Bekämpfung der Folgen der Aufklärung neigte, verlagerte sich schon wenige Jahre später der Schwerpunkt dieser Gesellschaft von der theoretischen Verteidigung der reinen Lehre hin zur praktischen Liebestätigkeit. Zudem machte es sich dieser Verein jetzt zur Aufgabe, vor allem Bibeln und christliche Erbauungsliteratur günstig unter das Volk zu bringen und den Kontakt unter den gläubigen Christen zu fördern. Im leitenden Ausschuss dieser Gesellschaft nahmen einflussreiche Vertreter aus der Basler Pfarrerschaft und dem Großbürgertum Einsitz, und für die Erledigung der zunehmend anwachsenden Arbeit wurde 1782 der Posten eines hauptamtlichen Sekretärs geschaffen und jeweils mit einem württembergischen Pfarramtskandidaten besetzt. Damit ergab sich zwangs-

läufig eine enge Verbindung mit der württembergischen Kirche und
dem württembergischen Pietismus und dessen charakteristischen Fröm-
migkeits- und Denkformen.

*

Die Württemberger Carl Friedrich Steinkopf, Christian Gottlob Barth,
Christian Gottlieb Blumhardt, Christian Friedrich Spittler und Christian Heinrich Zeller, alle in Basel und Umgebung in leitender Stellung
an zahlreichen missionarischen und diakonischen Werken beschäftigt,
machten Basel zu einem erwecklichen Vorort im süddeutschen Raum.
Im Missionshaus und auf St. Chrischona – dort hatte Spittler 1840 die
Pilger-Missionsgesellschaft angesiedelt, die fromme Handwerksgesel-
len ausbilden und als Pilgermissionare dorthin aussenden sollte, wo
geistliche Not herrschte – hatte diese Bewegung ihre Ausbildungsstät-
ten, im Vereinshaus am Nadelberg ihr Versammlungslokal. Dabei blieben die Verantwortlichen, ohne separatistische Gelüste zu entwickeln,
stets mit der Landeskirche verbunden. Ein besonderes Moment des
württembergischen Pietismus lag in seinem volkstümlichen Charakter:
Pfarrer, Bürger und Bauern trugen die gemeinsame Sache voran. Begünstigt wurde diese Situation durch ein traditionell in religiösen Dingen gleichgültiges Herrscherhaus. Außerdem machte die Theologenschaft des Landes die Universität Tübingen in kurzer Zeit zu einer
Hochburg des Pietismus. Zudem fand sich um die Mitte des 19. Jahrhunderts im Württembergischen auch eine auffallend große Begeisterung für die Arbeit der Mission, was, neben wesentlichen finanziellen
Zuwendungen, den Basler Reichgotteswerken etwa die Hälfte aller
Missionsschüler zugeführt hat.

Standen Pietismus und Erweckung dank ihrer antiaufklärerischen
und konservativen Ausrichtung oft genug auf der Seite der politisch
Mächtigen und Einflussreichen, so gingen sie in Württemberg den ent-
gegengesetzten Weg – im 17. und 18. Jahrhundert trat der schwäbische
Pietismus in Opposition zu der Willkürherrschaft dreier Herzöge – und
haben damit die persönliche Freiheit des Einzelnen gestärkt und das
Mitgefühl für die Geschundenen und Benachteiligten genährt. So wundert es nicht, dass in Verbindung mit einer in der Nordwestschweiz vor-
herrschenden wesentlich menschlicheren Staatsform als im Württembergischen, Basel zum Schauplatz der ersten Versuche deutscher
Protestanten wurde, den Auswirkungen von Despotie und Armut im
Glauben entgegenzutreten. Schwierige politische Ereignisse ihrer Gegenwart erkannten und deuteten die Erweckten oftmals als Krise und
sahen darin zugleich eine neue Zeit in der Geschichte Gottes mit den

Menschen anbrechen: das Reich Gottes schien nicht mehr fern zu sein. Dabei stritt man darum, ob man sich beim Einbruch dieses Reiches aus der Welt zurückziehen sollte oder ob das bald anbrechende Reich Gottes von den erweckten Christen nicht vielmehr fordere, sich mit noch größerer Energie für die göttliche Gerechtigkeit einzusetzen.

*

Einer, der diesen aktiven Einsatz mit größtem Eifer bejahte und dabei zum bedeutendsten Sekretär der Christentumsgesellschaft im 19. Jahrhundert wurde und in dieser Funktion die religiöse Physiognomie Basels im 19. Jahrhundert entscheidend mitprägte, war der Württemberger Christian Friedrich Spittler, von Beruf nicht Theologe, sondern gelernter Kanzlist. Sein ganzes Leben ist ein Dokument der vom Glauben her gebotenen Einmischung in die Welt, der Verbreitung einer christlichen Gesinnung unter denen, die sie nicht kannten oder vergessen hatten. Unter seiner überaus aktiven und umtriebigen Leitung, gepaart mit einem zähen Durchhaltewillen und einer penetranten Eigensinnigkeit, entstanden in der Stadt und deren näheren Umgebung wirkungskräftige Tochtergründungen, so 1804 die Basler Bibelgesellschaft, 1815 die Basler Missionsgesellschaft, 1820 das Lehrerseminar und Erziehungsheim in Beuggen im benachbarten Badischen, 1838 die Taubstummenanstalt in Riehen, 1840 die Pilgermissionsanstalt auf St. Chrischona, 1852 das Diakonissenhaus in Riehen und 1859 die Basler Stadtmission. Einen besonderen Charakter hatte dabei das 1865 ins Leben gerufene Christliche Vereinshaus am Nadelberg, ein Haus zur Abhaltung von Versammlungen und Vorträgen, später auch ein Widerstandszentrum der Konservativen gegen den kirchlichen und politischen Freisinn. Spittlers nie erlahmende Hingabe, gepaart mit einer schrankenlosen Zähigkeit und Ausdauer, hat die Verwirklichung all dieser Reichgotteswerke erst ermöglicht.

Friedrich Spittlers Wohn- und Arbeitsort war seit 1806 das «Fälkli», eine ehemalige Herberge des Augustinerklosters am Stapfelberg, das ein wohlhabender Basler der Gesellschaft und ihrem Sekretär zur Verfügung gestellt hatte, bis es Spittler 1812 selber erwarb. Spittler war 1801 nach Basel zunächst als Verantwortlicher für die ökonomische Seite des Unternehmens berufen worden. Sieben Jahre später wurde ihm die Gesamtleitung des Sekretariats übertragen. An theologischen und kirchlich-organisatorischen Fragen nur wenig interessiert, war ihm der Glaube ausschließlich eine Herzenssache. Geprägt von den Traditionen des württembergischen Pietismus und der inneren Dynamik seiner Erweckungsfrömmigkeit, war er ein ausgesprochener Praktiker und Logistiker, ein «Handlanger Gottes», wie er sich selber nannte. Dass statt eines aktiven Lebens nur dürre Lehre herrsche, statt eines lebendig machenden Geistes nur das trockene Amt und statt der überwindenden Glaubenskraft nur der leere Schein, diese Einsicht trieb ihn zu immer neuer Arbeit an. Sein Anliegen war es, zu einem Glauben aufzurufen, der sich in der Wiedergeburt eine klare Gestalt gibt und durch seine Früchte wirkt. Und dabei war, wie er meinte, keine Zeit zu verlieren. War doch der Augenblick nicht fern, wo Christus über den Antichristen und seine Anhänger zu Gericht sitzen werde, was für ihn gleichbedeutend war mit dem Beginn des Tausendjährigen Reichs, von dem im biblischen Buch der Offenbarung die Rede ist und das im Denken der schwäbischen Pietisten seit den Zeiten eines Johann Albrecht Bengel und Friedrich Christoph Oetinger eine besondere Rolle spielte. Deshalb war es für die Menschen auch hohe Zeit, jetzt ihr Verhalten zu ändern und sich zu einem aktiven und tätigen Glauben zu bekennen.

Spittlers ganze Arbeitskraft stand im Dienst der Ausbreitung des Reiches Gottes und seine unermüdliche und vielfältige Tätigkeit wird besonders eindrücklich sichtbar in der Gründung von immer neuen Reichgotteswerken. Hier wurde sein Glaube konkret. Was alle diese Gründungen für Basel bedeutet haben und noch immer bedeuten, ist nur schwer zu überschätzen. In jedem Fall hat Spittlers rastloser Unternehmergeist der Stadt wesentliche Impulse gegeben und ihr zudem den Ruf als «fromme Stadt» eingebracht. Auch der Armut des zunehmenden Industrieproletariats hat er sich mit großer Tatkraft angenommen, zusammen mit einflussreichen und vermögenden Basler Familien, die seine Stiftungen durch große finanzielle Schenkungen erst ermöglichten. Die Aufgabe, Antworten auf die Frage zu suchen, warum Menschen denn hungern müssten, überließ er freilich anderen. Für Spittler war die bestehende Ordnung durch die von Gott eingesetzte Obrigkeit legitimiert und daher nicht in Frage zu stellen. Denn Recht war für ihn, auch in diesem Punkt wusste er sich in Übereinstimmung mit den Konservativen, letztlich göttliches Recht, über das der Mensch nicht verfügen könne und das zudem eine wesentlich historische Gestalt aufweise: ewiges Recht ist jenes Recht, das historisch gewachsen ist.

So vermochte Spittler denn auch im bewaffneten Kampf der nach mehr demokratischen Rechten rufenden Landbevölkerung gegen die städtische Basler Vorherrschaft, der 1833 schließlich zur Kantonstrennung führte, nichts anderes als einen Aufruhr gegen Gott zu sehen. Die Unterordnung unter die Obrigkeit galt ihm als oberstes Gebot. So hat die Trennung des Kantons Basel in zwei Halbkantone bei ihm wie auch bei den führenden Familien der Stadt zu einem Rückzug auf die Tradition und zu einem Festhalten an überlieferten Vorrechten geführt. Der ökonomisch und politisch führenden Gesellschaftsschicht ging es darum, das Erbe der Vergangenheit zu hüten und damit auch eine gewissenhafte Verwalterin einer bestimmten Staats- und Gesellschaftsform zu sein. Während sich die übrige Schweiz damals den aufkommenden freisinnig-demokratischen Ideen öffnete, verhärtete sich die konservative Haltung der Basler und mit ihnen auch die Spittlers und seiner Freunde. Trotzdem wurde Spittler für die Rheinstadt dank seiner nie müde werdenden Hingabe an seine Aufgabe zu einer prägenden Figur voll «geisterfülltem Eifer». Pfarrer Wilhelm Le Grand, der mit Spittler über fünfzig Jahre befreundet gewesen war, sagte in seiner Predigt anlässlich der Bestattung Spittlers am 11. Dezember 1867:

> unser lieber Spittler – kein Vornehmer, kein Gelehrter, kein Reicher, nur ein Pfarrerssohn und Schreiber auf dem Kameralamt, und dieser Mann ist in Gottes Hand das Werkzeug gewesen zur Stiftung und Gründung dieser Anstalten, freilich im Verein mit lieben Freunden; aber doch ursprünglich war er der Mann, den Gott gebraucht hat, um dies alles zu thun.[16]

Wenn Basel bis ins 20. Jahrhundert als Hort der Frömmigkeit, als ein Zentrum christlicher Aktivitäten galt, so ist dies in bedeutendem Maß auf die Aktivitäten der Christentumsgesellschaft und ihrer beachtlichen Wirkungsgeschichte im 19. Jahrhundert zurückzuführen. Ein großes Verdienst fällt dabei Spittler zu, da von 1808 an bis zu seinem Tod 1867 die Geschichte dieser Gesellschaft im Grunde identisch ist mit der Biographie und Wirkungsgeschichte dieses Mannes.

*

Auf ein weiteres, von Spittler ins Leben gerufenes Werk – an ihm hat der wortmächtige Pfarrer zu St. Martin, der Erweckungsprediger Niclaus von Brunn seinen nicht geringen Anteil –, das Wesentliches zum Verständnis des «Frommen Basel» beitragen kann, nämlich die 1815 im Pfarrhaus zu St. Martin gegründete Basler Missionsgesellschaft, soll hier noch hingewiesen werden. Die Christentumsgesellschaft stand auch hier Pate. Den Zweck dieser Gesellschaft sah man in der «Verbreitung der evangelischen Religionserkenntnis und ächt menschlicher Civilisation und Sittenveredlung».[17] Zum Leiter der Anstalt war der Württemberger Theologe Christian Gottlieb Blumhardt berufen wor-

---

16 Leichenrede bei der Beerdigung von Herrn Chr. F. Spittler, S. 17f.
17 Wilhelm Schlatter: Geschichte der Basler Mission, 1815-1915; Bd.I, S. 28.

den. Dabei wurde die Bestimmung des neuen Unternehmens im Berufungsschreiben an Blumhardt wie folgt umschrieben:

> Wir haben uns vereinigt, eine Missionsanstalt in unserer Stadt zu errichten, welche den einfach grossen Zweck hat, durch einen regelmässigen Kursus im zweckmässigen Vorbereitungsunterricht Zöglinge zu bilden, welche von den schon lange mit glücklichem Erfolg arbeitenden englischen und holländischen Missionsgesellschaften als Verbreiter einer wohltätigen Zivilisation und als Verkündiger des Evangeliums des Friedens nach verschiedenen Gegenden der heidnischen Welt versendet werden können.[18]

Der Missionsgedanke war zunächst in England lebendig geworden und wurde später auf dem Kontinent vor allem durch den deutschen Pietismus, durch Francke und Zinzendorf in die Tat umgesetzt. In Basel hatten die staatlichen Behörden, an der Spitze stand damals Staatsrat Peter Ochs, als Liberaler und dezidierter Vertreter der Aufklärung alles andere als ein Freund der Pietisten, Spittlers und von Brunns Gesuch, in Basel eine Missionsgesellschaft ins Leben zu rufen, bewilligt. Ochs begründete seine Bewilligung damit, dass «es einem jeden wahren Christen am Herzen liegen muss, dass das Christenthum so viel möglich ausgebreitet werde, und wir übrigens finden, dass ein solches Institut in politischen Hinsichten keineswegs nachtheilige Folgen nach sich ziehen könne.»[19] Unter dem namhaften Einfluss von Ochs, dem ersten Präsidenten des Helvetischen Senats, hatte im übrigen die Helvetik, wie schon im Bildungswesen, so auch in konfessioneller Hinsicht mit ihrem rationalistischen Geist Gleichberechtigung gebracht und wurde damit in reformierten Orten zur eigentlichen Geburtshelferin katholischer Kirchgemeinden. So durften im reformierten Basel Katholiken seit 1754 zwar am tolerierten privaten Gottesdienst eines katholischen Diplomaten teilnehmen, aber erst das Jahr 1798 wurde dann, mit Zuweisung der St. Clara-Kirche als Gotteshaus, zum Geburtsjahr der katholischen Kirchgemeinde in dieser Stadt.

Nach dem Vorbild der Brüdergemeine hat die Basler Mission Männer aus den verschiedensten Berufen wie Fabrikarbeiter, Handschuhmacher, Strumpfweber und Schuhmacher für die Ausbildung zum Missionsdienst aufgenommen und nicht nur, wie an anderen Missionsschulen, ausschließlich Theologen. Als Frucht der Erweckung hatte die ins Auge gefasste Missionstätigkeit die Ausbreitung von Gottes Reich im Auge und einzige Bekenntnisschrift war die Bibel. Im Lehrplan spielten die Einführung in die Bibel und der praktische Umgang mit bibli-

---

18   Zitiert nach Hans Hauzenberger: Basel und die Bibel, S. 143.
19   StABS Kirchen-Acten R 1 Evangelische Missionsgesellschaft.

schen Texten im Blick auf Predigt und Katechese die zentrale Rolle. Daneben gab es Unterricht in christlicher Glaubenslehre, Ethik und Missionsgeschichte. Viel Gewicht legte man auf die praktische Ausbildung, wozu auch das Erlernen der englischen Sprache gehörte.

Dem Einfluss des württembergschen Pietismus war es zu verdanken, dass die Missionsgesellschaft zu den Kirchen in einem positiven Verhältnis stand, obwohl die Kirchen für den Missionsauftrag im Allgemeinen nur wenig Verständnis aufbrachten. Dank Blumhardts umsichtiger Leitung war die Missionsgesellschaft in der Basler Öffentlichkeit schon bald gut verankert. In ihrem Komitee saßen Pfarrer der großen reformierten Stadtgemeinden neben einflussreichen Basler Bürgern. Im Weiteren diente Blumhardt der Sache in wesentlichem Maß auch durch das von ihm begründete und bis zu seinem Tod redigierte *Missions-Magazin*.

Der einflussreichste Inspektor dieser Gesellschaft war Joseph Josenhans. Auch er kam aus dem Württembergischen und hatte während seines Theologiestudiums in Tübingen zusammen mit den Württembergern Wilhelm Hofacker, dem Bruder Ludwig Hofackers, mit Sixtus Karl Kapff, dem späteren Dekan und Führer der Württembergischen Landeskirche, auch er ein überzeugter Erweckter, und mit Albert Knapp, dem Dichter und Schriftsteller der württembergischen Erweckung, sowie mit weiteren Glaubensgenossen im Tübinger Stift in einem pietistischen Kreis regelmäßig Erbauungsstunden abgehalten. Dreißig Jahre, von 1849 bis 1879 leitete Josenhans die Basler Mission und prägte diese Anstalt während dieser langen Zeit in organisatorischer wie geistiger Hinsicht nachhaltig. Aufgrund der eigenen Erfahrung – Josenhans hatte als Visitator 1851 selber das indische Missionsgebiet besucht – schuf er eine auf strengen Vorschriften beruhende Haus- und Dienstordnung, die weitsichtig die mögliche Entwicklung der Anstalt vorausnahm und ihr zu großer Blüte verhalf. Unter seiner Leitung erfuhr diese Anstalt durch den Bau des Missionshauses – das Haus wurde mit Steinen der ein Jahr zuvor geschleiften Stadtmauer errichtet und vom Architekten Johann Jakob Stehlin einem barocken Klostertrakt nachgebildet – im Jahr 1860 eine bedeutende Erweiterung, so dass bald hundert Zöglinge darin Aufnahme finden konnten. Seine gebieterische Herrschernatur – nicht ohne Grund nannten ihn die Basler «Basels Bismarck» – forderte von den jungen Männern Gehorsam gegen die Vorgesetzten, das Hintansetzen aller persönlichen Interessen hinter die Berufspflicht, 'mannhaftes Verhalten' in schwierigen Verhältnissen und treues Aushalten auf dem zugewiesenen Arbeitsfeld. Im Bewusstsein der ihm von Gott gestell-

ten Aufgabe und verliehenen Autorität entwarf er seine Operations-
pläne und führte sie unbeirrt voller Energie und Beharrlichkeit aus.
Dabei blieb er, stets misstrauisch gegen alles Freikirchliche und Dis-
sidente, bis zu seinem Lebensende ein treues Mitglied der württembergischen Landeskirche. Im Unterschied zu Spittler, der weit weniger auf Disziplin hielt und alle möglichen Leute in den Missionsdienst
schickte, sah Josenhans die Missionare als ein tüchtiges, gut geschul-
tes und diszipliniertes Heer, stramm geführt von einer entschlossenen
Leitung. So wundert es nicht, dass sich Josenhans und Spittler im
Laufe der Zeit gegenseitig völlig entfremdet haben.

Es war ohne Zweifel vornehmlich, jedoch nicht ausschließlich, die
Missionsgesellschaft gewesen, die Basel den Ruf einbrachte, ein in Sachen Religion nicht nur frommes, sondern auch tolerantes Staatswesen
zu sein, da es innerhalb seiner Grenzen dieser weltumfassenden, unabhängigen, überkirchlichen und von allen Separationsgelüsten freien
Glaubensgemeinschaft Gastrecht gewährt hat und bis zum heutigen Tag
gewährt. Wie kaum an einem anderen Ort, so hatte sich in Basel, in der
durch ihre Lage so begünstigten Handels- und Universitätsstadt am
Rheinknie, ein geradezu harmonisches Zusammenleben von Kirche und
Gesellschaft, von kirchlich Erweckten und politisch und ökonomisch
äußerst einflussreichen Kaufmannsfamilien wie die der Sarasins, Socins,
Stähelins, Iselins, den Merians, Burckhardts, Heuslers, Respingers,
Vischers und anderer ergeben, die die Spittlerschen Stiftungen durch
beachtliche finanzielle Schenkungen erst ermöglicht und auch aktiv in
deren Verwaltung mitgearbeitet haben. Hier treten die Wurzeln des
«Frommen Basel» am sichtbarsten zu Tage.

Karl Rudolf Hagenbach, Professor der Theologie an der Universität
Basel und führender Vertreter der schweizerischen Vermittlungstheologie, ein Schüler des Theologen und Philosophen Friedrich Schleiermacher und des Kirchenhistorikers August Neander, beschrieb in einem
Vortrag von 1873 über «Die religiöse Physiognomie Basels in der ersten Hälfte dieses [sc. des 19.] Jahrhunderts» die religiöse Situation in
der Stadt Basel nach den Trennungswirren wie folgt:

> Daß Basel, im Vergleich mit andern reformirten Schweizerstädten, seine eigene re-
> ligiöse Physiognomie habe, wird Niemand bestreiten wollen. [...] Das religiöse Erbe,
> welches unser Basel zu Anfang dieses Jahrhunderts angetreten, bestand [...] aus
> dem noch immer ansehnlichen Kapital des *reformirten Bekenntnisses* der Väter, wie
> es in der Basler Confession gleichsam verbrieft erscheint; zu diesem aber waren hin-
> zugetreten die von auswärts überkommenen Elemente des deutschen Pietismus, des
> Herrnhutismus von der einen, des über die Schranken des Konfessionellen hinaus-
> strebenden Humanismus mit seiner mehr deistischen, als streng christlichen Grund-
> lage auf der anderen Seite.

Im Weiteren habe «die Baselsche Kirche als solche auch in den Tagen nach der Revolution sich dem damals in Deutschland immer mehr um sich greifenden Rationalismus in merkwürdiger Weise zu entziehen gewusst» und viele Basler Prediger,

> die Ausgezeichneten unter ihnen, welche über eine todte und abgestandene Orthodoxie hinausstrebten zu einem lebendigen Christenthum und auch in der That auf die Gemüther wirkten, waren mehrentheils solche, auf die der *Pietismus* einen entscheidenden Einfluss geübt hatte, oder die sich der Herrnhutischen Richtung zuneigten. […] Wie sehr die Brüdergemeinde bei uns an Boden gewann, lässt sich […] beurtheilen […] nach dem stillen Einfluß, den sie auf die religiöse Stimmung und Gesinnung der Bevölkerung durch das Organ eben dieser Prediger übte […] und deren waren nicht wenige.

War, wie Hagenbach weiter ausführte, der Basler Bürger zu Beginn des 19. Jahrhunderts im Allgemeinen noch einem *«religiösen Indifferentismus»* erlegen, so war es «die Zeit der deutschen Befreiungskriege von den Jahren 1813–1815, die in ganz Europa eine neue Periode auch im kirchlichen Leben herbeiführte.» Und diese neue Periode «stand im Zusammenhang mit der allgemeinen religiösen Erweckung», für Basel die Zeit der

> Grundsteinlegung zu einem grossartigen Institut […] dem Missionsinstitut […] eine von Aussen unabhängige Stiftung freiwilligen religiösen Triebes, die allerdings in ihren ersten Anfängen mit Spittler und der deutschen Christenthumsgesellschaft im Fälkle im Zusammenhange stand, aber bald sich selbständig entwickelte und alle bisherigen Sonderverbindungen weit überschattete, dadurch, daß sie sich die Sympathien eines großen Theils nicht nur der christlichen Bevölkerung Basels, sondern auch anderer Gegenden *in* und *außer* der Schweiz zu erwerben wußte. Seinen geistigen Mittelpunkt hatte das Institut in Würtemberg [sic!], woher ihm gleich von Anfang Gaben flossen, woher es auch bis zur Stunde nicht nur seine Vorsteher und die meisten Lehrer, sondern auch verhältnißmäßig den größern Theil seiner Zöglinge erhalten hat. Es ist hier die *spezifisch Würtembergische* Färbung des Christenthums mit seiner vorwiegend biblisch-orthodoxen Richtung, hie und da dem Apokalyptischen mit Vorliebe sich zuwendend, die Richtung der Bengel-Oetingerschen 'Reichstheologie', wie wir sie etwa zum Unterschied von der Herrnhutischen Richtung nennen könnten, die hier zu Tage trat [sc. und] auch auf das religiöse Leben Basels zurückgewirkt [sc. habe].

> Einen weiteren Anstoß [sc. gab] unserm alten Basler Kirchenthum die Bewegung, welche von der *calvinischen* Kirche, von England und Schottland, dann aber namentlich von Genf und der Westschweiz aus unter dem Namen der Erweckung (des Réveil) auch über die deutsche Schweiz und namentlich über Basel ihren Weg nahm.

In diesem Zusammenhang nennt Hagenbach «die hiesige französische Gemeinde», in der sich diese Richtung der Erweckung zunächst manifestiert und später von da aus vor allem in den gebildeten Kreisen und höheren Ständen ausgebreitet habe. Und was die «Revolution in den Dreissiger Jahren, die nach einem blutigen Bruderkampfe zwischen

Stadt und Land zur Trennung der beiden Kantonstheile» geführt habe, betrifft, so sieht sich Hagenbach gezwungen,

> das Geschehene auch theilweise auf die religiöse Haltung Basels zurückzuführen, an der keineswegs der Pietismus allein Theil hatte, sondern in der Alle sich begegneten, die in dem Vorgehen der Revolutionspartei ein Attentat auf die göttliche Ordnung der Dinge erblickten. […] Was aber vornämlich sittlich imponirend wirkte, das war der mannhafte Widerstand, den die Geistlichen auf der Landschaft, grösstentheils Stadtbürger, den Revolutionsmännern entgegensetzten, was bekanntlich dann ihre *Vertreibung* von Amt und Haus und Hof zur Folge hatte. Das Schicksal dieser Männer wirkte auch wieder zurück auf die religiöse Stimmung und die kirchlichen Verhältnisse der Stadt. Die größere Zahl der Vertriebenen gehörte ihrer Richtung nach zu den Vertretern der strengen Orthodoxie und der herrnhutischen oder pietistischen Denkweise.

Selbstverständlich war, dass diese Pfarrer in «der eigenen Vaterstadt […] in den Dienst der städtischen Kirche» aufgenommen wurden und

> daß man auch in den weitern Angelegenheiten unseres öffentlichen Lebens auf die Stimme der 'Vertriebenen' hörte (sie schufen sich ihr Organ im 'christlichen Volksboten') […] Ueberhaupt war diese Stimmung seit jenen traurigen 'Wirren' bei Vielen unwillkürlich ins Reaktionäre umgeschlagen. Man empfand eine instinktive Scheu gegen Alles, was auch in den regenerirten Kantonen im Sinne der Reform und der Centralisirung angeregt wurde und namentlich erwartete man für das kirchliche Leben von daher wenig Heil. Mit dem gleichen Mißtrauen wurde aber auch von den eidgenössischen Mitständen Alles angesehen, was von Basel ausging. Galt doch jetzt dasselbe Basel, das früher an der Spitze des politischen Fortschritts gestanden, als reaktionär, als durch und durch pietistisch. […] Erst in den darauf folgenden Zeiten bahnte sich auf Grundlage der neuen Bundesverfassung wieder ein freundlicheres Verhältniß an.

Hagenbach rundete seine Darstellung mit der folgenden Bemerkung ab:

> Nichtsdestoweniger blieb, und zumal in kirchlichen Dingen, noch immer ein Mißtrauen [sc. vonseiten der übrigen Schweiz] gegen das 'fromme Basel', wie man es mit schlecht verhaltener Ironie zu bezeichnen pflegte. Ein Umstand mochte dazu dienen, dieses Misstrauen zu nähren. Hatte das religiöse Basel schon früher den reformirten *eidgenössischen Mitständen gegenüber* eine ziemlich isolirte Stellung eingenommen, weil es seinen Schwerpunkt mehr *außer* der Schweiz als *in* derselben hatte, entweder in Herrnhut oder in Würtemberg, oder in dem zwar schweizerischen, aber von der Nationalkirche getrennten, mit England, Schottland, Amerika kosmopolitisch verbundenen Genf, so führte die im Jahre 1833 vollzogene *Trennung von der Landschaft* vollends zu Verhältnissen, die bei dem auf die Stadt und wenige Dorfgemeinden beschränkten Territorium zur Bildung einer *Landeskirche* wenig angethan war. Es zeigte sich auch wenig Bedürfniß dazu. Indem sein Boden für Alles, was das 'Reich Gottes' im Großen betrifft, eine reiche Empfänglichkeit zeigte, wie vielleicht nirgends anderswo, so daß auch wieder die Augen der 'Reichgottesleute' aller Länder auf Basel gerichtet wurden, so verhielt man sich hierseits den *organisatorischen* Fragen gegenüber … ziemlich gleichgültig, wo nicht abwehrend.[20]

---

20 Volksblatt für die reformirte Kirche der Schweiz, 5. Jg., Nr. 22 vom 31. Mai 1873 und Nr. 23 vom 7. Juni 1873, S. 85–92 [in Auszügen].

Ausführlich nennt Hagenbach die Gründe für das Entstehen des «Frommen Basel»: die Initiativen eines Spittler, der Einfluss der Württemberger Pietisten, wie er sich insbesondere dank ihrer Arbeit in der Christentumsgesellschaft in Basel bemerkbar gemacht hatte; dann das aus den Krisenjahren 1830–1833 gewachsene Bewusstsein, dass dieser politische Prozess als Gerichtshandeln Gottes zu verstehen sei, der zur Umkehr, zu einem neuen ernsthaften Christentum und zur Übernahme von Verantwortung führen sollte, sowie zu einer Besinnung auf Möglichkeiten eines erneuerten religiösen Lebens. Auch sei die Bedeutung der Basler herrnhutschen Brüdersozietät auf das kirchliche Leben dieser Stadt nicht zu unterschätzen. Hier schließe sich die schon früh einsetzende Sympathie sowie Unterstützung hauptsächlich vonseiten der zahlreichen, aus der Landschaft ausgewiesenen Pfarrern, die oftmals auch der Herrnhuter Sozietät angehörten, für ein erweckliches Christentum, nahtlos an. Damit sind die Gründe genannt, die zur Bezeichnung «Frommes Basel» geführt haben, einer Bezeichnung, die wahrscheinlich aus der Zeit der Trennungswirren stammt, wo Landschäftler sich spöttisch über die «frömmelnden Basler Millionäre» geäussert haben sollen.

Es wurde bereits darauf hingewiesen, dass die pietistisch-erweckliche Bewegung seit den 1830er Jahren zunehmend auf Akzeptanz in den angesehenen und einflussreichen Basler Familien stieß. Dabei war es das Zusammengehen von einer pietistisch-karitativen Religiosität mit dem Basler Konservativismus gewesen, das zu der so eigentümlichen Basler Frömmigkeit führte. Für diese religiöse Haltung war ein individuell geheiligtes Leben und davon ausgehend ein diakonisch-missionarischer Einsatz konstitutiv, ganz im Sinn des pietistischen Programms: Weltverwandlung durch Menschenverwandlung. Zudem verstärkte das Spittler'sche Erbe das konservative Selbstverständnis noch dadurch, dass seine Repräsentanten die nach 1833 erfolgte Abkapselung der Stadt gegenüber einer zunehmend freisinnigen Schweiz mit ihrem säkularen Charakter als Bewährung der Glaubenstreue verstanden. Damit hatte man eindeutig Stellung bezogen gegen alle Formen des aufkommenden Liberalismus und des säkularen Zeitgeistes. Man pflegte die innere Gemeinschaft des Glaubens, betonte den Bruch mit der sündigen Welt und lag damit im Trend einer erwecklichen Frömmigkeit, die dem gesellschaftlichen und geistigen Umbruch jener Zeit gegenüber fast überall nur eine starr ablehnende Haltung an den Tag legte und sich so unreflektiert in die konservative Abwehrfront integrierte.

Doch musste andererseits gerade in Basel diese konservative Gesellschaftsschicht, die als juristisch privilegierte (das Stadtbürgerrecht verlieh umfassende politisch-ökonomische Vorteile), politisch herrschende und ökonomisch führende Schicht auch kulturell den Ton angab (wobei sich immer wieder religiöses und kommerzielles Denken vermengte, denn die Konservativen politisierten als Christen), ihre Unternehmen zukunftsorientiert führen und neuen Einflüssen gegenüber offen sein. Solche Weitsicht brachten ihre Vertreter dann auch in anderen, wie beispielsweise in kirchlichen und Reich-Gottes-Werken ein, wo man ebenso klug und vorausschauend handeln musste wie im politischen und wirtschaftlichen Leben. Hier ist der Grund dafür zu finden, dass die erweckliche Glaubensrichtung, die viele einflussreiche Basler jener Zeit erfasste, in dieser Stadt nie einen nur rückwärtsgewandten, eigensinnigen Charakter angenommen hatte, wie dies an anderen Orten der Fall gewesen war. Vielmehr kann diese Form eines konservativen Christentums mühelos mit der toleranten und unverstellten humanistischen Tradition Basels, wie sie etwa von Isaak Iselin repräsentiert wurde, in versöhnlichen Einklang gebracht werden.

*

Am Eindrücklichsten hat Ratsherr Adolf Christ dieses «Fromme Basel» verkörpert. Die Familie Christ, im 17. Jahrhundert als flüchtende Hugenotten nach Basel zugezogen, war in der Seidenbandindustrie zu Geld und Ansehen gekommen. Nachdem Christ als junger Mann von einer mehrjährigen Bildungsreise im Ausland nach Basel zurückgekehrt war, führte er das Familienunternehmen weiter, was ihn reich und finanziell unabhängig machte. Standesgemäß verheiratete er sich 1832 mit Carolina Sarasin. Sein Konfirmator, Pfarrer Niclaus von Brunn zu St. Martin, hatte ihn in seinem Glauben geprägt, wenn er auch reges kirchliches Interesse schon in seinem Elternhaus vorgefunden hatte. Als seine theologischen Gewährsmänner nennt Christ die Theologieprofessoren Johann August Wilhelm Neander, der der theologischen Vermittlung nahe stand, und den konservativen Ernst Wilhelm Hengstenberg. Letzterer war in Basel durch seinen Kontakt mit der Christentumsgesellschaft mit Exponenten der Erweckungsbewegung in Kontakt gekommen und hatte sich später dieser Glaubensrichtung angeschlossen. Außerdem zählte Christ den Liederdichter Christian Fürchtegott Gellert – durchaus folgerichtig, waren doch Pietismus und Erweckungsbewegung auch eine ausgesprochene Lieder- und Singbewegung –, dessen Lieder «wie eine Oase in der fürchterlichen religiösen und sittlichen Wüste der letzten Hälfte des 18ten Saeculums da stehen und deren Einfluss so segensreich war und immerfort ist»,[21] zu seinen theologischen Ahnen.

---

[21] StABS PA 611-17-05, 66 (Brief vom 30. Juni 1831).

Der pietistisch-erwecklichen, konservativen Glaubensrichtung verbunden, blieb Christ zeit seines Lebens ein überaus eifriges Mitglied
der evangelisch-reformierten Basler Kirche und förderte diese, wo immer es ihm nötig schien. Die regelmäßige Teilnahme an Gebetskrei-
sen und Erbauungsstunden war für ihn ebenso selbstverständlich wie
der sonntägliche Besuch des Gottesdienstes. Rastlos auf kirchlichem
Gebiet tätig, rief er einige kirchliche Vereine ins Leben, so den «Verein christlicher Gemeinschaft», dessen Aufgabe es war, durch Vorträge und Schriften das Gedankengut der Gläubig-Konservativen oder
Positiven, wie man sie später nannte, unter die Leute zu bringen. Aus
diesem Verein hat sich wenig später die Sonntagsheiligungsgesell-
schaft entwickelt. Auch diese ist in Christs Haus zum Kroneck am
Luftgässlein entstanden.

Dem «Verein für christlich-theologische Bildung» stand Christ als
Hauptförderer zur Seite, weil auch ihm, ganz in Übereinstimmung mit
dem Vereinszweck, daran gelegen war, mit dem gestifteten Geld einen
Theologen positiver Ausrichtung auf einen der theologischen Lehrstühle der Universität Basel zu berufen. Gar Friedrich August Gottreu
Tholuck, der «reiner Erweckungstheologe gewesen und geblieben ist
und keiner neben ihm»,[22] wollte Christ nach Basel locken. Er sollte dort,
ganz im Sinn seines Mentors, dem theologischen Rationalismus entgegentreten. Doch die Berufung unterblieb. Stattdessen wurde 1836 der
Lehrstuhl mit Johann Tobias Beck besetzt, einem dem strengen Pietismus verpflichteten Theologen aus dem Württembergischen. Auch mit
Beck war Christ eng befreundet und blieb es auch nach dessen durch
die Berufung auf den Lehrstuhl für systematische Theologie der Universität Tübingen bedingten Wegzug aus Basel 1843. Becks supranaturalistische Theologie kam Christs naiv kindlicher Gläubigkeit, die sich
der wissenschaftlichen Theologie im Wesentlichen verschloss, weit entgegen, war sie doch, obwohl mit einem wissenschaftlichen Mäntelchen
umgeben, an solchen Fragen nur wenig interessiert.

Ein weiterer enger Vertrauter der Familie Christ war der Hofacker-
Schüler und Freund von Christoph Merian, Theophil Passavant, seit
1830 Pfarrer zu St. Jakob. In ihren Glaubensüberzeugungen stimmten
Christ und Passavant überein und unterstützten sich gegenseitig in den
von ihnen ins Leben gerufenen Vereinen. Als sich Passavant jedoch in
späteren Jahren in Genf der freien, vom Staat getrennten Kirche anschloss, vermochte ihm Christ darin nicht zu folgen. Einig hingegen
waren sich die Freunde immer in der Überzeugung gewesen, dass der

---

[22] Karl Barth: Die protestantische Theologie im 19. Jahrhundert, S. 460.

kirchliche Freisinn, der sich seit etwa 1840 auch in Basel bemerkbar zu machen begann, mit allen Mitteln bekämpft werden müsse, da Christ, wie in seinem Tagebuch vermerkt, darin «den unchristlichen Geist, ein Schlag für mein Basler- und Christenherz»[23] wähnte. Christ hatte, weitsichtig und offen wie er war, die neuartigen Einflüsse kommen sehen und in immer wieder neuen Ansätzen versucht, ihnen zu wehren, was ihm jedoch letztlich misslang. Noch 1871 hatte er den Schweizerisch Evangelisch-Kirchlichen Verein in Gang gebracht mit der Absicht – «im Blick auf die ernste Lage unserer schweizerisch reformierten Landeskirche, worin die Bekenntnisse aus der Reformationszeit kein gesetzliches Ansehen mehr geniessen, und der Gebrauch, welcher von der Lehrfreiheit gemacht wird, den christlichen Charakter unserer Kirche bedroht»[24] – sich für die Erhaltung des christlichen Glaubens konservativer Prägung einzusetzen. Gleichgesinnte in der ganzen Schweiz forderte er unermüdlich auf, den gegenwärtigen Gefahren der Zersetzung des kirchlichen Lebens durch ein betontes Festhalten an der Institution der Landeskirche entgegenzuwirken. Diese Vereinsarbeit lag Christ besonders am Herzen und noch wenige Tage vor seinem Tod ließ er es sich nicht nehmen, an der Jahresversammlung 1877 in Olten die Sitzung zu präsidieren, wie er es immer schon getan hatte.

Eng waren Christs Beziehungen auch zur Basler Mission. Der Missionsgedanke war für seinen Glauben konstitutiv. Auf Anfrage trat er 1840 als Mitglied dem leitenden Ausschuss der Basler Mission bei, übernahm 1849 das Vizepräsidium und wurde fünf Jahre später Präsident, ein Amt, das er, weltmännisch und pfarrherrlich, wie er sich gab, fünfunddreissig Jahre lang inne hatte. Als Geldbeschaffer und Schuldentilger, als Vermittler in vielen Konflikten, aber ebenso als unermüdlicher Organisator erwarb er sich für diese Institution bleibende Verdienste. Beim Bau des neuen Missionshauses 1860 war er Präsident der Baukommission. Außerdem hatte er Christoph Merian für das Werk der Basler Mission gewinnen können, mit dem er während dessen letzten Lebensjahrzehnts in enge Verbindung getreten war. Über 700'000 Franken sind diesem Werk aus Merians Vermögen schließlich zugeflossen. Vornehmlich in seiner Aufgabe als Verantwortlicher für die Basler Mission und ihre weltweite Aufgabe hat Adolf Christ das «Fromme Basel» repräsentiert und verkörpert wie kaum ein anderer. In seiner Person strömte der Basler Kirche mitten in einer Epoche der Krisis des Christentums eine unerhörte Kraft zu,

---

23 Adolf Christ, weiland Rathsherr von Basel, S. 112, 110.
24 Zitiert nach Gustav Adolf Wanner, a.a.O., S. 399.

deren sie im Kampf gegen die aufkommende Reformtheologie dringend bedurfte.

Ganz seinem Leitmotiv gemäß: «Überall wirken, in der Politik, in der Gemeinnützigkeit, in christlichen Vereinen, in der Familie und im Geschäft», war ihm auch die Übernahme politischer Ämter selbstverständliche Verpflichtung. Damit war einer der wichtigsten Förderer der Basler Reichgotteswerke während Jahrzehnten zugleich Mitglied der Basler Regierung, womit eine Verbindung zwischen jener außerhalb von Staat und Kirche stehenden Glaubensgemeinschaft und dem Basler Staatswesen trotz deren grundsätzlicher Trennung in der Person Christs über eine lange Zeitspanne gewährleistet war. 1847 wurde Christ zum Mitglied des Kleinen Rates, der damaligen Regierung, gewählt. Eine Übernahme von Regierungsverantwortung war zu jener Zeit nur Gutsituierten möglich, wurde sie doch ehrenhalber ausgeübt. Achtundzwanzig Jahre bekleidete Christ dieses Amt und leistete auch in dieser Funktion auf vielen Gebieten Wertvolles. So war er bis 1868 Mitglied des Justizkollegiums, seit 1846 dessen Präsident, von 1847 bis 1863 auch Mitglied des Erziehungskollegiums, wo er an vorderster Front für die Erhaltung der Universität, die einer Gewerbeschule geopfert werden sollte, mit Erfolg kämpfte. Infolge der Kantonstrennung war neben dem Staatsvermögen auch das Vermögen der Universität in zwei gleiche Teile aufgeteilt worden, was zur Folge hatte, dass diese Bildungsanstalt kräftig sparen und ihren Betrieb stark einschränken musste und zudem in den Augen der aufkommenden politisch-radikalen Kräfte als ein Hort des alten Konservativismus galt, der geschlossen werden sollte.

Groß war sein Einfluss überdies als Präsident des Kirchen- und Schulkollegiums. Von Amtes wegen war er damit auch Mitglied des Kirchenrates, damals noch eine reine Verwaltungskommission der Regierung und diente dem Staatswesen von 1847 bis 1875 als Kultusminister. Hier kämpfte er gegen die aufkommenden Reformer und ihre Anliegen, konnte ihr rasches Vordringen in der Gesellschaft aber nicht mehr verhindern. Das Rad der Zeit vermochte auch er nicht zurückzudrehen, woraufhin er im Alter resignierte. Überdies saß er über Jahrzehnte im Großen Rat und fiel dort immer wieder auf mit markanten und des Öfteren auch geradezu bekenntnishaften Voten. Doch ist Christ keineswegs nur unter dem Gesichtspunkt eines starren konservativen, rückwärtsgewandten Gläubigen und Staatsmannes zu sehen. Er zählte sich zu Recht dem sogenannten *Juste Milieu* zu, dem 'linken' Flügel des Basler Konservativismus. So zeigte er viel Sympathie für eine ökumenische Haltung, die es ihm erlaubte, auch Andersdenkenden und -gläubigen gegenüber offen und tolerant zu sein. Ein augenscheinliches Zeichen dafür war sein Besuch in Herrnhut 1860, und dies trotz seiner Reserve gegenüber herrnhutschen Glaubensanliegen. Ebenso half er bei der Entstehung der Christkatholischen Kirche Baselstadt tatkräftig mit und besuchte im September 1874 den altkatholischen Kongress in Freiburg im Breisgau. Sodann verhalf er den der Täuferbewegung nahestehenden Mennoniten zum Bau einer eigenen Kapelle.

Fortschrittlich war auch sein Wirken als Fabrikherr gegenüber seinen Angestellten, wenn es auch entschieden in patriarchalischer Art geschah. Intensiv kümmerte er sich um die Lehrlinge und Arbeiter aus seinem Betrieb, setzte sich, wenn letztlich auch vergeblich, für eine obligatorische Krankenversicherung mit einer Kostenbeteiligung des Staates und für eine zeitgemäße Behandlung von psychisch Kranken ein. Desgleichen kämpfte er für die Berentung von Witwen. Noch war er mit diesen Forderungen seiner Zeit allzu weit voraus, doch ließ ihm sein christliches Verantwortungsbewusstsein keine andere Wahl, als sich mit allen möglichen Mitteln für die Nöte der Arbeiterschaft einzusetzen.

Angesichts der unaufhaltsamen Erfolge des kirchlichen Freisinns auch in Basel, rief Christ 1864 mit dem sich um ihn scharenden Kreis der Christlichen Gemeinschaft zur Errichtung eines Christlichen Vereinshauses auf, das in den folgenden Jahrzehnten Sammelpunkt aller konservativ-christlichen Kreise der Stadt werden sollte. Schon kurze Zeit später konnte das «Schöne Haus» am Nadelberg 6 erworben und am 27. Juni 1865 feierlich eingeweiht und seiner Bestimmung übergeben werden. Um Raum zu schaffen für die meist außerordentlich gut besuchten Sonntagabendvorträge, die im «Schönen Haus» gehalten wurden, baute man später einen großen Saal in einer benachbarten Liegenschaft am Petersgraben, der 1869 dem bestehenden Komplex einverleibt wurde. Dieses Haus, ursprünglich gedacht als geistiges Widerstandszentrum gegen die neuen kirchlichen Strömungen, diente vornehmlich zur Abhaltung von Versammlungen und Vorträgen und wurde im Laufe der Zeit immer öfter auch zu einem Treffpunkt für die verschiedensten christlichen Vereine, zu einem «Vereinigungspunkt für alle Christen …, welche treu und von Herzen zur Kirche halten».[25] Außerdem wurde es benutzt für Gottesdienste und Evangelisationsveranstaltungen und auch die Allianzversammlungen von 1875 und 1882 wurden in diesem Haus abgehalten. Schließlich hat auch die Französische Kirche der Stadt, über die an anderer Stelle noch zu reden sein wird, das Vereinshaus als «Wohnstube» immer wieder gerne

---

25   Hans Anstein: Das christliche Vereinshaus am Nadelberg in Basel, S. 30.

benutzt. Es ist nicht zuletzt der Existenz dieses Hauses mit seinem weiten ökumenischen Geist zu danken, das Christ und seine Mitstreiter durchaus unter dem Dach der Landeskirche angesiedelt wissen wollten, dass es in Basel nicht zu einer Spaltung in eine Staatskirche und eine Freie Kirche gekommen ist, doch hat es in den folgenden Jahren an Versuchen nicht gefehlt, das Vereinshaus ins freikirchliche Fahrwasser zu überführen, was aber jeweils misslang. Margaretha Merian-Burckhardt, die Witwe Christoph Merians, bedachte, dies ganz im Sinn der Tradition, der sich die Konservativen verpflichtet fühlten, neben vielen anderen Werken, in ihrem Testament in erster Linie religiöse Werke, die sich besonders dem Kampf gegen die aufkommende kirchliche Reformbewegung verschrieben hatten, mit namhaften Legaten. Auch dem Vereinshaus wurden 50'000 Franken vermacht.

Adolf Christ erlebte am Ende seines Lebens noch die politische Entmachtung des Basler Großbürgertums. Nach dem Drama der Kantonstrennung, die Christ am eigenen Leib erfahren hatte, er saß nämlich damals für einige Tage in Gelterkinden in Haft, ließ das nächste für Basel entscheidende politische Ereignis, einmal abgesehen von der Einführung der Bundesverfassung 1848, lange auf sich warten, eben weil diese Trennung für die Stadt eine insgesamt konservierende Wirkung hatte. Erst 1875 erfolgte der Übergang der Macht in der Stadtregierung von der bisher führenden Schicht der Basler Großbürger an die Mehrheit der Zugewanderten und politisch wie auch kirchlich Radikalen. Die alte Verfassung der Stadt, die tief ins Mittelalter zurückreichte, wurde 1875 aufgehoben und damit aus der alten Republik ein schweizerischer Kanton gemacht. «Früher hatten wir eine Bürgerschaft, jetzt haben wir eine Bevölkerung» – so lautete das Bonmot. Nun, der politischen Macht entledigt, galt jetzt als die größte öffentliche Selbstdarstellung der «guten Basler Gesellschaft» der Besuch der Konzerte. Ein Theaterbesuch stand hingegen in den frommen Kreisen auf dem Index und galt als «sündiges Geschäft».

Insgesamt ist es sehr erstaunlich, welche Bedeutung der Persönlichkeit Adolf Christs beigemessen werden muss. Sein Einfluss und die Wirkung seiner Persönlichkeit sind damit zu erklären, dass damals das protestantische Element als das wesentlichste Moment der politischen Betätigung betrachtet wurde. Was seine Persönlichkeit auszeichnete, waren seine Anpassungsfähigkeit an die gegebenen Umstände und ein hohes persönliches, aus christlichem Glauben genährtes Verantwortungsbewusstsein. Doch warnte er als überzeugter Anhänger der Tradition immer wieder auch vor Experimenten und empfahl, «nur für Basel Bewährtes» aufzunehmen. Am bestehenden Verhältnis von Kirche und Staat sollte nicht gerüttelt werden.

*

Die Trennung des Landgebietes, aus dem wie in allen einstigen Stadt-kantonen die meisten vorwärtsstrebenden Kräfte stammten, warf das politische Leben des städtischen Rumpfes auf eine konservative Hal-tung zurück, die zwar nicht den Charakter der Reaktion trug, aber durch das Beharren auf dem Erreichten und Bewährten in ihrer Ent-wicklung zurückblieb. Die von den Konservativen hochgehaltene Überzeugung, dass historisch gewachsenes Recht geschützt werden muss, war mit der Kantonstrennung missachtet worden. Und diese An-sicht stand in Gefahr, auch weiterhin missachtet zu werden, nämlich dann, wenn die radikalen Kräfte das Stimmrecht für alle Schweizer und eine Stärkung der Zentralgewalt forderten, womit Basel an Eigenständigkeit eingebüßt hätte. Die anstehende Vereinheitlichung der nationalen Rechtssphären nahmen die konservativen Kräfte der Stadt als Bedrohung für ihren durch den Zunftzwang geschlossenen Wirtschaftsraum wahr, stand doch das Postulat einer allgemeinen Ge-werbefreiheit im Raum, worin sie letztlich die Freiheit der Basler Bür-ger bedroht sahen. Von Problemen, die über die Grenzen der engen Stadt hinausreichten, wollte man nichts wissen. Ihre Beschäftigung mit der Stadt sollte auch weiterhin im Verwalten und Regieren innerhalb der bestehenden Rechtsordnung mit den darin festgeschriebenen Pri-vilegien für das Großbürgertum bestehen und die Erhaltung der pro-testantisch-kirchlichen Grundlagen sichern. Anders ausgedrückt: Die Interessen altbürgerlicher Herrschaftskreise und die Abhängigkeits-verhältnisse einer zünftisch organisierten Gesellschaft sollten mög-lichst unangetastet erhalten bleiben, was bis 1875 auch der Fall war. Das hieß konkret: der Große Rat sollte auch weiterhin von circa zwei-tausend meist ökonomisch selbständigen Aktivbürgern gewählt wer-den und ihren homogenen Interessen dienen.

In der Übernahme politischer Verantwortung erblickten die Kon-servativen eine ihnen gestellte Aufgabe, der man sich nicht entziehen durfte, auch wenn man sich über deren Vorläufigkeit *sub specie aeternitatis* bewusst war. Das Kapital und die Produktionsmittel lagen, seit der Zeit des *Ancien Régime*, in den Händen einiger weniger Fa-milien. Diese reichen Patrizier konnten sich die politische Macht bis 1875 erhalten, da die Übernahme ehrenamtlicher politischer Ämter in der Stadtregierung ein großes Vermögen und finanzielle Unabhängig-keit voraussetzte. Allerdings darf nicht übersehen werden, dass die

Konservativen keineswegs einheitlicher Gesinnung waren. Ursprünglich nicht organisiert, rief das Aufkommen einer systematisch radikalen Opposition im Politischen wie im Kirchlichen in den Konservativen das Bewusstsein ihrer Zusammengehörigkeit wach. Diese fand ihren Ausdruck in der 1845 erfolgten Gründung des Bürgervereins.

Eine einheitliche Gruppe wurden die Konservativen dennoch nicht. Neben einzelnen Vertretern eines durch einen ausgeprägten Individualismus charakterisierten extremen Manchesterliberalismus, den Alt-Konservativen, etablierte sich eine Mittelgruppe, das sogenannte *Juste Milieu*, die wohl einflussreichste Gruppe innerhalb dieser Partei und von den Radikalen als «Lauwasserpolitiker» verspottet. Politisch zählten sich deren Mitglieder – als bekannteste sind Adolf Christ, Karl Sarasin, Bürgermeister Carl Felix Burckhardt, der Rechtshistoriker Johannes Schnell und der Historiker Johann Heinrich Gelzer zu nennen – durchaus dem traditionellen Denken zu. In wirtschaftlichen Fragen standen sie hingegen dem Liberalismus nahe. In ihnen verband sich der politisch-christliche Konservativismus der alten Bürgergeschlechter mit dem pietistischen Geist der Inneren Mission. Im Laufe der Jahre wurde dieser 'linke' Flügel der Konservativen immer einflussreicher und schuf sich in den *Basler Nachrichten* ein eigenes Periodikum, das die altgediente *Basler Zeitung* unter der Redaktion des erzkonservativen Andreas Heusler, einem leidenschaftlichen Verteidiger des aristokratischen Ratsherrenregimentes, ablöste.

Besonders in der immer virulenter werdenden Arbeiterfrage ging die Mittelpartei über die den Alt-Konservativen allein mögliche patriarchalische Haltung weit hinaus und suchte aufgrund ihrer evangelisch-sozialen Gesinnung nach vertretbaren Lösungen. Die in ihrem Denken zum Tragen gekommene Synthese von praktischem Handeln und religiöser Überzeugung ließ sie erfolgreich Sozialfürsorge betreiben. So wurden die Konservativen durch die Liberalkonservativen immer mehr verdrängt. Während der frühen 1870er Jahre arbeitete diese Mittelpartei, angesichts des Versagens der konservativen Regierungspolitik, zusammen mit dem aufstrebenden Basler Freisinn, den Radikalen, eine liberale Kantonsverfassung nach dem Vorbild anderer Kantone aus, die vom Volk 1875 mit deutlichem Mehr angenommen wurde. Die Entschlossenheit einiger Mitglieder des *Juste Milieu* und der Radikalen, mit dem veralteten Regierungssystem zu brechen, hatte zur Annahme der liberalen Verfassung geführt. Ein letztes Aufbäumen der Alt-Konservativen, die sich im Mai 1875 im Eidgenössischen Verein schweizweit zusammengeschlossen hatten, um mit geeinten Kräften den, wie sie es nannten, «Nivellierungs- und Zentralisierungstendenzen des Freisinns» entgegenzutreten, wobei die tatkräftigste Sektion die baselstädtische unter der Führung von Wilhelm Vischer-Heussler und Andreas Heusler-Sarasin war, führte 1878 noch einmal bei den Basler Großratswahlen für eine Legislatur von drei Jahren zu einem Sieg, was aber den Siegeszug der Radikalen auch in Basel-Stadt weder zu hemmen oder gar aufzuhalten vermochte.

1.3 Eine ungewöhnliche Grossratsdebatte

Das Erstarken der liberalen Kräfte in Kirche und Politik. Gegen den Bekenntniszwang. Industrialisierung und soziale Frage. Die liberale Theologie: eine gesamtschweizerische Reformbewegung. Die Liberalen Hörler und Rumpf. Sieg der liberalen Kräfte in Kirche und Politik über die Konservativen.

Am ersten und zweiten Mai 1871 behandelte der Große Rat – diese politische Institution amtete bis 1874 auch als oberste kirchliche Aufsichtsbehörde – einen Antrag des Reformvereins. Die in diesem Verein zusammengeschlossenen freigesinnten Theologen forderten die Aufhebung der Verpflichtung von Eltern, Taufpaten und Konfirmanden, sich bei Taufe und Konfirmation auf das Apostolische Glaubensbekenntnis öffentlich festlegen zu müssen. Begründet wurde diese Eingabe einmal mit dem Hinweis auf die Unverständlichkeit einzelner Sätze des Apostolikums. Denn: «wie kann», wie es der erste in Basel gewählte Reformpfarrer formulierte,

> unter modernen, denkenden, gebildeten Menschen noch an eine Geburt von der Jungfrau, an leibliches Auferstehen, zum Himmel Auffahren, an ein leibliches Wiederkommen auf den Wolken des Himmels buchstäblich geglaubt werden? Oder ist es nichts mit der kopernikanischen Weltanschauung? Nichts mit den Naturgesetzen?[26]

Im Weiteren wurde festgehalten, dass der Taufbefehl Jesu, da vom auferstandenen Christus erlassen, nicht historisch sei und deshalb daraus auch keine Verpflichtung abgeleitet werden könne.

> Das Taufbekenntniß […] gegen welches sich unser Widerspruch einzig richtet, ist ja erst mehrere Jahrhunderte nach Christus entstanden und es ist in der Christenheit lange ohne dasselbe getauft worden. […] Wo steht doch der so oft angerufene Taufbefehl Jesu? Er steht in denjenigen Kapiteln des Neuen Testaments, welche vom Auferstandenen erzählen und welche durch eine Menge von Widersprüchen auch den Gläubigen die größten Schwierigkeiten bereiten, von allen denen aber, welche nicht an die Auferstehung Jesu glauben, ohnehin als bloße Sagen oder Mythen angesehen werden. Damit entfällt die Autorität Christi der Taufe überhaupt, und was insbesondere den Befehl Jesu betrifft, zu taufen auf den Namen Gottes des Vaters, des Sohnes und des heiligen Geistes, so stand es schon längst bei allen kritisch prüfenden

---

26 Alfred Altherr: Ein Abschiedswort an seine Gemeinde und Freunde, S. 6.

Theologen [...] außer Zweifel, daß Christus jenes Wort nicht könne gesprochen haben, daß eine so ausgebildete Dreieinigkeitslehre erst einer späteren Zeit angehöre.[27]

Damit sind bereits wesentliche Programmpunkte liberaler Theologie genannt. Schon seit langem war man sich einer Krise und einer nötigen Wende innerhalb des christlichen Glaubens bewusst gewesen. Aufgrund der Vorarbeit Schleiermachers und seiner Nachfolger, der theologischen Schüler Hegels wie Ferdinand Christian Baur, besonders aber Baurs Schüler David Friedrich Strauss und Bruno Bauer sowie der alten Rationalisten, die sich aus der Aufklärungszeit ins 19. Jahrhundert hinübergerettet hatten, herrschte bei manchen Theologen ein freier Geist, dem sich allerdings in Basel die kirchlich orthodoxen Kreise mit Hartnäckigkeit entgegenstellten.

Die an theologischen Fakultäten des Protestantismus geübte Bibelkritik und freie historische Forschung wollten die Ursprünge des Christentums erhellen und dem denkenden Menschen die Möglichkeit eröffnen, in ehrlicher Weise fromm sein zu können, ohne dabei seine wissenschaftlichen Erkenntnisse preisgeben zu müssen. So blieb auch nicht mehr verborgen, dass sich in der herrschenden Kirchenlehre und in den offiziellen Bekenntnisschriften manche Widersprüche finden ließen oder Passagen verschieden gedeutet wurden und so an Absolutheitsgeltung verlieren mussten – eine Einsicht, die die überlieferten Vorstellungen von der Entstehung der Bibel und den Dogmen in ihren Grundfesten erschütterte. Über veraltete Lehrmeinungen wollte man endlich hinauskommen: «ächte Protestanten sind nicht die, welche bei ihrer *Lehre stehen bleiben*, sondern die in ihrem Geiste fortarbeiten.»[28] Diejenigen nun, die damals für den angestrebten Ausgleich zwischen Christentum, Wissenschaft und Bildung aufgrund neuer theologischer Erkenntnisse, mit ihrer Betonung der rationalen Erkenntnismöglichkeit gegenüber dem Offenbarungsglauben, mutig gegen Orthodoxie und Pietismus antraten und einer Versöhnung von Wissenschaft und Kultur – gegen die pietistisch-orthodoxen Frömmigkeits- und Sprachstile – das Wort redeten, nannten sich Reformer oder Liberale. Sie rangen um Klarheit im Denken, um Wahrhaftigkeit ihrer Überzeugung und um intellektuelle Redlichkeit. Ihre erklärte Absicht war es, das individuelle religiöse Bedürfnis des modernen Bildungsmenschen anzusprechen. Ihre Bewegung betrachteten sie als geschichtliche Notwendigkeit im Interesse der Kirche. In Fragen der Wahrheit, des Glaubens und der per-

---

27 Die Bekenntnisfrage gegenüber den Basler Pfarrern. Von einem Reformfreunde, S. 15f.
28 Die Kriegserklärung des prot.- kirchl. Hülfsvereins in Basel, S. 16.

sönlichen Überzeugung wollten sie keine faulen Kompromisse mehr eingehen. Allerdings gingen die Reformer dabei keineswegs auf Distanz zur Landeskirche, wie ihnen von orthodoxer Seite immer wieder unterstellt wurde. Im Gegenteil: Es war ihre erklärte Absicht, vollwertige Mitglieder eben dieser Landeskirche zu bleiben.

Es ist nicht zu übersehen, dass sich die kirchlich Liberalen, die sich in Basel 1866 im Reformverein zusammenschlossen, auf die ihnen wesensverwandte politische Bewegung des Liberalismus oder Radikalismus – die Begriffe sind für Basel unscharf und schwankend – stützten. Den Glauben an die Unaufhaltsamkeit des von ihnen vorangetriebenen Fortschritts teilten die politisch wie auch die kirchlich liberal Denkenden. Die Pariser Juli-Revolution von 1830, die vor allem die französische Monarchie, aber auch die Mächtigen anderer Länder erschüttert hatte, verbesserte schlagartig die Position der liberalen Kräfte und löste auch in der Schweiz eine landesweite Bewegung aus, an deren Ende die Errichtung der liberalen Demokratie stand. Ihre ersten Gehversuche machte diese neue Staatsform während der 1830er Jahre in einzelnen Kantonen, bevor sie sich ab 1848 auch auf Bundesebene durchsetzen konnte. Unter dem Einfluss des Deutschen Idealismus, der französischen liberalen Staatslehre und verschwommener Vorstellungen von einer idealisierten Freiheit der Urschweizer, die wiederherzustellen man sich anschickte, erhoben die Neuerer die Forderung nach Verwirklichung der Individualrechte wie der Religions-, Glaubens- und Gewissensfreiheit, der Presse- und Meinungsfreiheit, der Vereins- und Versammlungsfreiheit, der Handels- und Gewerbefreiheit und der damit verbundenen Niederlassungsfreiheit. Dabei sollte die politische Vorherrschaft dem Volk und nicht mehr einer kleinen privilegierten Oberschicht gehören. Während nun die politisch liberalen Kräfte die Ausdehnung der bürgerlichen Rechte verlangten und später auch durchsetzten, strebten die liberalen Theologen ihrerseits in der Kirche die Freiheit der wissenschaftlichen Forschung und die Freiheit, sich von dogmatischen Engführungen lossagen zu können, an.

Damit hatte der politische Freisinn da und dort dem theologischen den Weg geebnet. Dies hatte zur Folge, dass nicht wenige liberale Theologen ihrerseits ein lebhaftes Interesse an politischen Geschehnissen zeigten, wobei sie wirtschaftliche, politische und soziale Probleme ihrem Credo gemäß nicht so sehr vom biblizistischen Standpunkt aus beurteilten, wie das bei den Orthodoxen der Fall war, sondern, dabei im Gleichschritt mit den politischen Gesinnungsgenossen, diese ungelösten Aufgaben aus ihrer immanenten Gesetzlichkeit

heraus zu verstehen suchten. Das ist besonders augenfällig bei der
Behandlung der Arbeiterfrage.

*

In der zweiten Hälfte des 19. Jahrhunderts hatte sich in der Stadt Basel
die Fabrikindustrie, insbesondere die Seidenbandindustrie, rasant entwickelt. Die Voraussetzungen für die fortschreitende Industrialisierung
hatte die Bundesverfassung von 1848 geschaffen – durch die Bildung eines einheitlichen schweizerischen Wirtschaftsraumes, der durch den ein-
setzenden Eisenbahnbau an das internationale Verkehrsnetz angeschlossen wurde – und der 1849 einsetzende Konjunkturaufschwung,
der, nur unterbrochen durch die Krise von 1857, bis gegen 1873/74 andauerte. In der Folge zogen Arbeitskräfte zuhauf in die prosperierende
Stadt, was zu einem enormen Bevölkerungswachstum führte. So nahm
die städtische Bevölkerung in der Zeit von 1850 bis 1860 um 37% zu
und stieg auf 38'000 Einwohner, davon 11'000 Stadt- und Kantonsbürger, 16'000 Bürger aus anderen Schweizer Kantonen und 11'000 Ausländer. Und das Bevölkerungswachstum hielt auch in den folgenden
Jahrzehnten unvermindert an. So wohnten 1870 44'000 Menschen in der
Rheinstadt, 1880 waren es gar schon über 60'000, wovon 28 Prozent
Stadt- und Kantonsbürger, 38 Prozent Bürger anderer Kantone und 34
Prozent Ausländer waren. Die größte und bedeutendste Gruppe der
Arbeitnehmerinnen machten im Übrigen die Dienstmädchen aus, die
in der Stadt für einige Jahre in Dienst gingen, bevor sie wieder zu ihren
Familien aufs Land zurückkehrten. Begünstigt hatte diese außerordentliche Bevölkerungszunahme die Bundesverfassung von 1848, die allen
Schweizern die politische Gleichheit, die Glaubens- und Gewissensfreiheit, die Gewerbefreiheit und die Niederlassungsfreiheit für Angehörige christlicher Religionen – auf diesen Vorbehalt wurde erst ab 1866
verzichtet – gewährte. Angesichts dieses enormen Wachstums sah sich
die Stadt gezwungen, ihre Stadtmauern 1859 zu schleifen, um Platz für
neue Wohnquartiere, die sich im Lauf der Zeit bis fast an die Kantons-
grenzen hinaus ausdehnten, zu schaffen.

Mit dem Anwachsen der Bevölkerung veränderte sich ihre konfessionelle, soziale und politische Struktur, insbesondere auch die soziale
Schichtung. Die Bundesverfassung von 1848 hatte neben der genannten
Niederlassungsfreiheit auch das aktive und passive Wahlrecht für alle
Niedergelassenen festgeschrieben, womit die Zugezogenen den Kantonsbürgern gleichgestellt wurden, ein Recht, das in Basel jedoch erst
nach einer Wohnsitzdauer von zwei Jahren in Anspruch genommen
werden konnte. Freilich blieben zwei Bereiche ausschließlich der Stadt-

bürgerschaft vorbehalten, einmal die Mitbestimmung in Gemeinde-
sachen (damit blieb in der Stadtgemeinde die Wahl des Stadtrates und
die Oberaufsicht über Aufgaben der Stadtverwaltung weiterhin allein
den Bürgern vorbehalten) und die Mitsprache in der evangelisch-reformierten Landeskirche, speziell die Teilnahme an Pfarrwahlen. Trotz
diesen Einschränkungen, die bis zur Revision der Bundesverfassung von
1874 aufrechterhalten wurden, waren die 1848 eingeführten Neuerungen für Basel parteipolitisch von größter Bedeutung. Denn durch diese
demokratische Bewegung kamen nun neue soziale Schichten wie Intellektuelle ohne Vermögen, sozialistisch motivierte Philanthropen und
ungezählte Ungelernte vom Lande zum Zug – soziale Gruppen also, die
bisher fast völlig von allen Wahlämtern ausgeschlossen gewesen waren.
Sie traten als vornehmlich freisinnig denkende Niedergelassene, als mindestens teilweise vollberechtigte Einwohner neben die meist konservative Bürgerschaft, die sich nun mehr und mehr in die Minderheit versetzt sah. So führte dieser Zustrom dem Freisinn zwar eine wachsende
Anhängerschaft zu, zwang ihn jedoch auch, sich den zunehmend wirtschaftlichen und sozialen Problemen, wie der fortschreitenden Verelendung der Massen, die diese Bevölkerungszunahme mit sich brachte, zu
stellen.

Gerade um die Mitte des 19. Jahrhunderts, einer Zeit des Umbruchs,
waren die Städte zur Heimat vornehmlich des Proletariats geworden
und so kamen die politischen Behörden nicht umhin, sich nachdrück-
lich mit der Arbeiterfrage zu beschäftigen. Doch dieser Umbruch, der
zu einer geistigen Verelendung der Massen und damit nicht zuletzt zu
einer Entfremdung vom Christentum geführt hatte, hätte auch das
«Fromme Basel», das sich vornehmlich aus jener gesellschaftlichen
Oberschicht der Kaufleute und Fabrikanten rekrutierte, die eben diese
Industrialisierung vorantrieb, zum Handeln zwingen müssen. Indessen
sorgte man sich in diesen Kreisen zunächst weniger um die soziale Not
der Zugezogenen als vielmehr um deren religiöse Verarmung.

Dies wird deutlich an den Voten einer Aussprache einiger kirchlich
und politisch Verantwortlicher, die sich mit den Auswirkungen der internationalen Arbeiterbewegung auf die arbeitende Bevölkerung in der
Stadt Basel beschäftigten. Eine von demokratischen Bewegungen inspirierte Arbeiterbewegung hatte im Winter 1868/69 in Basel einen ersten Klassenkampf ausgelöst, wobei die Erste Internationale fieberhaft
bemüht gewesen war, diesen Arbeitskampf zu schüren und in die Hand
zu bekommen. Als Reaktion darauf hatten Ratsherr Adolf Christ und
der Unternehmer Karl Sarasin einige Pfarrherren, weitere politisch Verantwortliche und die Stadtmissionare Johann Jakob Lutz und Andreas

Ludwig zu Beginn des Jahres 1869 ins Vereinshaus eingeladen, um gemeinsam eine Lagebesprechung vorzunehmen. Dabei vertrat Pfarrer Ernst Stähelin die Meinung, dass der Arbeiter

> mit dem in Basel gewöhnl. Lohn leben kann. Eine Arbeiterfamilie mit 5 Kindern ist mit fr. 16 durchgekommen. In Krankheitsfällen genügt der halbe Lohn [sc.hingegen] nicht; die Leute brauchen dann eher mehr. Sehr wünschbar wäre, daß die Leute zum Essen mehr Zeit hätten (als nur 1 Stunde) und daß Samstag früher frei gegeben würde. (besonders die Frauen b. d. Haushalt). Aber vor Allem ist von Seiten der Arbeiterschaft Genügsamkeit und Friede Gottes Zucht und Sitte nöthig.

Er schloss mit der Feststellung, dass «solange die Herren ihre Arbeiter selbst in den Reformverein schicken, auch Verführung von Mädchen geduldet werde, kann's nicht gut kommen». Johannes Riggenbach, Professor der Theologie, hielt die Arbeiter für «sündige Menschen, die kein Collectivvermögen verwalten [d.i. Verantwortung übernehmen] können» und wurde dabei von Stadtmissionar Lutz unterstützt, der meinte: «Der Arbeiter ist unselbstständig und hängt von dem ab, was an ihn kömmt. Statt einem Urtheil hat er Mißtrauen bes. geg[en] d. Herrn. [...] Lohnerhöhung hilft nicht.» Er empfahl den Fabrikanten, mit ihren Angestellten ein «persönliches Verhältniß» zu pflegen, worin er von Pfarrer Stähelin unterstützt wurde, indem dieser meinte: «Es sollte zwischen Fabrikherr und Arbeiter eine Art Familienverhältniß wieder entstehen.» Stadtmissionar Ludwig regte «Fabrikandachten» an. Pfarrer Samuel Preiswerk sekundierte: «wo Noth ist, soll man durch äussere Hülfe die Leute zur Gottesfurcht führen» und Fabrikherr Johann Jakob Linder-Hopf ergänzte, «der jetzige Zustand ist die Folge von Sünden, von Gleichgültigkeit gegen Höheres, theils hervorgerufen durch Wühlerei.» Und Friedrich Buser-Kraushaar ergänzte: «Vor Allem sollte Gottesfurcht da sein; jetzt dagegen predigt man Selbsthülfe.» Das waren die Analysen und Rezepte, mit Hilfe derer eine bürgerliche Elite der arbeitenden Bevölkerung in ihrer politisch und gesellschaftlich schwierigen Lage beistehen wollte! Allerdings fielen auch einsichtigere Voten. So fand Pfarrer Johannes Stückelberger «doch etwas Berechtigtes bei den Klagen der Arbeiter. Alle Leute können mit fr 16 nicht leben [...] d. Arbeiter hat kein beneidenswerthes Loos. Der Fabrikant sollte doch wissen, daß die Leute genug zu essen haben. Der Arbeiter gibt ihm sein Leben, seine ganze Kraft.» Pfarrer Friedrich Reiff, der «besonders die Arbeit der Frauen und der Kinder [sc. als] schwierig und unheilbringend» taxierte, empfahl «Krankenkassen in Verbindung mit Zulagen für Lebensmitteltheuerungen [sc. einzurichten]». Der Historiker Johann Heinrich Gelzer mahnte, die Probleme ernst zu nehmen, denn «die so-

ziale Frage [sc. sei] neben der religiösen die wichtigste». Ein weiterer
Redner wies auf «das Zunehmen d. Luxus (sc. auf Seiten der Fabrikanten hin), was ein grosser Schaden» sei, worin er von Bürgermeister Carl
Felix Burckhardt unterstützt wurde. Auch dieser beklagte, «es wird zu
viel Luxus getrieben. [...] Es ist ein Jagen nach Gewinn da ein Nicht ge-
nughaben, das herunter dringt. Da hilft nur christliche Liebe». Einsichtig wies er auch darauf hin, dass «die Herren d.h. alle Gebildeten viel
gefehlt [sc. hätten]. Man kann sich nicht in die Lage der Armen verset-
zen; man sollte auch für sie denken. Es besteht eine Verpflichtung mit
ihnen in ein Verhältniß zu treten». Abschließend ermahnte der Bandfabrikant Karl Sarasin die Geistlichen, sich vermehrt mit der sozialen
Frage zu befassen und betonte, «für die Arbeiter ist die Herstellung guter Wohnungen Hauptsache. [...] Daß aber etwas geschehe [sc. sei] vor
Allem nöthig, der Wille dazu muß da sein. Das Wie macht sich. Wo die
Liebe da ist, handelt sie in verschiedener Weise. [...] Den Willen bei
d. Gebildeten hervorzurufen ist Aufgabe der Kirche; für die Arbeiter
wirke ins Besondere u. mehr die Stadtmission.»[29]

An diesen Voten wird deutlich, dass ein mehr oder minder starres
traditionelles Gesellschaftsbild, verbunden mit einer entsprechenden
sozialen Pflichtenlehre den damals politisch, sozial und auch kirchlich
verantwortlichen Kreisen den Blick für eine objektive Analyse des un-
aufhaltsam fortschreitenden sozialen und religiösen Strukturwandels
versperrte. Es fehlte eine unbefangene, über das Evangelium hinausge-
hende Sicht für den neuen Charakter dieser sozialen und zunehmend
auch säkularisierten, die Entkirchlichung begünstigenden Welt. Zwar
sahen es die frommen Kreise durchaus als ihre Aufgabe an, den Armen
zu helfen. Doch trug ihre Fürsorge ausschließlich individuellen Charakter und stand im Dienste der allen Christen gebotenen Nächstenliebe.
Dabei betrachtete man die Armut entweder als Folge eines persönlichen Schicksals, hervorgerufen durch Unglücksfälle, eigene Schuld, Un-
vermögen und Krankheit, oder als Zeichen der Unvollkommenheit dieses unerlösten Äons. Jedenfalls war man weit davon entfernt, mit der
christlichen Liebestätigkeit eine Kritik an den herrschenden wirtschaftlichen und sozialen Verhältnissen zu verbinden, vielmehr bestand weit-
hin die Auffassung, diese seien als Ausdruck des göttlichen Willens in
Demut hinzunehmen.

Folgerichtig bemühte man sich deshalb auf konservativer Seite, vornehmlich der schleichenden Entkirchlichung entgegenzuwirken und

---

29 «Drei Konferenzen über die soziale Frage, gehalten am 15. Februar und 1 Merz
(Abend 6 Uhr) im Vereinshaus», in: StABS, PA.212 R16,5.

gründete 1859 zu diesem Zweck die Basler Stadtmission. Ihr überließ man dann die religiöse und soziale Betreuung der sich der Kirche immer mehr entfremdenden Proletarier. Die Stadtmission war als ein Werk der Inneren Mission gegründet worden und verdankte ihre Entstehung der pietistisch-erwecklichen Bewegung, die in der Basler Mission ihre bekannteste Verkörperung gefunden hatte. Sie sollte die kirchlich kaum sozialisierten Zugezogenen betreuen. Die Stadtmissionare wirkten in der Hauptsache durch die Verbreitung der Bibel, der Anleitung zu deren Lektüre und durch seelsorgerliche Gespräche. Ihre Tätigkeit bestand vor allem in Hausbesuchen. Auch war es ihre Aufgabe, die Leute am Sonntag zum Kirchenbesuch anzuhalten, da große Teile der Arbeiterbevölkerung am Sonntagsgottesdienst nicht teilnahmen und deshalb von der Kirche weitgehend unberührt geblieben sind. Ein Posamenter erklärte Andreas Ludwig, von 1865 bis 1873 Stadtmissionar in Basel, unumwunden: «er müsse am Sonntag ausschlafen und dann für die Familie Kleider flicken. Ihm bliebe dann keine Zeit mehr übrig, in die Kirche zu springen, das überlasse er den Reichen.»[30] Zugleich wollten die Leute, die hinter der Stadtmission standen, mithilfe dieser Institution auch dem sich schnell verbreitenden liberalen Gedankengut wehren. So ist die Stadtmission im Laufe der Zeit zu einer vehementen Kämpferin gegen das liberale Gedankengut und ihre kirchlichen Vertreter geworden.

Als Ausnahme von dieser Regel soll auf den christlichen Bandfabrikanten Karl Sarasin, einen herausragenden Repräsentanten des patrizischen Großbürgertums in Basel, hingewiesen werden, eine Persönlichkeit von vielfältiger und weitreichender Wirkung im wirtschaftlichen, politischen und kulturellen Leben seiner Vaterstadt. Politisch konservativ und kirchlich strenggläubig, gehörte er dem Missionskomitee an und präsidierte über lange Jahre die Evangelische Stadtmission, beides Bastionen kirchlich konservativer Kreise. Wie seine Gesinnungsgenossen, so stellte auch er sich den theologischen Neuerern mit Nachdruck entgegen. Als Industrieller und Sozialpolitiker aber unterschied er sich in seinem Verhalten seinen Angestellten gegenüber ganz erheblich von den allermeisten Fabrikanten seiner Zeit. Schon früh hatte er die Vorboten einer neuen Zeit erkannt und sich mit sozialen Fragen beschäftigt. Als Präsident der Kommission für Fabrikarbeiterverhältnisse suchte er jeweils Lösungen auf der Basis seiner christlichen Ethik, indem er den Bau gesunder und günstiger Arbeiterwohnungen förderte. Denn in seinen Augen hatte neben dem Arbeiter auch der Unterneh-

---

[30] Tagebuch Ludwig, September-Oktober 1870, StABS PA 771a A1 11, S. 14.

mer Pflichten und seine Angestellten waren für ihn mehr als nur ein bloßer Kostenfaktor, der möglichst niedrig zu halten sei. Vielmehr sah er seine Angestellten als Menschen, denen man helfen musste, ihren Platz in der Gesellschaft zu finden.

Sarasins soziale Grundhaltung entsprang seiner religiösen Überzeugung. Seine berufliche Verantwortung sollte mit den Geboten des Christentums im Einklang stehen. Sarasin ging es im Wesentlichen darum, das in der frühkapitalistischen Ära vorherrschende patriarchalische Arbeitsverhältnis auf die moderne Großindustrie zu übertragen. Doch schien auch ihm, dem «christlichen Fabrikpatriarchen»,[31] die Lösung der Sozialen Frage nur auf dem Boden der herrschenden Wirtschafts- und Gesellschaftsordnung möglich. Zudem stand er jeder Art von Sozialismus ablehnend gegenüber. Am Entstehen des ersten Basler Fabrikgesetzes, einem Meilenstein am Weg der schweizerischen Sozialgesetzgebung, das 1869 in Kraft trat und das der arbeitenden Bevölkerung die Härten eines städtisch-industriellen Lebens zu lindern versuchte, hatte Sarasin jedoch maßgeblichen Anteil. Ohne die soziale Aufgeschlossenheit führender Männer aus dem konservativen wie auch radikalen Lager wäre dieses Gesetz nie zustande gekommen. Doch trotz der Anstrengung von Einzelnen wie dem genannten Karl Sarasin gelang es den herrschenden kirchlichen Kreisen jener Zeit nicht, eine die besonderen Bedingungen der Arbeiterschaft berücksichtigende zeitgemäße Sozialpolitik zu formulieren und durchzusetzen.

Demgegenüber fiel es naturgemäß liberal denkenden Pfarrern leichter, zum politischen Sozialismus einen offeneren Zugang zu finden, sind doch der Liberalismus und der Sozialismus beide aus der europäischen Aufklärung herausgewachsen. Während die konservativen Theologen im Sozialismus meist nur ein Teufelswerk zu sehen vermochten, das wesentlich mitschuldig war an der Entkirchlichung und Entchristlichung der Massen, ging der Blick vieler Reformer in dieser Frage über diese einengende theologische Sichtweise hinaus. Bekannt geworden ist dabei der liberale Berner Pfarrer Albert Bitzius, der Sohn Jeremias Gotthelfs. Als Pfarrer in Courtelary und Twann hatte er sich zeitlebens mit sozialen Fragen auseinandergesetzt und maßgeblichen Anteil an der inhaltlichen Formulierung des ersten eidgenössischen Fabrikgesetzes. Sein unermüdliches Kämpfen für die Annahme dieses bahnbrechenden Gesetzes, das den Arbeitern den Elfstundentag brachte sowie das strikte Verbot der Fabrikarbeit von Kindern unter vierzehn Jahren festschrieb,

---

31 Eduard His: Basler Handelsherren des 19. Jahrhunderts, S. 123.

belohnte das Schweizer Volk mit der Annahme dieses für die damalige
Zeit fortschrittlichen Sozialgesetzes im Jahre 1877.

Doch obwohl in Basel die theologischen Tages- und Richtungskämpfe,
die hier besonders heftig tobten, von den Reformern so viel Energie ab-
sorbierten, dass an eine intensivere Beschäftigung mit der Sozialen Frage
kaum gedacht werden konnte, erkannte auch der Basler Münsterpfarrer
Zwingli Wirth, ein freigesinnter Theologe, dass der industriellen Entwicklung eine Eigengesetzlichkeit innewohnte und dass deren soziale Folgen
weitgehende staatliche Eingriffe erforderten. In seinem Vortrag zum
Thema «Die sozialen Grundsätze des Christenthums», gehalten 1885,
hielt Wirth fest, dass das Christentum «zwei Grundgedanken [...] in Bezug auf das menschliche Zusammenleben» aufstelle, nämlich «einerseits
das Recht auf freie Persönlichkeit, die Gleichberechtigung und sittliche
Selbständigkeit des Einzelnen, andererseits aber die Zusammengehörigkeit Aller und die daherige Unterordnung der Einzelnen unter das Wohl
der Gesammtheit.» Wenn auch der «Grundsatz der persönlichen Freiheit» ursprünglich ein gewaltiger Fortschritt gewesen sei, so muss seinen
Übelständen nun Einhalt geboten werden.

> Die einseitige und rücksichtslose Ausbildung des Prinzips der persönlichen Freiheit
> hat nun allerdings auch jene schweren sozialen Uebelstände hervorgebracht, unter
> denen die Gegenwart leidet und die fortwährend in dem Maße zunehmen als in
> Folge der technischen Fortschritte immer mehr die gesammte Produktion in der
> Hand des Großkapitals vereinigt, der selbständige Mittelstand erdrückt [sc. und]
> das Proletariat in riesigen Proportionen vergrößert wird.

Allerdings, so gab Wirth zu bedenken, sei «nichts ungerechter, als diese
oder jene Gesellschaftsklasse dafür verantwortlich zu machen». Die eingetretenen Übelstände seien vielmehr

> die natürliche Konsequenz des Prinzips der absoluten wirthschaftlichen Freiheit in
> Verbindung mit dem sich immer mehr ausbildenden Maschinenwesen. [...] Auf dem
> Boden des sog. Manchesterthums, des schrankenlosen Wettkampfes der Konkur-
> renz, kann unmöglich etwas anderes in Aussicht stehen, als die immer schroffere
> Scheidung der Gesellschaft in eine kleine Auslese von Besitzenden und Herrschen-
> den und in die ungeheure Masse der Abhängigen und Enterbten.

Deshalb sei

> nun die Zeit gekommen, dass der zweite [...] christliche Grundsatz seine volle Wirk-
> samkeit entfalte und immer mehr in den Vordergrund trete, der Grundsatz der
> gegenseitigen Solidarität, der Einheit des gesellschaftlichen Organismus, der Unter-
> ordnung des Einzelnen unter die Zwecke des Ganzen. [...] Die Freiheit ist ein hohes
> Gut, aber nicht das höchste; höher steht die salus publica, das Wohl der Gesammtheit.

Dabei sei aber auf das «richtige Gleichgewicht» zwischen diesen beiden Grundsätzen zu achten. Zudem müssten diese «Grundsätze des Christenthums [...] allmählig in's allgemeine Rechtsbewußtsein übergehen und in den staatlichen und gesellschaftlichen Ordnungen und Einrichtungen sich verkörpern». Als wichtigste zukünftige Aufgabe des Staates nannte der Vortragende neben der Einrichtung einer Krankenversicherung die Einführung einer Altersversicherung, «die volle, genügende Fürsorge für die Invaliden der Arbeit». Denn

> wer im Dienste der Gesellschaft [...] vom letzten Fabrikarbeiter bis zum gelehrtesten Professor und höchsten Beamten – seine Kräfte verzehrt hat, der hat das vollste Recht, von dieser Gesellschaft nicht wie ein Stück alten Eisens sich auf die Gasse geworfen zu sehen oder ein dürftiges Almosen erbetteln zu müssen, sondern ein freundliches Asyl zu finden, das ihm einen sorgenfreien Lebensabend gewähre.

Dem Einwand, den Staat damit finanziell ausbluten zu wollen, hielt Wirth die Forderung nach einem gerechten Steuersystem und der Erhebung einer «in kräftiger Progression fortschreitende[n] Erbschaftssteuer» entgegen, womit «dem christlichen Solidaritätsgedanken» entsprochen werden könne. Am Ende seiner Ausführungen warnte der Vortragende noch davor, «vor der sozialistischen Strömung, die durch unsere Zeit geht, den Kopf in den Sand zu stecken; es gilt, sie zu verstehen und in die richtigen Bahnen zu leiten; es gilt, dem wahrhaft christlichen Sozialismus den Weg zu bereiten». Damit könne der Gefahr begegnet werden, dass der Liberalismus, «der alle die Freiheiten auf dem wirthschaftlichen Gebiete geschaffen und sich dadurch unvergängliche Verdienste erworben» habe, «im sog. Manchesterthum verknöchert» und so ein «'alter und veralteter' Liberalismus» werde. Wie «diese sozialen Ideen sich weiter entwickeln werden», wisse er, so Wirth abschließend, freilich nicht. Aber wer «auf die Macht der Wahrheit, auf die Vernunft der Geschichte [sc. und] auf den weltregierenden Gott» vertraue, der dürfe «in unserm Vaterlande auf eine friedliche Entwicklung hoffen».[32]

Dass die internationale Arbeiterbewegung in Basel letztlich nur wenig Rückhalt fand, war auf das soziale Handeln einsichtiger Fabrikanten wie Karl Sarasin und in geringerem Maß auch verständiger Reformtheologen zurückzuführen. Trotzdem vermochten auch sie es nicht, die zunehmende Abwendung der Arbeiterschaft von der Kirche zu stoppen.

*

---

32 Zwingli Wirth: Die sozialen Grundsätze des Christenthums, S. 115–118.

Die freie evangelische Theologie nahm ihren Anfang im Jahr 1844 mit Alois Emanuel Biedermanns Werk *Die freie Theologie oder Philosophie und Christentum im Streit und Frieden.* Alois Emanuel Biedermann gilt als der bedeutendste Vertreter eines theologischen Liberalismus schweizerischer Ausprägung. Biedermann kam von Hegel her und seine Absicht war es, Hegels Philosophie mit den theologischen Erkenntnissen zu verbinden, Glauben und Wissen zu versöhnen und die philosophische Bildung für die kirchliche Existenz fruchtbar zu machen. Biedermanns Grundfrage war: Wie verhalten sich Glauben und Wissen, Religion und Wissenschaft zueinander – letztlich ging es ihm um die uralte Frage des Verhältnisses von Christentum und Welt. Seine in seiner *Dogmatik* an die Theologenwelt formulierte Forderung war, sich denkend den Problemen des Glaubens zu stellen, Glauben und Wissen, Religion und Wissenschaft miteinander in Beziehung zu setzen. Denn beide sind ihm Ausdruck des sich in der endlichen Welt offenbarenden Gottes. Es war seine Überzeugung, dass sich auch der Glaube der ihm innewohnenden Wahrheit versichern kann.

Die Reformbewegung, die tatsächlich eine gesamtschweizerische Bewegung war, geriet mit ihren von Biedermann formulierten Glaubensgrundlagen überall in der Schweiz in einen Gegensatz zu den Konservativen. Im Volk wurde das Bewusstsein geweckt, es gebe zweierlei Pfarrer, «gläubige» und «ungläubige», solche, welche die offizielle Kirchenlehre als wahr annehmen, auch wenn sie mit modernen wissenschaftlichen Erkenntnissen nicht in Einklang zu bringen war, und solche, die diese leugneten und deshalb eben als ungläubig galten. Mit großer Wucht stießen diese beiden Bewegungen in der Berner Kirche aufeinander. Die Berufung des Tübingers Eduard Zeller, eines Freundes von David Friedrich Strauss, Schüler und später Schwiegersohn von Christian Ferdinand Baur, durch die Berner Regierung 1847 als außerordentlicher Professor an die Universität Bern, hatte in kirchlichen Kreisen große Unruhe ausgelöst. Der einer kritisch-liberalen Theologie verpflichtete Zeller entzog sich allerdings schon nach nur zwei Jahren den hässlichen Streitereien, die seine Berufung ausgelöst hatte, durch Wegzug nach Marburg, wo er von der Regierung jedoch zum Übertritt in die philosophische Fakultät genötigt wurde. Damit war der sog. «Zellerhandel» nach kurzer Zeit zwar erledigt, doch die zunehmende Ausbreitung des liberalen Gedankenguts innerhalb der bernischen Theologenschaft konnte ohnehin nicht mehr aufgehalten werden. Am 14. August 1866, im gleichen Jahr wie in Basel, schlossen sich zwölf Pfarrer und Laien im Pfarrhaus von Münchenbuchsee zum kirchlichen Reformverein zusammen. Woraufhin wieder neue Spannungen und

Kontroversen entstanden. Schon bald nach dieser Vereinsgründung wurde den Reformern von ihren theologischen Gegnern entgegengehalten: Von denen, die sich mit Strauss und Baur herumschlagen, könne nur eines gesagt werden: «Sie arbeiten ohne Gott.»[33]

Die Verantwortlichen der Berner Reformbewegung jener Zeit, die Brüder Ernst Friedrich und Eduard Langhans und ihr Kollege Albert Bitzius lancierten eine Zeitschrift, die *Reformblätter aus der bernischen Kirche*, um auf diesem Weg ihre theologische Überzeugung unter das Kirchenvolk zu bringen. Darin erhob diese neue Bewegung den Anspruch, die allein zeitgemäße Theologie zu sein. Orthodoxie und Pietismus seien überholt. Bekenntnis und Liturgie sollten umgestaltet, die Heilige Schrift in ihrer Autorität eingeschränkt und jeder Dogmatismus bekämpft werden.[34] Die kantonale Kirchensynode, ein mehrheitlich konservatives Gremium, das sich mit diesen Anliegen zu beschäftigen hatte, anerkannte in ihrer Sitzung vom 19. Juni 1866 zwar die Notwendigkeit der wissenschaftlichen Erforschung religiöser Wahrheit, billigte auch das Bedürfnis nach Reinigung und Fortbildung der Kirchenlehre und hielt zudem Unterschiede in der Lehrauffassung durchaus für zulässig, verpflichtete aber die Synodalen auch auf das reformatorische Schriftprinzip, in dem die Bibel zur alleinigen Richtschnur des Glaubens und der Lehre erklärt wurde. Im Weiteren untersagte eine Mehrheit der Synodalen strikt jede Umgehung des Apostolischen Glaubensbekenntnisses bei der Taufe. Das war nur wenig mehr als die nachträgliche Legitimation herrschender Zustände und ging den Reformern entschieden zu wenig weit. So widersetzte sich denn der bereits erwähnte Albert Bitzius diesen Beschlüssen, indem er dem Synodalvorstand mittelte, er habe im Gottesdienst das Apostolikum durch ein anderes Bekenntnis ersetzt. Die Jungfrauengeburt, die Höllen- und Himmelfahrt Christi, die leibliche Auferstehung von den Toten, die das Apostolikum lehre, widerspreche seinem modernen Weltbild. Eine Maßregelung von Bitzius erfolgte daraufhin aber nicht, wohl auch deshalb, weil die freisinnige Mehrheit im Großen Rat 1868 die Lehrfreiheit im Sinn der Reformer schützte. Der Forderung nach Abschaffung des Apostolikums, ohne dieses durch ein neues Bekenntnis zu ersetzen – ein Anliegen der Reformer aus dem Jahr 1867 –, kam dann das Kirchengesetz von 1874 entgegen. Seitdem ist die Evangelisch-reformierte Berner Kirche an kein Bekenntnis der Vergangenheit mehr gebunden. Die Reformbewegung hatte den Kampf zwischen geschichtlich freiem und dogmatisch gebundenem Christentum für sich entschieden.

---

33 Urs Meyer: Der Streit um den 'Leitfaden' von Eduard Langhans (1866–1868), S. 177.
34 Rudolf Pfister: Kirchengeschichte der Schweiz, Bd. 3, S. 260–262.

Auch in Zürich suchten die Väter der Reform den Anschluss an die Wissenschaft und Bildung ihrer Zeit und kämpften unerschrocken gegen religiöse Unfreiheit und Zwangschristentum. Schon gut dreißig Jahre zurück lag der sogenannte «Straussenhandel». Ein erster Versuch, David Friedrich Strauss auf den Lehrstuhl für Dogmatik und Kirchengeschichte der Universität Zürich zu berufen, war 1836 gescheitert. Drei Jahre später schlug ihn der Erziehungsrat erneut vor. Wiederum liefen Konservative und Orthodoxe dagegen Sturm, so dass sich 1839 in Zürich zwei Lager bildeten, die «Straussen» und die «Antistraussen». Nach einem heftigen Wortkrieg und massivem Widerstand vonseiten des konservativen Volksteils sah sich der Zürcher Erziehungsrat gezwungen, Strauss noch vor dessen Amtsantritt in Rente zu schicken. Was den Verschmähten dazu bewog, in der Vorrede zu den Huttendialogen in Erinnerung an sein *Leben Jesu* von 1835/36 zu klagen:

> Ich könnte meinem Buche grollen, denn es hat mir (von Rechts wegen! rufen die Frommen) viel Böses getan. Es hat mich von der öffentlichen Lehrtätigkeit ausgeschlossen, zu der ich Lust, vielleicht auch Talent besass; es hat mich aus natürlichen Verhältnissen herausgerissen und in unnatürliche hineingetrieben; es hat meinen Lebensgang einsam gemacht.[35]

Ging es beim «Straussenhandel» um die Frage nach dem rechten Bekenntnis, so erreichten die liberalen Theologen die Bekenntnisfreiheit schließlich doch noch mit der Annahme der Liturgie 1868 durch die Synode und ihre Genehmigung durch den Kantonsrat 1870. Allerdings mussten die Reformer auch in diesem Kanton zuvor heftige Fehden zugunsten ihrer Anliegen austragen. Einer von ihnen war Friedrich Salomon Voegelin, seit 1864 Pfarrer in Uster, ein Schüler Biedermanns und überzeugter Anhänger der Reformtheologie. In den Jahren 1864 und 1865 publizierte Voegelin je eine Sammlung seiner übers Jahr gehaltenen Predigten. Diese Publikationen – Voegelin griff darin die kirchliche Ordnung an und stellte die maßgebende Glaubenslehre in Frage – führten zu theologischen Auseinandersetzungen mit kirchlichorthodoxen Kreisen. 78 Pfarrer ergriffen in einer öffentlichen Erklärung gegen Voegelin Partei. Woraufhin die Gemeindebehörden von Uster sich diese Einmischung von außen strikt verbaten und so ihrem Seelsorger ostentativ den Rücken stärkten. Daraufhin brachte die kirchliche Rechte ihr Anliegen vor die Synode. Doch leistete auch dieses kirchliche Gremium in seinem Beschluss vom 24. September 1865 diesem Antrag keine Folge. So war zwar der «Fall Voegelin» zu sei-

---

35   Zitiert nach Martin Werner: Der protestantische Weg des Glaubens, Bd. 1, S. 492.

nem Abschluss gekommen, doch hatten die aufgebrochenen Probleme damit noch keine endgültige Lösung gefunden. Erst zwei Jahre später brachte die Synode die Entscheidung mit ihrer Zustimmung zu einer neuen Liturgie, die für Taufe und Abendmahl je ein Formular mit Bekenntnis und ohne Bekenntnis vorsah. Bei der Konfirmation wurde auf das Apostolikum ganz verzichtet, womit auch in der Zürcher Kirche die Verpflichtung aufs Apostolikum gefallen war.

Der Kampf zwischen Reformern und Orthodoxen war nicht zuletzt ein Kampf um das Bekenntnis. Zwar hielten auch die Reformer daran fest, dass jeder Jünger Christi die Pflicht habe, seinen Glauben zu bekennen, dass Bekenntnislosigkeit eines Christen unwürdig sei. Doch an der Bekenntnisfreiheit schieden sich die Geister. Für ihren persönlichen Glauben ließen die Reformer kein Bekenntnis als abgeschlossene, ein für allemal feststehende dogmatische Größe gelten. Einmal wechselten die Denkformen immer wieder und erforderten deshalb auch eine stets neue Besinnung. Dann lasse jede historische Besinnung den jeweils zeitgebundenen Charakter jedes formulierten Credos erkennen. Denn Bekenntnisse sind nichts anderes als der Ausdruck des Glaubens in den Denkformen einer bestimmten Zeit und als menschliche Erzeugnisse wandelbar. Das gilt für alle Bekenntnisse, auch und gerade für das Apostolische Glaubensbekenntnis. Deshalb wehrten sich die liberalen Theologen jener Zeit gegen das bestehende Recht, die Anerkennung einer Bekenntnisformel mit dem christlichen Glauben gleichzusetzen. Sie waren davon überzeugt, dass eine freie Kirche ihren Gliedern auch die Freiheit der Glaubensentscheidung überlassen sollte. So richtete sich ihr Kampf in der Hauptsache gegen die Verpflichtung, Eltern, Paten und Konfirmanden bei Taufe und Abendmahl auf das Apostolikum verpflichten zu müssen. Eine besondere Problematik belastete zudem den kirchlichen Gebrauch speziell dieses Credos. Schon im ausgehenden Altertum benutzt, machte es als frühchristliches Taufbekenntnis insofern Sinn, als der erwachsene Täufling selber im Augenblick seiner Aufnahme in die christliche Gemeinde sich durch den Taufakt persönlich zum Glauben der Gemeinde bekannte. Für die im 19. Jahrhundert geübte Kindertaufe hatte dieses Bekenntnis hingegen seinen eigentlichen Sinn als Taufbekenntnis verloren. Ein Bekenntnis kann nicht stellvertretend von Eltern oder Paten abgegeben werden. Stellvertretende Bekenntnisse sind widersinnig.

*

Auch in Basel forderten die Reformer, wie schon in Bern und Zürich, die Bekenntnisfreiheit. Zunächst waren es einzelne Freigesinnte gewesen, die diesen Kampf aufnahmen. Zu nennen sind dabei in erster Linie die beiden Theologen Wilhelm Rumpf und Franz Hörler. Diese beiden Theologen hatten kein Pfarramt gesucht, waren aber seit 1856 Mitglied des Großen Rates und standen dem politischen Freisinn nahe. Rumpf war auch ohne je ein Pfarramt bekleidet zu haben, dreizehn Jahre Mitglied des kirchlichen Ministeriums der Stadt Basel gewesen. Theologisch waren beide als Junghegelianer Anhänger von David Friedrich Strauss, womit ihnen zu ihrer Zeit der Weg ins Pfarramt ohnehin verbaut war. Rumpf lebte als Privatgelehrter, Hörler amtete als Lehrer an der Töchterschule.

Auf Betreiben von Ratsherr Adolf Christ, selber Mitglied des Kirchenrates, hatte dieses Gremium im Jahr 1857 Rumpf aufgrund des Inhalts seiner Schrift *Kirchenglaube und Erfahrung* und der von ihm edierten Zeitschrift *Das freie Wort*, «als Candidat des Predigtamtes stille gelegt, bis er zu besserer Gesinnung wird zurückgekehrt sein».[36] Die Begründung lautete dahin, dass der Inhalt der genannten Schriften dem von Rumpf abgelegten Ordinationsgelübde widerspreche und er deshalb nicht Mitglied des Basler Ministeriums sein könne. Ein im Auftrag des Kirchenrates erbetenes Gutachten von der theologischen Fakultät Basel stützte den kirchenrätlichen Entscheid. Denn Herr Rumpf habe sich

> zu der Confession unsrer Kirche nicht nur in ein separatistisches oder in ein indifferentes, sondern geradezu in ein *feindseliges* Verhältniß gestellt, indem er nahezu alle die *Grundlehren* bestreitet, auf welchen unsre Kirche ruht [...] Herr Rumpf nimmt also dem Bekenntniß unsrer Kirche gegenüber nicht eine *freie* und *unbefangene*, sondern eine *schiefe* Stellung ein, die [...] nachgerade in eine *feindselige* Stellung umschlägt.

Die Gutachter, es sind dies die Theologieprofessoren Stähelin, Hagenbach, Müller und Riggenbach, stellten im Weiteren fest, dass

> ihm [sc. Rumpf] die Bibel in keiner Weise eine *heilige* Schrift ist. Ja, sie ist ihm nicht nur ein Buch wie jedes andere, sondern er geht geflissentlich darauf aus, dieselbe in den Augen eines des theologischen Urtheils unfähigen Publikums herabzusetzen als ein Buch, das dem gesunden Menschenverstand so zu sagen auf jeder Seite in's Gesicht schlage [...] [sc.und] benützt er die wirklichen oder vermeintlichen Widersprüche der Schrift mit den neuern Resultaten der Naturforschung, um aus denselben gegen die Wahrheit und Göttlichkeit des Bibelwortes überhaupt zu argumentieren [...] [sc. und spricht damit der Bibel] schlechthin allen Offenbarungscharakter ab.[37]

---

36 Gutachten der theologischen Facultät an einen hochwürdigen Kirchenrath von Basel betreffend die Stillstellung des Herrn Cand. Wilh. Rumpf jünger, Basel 1857, S. 3.
37 Ebd., Zitate S. 5, 7–9.

Zudem charakterisiere Rumpf die Evangelien und die Apostelge-
schichte als «Legendensammlungen, in denen Wahres und Falsches bunt
durcheinander gewürfelt» sei, und rede in diesem Zusammenhang auch
«von 'Verfälschungen' und 'Verhunzungen', welche die Evangelisten
sich erlaubt hätten». Schließlich stellten die Gutachter fest, dass Rumpfs
theologischer Standpunkt, wenn überhaupt, «dem der englischen Deis-
ten und Naturalisten des 17ten und Anfang des 18ten Jahrhunderts»
entspreche. Nicht einmal den «speculativen Rationalisten», gemeint sind
damit die Junghegelianer, wollten sie Rumpf zugezählt wissen, überhaupt habe Rumpf mit der deutschen Theologie nichts am Hut. «Darum haben auch die Rumpfischen Schriften unter den wissenschaftlichen Theologen Deutschlands und der Schweiz keine Beachtung
gefunden.» Die Gutachter kamen zum Schluss, dass

> es nach allen diesen Mittheilungen nicht mehr zweifelhaft sein kann, daß […] Herr
> Rumpf […] im Ernst […] gewiß nicht verlangen [sc. könne], bei seinen damaligen Ge-
> sinnungen, die er im sarkastischen und trivialen Tone eines Pamphletisten und kirch-
> lichen Agitators [sc. als] unverdaute und verwegene Sätze unter die Massen geschleu-
> dert [sc. habe], einer christlichen Gemeinde zu ihrem Prediger, Seelsorger und
> Katecheten vorgeschlagen zu werden [sc. verdiene].[38]

Rumpfs Rekurs gegen diesen Entscheid wurde später vom Kleinen Rat
abgewiesen. Dies war in Basel die erste öffentliche Auseinandersetzung
mit der liberalen Theologie. In der Folge verließ Rumpf mit seiner Familie die Stadt Basel in Richtung Strassburg, kehrte aber 1870 nach der
Belagerung jener Stadt während des Deutsch-Französischen Krieges
1870/71 wieder nach Basel zurück. In einem 1876 anonym erschienenen
Nachruf auf Rumpf hielt der nicht namentlich genannte Verfasser fest,
dass sich Rumpf in späteren Lebensjahren «besonders der Kriegskunst
und im Speziellen der Feldbefestigung, in welchem Fach er spezielle
Kenntnisse besass», zugewandt habe. Auch sei er kurze Zeit Redaktor
der *Basler Nachrichten* gewesen.[39]

Ein Jahr später, am 18. Oktober 1858, stellte Rumpfs Gesinnungsgenosse Franz Hörler im Großen Rat den Antrag, «eine Revision unseres Ordinationsgelübdes einzuleiten, in dem Sinne, dass den verschiedenen Richtungen innerhalb unserer Kirche gebührende Rechnung
getragen werde». In seinem Antrag stellte Hörler zunächst fest, dass «in
unserem Ordinationsgelübde neben der Bibel noch auf die daraus ge-
zogene Baslerconfession» verpflichtet werde. Hörler nahm damit auf

---

[38] Ebd., S. 12, 15–16, 23, 25.
[39] Basler Nachrichten vom 12. November 1876 (Nr. 269).

das von Oswald Myconius im Jahr 1532 verfasste und am 21. Januar 1534 vom Basler Rat erlassene Basler Bekenntnis Bezug, auf das damals Basels Bürgerschaft eidlich verpflichtet wurde und dem die Basler über Jahrhunderte treu geblieben waren. Erst im Jahr 1872 hat es der Große Rat außer Kraft gesetzt. Doch sei, so Hörler weiter, inzwischen «der Geist der Neuzeit den alten Formen entwachsen [sc. und somit lasse sich] das entwickeltere religiöse Denken der Gegenwart [...] nicht mehr in die Fesseln einfügen, die ein unfreieres Zeitalter ihm angelegt» habe. Ebenso decke dieses Gelübde, «dieses Monument einer uns so vielfach anfremdenden, an Zerrbildern des religiösen Lebens so reichen Zeit» auch nicht mehr die verschiedensten theologischen Richtungen ab, die im Basler Ministerium vorherrschten. Während «Schule, Staat und Stadt inzwischen den Bedürfnissen der Gegenwart angepasst worden» seien, «[sc. bleibe] das Kirchenwesen seit Jahrhunderten [sc. davon] fast unberührt [sc. und dies] in lebhaftem Contraste zu unsern Kirchenbauten, die sämmtlich restaurirt oder im Neubau begriffen sind». Im übrigen sei festzuhalten, dass «wir mit unserm, auf ein Bekenntnis des 16ten Jahrhunderts verpflichtenden, Ordinationsgelübde fast einzig noch unter unsern protestantischen Mitständen dastehen. Außer Basel verpflichtet nur noch Schaffhausen seine Geistlichen auf den Buchstaben eines solchen Symboles». Daher forderte Hörler, dass im Ordinationsgelübde in Zukunft auf eine Verpflichtung auf die genannte Konfession und auf die Bibel zu verzichten sei. Habe doch der Kirchenrat in der Vergangenheit immer wieder die verschiedensten theologischen Richtungen mit ihrer ebenso unterschiedlichen Art der Bibelauslegung – Hörler weist hier insbesondere auf die Basler Theologieprofessoren Wilhelm Martin Leberecht De Wette, von 1822 bis zu seinem Tod 1849 hochangesehener Dozent in Basel, den er dem theologischen Rationalismus zuordnete, und den Vermittlungstheologen Karl Rudolf Hagenbach hin – toleriert und auch freigesinnte Theologen wie Biedermann und andere Liberale ordiniert. Da sich die aufgeführten theologischen Positionen aber nicht mit dem Inhalt der Basler Konfession vertragen würden, könnten durch einen Verzicht auf die genannten Verpflichtungen in Zukunft solche Ungereimtheiten vermieden werden. Mit dem Ausruf: «Ja wohl, weg darum mit allem Nachbeten und Nachschwören geschichtlicher Symbole»,[40] beschloss Hörler seinen Antrag.

Noch bevor der Große Rat das Gespräch über diesen Auftrag aufnahm, hatte Johannes Riggenbach, Theologe und Dozent an der theologischen Fakultät der Stadt, schriftlich dazu Stellung genommen, dies

---

40   Franz Hörler: Zur Revision unseres Kirchenwesens, S. 2, 3, 8, 25.

allerdings in einer wenig sachlichen und hilfreichen, da und dort gar polemischen Art und Weise. Dabei drehte er Hörlers Anliegen so, dass er diesem unterstellte, Hörler wolle mit seinem Anliegen «über die Sache des Herrn Rumpf einen Beschluß fassen» lassen. Ein solcher Beschluss würde aber die Kirche schädigen «durch Preisgeben eines edlen und kostbaren Guts» und wäre letztlich «kein Beschluß im Interesse der Wahrheit, sondern im Interesse einer Person auf Kosten der Wahrheit». Schließlich nahm der Schreibende auch Professor De Wette in Schutz und begründete dies damit, dass dieser «zu würdigen sei [sc. allein] im Zusammenhang mit seiner Zeit», und dass der Kirchenrat Professor De Wette bei seinem Amtsantritt die Basler Konfession zur Unterschrift vorgelegt habe «und DeWette hat sie unterschrieben».[41]

Es war das erste Mal, dass der Große Rat, der am 8. Dezember 1858 über Hörlers Antrag debattierte, eine Verhandlung über dogmatische Fragen führte. In dieser Großratsdebatte stellte Hörler in Ergänzung zu seinen bereits schriftlich publizierten Überlegungen klar, dass er seine Wahl in den Großen Rat als «Zustimmung eines grossen Theils der Bürgerschaft» zu seinen der Öffentlichkeit bestens bekannten theologischen Überzeugungen verstehe und er nun mit seinem Anliegen «im Namen von Hunderten kirchliche Gleichberechtigung für eine Richtung, die ihre Norm nicht in Konfession und Schriftwort, sondern im lebendigen Christenthum finde»,[42] anmahne. Sukkurs erhielt Hörler von Wilhelm Rumpf. Rumpf machte geltend, dass «die freie Richtung nur Raum gewinnen könne, wenn vorerst das Gelübde geändert wird. An alle Artikel der Basler Confession glaubt ohnehin weder die Mehrheit der Bürgerschaft, noch die des Großen Rathes». Schließlich monierte Rumpf, dass der Große Rat die vielen «Männer und auch Frauen […], welche Prediger einer andern Richtung hören wollen und die alten Dogmen haarsträubend finden», nicht daran hindern könne. Überall habe man dem Fortschritt Tür und Tor geöffnet, warum «soll in Bezug auf die Religion einzig eine Ausnahme gemacht werden? […] Warum verketzert man nur und geht nicht auf eine Widerlegung ein?»[43]

Die folgende Debatte beschäftigte sich beinahe ausschließlich mit Rumpfs Argumenten und seinem Ausschluss aus dem Basler Ministerium. So hielt ihm ein Großrat vor, dass er, Rumpf «eine Feindschaft gegen die Kirche und ihre Vertreter zur Schau» trage. Ein weiterer Großrat schlug in die gleiche Kerbe: «Hr. Rumpf mag die Wahrheit wollen und

41 Johannes Riggenbach: Wider den Anzug des Herrn Hörler, S. 6, 9, 8.
42 Basler Nachrichten vom 10. Dez. 1858 (Nr. 291), S. 2.
43 Ebd. S. 1.

suchen, aber er greift die Fundamentalsätze des Christenthums an. Wird dem Anzug Folge gegeben, so ist damit nach Sinn und Meinung erklärt, dass Gottes Wort nicht mehr Gottes Wort sei.» Carl Brenner, ein populärer radikaler Volksführer, Mitbegründer und Redaktor der freisinnigen *Schweizerischen Nationalzeitung*, stellte sich auf die Seite Rumpfs und meinte: «Hr. Rumpf greift nach meiner Ueberzeugung nicht das Christenthum an, sondern das, was offenbar, oder doch wahrscheinlich menschliche Zuthat ist.» Und zum Antrag Hörler meinte er: «Eine Aenderung des Ordinationsgelübdes ist schon deßwegen nöthig, weil über die Bedeutung der Konfession verschiedene Meinungen walten.»[44]

Bis spät in die Nacht hinein wurde debattiert. Schließlich lehnte es der Rat mit 72:27 Stimmen ab, den Antrag Hörlers an die Regierung weiterzuleiten. Damit war zwar der zweite öffentliche Vorstoß von theologisch liberaler Seite abgewiesen worden. Dennoch ließ sich die Realisierung der Anliegen der Reformer nicht mehr aufhalten.

*

In der Folge machten diese durch öffentliche Vorträge immer wieder von neuem auf ihre Sache aufmerksam. So hielt der genannte Hörler während des Winters 1859/60 fünf Vorträge zum Thema «Glauben und Wissen in Sachen der Religion». Darin, so betonte er, wolle er den Hörern mitteilen, «was die Theologen ihnen nicht zu sagen pflegen». Das Wissen sei ihm «unbedingt eine höhere Erkenntnis als der Glaube, denn Glaube heisse nach der Bibel, allen Gründen der Vernunft und der Erfahrung zum Trotz das Unwahrscheinliche für wahrscheinlich zu halten». Ihm antworteten im folgenden Winter die Konservativen mit einem Vortragszyklus von zehn Vorträgen zum Thema «Zur Verantwortung des christlichen Glaubens». Dabei ging es den Vortragenden – den beiden Theologieprofessoren Johannes Riggenbach und Carl August Auberlen, den Pfarrern Samuel Preiswerk, Ernst Stähelin und Immanuel Stockmeyer und Gess, Letzterer theologischer Lehrer an der Missionsanstalt – nicht um «Predigt, sondern um wissenschaftlich gehaltene Vorträge». Damit sollten Antworten auf die Fragen der Gegner gegeben werden, Fragen wie:

> Verstoßen denn in der That die Resultate der neueren Wissenschaft wider den alten Christusglauben? Ist es wahr, daß unsre Pfarrer diesen Thatbestand nur eben nicht sehen wollen, oder was noch schlimmer wäre: daß sie wohl wissen, wie es steht, wollen es aber nicht öffentlich bekennen? Und ist in Wahrheit das tüchtige Denken,

---

44   Basler Nachrichten vom 9. Dez. 1858, S. 1f.

die echte Wissenschaft, Vernunft und Einsicht nur bei den Gegnern des evangelischen Glaubens zu finden?[45]

Auch diese Vorträge, wie schon die Vorträge Hörlers, stießen auf großes Interesse und wurden ein Jahr später als Buch herausgebracht. Im folgenden Winter folgten von konservativer Seite weitere Referate zum Thema «Die Propheten», später Vorträge zu anderen Themen. Im Winter 1867/68 und 1868/69 nahmen auch die Reformer ihre Vortragstätigkeit wieder auf und luden überdies auswärtige Redner ein wie Heinrich Lang, Pfarrer zu St. Peter in Zürich und bekannt als engagierter Kämpfer für die Reform. Im Weiteren referierten die bereits genannten Theologen Albert Bitzius, Friedrich Salomon Voegelin und Eduard Langhans. Einige der behandelten Themen waren: «Der historische Christus», «Der dogmatische Christus», «Die Theologie im Spiegel der Kunst», «Apokalypse und Pietismus», «Soziale Fragen im Zusammenhang mit der Theologie»,[46] alles Fragestellungen, die für diese theologische Richtung von Bedeutung waren. Auch an diese Vorträge, gehalten in der Gartenzunft, einem beliebten Versammlungslokal der Reformer, schlossen sich jeweils lange Debatten an, die oft bis tief in die Nacht hinein andauerten. Wie die *Basler Nachrichten* berichteten, soll im Anschluss an einen Vortrag von Pfarrer Langhans aus Bern ein Arbeiter das Wort ergriffen haben, «um im Namen von vielen Hunderten von Arbeitern und im Namen seines ganzen Standes dem kirchlichen Reformverein für die Anordnung der freireligiösen Vorträge aufs wärmste zu danken».[47] Gemäß Mitteilung der Zeitung soll dieser Arbeiter ein Mitglied des Internationalen Arbeitervereins gewesen sein. Ein untrügliches Zeichen dafür, dass auch andere als religiöse Motive die arbeitende Bevölkerung diese Veranstaltungen besuchen ließ. Diese Vortragsreihen haben viel zur Verbreitung der reformerischen Anliegen beigetragen.

*

Großrat August Brenner-Fischer hatte am 8. Oktober 1866 eine Anzahl Gesinnungsfreunde zur Gründungsversammlung eines Vereins in die Gartenzunft eingeladen, der es sich zur Aufgabe machen sollte, religiöse und kirchliche Reformen in die Wege zu leiten. Das theoretische Programm benennt deutlich den Zweck des Vereins: «Kampf der jetzigen

---

45 Zur Verantwortung des christlichen Glaubens. Zehn Vorträge gehalten von Männern aus allen Ständen.
46 Liste der Themen und Referenten in: «Der Volksfreund» vom 14. Dezember 1867.
47 Basler Nachrichten vom 22. Januar 1868.

herrschenden kirchlichen Partei, dem Pietismus. Kampf der Gleichgültigkeit und Lauheit in kirchlichen Beziehungen.» Einundfünfzig Männer erklärten gleich in der ersten Sitzung ihren Beitritt, darunter Ärzte, Lehrer, Schuldirektoren, Juristen, Kaufleute, einfache Angestellte und Handwerker. Allerdings fand sich darunter kaum jemand aus der Basler Oberschicht.

> Nicht viel Reiche, nicht viel Weise, nicht viel Edle nach dem Fleisch, Leute aus allem Volk. Doch fanden sich auch einige Wenige aus den 'besseren' Ständen ein: der Kaufmann Brenner-Bär und der Advokat Dr. Karl Brenner [...] Professor Hermann Kinkelin, der Ratsschreiber [sc. Redaktor und Basler Ständerat von 1881 bis 1896] Dr. Friedrich Göttisheim, die Aerzte Dr. Daniel Ecklin und Dr. Theodor Gsell-Fels, von der Lehrerschaft Kand. Franz Hörler und andere, von Geschäftsleuten der Feuerkopf und Präsident Theodor Hoffmann-Merian mit andern. In einem Gasthaus gaben sie sich in feurigen Reden das Wort, nicht zu ruhen, bis in der Basler Kirche neben den Altgläubigen auch die Freisinnigen zu ihrem Recht kämen, der Zwang in Sachen des Glaubens gebrochen wäre.[48]

Als die Gründung ruchbar wurde, goss die konservative Presse Spott und Häme über den Reformverein aus, den sie als eine Gesellschaft von Schreibern, Handwerkern und minderen Leuten bezeichnete, die bei Bier und Tabak die Basler Kirche reformieren wollten. Doch war es schließlich diesen Männern aus niederem Gesellschaftsstand zu verdanken, dass Basel 1871 dem Konkordat der reformierten Kantone beitrat, 1873 den Bekenntniszwang, die Verpflichtung von Eltern, Taufpaten und Konfirmanden auf das Apostolische Glaubensbekenntnis, aufhob und 1874 das kirchliche Stimmrecht für alle Niedergelassenen durchsetzte.

Der Beitritt Basels zum interkantonalen Konkordat hatte die Vereinheitlichung der theologischen Prüfungen für alle Kandidaten zur Folge. Zugleich wurde damit Pfarrern aus anderen Kantonen, auch solchen freisinniger Gesinnung, der Weg auf die Kanzeln der reformierten Basler Kirchen geebnet. Zudem hatte schon ein paar Jahre zuvor eine Gruppe von Studenten eine Petition an den Großen Rat gerichtet, dabei unterstützt vom Reformverein, bei der Besetzung der Lehrstühle innerhalb der theologischen Fakultät besser auf die verschiedenen wissenschaftlichen Richtungen zu achten. Allerdings wollten die Reformer damit keineswegs Zwiespalt säen. Und sollte die Wahl an finanziellen Schwierigkeiten scheitern, so bot der Verein einen jährlichen Beitrag von Fr. 1000.–, vorläufig beschränkt auf zwei Jahre, an.

---

48   Alfred Altherr: Ein Abschiedswort an seine Gemeinde und Freunde, S. 7.

Die Kuratel machte sich daraufhin unverzüglich an die Arbeit und schlug, nachdem sich ein auch für die Reformer valabler Kandidat selber aus dem Rennen genommen hatte, nach langem Zögern und Suchen für die Besetzung des fünften Lehrstuhls Privatdozent Franz Overbeck aus Jena vor. Die Reformer freilich lehnten Overbeck ab, da dieser, wie sie bemängelten, seine Forschungen hauptsächlich auf das historische Gebiet beschränke und nur wenig Interesse an der philosophischen und spekulativen Theologie habe, an der die Petenten interessiert waren. Überdies lasse Overbecks ruhige und gefügige Art ein kräftiges Auftreten gegenüber einer kompakten und entschiedenen Gegenpartei vermissen. «Etwas Halbes nützt nichts; es muss ein Hecht unter die Karpfen, nicht aber ein fünftes Rad an den Wagen»[49] beschieden die Reformer der Wahlbehörde. Nach weiteren Erkundigungen und einem persönlichen Treffen von Wilhelm Vischer-Bilfinger, dem damaligen Präsidenten der Kuratel mit dem Kandidaten, wurde Overbeck am 8. Januar 1870 trotz dieser Einwände berufen. Overbeck, über ihn wird weiter unten noch ausführlich zu reden sein, gab allerdings den Reformern nachträglich recht. Sein Forschungs- und Arbeitsgebiet blieb die allgemeine Kirchengeschichte bis zum Ausgang des Mittelalters und die Exegese des Neuen Testaments. Auch hat er nie auch nur im Entferntesten daran gedacht, sich von einer kirchlichen Partei vereinnahmen oder sich in Parteiengezänk hineinziehen zu lassen. Zudem entfremdete er sich, ganz im Gegensatz zu den Reformern, im Laufe der Jahre der Theologie und Kirche fast vollständig.

Die ersten Reformer in Basel waren kleinere Kreise von Bürgern, Kaufleuten, Handwerkern und Akademikern gewesen, die zur politischen Opposition gehörten. Ihnen schlossen sich auch solche an, denen es mehr um die Bekämpfung der politisch und kirchlich herrschenden Kreise als um ihren eigenen Glauben ging. Auf der Gegenseite war der politische Konservativismus, der traditionell mit dem kirchlichen verbunden war. Lange Zeit waren die Konservativen der Überzeugung gewesen, diese neue Strömung sei unerheblich und werde kaum Einfluss nehmen können. Man fühlte sich sicher und hatte sich wohl grade deshalb gegen alle Neuerungen gesträubt und die Schlagkraft der neuen Ideen völlig unterschätzt. Doch wurde der Kampf auf beiden Seiten je länger desto unerbittlicher geführt und die Gegensätze stießen in immer größerer Schärfe aufeinander. Der Einbruch ins Althergebrachte war nicht mehr aufzuhalten. Noch bevor der politische Freisinn das konservative Ratsherrenregiment verdrängte, eilte die kirchliche Reform-

---

49 Schweizerischer Volksfreund vom 11. Dezember 1869.

partei in den siebziger Jahren von Sieg zu Sieg. Dies stürzte das alte
«Fromme Basel», die Orthodoxen aus den oberen Ständen, in eine
schwere Orientierungskrise. Man hatte in diesen Kreisen verständlicher-
weise das Gefühl, an einer Zeitenwende zu stehen. Umso mehr als jetzt
auch in Basel der Streit ums Apostolikum voll entbrannt war. Dreizehn
Jahre zuvor war man Hörlers Anliegen, während der Ordination von
Geistlichen auf das Bekenntnis zu verzichten, noch entgegengetreten
und hatte die alte Ordnung bestätigt. Doch in der Zwischenzeit hatte
sich das Blatt zugunsten der Anliegen der Reformer gewendet. Die Forderung nach einer bekenntnisfreien Kirche war auch in Basel unüberhörbar geworden. So musste sich der Große Rat in seiner Sitzung vom
ersten und zweiten Mai 1871 dem Begehren der Reformer, auf den Gebrauch des Apostolischen Glaubensbekenntnisses während der Taufe
und der Konfirmation gänzlich zu verzichten, stellen.

*

Obwohl es einigen Ratsmitgliedern schwer fiel, zu diesem kirchlichen
Anliegen Stellung zu nehmen, sahen sie sich, wenn auch widerwillig, zu
einem persönlichen Bekenntnis genötigt, nahmen im Großen Rat neben kirchlich Freisinnigen und Orthodoxen immerhin auch Katholiken
und Freidenkende Einsitz. Dergestalt verwundert es wenig, dass während den Beratungen immer wieder die Frage auftauchte, ob dieses Gremium der zutreffende Ort sei, eine solche Frage zu behandeln. Gleichwohl nahm die Debatte einen würdigen und von gegenseitigem Respekt
geprägten Verlauf, was sich angesichts der aufgeheizten Stimmung, die
unter den verschiedenen konfessionellen Richtungen innerhalb der
evangelisch-reformierten Kirche vorherrschte, nicht von selber verstand. Die Debatte führte schließlich zu einem Sieg des antragstellen-
den Reformvereins, indem «diese Petition dem Kleinen Rath zur näheren Prüfung überwiesen»[50] wurde.

Der Referent, Dr. Eduard Thurneysen-Gemuseus, zunächst Unter-
suchungsrichter, dann ab 1862 Staatsanwalt und seit 1868 Strafgerichts-
präsident, war von 1852 bis 1881 Mitglied des Großen Rates und daselbst Mitglied des Erziehungskollegiums, ein Mann der politischen
Mitte. An kirchlichen Fragen war der große Kenner und Verehrer Bach'-
scher Musik immer besonders interessiert gewesen.[51] Als Vertreter der
konservativen Partei war er lange Jahre auch Mitglied der kirchlichen

---

50   StABS, Protokolle Grosser Rat 29 vom 2. Mai 1871.
51   Zu Eduard Thurneysen-Gemuseus vgl. Nachruf «Zum Andenken an Herrn Dr.
     Eduard Thurneysen-Gemuseus», in: StABS Bibl. LB 18/25.

Synode. Er hatte die Petitionskommission präsidiert und die Sitzung eröffnet. Zunächst referierte er den Inhalt der Petition: «Die Verpflichtung auf das apostolische Symbolum kommt vor bei der Taufe für die Väter und Taufzeugen, bei der Konfirmation für die Konfirmanden. Die Forderung des Reformvereins geht auf die Beseitigung der Verpflichtung der Väter und der Konfirmanden». Allerdings hielt er die Begründung, die der Reformverein für sein Anliegen vorgebracht hatte, nämlich dass «die Beseitigung der Verpflichtung eine nothwendige Folge unsres Beitrittes zum theologischen Konkordat [sc. sei], indem wir Geistliche bekommen könnten, welche mit dem ap. Gl. B. nicht einverstanden seien» für nicht zutreffend. Denn augenscheinlich sei die Kirche «in einem Uebergang begriffen», der durchaus, wie der Sprechende erhoffte, zu einer neuen Einheit innerhalb der kirchlichen Positionen führen könne, «wo alle diese Gegensätze mehr oder weniger schwinden». In jedem Fall müsse jedoch «die gewaltige Krisis, in der sich die Theologie [sc. gegenwärtig] befinde, [...] auch auf kirchlichem Boden durchgekämpft werden». Im Übrigen fürchte er sich davor, «es möchte [sc. angesichts dieser theologischen Streitereien] ein grosser Theil des Volkes dem kirchlichen Leben entfremdet werden, und gerade die unbemittelten Klassen». Deshalb sei Toleranz zu üben, denn «wir sollten verhüten, dass bestimmte Punkte aufgestellt werden, wo es heißt: hier fängt das Christenthum an, da hört es auf. Damit wird viel Schaden gestiftet». Und so stellte er im Namen der vorberatenden Kommission den Antrag, «es möchte das Begehren dem Kl. Rath zu näherer Prüfung überwiesen werden».[52] Großrat Theodor Hoffmann-Merian, der, als Mitglied des Reformvereins, zugunsten der Petition Stellung nahm, präzisierte: «Wir haben [...] nicht die Abschaffung des Glaubensbekenntnisses, sondern der Verpflichtung darauf petitioniert». Überall, so fuhr der Redner fort, «in unserm eigenen Vaterland, in den Kantonen Zürich, Thurgau, Aargau, Graubünden, Glarus sehen wir eine Reihe von Geistlichen, die auf das apostolische Bekenntniß nicht verpflichten und mit ihren Gemeinden auf bestem Fuße leben», womit er der gegnerischen Behauptung entgegentrat, ohne Einforderung des Bekenntnisses könnten die Pfarrer als Seelsorger ihren Auftrag nicht mehr erfüllen. Weiter betonte Hoffmann-Merian:

Wir wollen keine Absonderung von unserer verehrten Landeskirche, wir wollen, daß sie auch noch vielen Schirm biete, die jetzt noch außerhalb der Kirche stehen. Wir wollen die Kirche von mancher starren Schranke im Innern befreien [...] Unser Zweck ist Annäherung an das Urchristenthum, das auch Jahrhunderte gelebt hat ohne die-

---

52 Basler Nachrichten vom 3. Mai 1871.

ses Bekenntniß. Wir wollen der Basler Landeskirche angehören und unsere Kinder taufen lassen zum Zeichen ihrer Aufnahme in dieselbe. Wir wollen keine Separatistenkinder.[53]

Dem trat der Ratsherr Adolf Christ wie immer, wenn es um die Angelegenheiten des Reformvereins ging, kräftig entgegen. Der Exponent des «Frommen Basel» gab offen zu, «es wäre nicht gewissenhaft, wenn ich nicht sagte, dass das, was angegriffen wird, mir heilig ist [...] es ist [sc. zugleich] ein Schlag ins Gesicht [...] ja [...] ein Stich ins Herz des größten Theils unserer Bevölkerung». Weiter hielt er fest, dass die Petition «ein negatives, zerstörendes Interesse» enthalte. Eine solche Publizität stehe den Reformern eigentlich gar nicht zu, repräsentierten sie doch nur eine verschwindend kleine Minderheit. Und zum Beweis seiner Behauptung führte Christ die Gottesdienste der Reformprediger an, die nur schwach besucht seien:

> Sie erinnern sich der berühmten Pfarrwahl in Uster. 700 gegen 300 Wähler beriefen einen Vertreter der modernen Theologie. Der Triumph war so gross, daß die Scheiben zitterten. Dieser Herr Pfarrer hat bis auf 37 Zuhörer gezählt. Wo waren die 700? [...] Ein gläubiger Prediger in Zürich dagegen zählt seine Zuhörer nach Tausenden.

Den Grund für dieses Debakel ortete Christ in der Tatsache, dass

> das ganze Interesse dieser modernen Richtung eben auf das Diesseits geht, es ist kein religiöses Interesse. Diese moderne Richtung ist nur zufrieden, wenn sie aus der Kirche eine Art gemeinnützige Gesellschaft machen kann. Das einigende Band soll die Sittlichkeit sein, gleichviel, ob es eine Unsterblichkeit gebe oder nicht.

Schließlich wies er darauf hin, dass

> der Bericht [sc. der Petitionskommission] sagt, wenn man die Petition abweise, so spreche man der Kirche alle Entwicklungsfähigkeit ab. Das ist gewiss nicht der Fall. [...] [Sc. Aber das Fundament der Kirche werde dann erschüttert], wenn die Grundbegriffe, Gott und Unsterblichkeit aufgegeben werden.

Was im vorliegenden Antrag der Fall sei. Aus diesen Gründen stimme er «für Abweisung der Petition».[54]

Bürgermeister Johann Jakob Stehlin, liberaler Politiker und 1848 erster Vertreter Basels im Ständerat (bis 1853) und anschließend für zweiundzwanzig Jahre Nationalrat, glaubte seinerseits nicht, dass der Große Rat befugt sei, «in Glaubenssachen [...] Beschlüsse zu fassen. Das wi-

---

53 Basler Nachrichten vom 4. Mai 1871.
54 Ebd.

derspricht dem Prinzip der Glaubensfreiheit». Dieses Gremium sei auch
nicht kompetent, «um über konfessionelle Fragen zu entscheiden». Das
sei vielmehr das Volk, genauer die Mitglieder der evangelisch-
reformierten Landeskirche. Er bedaure, dass mithilfe dieser Petition
«der Kern unserer Kirche angegriffen werde und (sc. dieser) verändert
werden soll. Schon aus diesem Grund gehört sie nicht vor den Großen
Rat». Doch hätte auch er es sich «schon längst gewünscht, [...] daß aus
dem Schoß unserer reformirten Kirche und durch ihre eigenen Organe
die symbolische Sprache unserer Bekenntnisse geändert und verständlicher gemacht würde». Um den Staat vor solchen Aufgaben, wie sie
jetzt anstehen würden, in Zukunft zu entlasten, «gibt es nur zwei Wege.
[...] Erstens auf dem Boden der evangelisch-schweizerischen Kirche,
diese Reformen anzustreben [...] oder [...] die Trennung von Kirche
und Staat» zu forcieren. Solches stehe leider bereits vor der Tür. «Täu-
schen wir uns aber nicht: die Bewegung für Trennung von Kirche und
Staat ist im Gang, ebenso wie die Reform». Sein Votum schloss der
Referent mit den Worten: «Der Sprechende betont nochmals, daß ein
politischer Körper nicht dazu angethan und kompetent sei, in Glaubenssachen zu reglementieren [sc. und votierte] für Nichtüberweisung.»[55]

Als nächster Redner meldete sich der Theologieprofessor Karl
Rudolf Hagenbach zu Wort. Auch er hielt «es für unstatthaft, daß in
einer politischen Versammlung abgesprochen werde über solche Sachen». Zur Erledigung solcher Fragen sehe er die «Nothwendigkeit
[sc. der Schaffung] einer Kirchensynode» vor und möchte die Entscheidung über die vorliegende Frage dann diesem Gremium überlassen. Mit der Äußerung: «Ich gehöre auch zu denen, die voraussehen,
daß es leider wahrscheinlich zum Bruch zwischen Staat und Kirche
kommt; ich möchte es nicht erleben»,[56] schloss Hagenbach seine Ausführungen. Der Ratsherr Karl Sarasin hielt indessen eine Trennung
von Kirche und Staat für unumgänglich, wolle man die Kirche «von
der Fessel des Staates befreien und die einzelnen kirchlichen Genos-
senschaften unabhängig neben den Staat stellen». Dies sei nämlich das
einzige Mittel, «die religiösen Gegensätze zu versöhnen». Denn die
Petition, wie sie nun vorliege, richte sich gegen den Glauben selber.
Und wenn für das Anliegen geltend gemacht werde, dass man sich dem
Fortschritt nicht entziehen könne, so meinte Sarasin:

Es ist eine schöne Sache mit dem Fortschritt. Niemand wird leugnen, daß in den meisten Dingen Fortschritt sein muß, wenn nicht Stagnation und Rückgang eintreten soll,

---

55 Ebd.
56 Basler Nachrichten vom 5. Mai 1871.

allein es gibt Dinge und Wahrheiten, die außer und über diesem Gesetz stehen. [...] [Sc. Denn] noch unumstößlicher als die mathematischen Wahrheiten sind die Wahrheiten des Evangeliums, hier gibt es keinen Fortschritt, sie sind unwandelbar wie die Gestirne.[57]

Deshalb votierte Sarasin für Nichteintreten. Die der Reform gewogenen Großräte wollten einiges Gesagte nicht unwidersprochen lassen. So konnte es Ratsherr, Fabrikant, Verkehrspolitiker, Großrat von 1844 bis 1884 und Basler Ständerat von 1850 bis 1866 August Stähelin-Brunner

> nicht begreifen, wie die Kompetenzfrage aufgeworfen werden konnte [...] In fast allen Kantonen haben sie die Konfession abgeschafft und an deren Stelle eine allgemeine Formel gesetzt; Sie sehen, diese Kantone haben ihre Kompetenz (sc. auch) nicht bezweifelt.

Im übrigen eröffne gerade diese Debatte die Gelegenheit «dass wir uns fragen: wie soll sich der Staat gegenüber diesen religiösen Fragen verhalten?» Die Abschaffung der Konfession in den allermeisten Kantonen der Schweiz sei geschehen,

> nicht um die Kirche zu zersetzen [...] sondern darum, weil man sah: die alte dogmatische Stellung, die im 16. Jahrhundert von selbst aus dem ganzen Volk hervorgieng, lasse sich nicht mehr handhaben. Wir haben also heute nicht eine theologische Frage vor uns, sondern eine politische, die Frage: welche Stellung soll der Staat einnehmen? Den Glauben wollen wir jedem wahren, aber weil wir gerecht sein wollen, nach rechts wie nach links, müssen wir diejenige Stellung einnehmen, die allein dem Staat gebührt.

Deshalb dürfe der Staat keinesfalls «die Staatshoheit über kirchliche Angelegenheiten aus der Hand geben. Das dürfe bei einer Landeskirche nicht sein». Und gerade diese Petition sei eine Gelegenheit dafür, «dass der Staat sich einmal klar mache, wie er sich in diesen Fragen stellen will. Deshalb stimme er für eine Überweisung an die Regierung».[58] Ein weiterer Reformer und sehr populärer Radikaler, der das Wort nahm, war der Anwalt Carl Brenner. Dieser Jurist und überzeugte Radikale war bekannt geworden durch seine Teilnahme am ersten Freischarenzug vom Dezember 1844, der allerdings ebenso kläglich gescheitert war wie der zweite Freischarenzug von Ende März 1845. Die Freischarenzüge waren zwei gescheiterte antiklerikale Umsturzversuche von ungewöhnlichem, ja geradezu groteskem Charakter in der Schweiz in den Jahren 1844 und 1845. Unter den Teilnehmenden waren viele bedeutende Persönlichkeiten der späteren Elite des Landes. Für seine

---

[57] Ebd.
[58] Basler Nachrichten vom 6. Mai 1871.

Teilnahme saß Brenner nachträglich für kurze Zeit im Gefängnis. Ferner tat er sich hervor als Mitbegründer der *Nationalzeitung* und arbeitete dort kurzzeitig als Redaktor. Ebenso gehörte er dem Vorstand des Reformvereins an. Brenner scheute sich nicht, noch einmal in aller Offenheit auf das Anliegen des Reformvereins aufmerksam zu machen. Zwar hielt er zunächst fest: «Ich bin weit entfernt ein Theologe zu sein», um dann aber ein umso ausführlicheres theologisches Plädoyer zu halten. Darin beschwor er zunächst die Einheit im Glauben auch über die verschiedenen theologischen Richtungen hinweg:

> Wenn wir zum gestirnten Himmel aufblicken, so sind wir einiger als wir gegenseitig uns zu geben wollen. Jeder solche Blick führt uns auf den Gedanken, dass eine höhere Kraft da sei, die über uns allen walte. Wie diese unendliche Macht beschaffen sei, wer will darüber absprechen, wer hat das Recht abzusprechen und zu sagen: das ist das richtige und das andere nicht.

Und er fuhr fort:

> Ich wage zu behaupten, dass wir einander näher sind als *viele* wollen gelten lassen. [...] Ich will das zu belegen suchen. Ich glaube, die wirklichen Heilslehren, die das Christenthum zur Weltreligion machen werden, sind nicht äußere Begebenheiten und übernatürliche Mittheilungen, sondern es sind wenige einfache Sätze: liebe Gott, strebe nach dem Guten, liebe deinen Nächsten, überhaupt die sittlichen Gebote. Da haben wir schon viel gemeinsames.

Dann kam er zum eigenen Anliegen:

> Was verlangen wir? Verlangen wir einen Zwang? Nein, wir verlangen keinen Zwang zu Ungunsten derer, die anderer Ansicht sind als wir, aber wir glauben, daß in der großen Gesellschaft, welche sich Staat nennt und auch Kirche sein kann, wo so viele Leute von verschiedenen Ansichten zusammen wirken und die gleichen Grundgebote zu verwirklichen suchen, da nicht gesagt werden kann: 'nur ihr habt Recht.' – Wir wollen keinen Zwang ausüben, aber auch keinen dulden.[59]

Nach Brenners ausführlichem Votum wurde die Sitzung auf den nächsten Tag, Dienstag, den 2. Mai, vertagt.

Während des zweiten Sitzungstages wurde verschiedentlich auf die Stellungnahme der Basler Pfarrer[60] zum Anliegen des Reformvereins hingewiesen, je nach Parteizugehörigkeit in positiver oder negativer Form. Die Basler Geistlichen hatten in ihrer ausführlichen Stellung-

59 Basler Nachrichten vom 8. Mai 1871.
60 Die Kirche und ihr Bekenntniß. Ein Wort der Pfarrer von Basel-Stadt an ihre Gemeinden, Basel 9. März 1871.

nahme zunächst auf die Notwendigkeit eines Bekenntnisses verwiesen, dann dessen Inhalte ausgelegt und verständlich gemacht, um schließlich festzustellen, dass die Petition des Reformvereins «eine förmliche und entschiedene Kriegserklärung gegen den christlichen Glauben insgesammt und in allen seinen Theilen»[61] darstelle. Während es sich beim «Bekenntnis der christliche Kirche [sc. allerdings nur bei demjenigen orthodoxer Observanz] um die Wahrheit, die nicht aus menschlicher Erkenntnis stamme» handle, so sei die freisinnige Theologie, «die keinen geschichtlichen Boden hat, kein himmlisches Ziel kennt, keinen Glauben und keine Lehre besitzt [...] nichts aufstellt als eine allgemein gehaltene Gesittung ... [sc. eben] keine christliche, sondern eine allgemeine Humanitäts-Religion».[62] Im Weiteren herrsche in der Basler Kirche kein Zwang; denn sein Kind taufen zu lassen, dazu werde niemand gezwungen, und dies ziehe schließlich weder für die Eltern noch für das ungetaufte Kind «keinerlei bürgerlichen Nachtheil» nach sich. Und gäbe man in diesem Punkt nach, dann sei dies wohl nur ein «erster Schritt zu weiteren Angriffen und weiterer Zersetzung der christlichen Kirche», womit sich dann schließlich auch Basel mit «den wenig beneidenswerthen Zuständen in der Kirche des Kantons Zürich» konfrontiert sehen könnte, die uns von den Reformfreunden als Muster empfohlen werden».[63] Mit einem flammenden Appell an den Großen Rat, «seines Amtes als oberster Leiter und Schützer der Landeskirche»[64] zu walten, schließt diese Schmähschrift.

Verschiedene Votanten verurteilten die Eingabe der Basler Pfarrer scharf. Carl Brenner formulierte es so:

> Die Herren zwanzig Pfarrer oder die zwanzig Herren Pfarrer haben ein Feuer angefacht, das ich nicht löschen will – ich lasse es brennen –, aber das sage ich, die zwanzig Pfarrer werden die Sache nicht ändern. Die Zeit geht ihren Lauf fort und läßt sich nicht anhalten.[65]

Andere Redner gestanden hingegen dem Basler Ministerium durchaus das Recht zu, öffentlich Stellung zum gestellten Anliegen nehmen zu dürfen, auch wenn da und dort der angeschlagene Ton gerügt wurde. Als einer der letzten Votanten in dieser doch inhaltlich sehr ungewöhnlichen Großratsdebatte meldete sich schließlich Professor Wilhelm Vischer-Heussler, Historiker und konservativer Politiker, zu Wort.

---

61 Ebd., S. 6.
62 Ebd., S. 8, 9.
63 Ebd., S. 12, 13.
64 Ebd., S. 15.
65 Basler Nachrichten vom 8. Mai 1871.

Wilhelm Vischer stand kirchlich auf der Seite der Orthodoxen und widersetzte sich auch einer Überweisung der Petition an die Regierung. Dennoch stellt er fest, dass dem Großen Rat, möge dieser auch juristisch für eine Behandlung des vorgelegten Gegenstandes zuständig sein, «das innere Recht» dazu fehle und wünschte, dass der Große Rat «nicht in die Kirche hineinregiere, sondern ihr eine möglichst freie Entwickelung gönne». Allerdings protestierte er

> gegen die Folgerungen, die [sc. in der Debatte] aus der Errichtung einer fünften Professur und aus dem Beitritt zum theol. Konkordat gezogen werden. Das theol. Konkordat sei eine rein administrative Sache und habe mit Dogmen nichts zu thun. […] In den fünf Professuren hat man einerseits die verschiedenen Fächer, andrerseits aber auch die verschiedenen Richtungen der Theologie zu vertreten gesucht. […] Die jungen Leute sollen gründlich bekannt gemacht werden mit allen Richtungen, die sich in der Wissenschaft geltend machen.

Deshalb bestritt Vischer auch, dass in Basel ein «kirchlicher Zwang herrsche», wie behauptet wurde. «Die kirchliche Freiheit ist [sc. im Gegenteil] nirgends grösser als in Basel.» Trotzdem sprach auch er letztlich keiner Trennung von Kirche und Staat das Wort und «hofft es nicht zu erleben, dass die Landeskirche zu einer bloßen Privatgenossenschaft herabsinke».[66] Der Präsident der vorberatenden Kommission, Thurneysen, gab in seinem Schlusswort den Anwesenden zu bedenken:

> Handeln wir nicht voreilig! Der Herr der Kirche, Gott wird sie nicht verlassen. Vielleich irren wir uns, vielleicht ist es nicht möglich, einen gemeinsamen Boden zu finden, dann ist nichts verdorben. Zum Auseinandergehen auf Nimmerwiedersehen ist es immer noch Zeit.[67]

Nach zweitägigem und insgesamt elfstündigem Verhandlungsmarathon beschloss eine Mehrheit dieses Gremiums mit 63 gegen 48 Stimmen, «diese Petition dem kleinen Rath zur näheren Berathung zu überweisen».[68] Der Kleine Rat leitete als vollziehende Behörde nach Überweisung das Anliegen der Reformer an den Kirchenrat, einem Fachgremium und einer Verwaltungskommission der Regierung ohne Entscheidungskompetenz, zur Stellungnahme weiter, der dann einen Kompromissvorschlag präsentierte, wonach wohl die Verlesung, nicht aber die Bejahung des Bekenntnisses in die neue Gottesdienstordnung aufgenommen werden sollte. Der Große Rat folgte im Mai 1873 diesem

---

66   Basler Nachrichten vom 11. Mai 1871.
67   Ebd.
68   Protokolle Grosser Rat, in StABS, Protokolle Grosser Rat 29, Sitzung vom 2. Mai 1871.

Ratschlag der Regierung, der dem Gutachten des Kirchenrates entsprach. Die vom Reformverein verlangte völlige Weglassung des Bekenntnisses drang somit noch nicht durch. Erst die 1874 eingesetzte Kirchensynode beschloss ein Jahr später die Freigabe der Liturgie. Damit wurde die Verlesung des Bekenntnisses auch in Basel definitiv für fakultativ erklärt.

Die Verhandlungen im Großen Rat über die Abschaffung des Bekenntniszwangs hatten klar zutage gefördert, dass vielen Großräten ihre Kompetenz in geistlichen Angelegenheiten zweifelhaft geworden war und die Diskussion, wenn auch zu Recht geführt und entschieden, eigentlich Sache der Mitglieder der entsprechenden Landeskirche gewesen wäre, die Kirche ihre inneren Angelegenheiten demnach selbständig bedenken und behandeln sollte. Dieses allgemeine Unbehagen führte, von Radikalen und Reformern wiederholt gefordert, schließlich zur Schaffung einer neuen Kirchenordnung, die Anfang 1874 in Kraft trat und der evangelisch-reformierten Landeskirche ein größeres Maß an Selbständigkeit gewährte.

*

In der neuen Kirchenordnung war eine von allen stimmberechtigten Kirchgemeindegliedern aus Geistlichen und Laien zusammengesetzte sechzigköpfige kirchliche Synode als gesetzgebende Kirchenbehörde vorgesehen, der die Befugnis übertragen wurde, in dogmatischen Fragen Beschlüsse über die vom Kirchenrat, der jetzt die vollziehende Kirchenbehörde bildete, ausgearbeiteten Vorlagen zu fassen. In ihre Kompetenz fielen im Weiteren: die Organisation des Gottesdienstes, des Religionsunterrichts und Probleme der Liturgie. Außerdem hatte sie bei der Bestellung des Kirchenrats, der Exekutivbehörde, durch die Wahl von sieben Mitgliedern aus ihrer Mitte mitzuwirken. Zudem gab es inskünftig für jede der wie bisher eingeteilten Kirchgemeinden einen Kirchenvorstand, der neu von den Gemeindegliedern gewählt werden musste. Nach heftigen Auseinandersetzungen einigte man sich ferner im gleichzeitig erlassenen Pfarrwahlgesetz auf die Zulassung auch von in der Stadt niedergelassenen Schweizer Bürgern zu den Pfarrwahlen nach einer Wartefrist von einem Jahr – der Kirchenrat hatte zunächst eine Wartefrist von acht Jahren vorgeschlagen! Damit hatte sich endlich eine weitere alte Forderung der Liberalen erfüllt, nämlich die Aufhebung der Beschränkung des kirchlichen Wahlrechts auf die protestantischen Kantonsbürger.

Auf Antrag von radikaler Seite wurde ferner die periodische obligatorische Wiederwahl der Pfarrer nach jeweils sechs Jahren gesetzlich verankert. Doch trotz allen diesen Neuerungen blieb der staatskirchliche Charakter der Landeskirche gewahrt: im Kirchenrat saßen zwei Regierungsräte und der Große Rat hatte ein Vetorecht gegenüber Synodalbeschlüssen. Damit war die evangelisch-reformierte Kirche im Sinne der Radikalen wenigstens teilweise unter eine demokratisch-politische Kontrolle gestellt. Mitte Juni 1874 wurde die Synode unter dem Präsidium des Bürgermeisters Carl Felix Burckhardt mit einem Nachruf auf den wenige Tage zuvor verstorbenen Karl Rudolf Hagenbach, der als ältestes Mitglied der neu gewählten Synode während der ersten Sitzung das Eingangsreferat halten sollte, worin er sich über seine kirchliche Stellung hatte aussprechen wollen, eröffnet.

Doch nur kurze Zeit später mussten einzelne Entscheide schon wieder geändert werden. Denn die Ende Mai 1874 revidierte Schweizerische Bundesverfassung – der politische Radikalismus hatte auf eine Vereinheitlichung von Armee und Recht sowie auf den Ausbau der Volksrechte gedrängt und zu diesem Zweck eine Revision der Bundesverfassung durchgesetzt – brachte verschiedene, von den Radikalen initiierte Reformen, so eine restriktive Zurückbindung der Kompetenzen der Bürgergemeinde sowie eine Ausweitung der politischen Rechte für niedergelassene Schweizer Bürger aus anderen Kantonen. Diese erhielten jetzt schon nach einer Niederlassungsdauer von nur drei Monaten das Stimmrecht auch in Gemeindeangelegenheiten. Ferner galt nun dabei ein Mindestalter von zwanzig, anstatt der bisher einundzwanzig Jahre. In diesem Sinn musste auch das eben neu erlassene Pfarrwahlgesetz geändert werden. Die Folge davon war, dass sich jetzt auch freisinnige Pfarrer in Basler Kirchgemeinden zur Wahl stellen konnten und tatsächlich schon bald darauf auch gewählt wurden.

Gerade diese Pfarrwahlen führten aber immer wieder von neuem zu heftigsten Richtungskämpfen zwischen den Orthodoxen oder wie man sie später nannte, den Positiven und den Reformern oder Liberalen. Bei solchen Gelegenheiten bildeten sich immer wieder geradezu Kampforganisationen auf beiden Seiten aus: positive und liberale Gemeindevereine und Presseorgane, richtungsgetrennte Frauenvereine und Kirchenchöre und bei der Wahl von Theologieprofessoren an die theologische Fakultät der Universität Basel musste der Regierungsrat jeweils die Richtungsgegensätze in seine Entscheidungen strikt beachten. Gar eine Trennung in eine freie Bekenntniskirche und eine mit dem Staat verbundene Reformkirche schien zeitweise unvermeidlich zu werden. Ein Riss ging durch das ganze kirchliche Leben. Ein Zeugnis dafür gibt die Petition von 170 Mitgliedern der St. Petersgemeinde, die der positiven Richtung angehörten. Sie richteten mit Eingabe vom

6. Februar 1879 folgende Bitte an Pfarrer Johann Jakob Miville zu
St. Peter:

> Weil dieses Jahr am hl. Carfreitag Vormittagspredigt und Abendmahlfeier in unserer
> Kirche dem Reformgeistlichen zufallen, so würde der positive Teil der Petersgemeinde
> um einen Hauptgottesdienst und um die Freitagscommunion kommen. Es würden
> aber auch viele sonst Gleichgültige, die sonst nur am Carfreitag aus Gewohnheit an
> Gottesdienst und Communion theilnehmen, dem reformerischen Gottesdienst zuge-
> führt werden. Deshalb richten wir die unterzeichnenden Gemeindeglieder die drin-
> gende Bitte an Sie, am Carfreitag irgendwie einen Parallelgottesdienst und eine
> Abendmahlsfeier einzurichten.[69]

Mitverantwortlich für diesen Dissens war nicht zuletzt die Stadtmission,
die in unsachgemäßer und polemischer Art und Weise immer wieder
von neuem gegen die Reformer agitierte. Was in den 1860er Jahren als
Auseinandersetzungen innerhalb der evangelisch-reformierten Kirche
in Basel begonnen hatte, nahm in seiner Intensität bis zum Ende des
Jahrhunderts ständig zu und artete zeitweise geradezu in einen Kultur-
kampf aus. In keiner anderen schweizerischen Landeskirche waren auch
nur annähernd innerkirchliche Zwistigkeiten von solcher Schärfe auf-
getreten wie in der Stadt Basel. Zwar war der demokratischen Gerechtigkeit nun Genüge getan, doch die protestantische Kirche war mehr
denn je gespalten. Misstrauen, Feindschaft und Zwietracht kennzeich-
neten von nun an das Verhältnis der beiden kirchlichen Gruppierungen
über Jahrzehnte.

Nach der Kündigung von Pfarrer Johann Jakob Riggenbach zu
St. Leonhard – er war wegen der Aufhebung des Bekenntniszwanges
1874 von seinem Amt zurückgetreten – war diese Pfarrstelle neu zu
besetzen. Während die Positiven den gemäßigten 28-jährigen Pfarrer
Eduard Preiswerk aus Binningen portierten, benutzten die Reformer
die Gelegenheit nach dem Beitritt Basels zum Konkordat, das auch aus-
wärtigen, nicht baslerischen Pfarrern den Dienst in der Basler Kirche
ermöglichte, den 31-jährigen Pfarrer Alfred Altherr aus Speicher im
Kanton Appenzell Ausserrhoden und Pfarrer in Rorschach, wo David
Friedrich Strauss einst sein Gast gewesen war, auf den Schild zu heben.
Mit 453 Stimmen und dem absoluten Mehr wurde Altherr gewählt, gewählt aufgrund dem von der Bundesverfassung allen Niedergelassenen
gewährten Wahlrecht der nach Basel Zugezogenen. Sein Gegenkandi-
dat Preiswerk machte 327 Stimmen. Im *Volksfreund*, einer Zeitung der
Radikalen, wurde Altherrs Wahl überschwänglich gefeiert. Stolz ver-
kündete man, die erste offizielle Stellung der Reformpartei sei jetzt er-

---

[69] StABS, Kirchenarchiv E7.

obert, von der aus könne nun die bisher in Basel herrschende kirchliche Richtung aus den Angeln gehoben werden.[70]

Allerdings wurden dem ersten Reformpfarrer in Basel seine ersten Amtsjahre in der Rheinstadt nicht leicht gemacht. Fast ausschließlich durfte er nur an Nachmittagsgottesdiensten predigen und um die Unterrichtung der Kinder aus seiner Gemeinde bemühten sich andere Pfarrer. Erst zehn Jahre später wurde Altherr dank großer freisinniger Unterstützung zum Hauptpfarrer von St. Leonhard gewählt und als Emeritus, kurz vor seinem Tod, ehrte ihn die theologische Fakultät der Universität Basel gar mit der Ehrendoktorwürde. Schon in seiner Antrittspredigt sprach Altherr offen aus, wie man ihm in Basel nach seiner Ankunft begegnet war: «Es war, als ob mein Kommen ein unerlaubter Einbruch in Feindesland wäre und entsprechend war die Behandlung. Die Positiven hätten gepredigt, dieser 'Unglaube müsse ausgerottet werden'».[71] Zudem hatte er kurz zuvor in einer Predigt in der Martinskirche Hinweise auf seine liberale Theologie gegeben.

> Man kann zur Wahrheit kommen ohne die Kirche, denn der Geist Gottes pulsiert in tausend Strömen durch das ausserkirchliche Leben. [Sc. Und] Anstelle der altkirchlichen Symbole solle das Bekenntnis stehen: 'Ich suche die Wahrheit.' Eine Kirche wird nötig, die bereit ist, an der Lösung humaner, sozialer Aufgaben mitzuhelfen.[72]

In seinem 1911 publizierten «Abschiedswort an seine Gemeinde» notierte Altherr im Rückblick auf seine Wahl von 1874:

> da nun die Würfel gefallen waren, und ein Lagerleben und Kriegführen sicher bevorstand, so schien es geboten, zunächst das eigene Lager zu stärken und in allen 4 Gemeinden der Stadt einen Pfarrer freier Richtung auf die Kanzel zu bringen. […] [Sc. Und] dann geschah es. Schon 1875 wählte die Münstergemeinde den gewaltigen Prediger Z. Wirth, 1878 St. Theodor Em. Linder und St. Peter Paul Böhringer.

Zudem vermerkte er:

> Meine amtlichen Dienste in Anspruch zu nehmen, war im Anfang gefährlich. Es ging ein heftiger Sturm durch die Stadt, die Häuser und Herzen. Arbeiter und Angestellte wurden da und dort aus Gründen, die man ihnen nicht offen darlegte, entlassen; Hypotheken wurden gekündet, es gab Zwietracht zwischen Eltern, Kindern und Geschwistern; Hausgenossen wurden einander Feind.[73]

---

70 Schweizerischer Volksfreund, Nr. 152 vom 30. Juni 1874.
71 Zitiert nach Klaus Otte: Alfred Altherr, S. 131f.
72 Ebd., S. 133.
73 Alfred Altherr: a.a.O., S. 10.

Die Wahl Altherrs hatte in Basel viel Unruhe ausgelöst, Ängste geweckt und Unfrieden gestiftet. Ratsherr Adolf Christ suchte seinerseits nach Wegen, aus der von Reformern immer mehr durchdrungenen Landeskirche auszutreten und eine pietistische Freikirche zu schaffen, um auf diesem Weg dem Überhandnehmen der Reformer nicht weiter tatenlos zusehen zu müssen. Die evangelisch-reformierte Kirche Basels hat in der Folge ein eigentliches Schisma erleiden müssen, bei dem jede städtische Kirchgemeinde schließlich in zwei Richtungen mit gesondertem Gottesdienst, Abendmahl und Unterricht zerfiel. Erst gegen Ende des Jahrhunderts hatten sich ein freiwilliger Proporz ausgebildet und die Wellen sich geglättet. 37 Jahre ist Altherr seiner Basler Gemeinde treu geblieben und hat in dem von ihm redigierten kirchlichen Periodikum der liberalen Theologen, dem *Religiösen Volksblatt* – das in St. Gallen ediert und später in *Basler Protestantenblatt*, dann in *Schweizerisches Protestantenblatt* umgetauft wurde und seit 1878 in Zusammenarbeit mit Emanuel Linder erschien – unermüdlich auf die Anliegen der Reformer aufmerksam gemacht. Altherr hat in Basel eine überaus fruchtbare Tätigkeit ausgeübt. Da sich seine Gemeinde während seiner Amtszeit stark vergrößerte, wurde der Bau einer neuen Kirche an die Hand genommen und die Pauluskirche (1898/1901) gebaut. Ende Januar 1918 fand dann in dieser Kirche auch die Abschiedsfeier für den beliebten Seelsorger statt. Darüber berichtet der Chronist: «Die in grosser Zahl erschienenen positiven Amtsbrüder zeigen, dass die Feier die ganze Kirche und nicht bloss einen Teil angehe.»[74] Nach vielen Jahrzehnten der Auseinandersetzung und des Kampfes suchte man in der Kirche nun wieder vermehrt das Gemeinsame und Verbindende denn das Trennende.

*

Eilten die kirchlichen Reformer ab Anfang der 1870er Jahre in Basel von Sieg zu Sieg, so nahm in dieser Zeit auch der Einfluss ihrer politischen Gesinnungsgenossen, der Freisinnigen, markant zu. Doch mussten diese, ganz im Gegensatz zu ihren kirchlichen Denkartverwandten, immer wieder auch Rückschläge in Kauf nehmen. Durch die Wirren der Kantonstrennung war der Basler Konservatismus gestärkt worden. Später aber blühten dank der von der Bundesverfassung von 1848 verbrieften Niederlassungsfreiheit die politischen Gegner auf: die freisinnigen Neuzugezogenen, die fast ausnahmslos dem unteren Mittelstand und dem Arbeiterstand angehörten. Der stete Zustrom von Arbeitskräften

---

74   Klaus Otte, a.a.O., S. 131.

in die Rheinstadt führte dem politischen Radikalismus eine wachsende Wählerschaft zu. Trotzdem blieb die Behörden- und Verwaltungsorganisation der Stadt bis 1875 den Traditionen des *Ancien Régime* verhaftet, d.h. die Mitglieder des Großen Rates wurden in Wahlzünften und Quartierversammlungen von einem kleinen Kreis von Aktivbürgern und die Ratsherren des Kleinen Rates vom Großen Rat aus seiner Mitte gewählt.

Doch gerade dieses unnachgiebige Festhalten der politischen und gesellschaftlichen Führungsschicht an längst überholten Strukturen liess ihre Gegner stark werden, bis diese 1875 schließlich die Oberhand gewannen und den längst fälligen Systemwechsel vollziehen konnten. Im Anschluss an die Revision der Bundesverfassung von 1874 – damit war die Schweiz in die Ära einer halbdirekten Demokratie eingetreten – war auf Druck der Freisinnigen das politische System von 1833 aufgegeben und eine vom Großen Rat ausgearbeitete Verfassung am 9. Mai 1875 vom Volk angenommen worden. Nun wurde erstmals das Prinzip der Volkssouveränität anerkannt, die kantonale Regierung von einem Gremium von sieben vollamtlichen Regierungsräten gebildet und die 130 Großräte von allen volljährigen männlichen Schweizerbürgern gewählt. Auch wurden erstmals demokratische Kontroll- und Einflussmöglichkeiten eingerichtet. Ebenso hatte nun jede Kirche, die sich der staatlichen Oberaufsicht unterzog, Anspruch auf staatliche Bestreitung ihrer Kulturbedürfnisse erhalten. Erst eine weitere Revision der Kantonsverfassung im Jahr 1889 brachte dann auch die Volkswahl von Regierungs- und Ständerat. Damit waren die alteingesessenen Stadtbasler durch die Verfassungsrevision von 1875 ihrer politischen Vorzugsstellung beraubt und auch ökonomisch geriet das Basler Establishment immer mehr unter Druck. Gänzlich unerwartet siegten sie zwar bei den Großratswahlen von 1878 noch einmal und hielten bis 1881 auch im Regierungsrat die Mehrheit. Doch blieb dies letztlich nur ein kurzes Zwischenspiel des 'alten' Basel.

Schon früh hatte im radikalen Lager der energische ehemalige Schullehrer Wilhelm Klein, der zusammen mit Carl Brenner als neunzehnjähriger Mathematikstudent 1844 am ersten Freischarenzug teilgenommen und dafür, wie schon Brenner, zu einer Gefängnisstrafe von acht Tagen verurteilt worden war, die Führung übernommen. Dass sich die Arbeiterschaft schweizerischer Herkunft allmählich für die liberale Sache gewinnen ließ, war nicht zuletzt der starken Persönlichkeit Kleins zu verdanken. An vorderster Front kämpfte er für die Revision der Verfassung in Bund und Kanton, gegen das Basler Ratsherrenregiment und für die kirchliche Reformbewegung innerhalb der Basler Kirche. Zusammen mit Friedrich Göttisheim leitete Klein das 1860 entstandene radikale Blatt *Der Schweizerische Volksfreund*, das Nachfolgeblatt der *Schweizerischen Nationalzeitung.* Wenig später wurde diese Zeitung auch zum Sprachrohr der kirchlichen Reform und kämpfte an vorderster Front gegen das 'alte' Basel, in dessen Händen noch die politische Macht, das Geld, soziale Vorrechte und eine traditionelle Frömmigkeit lagen. 1850 wurde Klein in den Basler Großen Rat, dreizehn Jahre später als erster Vertreter seiner Partei in den Nationalrat gewählt. Ein guter Kenner Kleins charakterisierte ihn so:

> Nie verliess ihn die Lebhaftigkeit seines Geistes, die Energie seiner Persönlichkeit, die Glut seiner Empfindung. Mit ungebrochenem Fortschrittsglauben wollte er den Schweizer Boden für neue Lebensentwicklungen bereiten. Seinem ausgeprägt sozialen Empfinden entsprach besonders seine Tätigkeit als eidgenössischer Fabrikinspektor.[75]

Ein wichtiges Anliegen war Klein das Prinzip der Gleichheit, das ihm Antrieb war in seinen politischen Anliegen, nämlich der Verfassungsfrage, der Schul- und Arbeiterfrage und in kirchlichen Angelegenheiten. Konsequent versuchte er dieses Prinzip in unterschiedlichsten Bereichen durchzusetzen. Er setzte auf einen starken Staat und ein aufgeklärtes Bürgertum. So war es nur konsequent, dass Klein – er war im Jahr 1875 in die Regierung gewählt worden und hatte dort das Erziehungsdepartement übernommen – in seinem 1877 vorgelegten Schulgesetzentwurf den Einfluss der Kirche auf die Schule vollständig tilgen wollte, indem er vorschlug, den Religionsunterricht als Schulfach ganz aus dem Fächerkanon zu streichen. Die enge Verbindung von Kirche und Staat, wie sie Klein zu Beginn seiner politischen Laufbahn in Basel angetroffen hatte, sollte endgültig beseitigt werden. Weitere Postulate, die sich für Klein aus den Grundsätzen von Freiheit und Gleichheit ergaben, waren das Recht auf freien Zugang zu den Bildungsanstalten und die Einführung einer allgemeinen und unentgeltlichen Schulpflicht. Auch war es seine Absicht gewesen, das humanistische Bildungsideal, dem in Gymnasium und Pädagogium nachgelebt wurde, zu beseitigen. Sah er doch darin nichts anderes als ein überholtes Anliegen der Bourgeoisie. Im Übrigen war er darum bemüht, der kirchlichen Reformrichtung die vollständige Gleichberechtigung zu verschaffen. An ihm hatten die Reformer eine treue und leidenschaftliche Stütze.

---

75 Edgar Bonjour: Die Schweiz und Europa. Ausgewählte Reden und Aufsätze, Band IV, S. 212.

Im Jahr 1876 drückte Klein gegen das Gutachten der theologischen Fakultät und auch gegen den Willen der Kuratel die Wahl des liberalen Berliner Theologieprofessors Paul Wilhelm Schmidt an die theologische Fakultät der Universität durch. Er wollte so der Forderung des kirchlichen Reformvereins nach Gleichberechtigung aller theologischen Richtungen an der theologischen Fakultät, eine Forderung, die oft genug übergangen worden war, entsprechen. Offenbar war Klein von den beiden Reformtheologen Altherr und Wirth auf Schmidt aufmerksam gemacht worden. Im Großen Rat verteidigte Klein seinen Entscheid mit dem Hinweis, dass er damit den Zeitverhältnissen und Erwartungen einer Mehrheit der Bevölkerung, die dem kirchlichen Liberalismus zuneige, habe entsprechen wollen. Trotz rechtlichen Einwänden konnte die Wahl Schmidts auch im Großen Rat nicht mehr rückgängig gemacht werden. Schmidt amtete in Basel mehr als vier Jahrzehnte, übernahm 1887 das Rektorat der Universität und wurde später Mitglied des kantonalen Erziehungsrates. Auch hat er kurz vor Ausbruch des Ersten Weltkrieges die Schweizer Staatsbürgerschaft angenommen. Kleins Alleingang gegen die Universität war allerdings auch politisch motiviert gewesen. Er betrachtete diese Hochschule wohl nicht zu Unrecht als eine Hochburg des Konservativismus und der Orthodoxie und somit als eine Exponentin des herrschenden politischen und gesellschaftlichen Systems, dem er seit jeher den Kampf angesagt hatte. Insbesondere die theologische Fakultät «mit ihrem finsteren Pietistengesichte» war ihm ein Dorn im Auge. Überhaupt ließ er an den Pietisten kein gutes Haar. Er schimpfte den Pietismus «eine Geistessiechheit» und fuhr fort:

[W]er Gelegenheit hat, beinahe täglich mit Pietisten umzugehen, sie zu hören und zu sehen gezwungen ist, der muss eine unendliche Dosis Geduld haben, wenn er nicht ungehalten werden soll. [...] Die Pietisten betrachten sich als einen geistlichen Adel, der berufen, auserwählt, erhaben ist, über den unberufenen, nichtgeistlichen, verworfenen Pöbel. Der Republikaner aber hasst aus natürlichem Instinct jeden, der aus den Reihen der Gleichheit treten will, er will weder in weltlichen noch in geistlichen Angelegenheiten etwas von Auserwählten wissen, er duldet weder weltlichen noch geistlichen Adel [...] daher der Hass gegen Pietisten.[76]

Dabei war Klein keineswegs areligiös, wie ihm von konservativer Seite zu Unrecht immer wieder unterstellt wurde. In seinen letzten Lebensjahren ließ er sich in den Vorstand der Kirchgemeinde von St. Leonhard wählen. Das war kein politischer Winkelzug, sondern ein ehrliches Bekenntnis, freilich ein anderes als eines zur herkömmlichen Basler Kirche.

---

[76] Wilhelm Klein: Ob Frieden oder Krieg? Sechs Antworten auf sechs Briefe des Herrn Daniel Schenkel, S. 8f.

Mit seinen Vorschlägen für eine zeitgemäße Schulreform und der rücksichtslosen Durchsetzung der Berufung des Theologen Schmidt an die theologische Fakultät hatte Klein den Bogen überspannt. Als die Konservativen 1878 noch einmal an die Macht kamen, schickte der Große Rat, der immer noch als Wahlbehörde für den Regierungsrat amtete, Klein in die Wüste und ernannte an seiner Stelle den Konservativen Paul Speiser zum Regierungsrat und Vorsteher des Erziehungsdepartements. Speiser führte jedoch Kleins Schulpolitik teilweise weiter und nahm dabei zwei Anliegen der Freisinnigen auf: einmal die Ausdehnung der Schulpflicht auf acht Jahre und die Unentgeltlichkeit des Unterrichts bis zur Universität. In dieser Form wurde das neue Schulgesetz 1880 angenommen. Entgegen Kleins Absicht, den Religionsunterricht aus dem Fächerkanon zu streichen, hielt dagegen das Speiser'sche Gesetz am obligatorischen Religionsunterricht für die ersten sechs Jahre als Schulfach fest. 1881, nach einer vernichtenden Niederlage der Konservativen, kehrte Klein in den Regierungsrat zurück und verblieb dort bis zu seinem Tod 1887. Mit ihrer Niederlage 1881 waren die Konservativen als staatstragende politische Partei endgültig in die Opposition gedrängt worden. Bis 1905 bildeten die Radikalen – später nannte man sie die Freisinnigen – in Basel die regierende Mehrheit.

Am 7. November 1872 hielt der später nach Basel an die Münstergemeinde berufene Zwingli Wirth einen Vortrag zum Thema «Das liberale Christenthum und die religiösen Bedürfnisse des Volkes». Darin fasste er am Schluss seiner Ausführungen die Hauptanliegen der liberalen Christen zusammen und stellte diesen die Überzeugungen der Konservativen gegenüber.

Fassen wir schließlich das Gesagte noch kurz zusammen, so besteht zwischen dem orthodoxen und dem liberalen Christenthum ein ähnlicher Unterschied, wie *zwischen dem Katholizismus und Protestantismus*. Das orthodoxe Christenthum stellt eine äußere Autorität auf, statt des unfehlbaren Papstes den unfehlbaren Schriftbuchstaben, – das liberale Christenthum dagegen kennt nur eine geistige Autorität, den ewig sich bezeugenden Geist der Wahrheit. Jenes lehrt den willkürlichen Wundergott, der von außen her die Welt regiert, – dieses den Gott der erhabenen, wunderbaren Ordnung, die Alles durchdringt und erfüllt. Jenes macht Christum zu einem von außen in die Geschichte hereintretenden Gott und sein Erlösungswerk zu einem äußerlich sich vollziehenden und ein- für allemal fertigen Ereigniß, – nach diesem ist Christus ein ächtes Glied der Menschheit und sein Werk eine schöpferische Geistesthat, ein neues Lebensprinzip, das sich naturgemäß weiter entwickelt hat. Nach jenem ist das Reich Gottes ein apartes Heiligthum neben und außer der Welt, – nach diesem der weltdurchdringende Sauerteig. Jenes fordert als zum Heil unerläßlich den Glauben an eine bestimmte Dogmatik, an äußere sogenannte Heilsthatsachen und fixierte Lehrsätze, – dieses verlangt lediglich die fromme Gesinnung, den christlichen Charakter. Das orthodoxe Christenthum ist also mit einem Wort der *katholisierende Protestantismus*, ein mehr oder weniger gesetzliches und äußerliches Christenthum, – das liberale Christenthum dagegen ist der ächt *protestantische Protestantismus*, das Christenthum der Freiheit und Innerlichkeit.[77]

Es waren diese Überzeugungen gewesen, die sich in der evangelisch-reformierten Basler Kirche in den 1870er Jahren Bahn gebrochen, und später die herrschende konservative, pietistisch-erweckliche Glaubens-überzeugung vieler einflussreicher Basler und Baslerinnen und damit auch ihren kirchlichen und gesellschaftlichen Einfluss schließlich in den Hintergrund gedrängt hatten.

---

[77] Zwingli Wirth: Das liberale Christenthum und die religiösen Bedürfnisse des Volkes, S. 35.

2. Nietzsches Herkunft

Röcken. Naumburg. Schulpforta. Nietzsches religiöse Sozialisation. Ein theologisches Studiensemester in Bonn. Nietzsche und der Altphilologe Friedrich Ritschl in Leipzig. Richard Wagner. Arthur Schopenhauer. Nietzsches Berufung nach Basel. Der Stellenwert der Autobiographie für Pietisten und Erweckte. Nietzsches Ankunft in Basel.

Friedrich Nietzsche wurde am 15. Oktober 1844 im Pfarrhaus von Röcken geboren. Röcken liegt zwischen Weissenfels und Lützen, südwestlich der etwa 20 km entfernten Stadt Leipzig in der Leipziger Tieflandsbucht und gehörte damals zum preußischen Teil Sachsens. Im November 1632 hatte in der Nähe des Dorfes Röcken der schwedische König Gustav Adolph mit seinem protestantischen, überwiegend schwedischen Heer in einer der bedeutendsten Schlachten des Dreißigjährigen Krieges gegen die katholisch-kaiserlichen Truppen unter der Führung von Wallenstein sein Leben verloren.

Nietzsches Vater, Carl Ludwig Nietzsche[78] war seit Anfang 1842 Pfarrer von Röcken, Michlitz, Bothfeld und Schwessnitz. Das Pfarramt Röcken war Carl Ludwig Nietzsche auf Empfehlung von Herzog Josef von Altenburg direkt von König Friedrich Wilhelm IV., dem Kirchenpatron von Röcken, zugesprochen worden. Carl Ludwig Nietzsche entstammte einer Theologenfamilie. Sein Vater Friedrich August Ludwig Nietzsche, seit 1803 Superintendent in Eilenburg, war als Theologe ein Anhänger der Neologie gewesen, einer theologischen Richtung innerhalb der Aufklärung, deren Ziel es war, einen Ausgleich zwischen Vernunft und Offenbarung zu schaffen. Dabei waren ihre Vertreter weniger an der Ausarbeitung eines theoretischen Programms interessiert als vielmehr am Fortgang der geschichtlichen Forschung – die ganze Vergangenheit sollte zum Objekt einer kritisch-historischen Betrachtung werden – sowie an den Bedürfnissen der kirchlichen Praxis. Friedrich August Ludwig Nietzsche war ein fruchtbarer theologischer Schriftsteller gewesen, der aufgrund seiner zahl-

---

[78] Zu diesem ganzen Komplex (Nietzsches Grosseltern, Eltern, deren theologischer Ausrichtung wie auch Friedrich Nietzsches Jugend- und Schulzeit und seinen ersten beiden Studiensemestern in Bonn) vgl. Martin Pernet: Das Christentum im Leben des jungen Friedrich Nietzsche, Opladen 1989.

reichen theologischen Schriften 1817 zum Doktor der Theologie promoviert worden war. Seine bedeutendste Schrift trägt den Titel *Gamaliel oder über die immerwährende Dauer des Christenthums zur Belehrung und Beruhigung bey der gegenwärtigen Gährung in der theologischen und politischen Welt* (1796) und atmet ganz den Geist seiner neologischen Überzeugung. Sein Sohn aus zweiter Ehe, Carl Ludwig hatte an der Universität Halle Theologie studiert, wo er zunächst dem theologischen Rationalismus anhing, sich später aber aufgrund intensiver Lektüre hauptsächlich von Predigtsammlungen erwecklicher Prediger wie dem Berliner Prediger Christian Couard der Erweckungsbewegung zuwandte und so das aufklärerisch-rationalistische Gedankengut gänzlich hinter sich ließ. Auch war er, wie schon sein Vater, ein großer Verehrer des preußischen Königs.

Mit Carl Ludwig Nietzsche zogen 1842 zugleich dessen Mutter Erdmuthe Dorothea Krause und ihre beiden Töchter Rosalie und Augusta ins Röckner Pfarrhaus ein. Die Mutter Erdmuthe Nietzsche übte einen nicht unerheblichen Einfluss auf ihren Sohn und später auch auf ihren Enkel Friedrich aus. 1843 verheiratete sich Carl Ludwig Nietzsche mit der noch nicht achtzehnjährigen Franziska Oehler, Kind des David Ernst Oehler, dem Amtskollegen Nietzsches in Pobles, und der Johanna Elisabeth Wilhelmine Hahn. Im Kreis von zehn Geschwistern – auch im Pobleser Pfarrhaus herrschte eine gefühlsbetonte mit der Erweckung eng verbundene Art der Frömmigkeit vor – wuchs Franziska als sechstälteste auf, wobei drei ihrer Brüder die berufliche Laufbahn ihres Vaters einschlugen.

Friedrich Nietzsche verbrachte im Haus seines Großvaters Oehler viele Male seine Ferien und sass oft und gerne in dessen Bibliothek. Dabei waren David Ernst Oehler auch die große Begabung und das Genie seines Enkels aufgefallen, worauf er seine Tochter Franziska aufmerksam gemacht hat.[79] Friedrich Nietzsche war Carls und Franziskas ältestes Kind. Knapp zwei Jahre später, am 10. Juli 1846, wurde die Tochter Elisabeth geboren, die im Leben ihres Bruders und erst recht nach seiner geistigen Erkrankung und seinem Tod eine ebenso entscheidende wie fatale Rolle – insbesondere als Schöpferin des «Nietzsche-Kults» – spielen sollte. Schließlich erhielt Friedrich im Februar 1848 noch einen Bruder mit Namen Joseph, der als erst Zweijähriger 1850 verstarb.

Carl Ludwig Nietzsche, mit dem der kleine 'Fritz', wie er liebevoll von seinen Eltern gerufen wurde, sehr verbunden gewesen war, erkrankte im August 1848 schwer und starb schon ein Jahr später, am

---

[79] Ebd., S. 123, Anm. 13.

30. Juli 1849, möglicherweise an einem Gehirntumor. Der Röckner Pfarrer hatte seine Kinder in der Dorfkirche getauft und sie, was wohl Friedrich als Ältester noch am ehesten bewusst wahrgenommen haben dürfte, in seiner christlichen Überzeugung erzogen. Ebenso weckte er mit seinem passionierten Klavierspiel das musikalische Talent seines Ältesten und in ihm die Absicht, dieses Instrument später selber einmal spielen zu können. Was dann auch der Fall war.

*

Nach dem Tod Carl Ludwigs musste die vierundzwanzigjährige Witwe Franziska Nietzsche zusammen mit den anderen Familienmitgliedern das Röckner Pfarrhaus verlassen und aufgrund einer Entscheidung der Großmutter Erdmuthe nach Naumburg umziehen. Franziska hatte sich ihrer Schwiegermutter zu fügen, war sie doch von ihr auch ökonomisch abhängig. Erst nach Erdmuthes Tod vermochte sie sich – nicht zuletzt dank einer kleinen Erbschaft – aus der Abhängigkeit der Familie Nietzsche zu lösen. Erdmuthe Nietzsche bestimmte in erheblichem Maß die Erziehung ihrer Enkelkinder mit und setzte durch, dass Friedrich in Naumburg die «Knabenbürgerschule» besuchen sollte, eine Gelegenheit, wie sie meinte, dabei die «niederen Stände» kennenzulernen, während sie selber großen Wert darauf legte, mit den einflussreichen, vorwiegend juristischen Kreisen, die damals das gesellschaftliche Leben Naumburgs bestimmten, zu verkehren. Ihr Enkel Friedrich wuchs in einem reinen Frauenhaushalt heran. Diese feminine Dominanz in Nietzsches Erziehung hat ohne Zweifel sein späteres Verhältnis zum weiblichen Geschlecht geprägt. Immerhin hielt Nietzsche dazu selber nachträglich fest: «mir fehlte die strenge und überlegene Leitung eines männlichen Intellekts».[80]

In Naumburg lernte Friedrich Nietzsche seine beiden späteren Jugendfreunde kennen, Wilhelm Pinder und Gustav Krug, in deren Familienkreis er sich oft und gerne aufhielt. Wilhelm Pinder war der Sohn Eduard Pinders, der als Jurist am Naumburger Oberlandesgericht tätig war. In seiner außerberuflichen Tätigkeit war Eduard Pinder ein überaus aktives Mitglied der Naumburger Bibelgesellschaft und des lokalen Missionsvereins, auch hat er die lokale Diakonissenstation und in seinem Haus 1867 die «Thüringer Konferenz für Innere Mission» gegründet und bei Nachversammlungen von Missionsfesten in seinem Garten war auch der Systematiker der Erweckungsbewegung, Friedrich August Gottreu Tholuck sein Gast. Pinders Haus war

---

80 Friedrich Nietzsche: Frühe Schriften, Bd. 5, S. 252.

mehrere Jahrzehnte hindurch Mittelpunkt der Aktivitäten der Naum-
burger Inneren und Äußeren Mission, Pinder selbst ein überzeugter
Anhänger der Erweckungsbewegung, die die geistige Quelle solcher
Aktivitäten war. Schon Carl Ludwig Nietzsche hatte bei gelegentli-
chen Besuchen in Naumburg Kontakt mit erwecklichen Kreisen der
Stadt gepflegt, auch mit Eduard Pinder. Pinder war mit Exponenten
der Naumburger Erweckungsbewegung gut bekannt, so mit Heinrich
Eduard Schmieder, von 1824 bis 1839 Prediger und geistlicher
Inspektor in Schulpforta, mit Ernst Ludwig von Gerlach und Karl
Friedrich Göschel.[81] Schmieder und Göschel waren auch Bekannte von
Gustav Adolph Krug, dem Vater von Nietzsches Jugendfreund Gustav
Clemens Felix Krug.

Gustav Adolph Krug war der Mittelpunkt von Naumburgs Musikleben, befreundet mit Felix Mendelssohn-Bartholdy, dem Taufpaten
seines Sohnes Gustav Clemens Felix, und mit Robert Schumann. Im
Haus Krug ist Nietzsche erstmals mit der Musik Wagners bekannt geworden: die beiden Jugendfreunde beschäftigten sich zeitweise, Gustav als Violonist und Nietzsche als Pianist, mit dem Klavierauszug von
Wagners *Tristan und Isolde*, was Vater Krug, der diese Musik ablehnte,
missfiel, wodurch die Jugendlichen gezwungen waren, damit in Nietzsches Mutter-Wohnung fortzufahren.[82] Überhaupt war die Familie Krug
schon seit zwei Generationen eine sehr musikalische. Wie schon sein
Vater verfasste auch Gustav Clemens Felix Krug später eigene Kom-
positionen und blieb, dies im Gegensatz zu seinem Jugendfreund
Nietzsche, zeitlebens ein großer Wagnerverehrer, was die Freunde einander schließlich entfremdete. Die beiden Familien Pinder und Krug
wohnten am Naumburger Markt im gleichen Haus, Krug hatte eine
Schwester Pinders zur Frau und pflegte – auch er Rat am Oberlandesgericht – einen nahen Umgang mit seinem Schwager Pinder. Zählte sich
Letzterer den Erweckten zu, so war im Haus Krug diese Glaubensart
zwar gut bekannt, jedoch von geringerer Bedeutung als bei den Pinders. Bei diesen beiden Familien ging der junge und jugendliche Nietzsche ein und aus und hat die Aufrichtigkeit der dort gelebten Glaubensüberzeugung geschätzt und hoch geachtet. Als Eduard Pinder
starb, schrieb Nietzsche am 5. Mai 1875 aus Basel Pinders Witwe, dass
er «glaube eine unbegreifliche Lücke zu sehen und [...] [sc. mit] vielen
guten und dankbaren Empfindungen [...] an das Pindersche Haus [...]

---

81 Martin Pernet: Das Christentum im Leben des jungen Friedrich Nietzsche, S. 52–59.
82 Vgl. dazu: Martin Pernet: Friedrich Nietzsche über Gustav Krug, seinen «ältesten
    Freund und Bruder in arte musica», S. 488–518.

denke [...] wo Wilhelm und ich Knaben waren und wo wir in allem unsern Denken und Wünschen durch Wort Rath und Vorbild desselben
Mannes geführt wurden, dessen Verlust ich jetzt mit Ihnen so schmerzlich betraure»[83] – er hatte viele prägende Erinnerungen an das
Pinder'sche und Krug'sche Haus mit in sein Leben genommen.

*

Während seiner Schulpfortazeit sind dem jungen Nietzsche in Robert
Buddensieg[84] und Hermann Kletschke, beide als Geistliche an dieser
Schule tätig, zwei weitere überzeugte Erweckte begegnet. Neben
Schmieder war Buddensieg der auffälligste Vertreter der Erweckung in
Schulpforta. Bei Buddensieg, einem Schüler Tholucks, besuchte Nietzsche, von 1858 bis 1864 selber *alumnus portensis*, während seines ersten
und dritten Schulpfortajahres den Religions- und Konfirmandenunterricht. Auch war Buddensieg Nietzsches Tutor und es ergab sich ein enges Verhältnis zwischen Schüler und Lehrer. Nietzsche hatte sich seinem 'geistlichen Vater' eng angeschlossen. Buddensieg wirkte, wie viele
andere Erweckte auch, weniger durch das, was er dachte und lehrte, als
vielmehr durch das, was er lebte. Und eben durch diese Glaubens- und
Lebenshaltung überzeugte er seinen Famulus Nietzsche und auch viele
andere bis hin zu seinen Vorgesetzten. Vor allem der Besuch des Kon-
firmandenunterrichts und die am Sonntag Lätare des Jahres 1861 erfolgte Konfirmation mit dem Gang zum Abendmahl blieben Nietzsche
in kostbarer Erinnerung. Dass er im Übrigen bis zum Ende seiner Schulpfortazeit aus freien Stücken am Abendmahl und der dem Mahl zwin-
gend vorausgehenden Privatbeichte teilnahm, ist ohne Zweifel auf den
Eindruck des ersten Abendmahls und auf den tiefen Einfluss zurückzuführen, den dieser Lehrer bei seinem Schüler hinterlassen hat. Davon
zeugt auch die Schrift *Erinnerungen an Heinrich Wilh. Robert Buddensieg*, die sich Nietzsche in seiner Bibliothek aufbewahrte. Doch nur wenige Monate nach Nietzsches Konfirmation, einem Zeitpunkt, als sich
dieser intensiv mit dem Christentum auseinanderzusetzen begann, starb
Buddensieg und hinterließ in Nietzsche eine große Lücke und Leere.[85]
Zu seinem letzten Tutor in Schulpforta wählte er sich dann wiederum
einen Geistlichen, den Theologen Hermann Kletschke, auch er ein Sym-

---

83 KGB II/5, S. 45.
84 Zu Buddensieg vgl. Martin Pernet, Das Christentum im Leben des jungen Friedrich
    Nietzsche, S. 77–80 und ders: Religion und Bildung. Eine Untersuchung zur Ge-
    schichte von Schulpforta, S. 134–137.
85 Vgl. dazu Martin Pernet: Das Christentum im Leben des jungen Friedrich Nietzsche,
    S. 79–80.

pathisant der Erweckung, der als Nachfolger Buddensiegs an diese
Schule gekommen war. Mit ihm, dem Nietzsche «etwas Buddensieg-
ähnliches» attestierte, bleib er auch über seine Schulzeit hinaus freundschaftlich verbunden.

*

Nietzsche war sich über seine anfängliche Studienwahl nicht sicher und
schrieb sich an der Universität in Bonn als Student der Theologie und
Philologie ein, galt aber, wie dem Immatrikulationsmanual dieser Hochschule zu entnehmen ist, im ersten Semester als Student der Theologie,
da eine gleichzeitige Belegung beider Studienrichtungen nicht möglich
war. Mit der wohl aus Unwissen falsch angegebenen Studienrichtung
wollte sich Nietzsche alle Optionen offen halten.[86] So hat er in seinem
ersten Studiensemester auch theologische Vorlesungen gehört, eine
über das Johannesevangelium bei dem Neutestamentler Konstantin
Schlottmann, einem Vertreter der Vermittlungstheologie, diese aber
zugunsten einer zum gleichen Zeitpunkt abgehaltenen Veranstaltung
des Kunstgeschichtlers Anton Springer schon bald aufgegeben. Regelmäßig besucht hat Nietzsche hingegen die Kirchengeschichtsvorlesung
«Usque ad Gregori VII. tempora» bei Wilhelm Krafft, die er sorgfältig
nachschrieb. Allerdings blieben diese Theologen ohne Einfluss auf
Nietzsche. Von ungleich größerer Bedeutung für Nietzsche war seine
theologische Lektüre während der Bonner Zeit.[87] So las er das Buch *Das
Charakterbild Jesu* (1864) von Daniel Schenkel und wurde über dieses
Buch bekannt mit den Werken zum Leben Jesu von Ernest Renan und
David Friedrich Strauss. Während er Renans ästhetisierende und psy-
chologisierende Darstellung der Figur Jesu anfänglich mit Interesse zur
Kenntnis nahm, später aber gänzlich verwarf, so fällt seine intensive Beschäftigung mit David Friedrich Strauss' Werk *Das Leben Jesu* (1864)
ins Auge, das Nietzsche im Frühjahr 1865 las. Die Form aller neutestamentlichen Erzählungen über das Leben Jesu ist für Strauss nicht die
eines historischen Berichts, sondern die eines Mythos. Ausgehend von
dieser Voraussetzung hat sich Strauss gegen jede rationalistische und
supranaturalistische Deutung der Evangelien gewandt und ihnen jede
Historizität abgesprochen. Demnach können die Evangelien nicht als
historisch zuverlässige Berichte gelesen werden, wenn Strauss auch
durchaus einen historischen Kern im Leben Jesu nicht leugnen wollte.
Strauss, mit dem sich Nietzsche später noch intensiv auseinandersetzen

---

[86] Ebd., S. 83–84.
[87] Ebd., S. 94–100.

sollte, hatte auf den jungen Studenten durchaus eine katalysatorische Wirkung.[88] Doch keinesfalls hat die Lektüre dieses Buches Nietzsches Abfall vom Christentum, wie fälschlicherweise immer wieder behauptet, beschleunigt oder gar zur Folge gehabt.

*

Bekannt geworden ist Nietzsche während seines Bonner Studienjahres schließlich auch mit Friedrich Ritschl, dem berühmtesten Altphilologen und glanzvollen akademischen Lehrer seiner Zeit. Seine unzähligen Schüler lehrte Ritschl seine berühmte Methode der Textkritik, nämlich der Herstellung des richtigen Textes im Zusammenhang mit der Einsicht in die Geschichte der Textüberlieferung. Ritschl, der insgesamt sechsundzwanzig Jahre in Bonn, der bedeutendsten philologischen Hochschule jener Zeit, als Universitätslehrer und da vorwiegend als Latinist arbeitete, gilt als großer Erforscher des Altlateins und als Virtuose einer Methode, deren außerordentliche Wirkung nur verständlich wird durch das Charisma des begnadeten Lehrers. An dieses Charisma und wohl weniger an die konkreten Inhalte der Forschung, wird Nietzsche gedacht haben, als er in der am Schluss seines geistig wachen Lebens verfassten Selbstbiographie *Ecce homo* notierte: «*Ritschl* – ich sage es mit Verehrung – der einzige geniale Gelehrte, den ich bis heute zu Gesicht bekommen habe.»[89]

Als vortrefflicher Pädagoge schaffte es Ritschl immer wieder von neuem, schlummernde Talente seiner Schüler zu wecken und ihre Möglichkeiten, schon allein durch das Vorbild seiner eigenen Persönlichkeit, auf den höchsten Punkt, der ihnen erreichbar war, zu steigern. Ebenso besaß er ein untrügliches Gespür dafür, den rechten Mann an die rechte Aufgabe zu setzen und so für die Bedürfnisse der Wissenschaft zu sorgen. Während seiner Bonner Zeit hatte Ritschl die Schriftleitung der Zeitschrift *Das Rheinische Museum für Philologie* übernommen und dieses Periodikum im Laufe der Zeit zur führenden altphilologischen Zeitschrift gemacht. Zusammen mit seinem Kollegen Otto Jahn, der neben der Altertums- auch die Musikwissenschaft mit Biographien über Beethoven und Mozart bereicherte, hatte dieses Duumvirat hervorragende Schüler nach Bonn gelockt, doch entfremdeten sich die beiden Amtsgenossen immer mehr voneinander. Als das Zerwürfnis zum berüchtigten Bonner «Philologenkrieg» – weniger ein gelehrter Streit als vielmehr ein Streit von Gelehrten – ausartete, wobei durchaus Jahn als

[88] Ebd., S. 95–100.
[89] KGW VI/3, S. 293.

Urheber der Affäre zu gelten hat, verließ Ritschl Bonn, um einem Ruf der Universität Leipzig Folge zu leisten. Allerdings bleibt Ritschls Bonner Periode in jeder Beziehung der wichtigste Abschnitt in seinem Leben. Mit großem Bedauern nahm der Student Nietzsche diesen Streit – ein Gemisch aus menschlichem Versagen, Intrigen und Parteilichkeit, Ungeschick und Misstrauen sämtlicher Beteiligten – zur Kenntnis, folgte aber seinem Lehrer Ritschl nach Leipzig, nachdem er sich zu Beginn des Wintersemesters in die philologische Fakultät eingeschrieben hatte. Allerdings verließ er seinen Lehrer Otto Jahn nur ungern, hatte doch dieser sein noch immer ausgeprägtes Interesse für die Musik befördert. Doch der Entschluss seines Freundes Carl von Gersdorff, in Leipzig seine Studien aufzunehmen, bewog Nietzsche, das Gleiche zu tun. Auch wollte er durchaus seinem verehrten Lehrer folgen. Er schrieb von Gersdorff: «Nachdem ich diesen Entschluß [sc. nach Leipzig zu gehen] gefaßt hatte, hörte ich auch von Ritschl's Abgang, und das bestärkte mich darin.»[90] Und Mutter und Schwester teilte er wenige Tage später mit: «Ich gedenke […] nach Leipzig zu gehn und habe alle andern Pläne aufgegeben. Ich weiß nicht, ob Ihr davon gehört habt, dass unser Ritschl nach Leipzig gehen wird; das ist der Hauptgrund.»[91]

In Leipzig entwickelte sich ein ausnehmend enges und vertrautes Verhältnis zwischen dem Lehrer Ritschl und seinem Schüler Nietzsche. Schon bald hatte Ritschl Nietzsches große Geistesgaben erkannt, gefördert und ihm die Möglichkeit eröffnet, im *Rheinischen Museum* – hier wurden im Allgemeinen nur Beiträge von renommierten Philologen veröffentlicht – einzelne seiner Studentenarbeiten zu publizieren. Im Dezember 1865 hatte Ritschl einige wenige Studenten, unter ihnen auch Nietzsche, zu einer Abendgesellschaft in seine Wohnung eingeladen und ihnen dabei die Gründung eines philologischen Vereins nahegelegt. Nur wenige Wochen später hielten Nietzsche und ein paar Getreue die Gründungsversammlung ab und trafen sich von da an regelmäßig jeden Donnerstag zum philologischen Gespräch. Schon zwei Wochen später hielt Nietzsche einen ersten, während der Weihnachtsfeiertage in Naumburg konzipierten Vortrag in besagtem Verein, sein «Debut in der philologischen Welt» zum Thema «Die letzte Redaktion der Theognidea». Bei diesem brillanten Referat handelte es sich um eine Fortsetzung seiner Valediktionsarbeit über den griechischen Poeten Theognis, die er zu seinem Abgang in Schulpforta verfasst hatte. Nach einer sorgsamen Überarbeitung und Erweiterung seines Referates händigte er zaudernd

---

90   KGB I/2, S. 56.
91   KGB I/2, S. 58.

diese Arbeit seinem Lehrer Ritschl zur Durchsicht aus. Dieser rief ihn
ein paar Tage später zu sich und teilte ihm mit, dass er von einem Studenten des dritten Semesters noch nie eine derart qualitätsvolle, kluge
und ausgefeilte Abhandlung erhalten habe. Das Lob versetzte Nietzsche in einen regelrechten Rauschzustand und ließ die bisher noch pen-
delnden Waagschalen für eine Weile völlig zugunsten der Philologie
ausschlagen. Denn Ritschl hatte ihm angeboten, die verblüffend reife
Untersuchung über den Elegiendichter nach einer Überarbeitung und
Erweiterung im *Rheinischen Museum* zu publizieren. Daraufhin schloss
sich Nietzsche noch enger an seinen Lehrer an. Ritschl seinerseits unterstützte ihn, wo er nur konnte, lud ihn oft in sein Haus ein und vermittelte Nietzsche schließlich die vakante Position eines Professors für
klassische Philologie an der Universität Basel. Ritschl, der als namhafte
Koryphäe auf seinem Fachgebiet immer wieder um Rat bei Vakanzen
angegangen wurde, empfahl seinem Basler Kollegen Wilhelm Vischer-
Bilfinger, der als Verantwortlicher für die vakante Stelle seinen ihm
gut bekannten Amtsgenossen in Leipzig um einen personellen Rat
gebeten hatte, seinen hochbegabten Schüler Nietzsche mit den vielzi-
tierten Worten:

> Noch nie habe ich einen jungen Mann gekannt resp. in meiner disciplina zu fördern
> gesucht, der so früh und so jung schon so reif gewesen wäre, wie dieser Nietzsche.
> Seine Museumsaufsätze hat er im 2ten und 3ten Jahr seines akademischen Trienni-
> ums geschrieben! Er ist der erste, von dem ich schon als Studenten überhaupt Bei-
> träge aufgenommen. Bleibt er, was Gott gebe, lange leben, so prophezeie ich, dass er
> dereinst im vordersten Range der deutschen Philologie stehen wird. [...] Er ist der Ab-
> gott und (ohne es zu wollen) Führer der ganzen jungen Philologenwelt hier in Leip-
> zig, die (ziemlich zahlreich) die Zeit nicht erwarten kann, ihn als Docenten zu hören.
> [...] Er wird eben alles können, was er will.[92]

Ritschl hatte allerdings in seinem zweiten Empfehlungsschreiben an
Vischer-Bilfinger bereits darauf hingewiesen, dass Nietzsche neben
seinen Studien «in griechischer Literaturgeschichte ... mit besonderer
Betonung [...] [sich auch] der Geschichte der griech. Philosophie»[93]
zugewandt habe. Es war dem Leipziger Gelehrten nicht entgangen,
dass Nietzsche zwar unter seiner Anleitung hervorragende philologische Arbeiten schrieb, sich aber innerlich dieser Forschungsrichtung
auch immer mehr zugunsten der Philosophie entfremdete. Schon Ende
1866 ließ Nietzsche einen Freund wissen: «Kant, Schopenhauer und
dies Buch von Lange [sc. Langes *Geschichte des Materialismus*] – mehr

---

92 Zitiert nach Johannes Stroux: Nietzsches Professur in Basel, S. 32–33, 36.
93 Ebd., S. 36.

brauche ich nicht».[94] Auch hatte er während seiner Leipziger Zeit
ernsthaft in Erwägung gezogen, eine Promotion über Kant zu schreiben. Die Philosophie hatte sich für ihn im Lauf der Zeit immer mehr
in den Vordergrund geschoben. Diese Tatsache schilderte er seinem
Mentor Vischer-Bilfinger in einem Schreiben, mit dem er sich im Januar 1871 um die nach dem Abgang von Gustav Teichmüller vakant
gewordene Philosophieprofessur an der Universität Basel bewarb, so:

> Wer mich von meinen Schul- und Studentenjahren kennt, ist nie über die Prävalenz
> der philosophischen Neigungen im Zweifel gewesen; und auch in den philologischen
> Studien hat mich vorzugsweise das angezogen, was entweder für die Geschichte der
> Philosophie oder für die ethischen und aesthetischen Probleme mir bedeutsam er-
> schien. [...] So lange ich Philologie studiere, bin ich nie müde geworden, mich mit der
> Philosophie in enger Berührung zu erhalten; ja meine Haupttheilnahme war immer
> auf Seiten der philosophischen Fragen [...] Es ist eigentlich nur dem Zufall zuzuschrei-
> ben, daß ich nicht von vornherein für Philosophie meine Universitätspläne gemacht
> habe: dem Zufall, der mir einen bedeutenden und wahrhaft anregenden philosophi-
> schen Lehrer versagte.[95]

Hingegen hatte der Zufall ihn einem interessanten und versierten Lehrer in der Person von Friedrich Ritschl in die Hände gespielt, der ihm
geschickt den Weg zu philologischen Fragestellungen wies, was durchaus auch Nietzsches zeitweiliges Interesse gefunden hatte. Auch hatte
Ritschl noch zu Nietzsches Studienzeit in Leipzig seinen Schüler dadurch motiviert, dass er für ein philologisches Preisausschreiben ein
Thema, «De fontibus Diogenis Laërtii», festsetzte, von dem er wusste,
dass sich Nietzsche schon seit geraumer Zeit damit beschäftigte. Dass
Nietzsche dann auch ausgezeichnet wurde, lag auf der Hand, hatte
Ritschl doch selber die Krönung dieser Preisschrift nach Kräften gefördert. Zeit seines Lebens stand es für Nietzsche außer Frage, dass es
Ritschl gewesen war, der ihn, wie er einmal notierte, «im Netz der Dame
Philologie festzuhalten»[96] vermocht hatte. Dennoch drängte es ihn zur
Philosophie. Die Philologie bezeichnete er einmal gar als «Mißgeburt
der Göttin Philosophie, erzeugt mit einem Idioten oder Cretin.»[97] Trotzdem: Nietzsche ließ vorerst nicht von der Philologie ab, sondern passte
sich dem vorgeprägten Gerüst geschickt an und strebte danach, seine
ersten Schritte auf dem akademischen Parkett auf ebendieser Bühne zu
machen – Ritschl sei Dank. So kann Ritschls Einfluss auf Nietzsche insgesamt kaum überschätzt werden.

---

[94]   KGB I/2, S. 184.
[95]   KGB II/1, S. 176.
[96]   KGB I/2, S. 248.
[97]   KGB I/2, S. 329.

Darüber hinaus sind viele Parallelen im Religiösen, Biographischen und in ihren jeweiligen Forschungsgebieten zwischen Lehrer und Schüler auszumachen. So entstammte Ritschl wie Nietzsche einem protestantischen Pfarrhaus. Er war der Vetter des berühmten Theologen Albrecht Ritschl. Auch beschäftigte sich Friedrich Ritschl immer wieder mit theologischer Lektüre, kannte Renans und Strauss' Leben-Jesu-Werke und blieb, ebenso wie sein Schüler, ein aufmerksamer und kritischer Bibelleser. Dem christlichen Glauben blieb Ritschl treu und hielt sich, vermehrt während seiner Krankheitsjahre, täglich an die Losungen der Brüdergemeine. Biographisch fällt auf, dass auch Ritschl 1826 sich bei Studienbeginn an der Universität Halle, wie später sein Schüler, in der theologischen und philologischen Fakultät eingeschrieben hatte und dort als genialer Student aufgefallen war, wurde er doch bald nach seinem Lehrer Carl Reisig der «*futurus Reisigius*» genannt. Tatsächlich trat er nach Reisigs frühzeitigem Tod, eben erst habilitiert, an dessen Stelle. Auch befassten sich Lehrer und Schüler mit ähnlichen Forschungsthemen, so etwa mit der sogenannten «homerischen Frage», die das Thema von Nietzsches Antrittsvorlesung in Basel werden sollte.

Ebenso war Ritschl um Bildungsfragen bemüht und beschäftigte sich mit der Aufgabe einer Neugestaltung des öffentlichen Unterrichts und mit der Revision der damaligen Gymnasial- und Universitätsverordnungen. Diesen Fragen ging später auch Nietzsche nach und widmete ihnen während seiner Basler Zeit fünf öffentliche Vorträge. Erstaunen mag die Tatsache, dass Ritschl die erste größere Arbeit Nietzsches, die er als Basler Dozent geschrieben und 1872 publiziert hatte, nämlich seine Tragödienschrift, so sehr missfiel, dass die Freundschaft, die die beiden bisher miteinander verbunden hatte, darüber so gut wie in Brüche ging. Ritschl war es nach der Lektüre dieser Schrift, wie er in einem Brief an Vischer-Bilfinger vom Frühjahr 1873 mitteilte,

> ganz wundersam erschienen, wie in dem Manne [sc. Nietzsche] geradezu zwei Seelen neben einander leben. Einerseits die strengste Methode geschulter wissenschaftlicher Forschung […] anderseits diese phantastisch-überschwängliche, übergeistreich ins Unverstehbare überschlagende, Wagner-Schopenhauerische Kunstmysterienreligionsschwärmerei!

Ritschl war überzeugt, dass Nietzsche damit «auf eine neue Religionsstifterei» aus sei und schloss mit der Bemerkung: «Am meisten ärgert mich seine Impietät gegen seine eigentliche Mutter, die ihn an ihren Brüsten gesäugt hat: die Philologie.» Scharfsichtig hatte Ritschl erkannt, dass sein ehemaliger Schüler daran war, den einmal eingeschlagenen

Weg zu verlassen und in neue Gefilde aufzubrechen. Um den Baslern aber die Philologie in seinem Sinn zu erhalten, schlug er im gleichen Schreiben Vischer-Bilfinger vor, doch ihn, Ritschl selbst, nach Basel zu berufen und begründete dieses erstaunliche Angebot damit, dass er sich nach einer kleinen Universität mit weniger Studenten sehne, da er es müde geworden sei, vor «150–200 Mann zu docieren». Zudem bringe eine so große Anzahl von Studierenden «eine solche Unmasse von blos geschäftlichen Obliegenheiten mit sich, daß der innere Mensch ganz aufgefressen und verschlungen wird von den äußeren Anforderungen». Eine kleinere Universität wie die in Basel würde ihm hingegen, «abgesehen von den Vorlesungen … eine Individualerziehung von einem halben Dutzend begabter und lernbegieriger junger Kräfte» gestatten, was er zu leisten sich im fortgeschrittenen Alter noch zutraue. Am Schluss seines Schreibens gibt er noch der Hoffnung Ausdruck, dass sein Briefpartner verstanden habe, «wieso ich vernünftiger und erlaubter Weise mich in meiner letzten Lebensperiode nach einer einfachern d.h. äußerlich einfachern, innerlich vielleicht umso intensivern Wirksamkeit sehnen kann und darf.»[98] Leider ist Vischers Antwort auf dieses überraschende Angebot, neben dem jungen Nietzsche auch dessen Lehrer und Europas damals bekanntesten Altphilologen als Dozenten an die Basler Universität binden zu können, nicht überliefert.

Die völlige Ablehnung von Nietzsches Tragödienschrift durch Ritschl erstaunt umso mehr, als Ritschl in früheren Jahren seinem Musterschüler mit ganz ähnlichen Fragestellungen vorgearbeitet und Nietzsche diese Aufsätze mit Bestimmtheit auch gelesen hatte. Doch trotz des eingetretenen Zerwürfnisses zwischen Ritschl und seinem Ausnahmeschüler blieb es Nietzsches feste Überzeugung, wie er nach seinem ersten Semester als Dozent in Basel in einem Brief seinem verehrten Lehrer gegenüber versicherte, dass «Sie, das 'Schicksal' meines bisherigen Lebens»[99] sind. Und unter dem Eindruck von Ritschls Tod schrieb er an Cosima Wagner:

Wissen Sie, daß mein Lehrer Ritschl gestorben ist? […] er war gegen mich herzlich vertrauensvoll und treu geblieben, ob er schon eine zeitweilige Schwierigkeit des Verkehrs, ja eine rücksichtsvolle Trennung als nothwendig begriff. Ihm verdanke ich die einzige wesentliche Wohlthat meines Lebens, meine Baseler Stellung als Professor der Philologie; ich verdanke sie seiner Freisinnigkeit, seiner Scharfsichtigkeit und Hülfbereitschaft für junge Menschen.[100]

*

98   StABS PA 511a, 611-17-05, S. 324.
99   KGB II/1, S. 34.
100 KGB II/5, S. 210.

Eine weitere, überaus folgenschwere Bedeutung erlangte Ritschl für Nietzsche durch dessen Bekanntschaft mit Ritschls Frau Sophie Ritschl-Guttentag. Nietzsche, oft bei Ritschls privat zu Gast, fand in dessen «geistvoller» und «höchst gelehrter» Frau, Ritschls «kluger und warmherzigen Gattin», eine «intime Freundin», mit der er vor allem musische Interessen teilte und sie auch schon einmal ins Konzert begleitete. Sophie Ritschl war mit Ottilie Brockhaus, der Schwester von Richard Wagner und Frau des Orientalisten Hermann Brockhaus, befreundet. Ottilie Brockhaus machte Sophie Ritschl mit ihrem Bruder bekannt, die ihm erzählte – als Wagner ihr das «Meisterlied» aus seinen *Meistersingern von Nürnberg* vorspielte –, dass sie das Stück von einem ambitionierten und musikbegeisterten Studenten ihres Mannes mit Namen Nietzsche vorgespielt bekommen hatte. Worauf sich Wagner nach seinem jungen Verehrer erkundigte und ihn kennenzulernen wünschte.

So fand Nietzsches erste schicksalshafte Begegnung mit diesem Mann, dessen Musik er inzwischen leidenschaftlich liebte, Anfang November 1868 im Haus der Familie Brockhaus in Leipzig statt. Dabei lernte er nicht nur den Menschen Wagner kennen, sondern bekam auch zu hören, dass Wagner ein großer Verehrer Arthur Schopenhauers war, was Nietzsche veranlasst hatte, nur einen Tag später seinem Freund Erwin Rohde brieflich mitzuteilen, dass er, Nietzsche, begeistert gewesen sei, Wagner «mit ganz unbeschreiblicher Wärme von ihm [sc. Schopenhauer] reden zu hören, was er ihm verdanke, wie er der einzige Philosoph sei, der das Wesen der Musik erkannt habe».[101] Nietzsche war nämlich, kaum in Leipzig angekommen, in einem Antiquariat auf ein Exemplar von Arthur Schopenhauers Jahrhundertwerk *Die Welt als Wille und Vorstellung* gestoßen, hatte sich das Exemplar gekauft, um nur wenige Zeit später mit fliegenden Fahnen ins Lager der Schopenhauerianer zu wechseln. Dass Wagner sich als ein begeisterter Leser dieses Philosophen zu erkennen gab, war für die freundschaftliche Beziehung, die sich im Laufe der Zeit mit diesem Musiker entwickelte, von ebenso wesentlicher Bedeutung wie Nietzsches Hochschätzung von Wagners Musik. Am Schluss des erwähnten Briefes von Nietzsche an Rohde ließ er seinen Freund wissen, dass «als wir [sc. Wagner und Nietzsche] uns beide zum Fortgehen anschickten, drückte er mir sehr warm die Hand und lud mich sehr freundlich ein, ihn zu besuchen, um Musik und Philosophie zu treiben».[102] Zu diesem Zeitpunkt ahnte Nietzsche noch nicht, wie oft und gerne er in nicht allzu ferner Zeit Wagners Einladung

---

[101] KGB I/2, S. 340f.
[102] KGB I/2, S. 341.

Folge leisten und wie eng sein Kontakt mit diesem Komponisten werden würde, der, auf Ende des Jahres 1865 aus Bayern ausgewiesen, ab Mitte April 1866 in Tribschen bei Luzern Wohnsitz genommen hatte. Woraus dann eine tiefe, für beide Seiten fruchtbare, zuletzt allerdings verhängnisvolle Freundschaft entstand. So hatte Ritschl auch bei der Vermittlung der Bekanntschaft von Nietzsche mit Wagner, wenn auch indirekt, eine ausschlaggebende Rolle gespielt.

*

Es ist zur Genüge bekannt, dass die erste Lektüre von Schopenhauers *Die Welt als Wille und Vorstellung* auf Nietzsche geradezu als Bekehrungserlebnis wirkte. Wenn er sich auch nur wenige Jahre später wieder von diesem Philosophen innerlich entfernen sollte, so blieb er ihm auch weiterhin, wenn auch antithetisch, verbunden: der Schopenhauer'schen Entsagung setzte er dann den Willen zur Macht entgegen. Man mag es mit Richard Oehler als einen «Zufall» ansehen,[103] dass Nietzsche kurz nach seinem 21. Geburtstag *Die Welt als Wille und Vorstellung* entdeckte und nicht das Hauptwerk eines anderen bedeutenden Philosophen. Jedoch kann nicht bestritten werden, dass kein anderer bedeutender Denker es vermocht hätte, ihn in seiner damaligen Gemütsverfassung so tief zu bewegen. Er selber hielt in einem Rückblick auf seine zwei Leipziger Jahre fest:

> Ich hing damals gerade mit einigen schmerzlichen Erfahrungen und Enttäuschungen ohne Beihilfe einsam in der Luft, ohne Grundsätze, ohne Hoffnungen und ohne eine freundliche Erinnerung. [...] Nun vergegenwärtige man sich, wie in solchem Zustande die Lektüre von Schopenhauers Hauptwerk wirken mußte [...] Hier war jede Zeile, die Entsagung, Verneinung, Resignation schrie, hier sah ich einen Spiegel, in dem ich Welt Leben und eigen Gemüt in entsetzlicher Großartigkeit erblickte [...] Hier sah ich Krankheit und Heilung, Verbannung und Zufluchtsort, Hölle und Himmel.[104]

Schon für Weihnachten desselben Jahres wünschte er sich von den Seinen Schopenhauers *Parerga und Paralipomena* sowie das damals eben erschienene Buch von Rudolph Haym über *Arthur Schopenhauer als Mensch und Denker*. Was Nietzsche an Schopenhauer so sehr beeindruckte, war dessen Überzeugung, wie «wesentlich alles Leben Leiden» sei, und dass von allen Lebewesen der Genius am meisten zu leiden habe. Und dieser Genius Schopenhauer'scher Prägung repräsentierte für Nietzsche Wagner. Nietzsche notierte: «Wagner [...] ist die leibhafte Illustration, deßen, was Schopenhauer ein 'Genie' nennt

---

103 Richard Oehler: Friedrich Nietzsche und die Vorsokratiker, S. VI.
104 Karl Schlechta: Friedrich Nietzsche. Werke in drei Bänden, Band 3, S. 133.

[...] Die Welt kennt gar nicht die menschliche Grösse und Singularität seiner Natur.»[105] Und im Dezember 1868 an Erwin Rohde: «Wagner, wie ich ihn jetzt kenne, aus seiner Musik, seinen Dichtungen seiner Aesthetik, zum nicht geringsten Theile aus jenem glücklichen Zusammensein mit ihm, ist die leibhaftigste Illustration dessen, was Schopenhauer ein Genie nennt.»[106]

Nach Schopenhauers Verständnis ist das Leben zutiefst tragisch. Dabei verweist er auf die Vergeblichkeit alles Strebens und die Endlichkeit des Lebens. Die Frage nach dem Grund dieser Negativität stellte er im Horizont eines Gesamtentwurfes, unter dem Aspekt einer umgreifenden Antwort: das alles bedingende «Ding an sich» ist der nie zu befriedigende Wille, auf den alles Tun und Lassen zurückgeht. Sämtliche Individuen sind «Erscheinungen» dieses einen, universalen Willens. Sie bekämpfen sich untereinander, was meint, dass der Wille mit sich selber entzweit ist. Deshalb wird das Leiden zum grundlegenden Charakteristikum, und Glück bedeutet nur ein flüchtiges Aufhören des Leidens. Der Philosoph sieht die ganze Natur und die Menschen nicht von einem höheren Plan, sondern von einem blinden, ziellosen und in den Individuen gegen sich selbst wütenden Willen beherrscht. Dieser Wille ist Leiden, unbefriedbar in Ewigkeit, er beißt sich immerfort ins eigene Fleisch, ist zerfallen in einander verzehrende, misshandelnde Individuen, in Leidenschaften aufglühend, deren brennendste der Geschlechtstrieb ist. Und dabei handelt es sich bei diesem «Lebenswillen» nur in geringem Maß um ein bewusstes Wollen. Der weitaus größere Teil des Dranges, der die Menschen im Griff hat und peinigt, sei «ziellos und blind». Dennoch ist es möglich, diesen Willen, wenn auch nur für kurze Augenblicke, zu überwinden und so dem Leiden zu entkommen. Allerdings ist das nur durch höchste ethische Handlungen erreichbar, durch Momente von künstlerischem Genuss und denkerischer Erhebung. Damit erfährt die Kunst, vor allem die Musik, in der Philosophie Schopenhauers eine besondere Würdigung, insofern sie, wenn auch nur «auf Augenblicke», den Willen still stellen und so das Leben erträglich machen kann. Sie vermag befristet vom Willen zum Leben und Leiden zu befreien, wenn sie dabei auch nur ein Vorletztes bleibt. Es sind ergreifende Passagen, die sich in Schopenhauers Hauptwerk finden, wenn er von der Musik spricht. «Die Musik ist [...] von der erscheinenden Welt ganz unabhängig, ignoriert sie schlechthin, könnte gewissermaßen, auch wenn

---

[105] KGB II/1, S. 61.
[106] KGB I/2, S. 352.

die Welt gar nicht wäre, doch bestehn». In der Musik ist «das tiefste Innere unsers Wesens zur Sprache gebracht». In ihr findet sich geradezu das «Herz der Dinge».[107] Hier ist der Wille nicht verneint, für kurze Momente hat er in der Kunst seine überwältigende Macht verloren. Damit hatte Nietzsche, in einer von Verunsicherung und Selbstzweifel geprägten Lebensphase, wo ihm gar manches in der Schwebe, die Musik aber trotz allem eine wesentliche Komponente seines Lebensmusters geblieben war, in der Gedankenwelt Schopenhauers über das Leiden an und in der Welt, aber auch über das sich davon Loslösen-Können mit Hilfe von Kunst, der Musik, einen Verstehensgrund gefunden, den der junge Student mit Verve in sich aufnahm. Seitdem war ihm Schopenhauer, auch dessen Persönlichkeit und seine Art, als kompromissloser Kritiker gegen den Strom zu schwimmen, großes Vorbild und blieb es ihm auch über seine Leipziger Studentenzeit hinaus.

*

Mit Brief vom 6. Januar 1869 hatte Adolf Kiessling, ordentlicher Professor für griechische Sprache und Literatur an der Universität Basel, dem Präsidenten des Erziehungskollegiums seine Demission auf den 1. April 1869 angezeigt. Kiessling, seit Anfang Mai 1863 Inhaber dieses Lehrstuhls, hatte einen Ruf an die Gelehrten Schule des Johanneums in Hamburg, einer vom Reformator Hamburgs, Johannes Bugenhagen 1529 gegründeten Schule, angenommen. Zudem zog es ihn, wie er in seinem Demissionsschreiben festhielt, in sein «Vaterland» zurück.[108] 1872 zog Kiessling nach Greifswald weiter, wo er die wissenschaftlich bedeutendsten Jahre seines Lebens verbrachte, und schließlich 1889 nach Straßburg. Dabei charakterisierte sein Kollege von Wilamowitz-Moellendorff, mit dessen schneidender Zunge und Feder auch Nietzsche noch Bekanntschaft machen sollte, Kiessling so:

> Kiessling [...] von gewinnendem Wesen, reichbegabt, weit interessiert, war doch über Gebühr leichtsinnig, um die Folgen seiner Worte und Handlungen zu wenig besorgt, unfähig, bei einer Sache auszudauern; so hat er sein Leben nicht zu dem gelangen lassen, was seine Freunde hoffen durften.[109]

Johann Jakob Bachofen beschrieb seinen Kollegen Kiessling nicht eben vorteilhaft:

---

107 Arthur Schopenhauer: Die Welt als Wille und Vorstellung, Bd. 1, S. 359, 357, 367.
108 StABS, Erziehung CC 15.
109 Ulrich von Wilamowitz-Moellendorff: Erinnerungen 1848–1914, S. 191.

Kiessling [...] verließ aber Basel mit circa 10,000 fcs Schulden, betrogenen Gläubigern, getäuschter Maitresse und einer Masse genaster Kneipgenossen. Er stand auf der Höhe der Zeit, war erhitzter Bismarckianer, Mommsen'scher Stiefelwischer, Bewunderer Tibers, Verächter des Christenthums, kurz in Allem auf das Modernste angestrichen, und darum vor dem Weggange noch recht tapfer bankettirt, versteht sich als Demonstration gegen die alten Zöpfe wie Gerlach, Bachofen und ähnliche Feinde des noblern Fortschritts.[110]

Als Kiesslings Nachfolger – Kiessling hatte sich seinerseits bei Ritschl nach Nietzsche und dessen Fähigkeiten aufgrund der Lektüre seiner Aufsätze im Rheinischen Museum erkundigt und hatte dabei von Ritschl eine enthusiastische Schilderung seines Ausnahmeschülers erhalten – wurde Nietzsche berufen. Wie schon bei Friedrich Ritschl, so sind auch zwischen Kiessling und Nietzsche erstaunliche Parallelen auszumachen. Wie dieser entstammte auch Kiessling einem protestantischen Pfarrhaus und besuchte das Naumburger Domgymnasium. Nach der Reifeprüfung in Naumburg hatte sich Kiessling wie später auch Nietzsche an der Universität Bonn für das Studium der Klassischen Philologie eingeschrieben und in Friedrich Ritschl seinen großen Lehrer und Förderer gefunden. Und schließlich hatte Ritschl auch ihn, wie später Nietzsche, erst fünfundzwanzig Jahre alt, den Basler Verantwortlichen für eine Übernahme der von Otto Ribbeck 1862 erledigten Professur empfohlen und dabei auf dessen «wissenschaftliche Tüchtigkeit» hingewiesen. Wie für Nietzsche, so war dies ebenso für Kiessling die erste Stelle als Universitätslehrer gewesen.

Nach Ritschls Empfehlungen und weiteren günstigen Achtungserweisungen, schlug das Basler Erziehungskollegium den Verantwortlichen

Herrn Friedrich Nietzsche aus Röcken bei Merseburg vor mit der vollkommen Überzeugung, mit ihm die Stelle vortrefflich zu besetzen. Herr Nietzsche ist zwar noch ein ganz junger Mann ... aber ein junger Mann von ganz eminenter Begabung und Reife. Eine der ersten philol. Autoritäten, Herr Professor Friedrich Ritschl in Leipzig [...] bezeugt, daß er in seiner fast 40jährigen Lehrtätigkeit noch nie einen so ausgezeichneten jungen Mann habe kennen gelernt, und prophezeit, daß er bei längerer Lebensdauer im vordersten Range deutscher Philologen stehen werde. [...] Drei bereits gedruckte Abhandlungen des Herrn Nietzsche, die ein fachkundiges Mitglied unserer Behörde genauer Prüfung unterzogen, dürfen geradezu meisterhaft genannt werden [...] Bei solchen Eigenschaften durften wir an dem für andere vielleicht wichtigen Umstand, dass er noch nicht Docent ist, keinen Anstoß nehmen, wohl aber tragen wir mit Rücksicht auf seine Jugend darauf an, ihn vorerst nur zum *außerordentlichen* Professor mit einem Gehalt von fr. 3000 zu ernennen, mit der Verpflichtung von 12–14 wöchentlichen Stunden, wovon 6 am Pädagogium.[111]

---

110 Johann Jakob Bachofen: Gesammelte Werke, 10. Bd.: Briefe, S. 422.
111 StABS, Erziehungsakten CC 15.

Mit «Pädagogium» wurde die Vorbereitungsschule auf die Universität bezeichnet, die damals schon im Gebäude des heutigen Gymnasiums am Münsterplatz lag. Die gleichzeitige Anstellung an Universität und Pädagogium war damals nichts Außergewöhnliches. Auch der bekannte Kulturhistoriker Jacob Burckhardt hatte an beiden Anstalten zu unterrichten. Allerdings war der Umfang des Arbeitspensums mit «12–14 wöchentlichen Stunden, wovon 6 am Pädagogium» sehr groß, nach dem eigenen Urteil der Basler Verantwortlichen gar «sehr anspruchsvoll und am obersten Limit», was Nietzsche gesundheitlich schon bald zu spüren bekam. Zwei Wochen später, mit Brief vom 10. Februar 1869, bestätigte die Regierung die Wahl Nietzsches als Nachfolger Kiesslings. Der Enthusiasmus, mit dem Ritschl seinen Schüler und dessen fachliche Kompetenzen geschildert hatte, müssen auch auf Vischer, einen durchaus sachlich und kühl abwägenden Magistraten, einen ganz besonderen Zauber ausgeübt haben. Deshalb hat er darauf verzichtet, weitere Kandidaten für dieses Amt auch nur ins Auge zu fassen.

Nietzsche hatte noch gegen Ende des Jahres 1868 für das folgende Jahr einen Aufenthalt in Paris vorgesehen, wo er seine Promotion an die Hand nehmen und später seine Habilitation verfassen wollte. Doch in der ersten Januarhälfte 1869 hatte Ritschl seinem Schüler die mögliche Berufung nach Basel zur Kenntnis gebracht und so rief dieser seinem Freund Rohde zu:

> Wir sind doch recht Narren des Schicksals: noch vorige Woche wollte ich Dir einmal schreiben und vorschlagen, gemeinsam Chemie zu studieren und die Philologie dorthin zu werfen, wohin sie gehört, zum Urväter-hausrath. Jetzt lockt der Teufel 'Schicksal' mit einer philologischen Professur.

Und weiter unten heißt es in Bezug auf Richard Wagner: «Luzern ist mir nun nicht mehr unerreichbar».[112] Am 1. Februar 1869 teilte Nietzsche Wilhelm Vischer mit, dass er eine Berufung zu den genannten Konditionen annehmen werde. Aber hinter aller Begeisterung über die ehrenvolle Berufung gab es in Nietzsches Seele noch eine andere Stimme, die er seinen Freund Erwin Rohde hören ließ:

> Augenblicklich lebe ich zerstreut ja genußsüchtig ein verzweifeltes Carnevale vor dem großen Aschermittwoch des Berufs, der Philisterei. Es geht mir nahe – aber keiner meiner hiesigen Bekannten merkt etwas davon.[113]

---

[112] KGB I/2, S. 359f.
[113] KGB I/2, S. 379.

Doch Rohde machte ihm Mut und schrieb ihm, dass er von Kiesslings Vorgänger in Basel, Otto Ribbeck, erfahren habe, dass «die Stellung nach allen Seiten angenehm und belohnend» sei. Schließlich war Ritschl dabei behilflich, dass Nietzsche am 25. März das Doktordiplom im abgekürzten Verfahren und ohne mündliche Prüfung zuerkannt wurde und dies einzig aufgrund seiner bisher publizierten Arbeiten.

Seinem Brief vom 1. Februar 1869 an den Präsidenten der Kuratel in Basel, Wilhelm Vischer-Bilfinger, fügte Nietzsche einen kurzen Lebenslauf bei. Zwar hatte er diese biographischen Angaben auf Veranlassung der Basler Behörden verfasst, doch fällt auf, dass Nietzsche schon während seiner Schüler- und Studienzeit immer wieder das Bedürfnis hatte, Lebensbeschreibungen zu verfassen, auch ohne dass diese von ihm ausdrücklich eingefordert worden wären. Innert zehn Jahren, zwischen 1858 und 1868, hat er deren sieben aufgezeichnet, was doch einigermaßen überrascht.

*

Autobiographien waren ursprünglich als christliche Autobiographien verfasst worden im Sinn eines Bekenntnisses des menschlichen Selbstbewusstseins. Das Merkmal solcher christlicher Autobiographien lag im Wesentlichen darin, dass der Schreiber in einem reflektierten Bericht über sein Leben Gott, Ich und Welt zueinander in Beziehung setzen wollte. Ein bekanntes Beispiel dafür sind Augustins *Confessiones*. Darin schilderte dieser seine Bekehrung zu einem Christentum neuplatonischer Färbung. Mit Augustins Konfessionen hob zum ersten Mal die christliche Subjektivität ihr Haupt und stand damit am Anfang einer Tradition, die später während der Zeit des Pietismus und der Erweckung nach einem zeitweiligen Einbruch während der Renaissance nochmals einem Höhepunkt zustrebte. Erweckte sahen es als ihre Aufgabe an, angesichts der Widerwärtigkeiten, wie sie vornehmlich in den politischen Ereignissen der Französischen Revolution und ihren Folgen zutage getreten waren, über die Spuren von Gottes Heilshandeln im eigenen Leben nachzudenken und die bedachte Gotteserfahrung, seine gnädige Führung, die durch Gottes Heilshandeln gewährte Erweckung aufzuzeichnen, um damit dem negativen Weltverständnis entgegenzutreten. So haben bis ins 19. Jahrhundert hinein viele Pietisten und Erweckte eine Lebensbeschreibung vorgelegt. Hinzu kommt eine große Zahl unbekannt gebliebener Selbstzeugnisse, die in einschlägigen Sammlungen pietistischer Publizisten zur Erbauung und mit missionarischer Absicht überliefert sind. Als Beispiele seien hier die bekannte und viel gelesene *Historie der Wiedergebohrnen* (1717) des Theologen Johann Heinrich Reitz, die in vier dicken Bänden rund 150 Selbstzeugnisse von Bekehrten niederer und höherer Herkunft enthält, und die *Auserlesenen Lebensbeschreibungen Heiliger Seelen* (1733) des Mystikers und Kaufmanns Gerhard Tersteegen, die alle eine große Leserschaft fanden, erwähnt.

Die ausgedehnte autobiographische Produktivität von Pietisten und Erweckten ist aus dem Prinzip dieser alle gesellschaftlichen Schichten berührenden Standesunterschiede relativierenden Bewegungen zu verstehen, die einerseits als Reaktion gegen die erstarrten Traditionen der theologischen Orthodoxie beziehungsweise gegen eine durch die politischen Umwälzungen ausgelösten äußeren und inneren Verunsicherung und andererseits gegen die mit der Aufklärung beginnende philosophische Relativierung des Glaubens durch die Vernunft gerichtet war. Der Glaube sollte fortan nicht mehr in festgefügten Bahnen und Formeln gelebt und bekannt, sondern als Frömmigkeit in Gefühlen erfahren und so als *praxis pietatis* in spezifischen sozialen Handlungen kommunikativer, karitativer und missionarischer Art durch neue Gemeinschaftsformen zu nachprüfbarem Ausdruck gebracht, auf die Wiedergeburt vorbereitet und durch sie mit neuem Leben erfüllt werden. Ging im Lauf der Zeit mit der zunehmenden Verflüchtigung des christlichen Gottes- und Selbstverständnisses auch das leitende Motiv christlich bestimmter Autobiographie verloren, so blieb diese dennoch, wenn auch in säkularisierter Form, letztlich ein christliches Gut. Nietzsche, der mit der Frömmigkeit und den frommen Lebensentwürfen der Erweckten aus eigenen intensiven Begegnungen gut bekannt war, ordnete sich mit seinen häufig notierten Selbstzeugnissen zweifellos in diese Tradition ein. Es war ihm jeweils ein Bedürfnis gewesen, seinen individuellen Lebensgang, sein Selbst- und Weltverständnis miteinander in Beziehung zu setzen. Dass dabei in jüngeren Jahren auch ein gewisses Gottesverständnis in seinen Notizen aufleuchtet, bestätigt die Herkunft dieser Zeugnisse aus erwecklichem Geist.

*

Am 12. April 1869 verließ Nietzsche Naumburg. Er «freue sich auf Basel» und auch darauf, seinen Mentor kennenzulernen, der «dem Unbekannten ein so muthiges Vertraun und eine so hülfreiche Theilnahme entgegengebracht» habe, wie er Vischer in Basel wissen ließ. Auch wollte er vorzeitig in der Rheinstadt eintreffen, um «etwas eingerichtet und eingelebt zu [sc. sein], bevor die tägliche Berufsarbeit beginnt».[114]

---

[114] KGB I/2, S. 372, 381.

Auf seiner Fahrt nach Basel machte er Halt in Bonn, wo er alte Stätten und Freunde besuchte, fuhr später weiter nach Wiesbaden, dann nach Heidelberg, wo er Bekannte aus Leipzig traf und in einem Hotel an seiner Basler Antrittsrede *Über die Persönlichkeit Homers* arbeitete. Von Mitreisenden auf eine Aufführung von Wagners *Meistersingern* aufmerksam gemacht, verließ er spontan in Karlsruhe den Zug «und erquickte mich Abends an einer vortrefflichen Aufführung dieser meiner Lieblingsoper»,[115] wie er zwei Tage später Mutter und Schwester mitteilte. Am Montag, den 19. April 1869, erreichte Nietzsche mit dem Zug nachmittags um 14 Uhr die Stadt Basel und quartierte sich zunächst im Hotel Krone ein, wenige Tage später in einer kleinen, von Vischer vermittelten Wohnung am Spalentorweg 2.

---

[115] KGB II/1, S. 3f.

3. Nietzsche in Basel

3.1 DIE FAMILIE VISCHER-BILFINGER

Wilhelm Vischer-Bilfinger: seine politischen Aktivitäten und christliche Überzeugung. Hofwil. Nietzsches enger Kontakt mit Vischer-Bilfinger. Wilhelm Vischer-Heussler: sein Leben und sein christlicher Glaube. Nietzsches Freundschaft mit Vischer-Heussler. Adolf Eberhard Vischer-Sarasin: seine orthodox-pietistische Glaubensüberzeugung. Allianzwochen in Bern 1875 und Basel. Nietzsches Kontakte mit Vischer-Sarasin.

Es war Wilhelm Vischer-Bilfinger gewesen, der die Berufung des jungen Nietzsche nach Basel energisch vorangetrieben und zu verantworten hatte. Dabei hielt es Vischer für seine Pflicht, Gelehrte, die aufgrund seines Engagements nach Basel gekommen waren, bei ihren ersten Schritten an der neuen Wirkungsstätte im täglichen Allerlei zu unterstützen. Zudem bot er ihnen auch den persönlichen Umgang mit ihm und seiner Familie an und lud sie, gastfreundlich wie er war, immer wieder zu sich in sein Heim an der Rittergasse 29/31 ein, wohin er 1859 gezogen war, und wurde dergestalt manch einem von ihnen zum engen Vertrauten. So auch dem jungen Nietzsche.

Wilhelm Vischer wurde 1808 in Basel als Sohn des Handelsherrn Benedikt Vischer und dessen zweiter Frau Sophie Preiswerk geboren. Vischers Mutter war eine Enkelin des international reputierten Basler Ratsschreibers, Philosophen, Philanthropen und Gründers der Gesellschaft zur Aufmunterung und Beförderung des Guten und Gemeinnützigen in Basel, Isaak Iselin. Als eidgenössischer Oberst kommandierte Benedikt Vischer während der Trennungswirren 1833 die Basler Artillerie und wurde nachträglich für die Niederlage der Stadtbasler auch teilweise verantwortlich gemacht. Wegen seiner Parteinahme zugunsten der Stadtbasler wurde er später von der Liste der eidgenössischen Generalstabsoffiziere gestrichen. Es war vor allem die einseitige Stellungnahme der eidgenössischen Tagsatzung gegenüber der Stadt Basel, die Benedikt Vischers Sohn Wilhelm im Gefolge zum überzeugten Föderalisten werden ließ, der zentralistische Anliegen jeweils entschieden bekämpfte.

Da in Basel damals viele schlecht qualifizierte Lehrer unterrichteten, schickten vorwiegend vermögende Familien ihre Söhne zur Ausbildung gerne in auswärtige Erziehungsanstalten wie beispielsweise nach Hofwil. In dieses Erziehungsinstitut des Berner Pädagogen Philipp Emanuel von Fellenberg trat 1816 auch Wilhelm Vischer – zusammen mit seinem älteren Bruder Eduard – ein und blieb dort neun Jahre. Überzeugt von der Berechtigung des Anliegens der nationalen Bildungsbestrebungen der Aufklärung, hatte Philipp Emanuel von Fellenberg zusammen mit seinem Vater, der einem alten Berner Patriziergeschlecht entstammte, das Gut Hofwil in der Nähe von Bern gekauft. Nach dem Tod des Vaters 1801 gründete Fellenberg Junior zunächst einen landwirtschaftlichen Musterbetrieb aufgrund der Überzeugung – hier ist der Einfluss von Heinrich Pestalozzi auf Fellenberg nicht zu übersehen –, dass im Landbau die Grundlagen von ökonomischen, ethischen und sozialpädagogischen Werten liegen, die für junge Menschen fruchtbar gemacht werden müssten. An seine landwirtschaftlichen Unternehmungen schloss er nur wenige Jahre später, auch hier in auffallendem Einvernehmen mit Pestalozzis Bemühungen, diejenigen im Dienste der Erziehung an. Mit Pestalozzi war Fellenberg persönlich gut bekannt; doch trotz zweimaligen Versuchen, die Anstalten Pestalozzis und Fellenbergs zu verschmelzen, gelang dies nicht, nicht zuletzt deshalb, weil beide Pädagogen allzu eigenwillige Persönlichkeiten waren.

Fellenberg nahm schon früh verwahrloste und verwaiste Jugendliche auf, um sie durch Landarbeit zu tüchtigen und selbständigen Menschen heranzubilden. Pestalozzis Devise «mit Kopf, Herz und Hand», die ihm als Grundlage für seine erzieherischen Anliegen diente, wurde auch zu Fellenbergs Grundsatz: die Landarbeit fördere nicht nur die Körperkräfte, sondern darüber hinaus auch Gemüt und Geist. Im Jahre 1807 kam zur Armenschule ein landwirtschaftliches Institut hinzu, ein Jahr später die Wissenschaftliche Erziehungsanstalt für höhere Stände. Diese gymnasiale Ausbildungsstätte gründete Fellenberg aus dem Bedürfnis heraus, zunächst seinen vier eigenen Söhnen eine seinen am Neuhumanismus orientierten Ideen entsprechende Allgemeinbildung zu ermöglichen. Dabei wurde besonders auf das Erlernen der alten klassischen Sprachen Wert gelegt, ebenso der Geschichtsunterricht stark gefördert. Im Weiteren wurde darauf geachtet, ausschließlich in kleinen Klassen einen möglichst individuellen Unterricht zu erteilen. Auch turnte man täglich mindestens eine Stunde lang und widmete damit der Körperpflege große Aufmerksamkeit – zu jener Zeit eine sehr ungewohnte Betätigung. Schon bald wurde die vornehme Welt von ganz Europa auf diese Schule aufmerksam. Nach wenigen Jahren zählte sie bereits gegen hundert Schüler, die von dreißig Lehrern unterrichtet wurden. Neben jungen Männern aus dem europäischen Adel fanden sich auch Mitglieder aus der gesellschaftlichen

Oberschicht vieler Schweizer Städte in Hofwil ein, so aus Basel der bereits genannte Christoph Merian, der auch einen Teil seiner Ausbildungszeit in Hofwil verbrachte.

Zwischen 1820 und 1830 gründete Fellenbergs Gattin, Margaretha von Tscharner, eine Anstalt für Mädchen aus den ärmsten Familien der Umgebung. In späteren Jahren kamen im Weiteren eine Realschule, gedacht als Ausbildungsstätte für den zukünftigen Gewerbestand, eine Kleinkinderschule und ein Kindergarten, schließlich auch eine Lehrerfortbildungsanstalt hinzu. Dieses umfassende Erziehungswerk machte Fellenberg zu einer europäischen Berühmtheit. Was Fellenberg beabsichtigte, war eine den ganzen Menschen umfassende, ihn fördernde und wohltätige Volksbildung, wobei er besonders die Bildung des Gemütes, im Weiteren die Verstandesbildung, die sich der geistigen Entwicklung des Jugendlichen anzupassen hatte, und die Charakter- und Persönlichkeitsbildung im Auge hatte.

In diesem Zusammenhang soll auch auf die in Hofwil vermittelte Religiosität hingewiesen werden. Fellenberg legte großen Wert auf die Praxis des Christentums, auf eine praktische Frömmigkeit. Ihm war viel daran gelegen, die *praxis pietatis* nicht nur zu lehren, sondern vorzuleben, dies ganz im Sinn des Pietismus und der Aufklärung. Eine sittlich-religiöse Bildung sollte die rechte Gesinnung schaffen, die allein Erziehung und Bildung ermöglicht. Dabei war ihm die rechte Gesinnung von größerem Wert als Denken und Handeln. Die Wurzeln von Fellenbergs Frömmigkeit sind im Rationalismus wie im Supranaturalismus zu suchen. Wenn sich die Supranaturalisten auch oft als die Retter des Christentums vor der rationalistischen Auflösung des biblischen Gehalts fühlten und dabei für eine schroffe Scheidung von Glauben und Erkenntnis eintraten und sich damit Rationalismus und Supranaturalismus als grundsätzliche Gegensätze erwiesen, so waren trotzdem Zwischenformen entstanden von 'rationalen Supranaturalisten' und 'supranaturalistischen Rationalisten', die mit der Postulierung eines anpassungsfähigen und wandlungsreichen 'Offenbarungsrationalismus' die damalige theologische Diskussion mehr vernebelt als befruchtet haben. Allerdings hat Fellenberg nicht versucht, diese beiden theologischen Anschauungsformen miteinander zu verbinden, sie blieben bei ihm vielmehr unverbunden nebeneinander stehen.

Fellenberg war in erster Linie Erzieher, der die Menschlichkeit als höchstes Erziehungsziel postulierte, und nicht Theologe. In der Praxis hatte sich echte Frömmigkeit zu bewähren und nicht in dogmatischen Auseinandersetzungen. Deshalb sucht er immer wieder den Weg der Mitte: vom Vulgärrationalismus hielt er ebenso wenig wie von religiöser Schwärmerei. Hingegen ließ er einen gemäßigten Pietismus stets gelten. Glaubens- und Gewissensfreiheit waren für ihn zentrale Postulate. So wurde in Hofwil eine konfessionelle Weite gelebt, die zu jener Zeit ihresgleichen suchte. Protestanten, Katholiken und Orthodoxe fanden hier zu einer Lebensgemeinschaft zusammen; Toleranz gegenüber anderen Glaubensauffassungen war selbstverständlich. Die Zöglinge kamen jeweils morgens und abends zu täglichen Andachten zusammen, die von größter Einfachheit und Nüchternheit geprägt waren – hier blieb Fellenberg ganz Protestant. Am Sonntag versammelten sich alle Bewohner Hofwils zum gemeinsamen Gottesdienst, wenn auch Katholiken und Orthodoxe anschließend je ihre eigene Messe feierten.

Alexandre Vinet, der von 1817 bis 1837 in Basel als Dozent für französische Sprache und Literatur an Pädagogium und Universität lehrte und für die französische Kirche Basels sowie für das Basler Staatswesen eine Persönlichkeit von beträchtlichem Einfluss war, hatte Anfang Mai 1829 Fellenberg in Hofwil besucht und war von dessen Persönlichkeit sehr beeindruckt. In einem Brief an seine Frau hielt er fest, dass er «in keinem anderen Institut so viel christliches Leben angetroffen habe wie in Hofwil».[116] Auch der Religionsunterricht wurde von allen Insassen gemeinsam besucht, konfessionelle Unterschiede waren tabu. Als das innerhalb des Protestantismus spezifisch Konfessionelle behielt man den Konfirmandenunterricht bei, in dem sich der Unterrichtende an Johann Heinrich Dräsekes *Konfirmandenbüchlein für die Jugend evangelischer Gemeinden* zu halten hatte. Nicht von ungefähr war Fellenberg bestrebt gewesen, Dräsekes Buch als Arbeitsgrundlage einzuführen, vereinigten sich doch in diesem Theologen Aufklärung, Idealismus, romantische Mystik und Erweckung zu einer Synthese von Humanitätsgesinnung und Christentum, was Fellenbergs christlicher Überzeugung durchaus entsprach. Diese große religiöse Offenheit und Toleranz, die Vischer in Hofwil über lange Jahre aufgenommen und gelebt hat, hat seine kirchliche Überzeugung entscheidend geprägt. Überhaupt sind dort in ihm die Grundlagen gelegt worden, auf denen er sein späteres Leben aufgebaut hat.

*

Nach neunjährigem Aufenthalt in Hofwil kehrte Wilhelm Vischer in seine Heimatstadt zurück und nahm an der Universität das Studium der alten Sprachen und der Geschichte auf. Sein Lehrer für alte Sprachen war der Philologe Franz Dorotheus Gerlach, der viele Jahrzehnte an

---

116 Alexandre Vinet: Lettres, tome deuxième, S. 27.

der Universität und am Pädagogium unterrichtet hatte, und der dort noch Nietzsches Kollege werden sollte. Anschließend wechselte Vischer an die Universitäten Bonn und Jena, wo er 1831 promoviert wurde. Nach seiner Rückkehr nach Basel verheiratete er sich mit Emma Bilfinger. Emma Bilfinger stammte aus Deutschland und hatte ihre Schulbildung im Katharinenstift in Stuttgart erhalten. Sie war siebzehn Jahre alt, als sie Wilhelm Vischer heiratete und ein Jahr später, im achtzehnten Altersjahr, wurde sie zum ersten Mal Mutter. 1848 erlitt sie während eines Sommeraufenthaltes in Schönthal bei Langenbruck eine schwere Lungenentzündung. Zeitlebens war ihr deshalb große Schonung auferlegt. Wie ihr Sohn Eduard berichtete, beschränkten sich deshalb in ihren späteren Lebensjahren «ihre Ausgänge auf den Besuch des Gottesdienstes und allfälligen Kranken in der Familie».[117]

Erst 25-jährig, wurde Vischer auf Jahresbeginn 1833 der Griechischunterricht an den oberen Klassen des Pädagogiums übertragen, etwas später nahm er als Dozent für Altphilologie an der Universität Basel seine Vorlesungstätigkeit auf. Sein Lehrauftrag erstreckte sich auf griechische Sprache und Literatur. Auch las er immer wieder systematische Kollegien über altgriechische Philosophie. 28 Jahre lang unterrichtete Vischer am Pädagogium. Sein akademisches Amt gab er 1868 nach seiner Wahl in die Regierung auf. Mehrfach bereiste Vischer auch Italien und Griechenland und beteiligte sich zeitweise selber an der spannenden Ausgrabung des Dionysostheaters 1862 in Athen.

In der Wissenschaft hinterließ Vischer, von zwei Ausnahmen auf dem Gebiet der Epigraphik und der Archäologie abgesehen, keine größeren, zusammenhängenden Werke, obwohl er als kritischer und besonnener Forscher durchaus auf der Höhe seiner Zeit war. An einer intensiveren wissenschaftlichen Beschäftigung hinderte ihn nicht nur die Gewissenhaftigkeit und strenge Selbstbeschränkung, mit der er die einzelnen Forschungsgebiete bearbeitete (der Schwerpunkt seiner wissenschaftlichen Produktion lag auf der Erforschung und Darstellung der Geschichte Athens und insbesondere der Epigraphik), sondern auch sein umfangreiches Engagement an Schule, Universität und in der Öffentlichkeit. Seiner Vaterstadt zu dienen galt ihm als eine ebenso wichtige Angelegenheit wie die wissenschaftliche Arbeit. Schon 1834 war er von seinen Mitbürgern in den Großen Rat gewählt worden, wo er sich als Mitglied der konservativen Partei und überzeugter Föderalist dem *Juste Milieu* anschloss. «In seinen politischen Anschauungen, denen er sich als Mitglied des Großen – und später des Kleinen Rates

---

[117] Eduard Vischer-Sarasin: Lebenserinnerungen, S. 8.

entschieden Ausdruck gab, war er konservativ, aber ohne jede Eng-
herzigkeit.»[118]

Im 25. Altersjahr hatte Vischer die Kantonsteilung und die Demütigung seiner Heimatstadt durch die damalige Eidgenossenschaft erlebt,
ebenso das traurige Schicksal seines glücklosen Vaters. Das hatte in ihm
tiefe Spuren hinterlassen und ihm den Weg in die Politik gewiesen: Insbesondere sein Votum im Großen Rat gegen eine Teilnahme Basels am
Sonderbund ist im kollektiven Gedächtnis haften geblieben. Dem Hof-
wiler Lehrer Rudolf Rauchenstein, mit dem ihn eine lebenslange
Freundschaft verband, schrieb er nach dem Krieg einsichtig genug:

> Ich konnte mich nicht entschließen, zu etwas mitzuwirken, was mir schreiendes Un-
> recht schien und wo nach meiner Ansicht und Überzeugung die Tagsatzung ganz
> außerhalb ihrer Competenzen handelte. [...] Trotzdem aber bin ich aufrichtig genug,
> jetzt zuzugeben, daß es in vieler Hinsicht besser sei, es habe die gegnerische Meinung
> obsiegt. Denn das muß ich sagen, so schnelles Unterliegen des Sonderbundes, solche
> Fehler und solchen Verrath, wie er bei Freiburg wohl unläugbar entschieden hat, hatte
> ich nie vorausgesetzt.[119]

Missbilligte Vischer auch die eidgenössische Politik der dreißiger und
vierziger Jahre, so hegte er doch Sympathie für die Bundesverfassung
von 1848. Allerdings lehnte Vischer als überzeugter Föderalist die Bemühungen einzelner eidgenössischer Stände und Persönlichkeiten um
die Errichtung einer Schweizerischen Zentraluniversität entschieden ab.
An Rauchenstein notierte er dazu 1851:

> Höhere Lehranstalten sollen nach meiner Ansicht in einer Republik einen dreifachen
> Zweck verfolgen. Sie sollen 1.) die eigentlichen Studirenden bilden, 2.) Wissenschaft
> und wissenschaftlichen Sinn und Geist in weiterem Kreise unter den Bürgern verbrei-
> ten und wecken, 3.) die Wissenschaft selber fördern. Und nun, frage ich keck, haben die
> sämmtlichen kleinern Lehranstalten der Schweiz miteinander nicht viel mehr geleistet
> als irgendeine große deutsche Universität allein? Ich glaube, das darf man unbedenk-
> lich bejahen [...] [sc. und ebenso] daß die Schweiz in ihrer freien, ungehemmten Can-
> tonalbewegung mehr geleistet hat als ganze Reihen von fürstlich dotirten Universitä-
> ten! [...] Und Alles das Gute und Schöne, das wir besitzen, soll jetzt *zerstört* werden,
> weil die einen eine große Anstalt für besser halten, die andern das um den Bundessitz
> gekränkte Zürich trösten wollen! [...] [sc. und deswegen wolle man jetzt die Schweiz]
> in die Schnürstiefel einer Centraluniversität zwängen! Quod Deus averruncet![120]

Die Errichtung einer eidgenössischen Universität konnte zwar zunächst abgewehrt werden, doch vier Jahre später wurde in Zürich die
Eidgenössische Technische Hochschule gegründet, jedoch ohne dass

---

[118] Ebd., S. 7.
[119] Eduard Vischer: Wilhelm Vischer. Gelehrter und Ratsherr 1808–1874 im Spiegel seiner Korrespondenz mit Rudolf Rauchenstein, S.17f.
[120] Ebd., S. 59f.

diese Hochschule die lokalen Universitäten verdrängt hätte. Ohne Universität, so Vischers Überzeugung, würde Basel eine bloße Handels- und Fabrikstadt, ein schweizerisches Mülhausen oder St. Etienne. Überhaupt lagen ihm Bildungsfragen besonders am Herzen, und so war es nur folgerichtig, dass Vischer im Jahre 1861 zunächst Mitglied der Kuratel, des Erziehungsrates und sechs Jahre später in die Regierung gewählt, eben «Ratsherr» wurde und dort Vorsteher des Erziehungswesens, wo er immer von neuem Revisionen im Bildungsbereich an die Hand nahm.

Als Präsident der Kuratel verantwortete Vischer unter anderem die Berufungen des Altphilologen Friedrich Nietzsche, des Theologen Franz Overbeck und auch des Paläontologen Ludwig Rütimeyer. Obwohl seit 1871 körperlich geschwächt, nahm er im Mai 1873, nur ein Jahr vor seinem Tod, eine nochmalige Wahl in die Regierung an – nicht zuletzt weil er den Radikalen, die seine Wiederwahl verhindern wollten, nicht den Gefallen seines Abgangs machen wollte. Mit den Radikalen und ihren Anliegen konnte sich Vischer nicht im Mindesten anfreunden und er verlor oft, wenn er auf bekannte Basler Radikale zu sprechen kam, seine ihm eigene Nüchternheit und Sachlichkeit. So konnte er Carl Brenner durchaus einmal einen «Bierdemagogen» und Wilhelm Klein einen «Lügner» nennen, für den ansonsten so nüchternen Vischer ungewohnte Äußerungen. Als Gräzist war Vischer ein geschätzter Universitätslehrer, ein überzeugter Humanist, dem die klassische Bildung die tragende Grundlage für seine ganze geistige Haltung war. Daraus schöpfte er auch seine hohe ethische Lebensauffassung.

Vischers ethische Lebensauffassung zeigte sich vornehmlich in seiner Haltung gegenüber den Kirchen und ihren Anliegen. Wie in seiner politischen Überzeugung, so stand er zwar auch hier auf der Seite der gemäßigt Konservativen und suchte mit den anderen Glaubensüberzeugungen immer wieder den Ausgleich. Glaubenskämpfe waren ihm ein Greuel. Von Berlin aus, wo Vischer nach seiner Promotion Vorlesungen beim Altphilologen August Böckh hörte, beschrieb er seinem Basler Freund Adolf Christ das religiöse Leben in Berlin und äußerte seine Abneigung gegenüber einer allzu rigiden Orthodoxie. Dabei kam er auf den Kirchenhistoriker August Neander, den Begründer der neueren evangelischen Kirchengeschichtsschreibung, einen liberalen Konservativen, zu sprechen und charakterisierte diesen Christ gegenüber als «orthodox aber doch gelehrt, wissenschaftlich und aufrichtig».[121]

---

[121] Brief von Adolf Christ an Wilhelm Vischer-Bilfinger vom 30. Juni 1831, in: StABS PA 511a 611-17-05 66 (hier gibt Christ die zitierte Äusserung Vischers wieder).

In seinem Antwortbrief stellte ihm Christ die rhetorische Gegenfrage, ob denn die «erstere Eigenschaft [sc. orthodox] die 3 letzteren ausschlösse, und ob orthodox gleichbedeutend mit bigott oder dergleichen wäre». Und Christ fuhr fort:

> Du sagst, es sey das religiöse Leben zum Theil krankhaft und bejammernswerth; auch ich möchte nicht immer Hengstenbergs[122] Meinung und Aeusserungen vertheidigen, aber sie bejammern kann ich gerade nicht, weil sie [...] da und dort Gutes hervorbringen; denn an die Verfolgungssucht, die du ihm und seinen Anhängern anschuldigst glaube ich einstweilen nicht [...] Ich frage Dich nun findest Du das nicht auch bei allen rationalistischen Predigern, und gehst Du nicht leer von ihnen. (Ich rede nicht von Schleiermacher[123] den ich nie predigen hörte).[124]

Es scheint, dass Vischer in Berlin Schleiermacher hörte, dem daran gelegen war, eine Synthese zu schaffen zwischen ursprünglicher Christlichkeit und moderner Geistigkeit, einem Anliegen, dem er in seiner berühmten Schrift *Über die Religion. Reden an die Gebildeten unter ihren Verächtern* (1799) beredten Ausdruck gegeben hatte. Vischer hat sich nie in das mehr oder weniger enge Korsett einer kirchlichen Glaubensrichtung zwängen lassen, wenn er auch von einem konservativen Standpunkt aus dachte und argumentierte. Das machen seine Voten im Großen Rat in kirchlichen Angelegenheiten deutlich. Als Beispiel für seinen Weitblick und seine überlegene Stellung jenseits allen kirchlichen Parteiengezänks soll hier sein Votum in der Debatte um den bereits erwähnten Anschluss an das schweizerische kirchliche Konkordat (1864), den Vischer befürwortete, auszugsweise angeführt werden. So erinnerte er die Anwesenden daran, dass

> im Jahr 1835 wurde es bei der Herstellung der Universität [sc. nach den schmerzlichen Trennungswirren von 1833] mit Recht ausgesprochen, Basel müsse, bei vermindertem Gebiete, um so mehr [sc. danach] trachten, Eroberungen auf geistigem Gebiet zu machen. Das kann man aber nur, wenn man sich in den Kampf begibt, nicht, indem man sich in eine Ecke zurückzieht. [...] Daher bedauert der Sprechende, daß gegen das Konkordat als Grund ins Feld geführt wird, daß die baslerische Kirche leiden würde. Die Basler Kirche ist nur ein Theil der christlich reformirten Kirche und zwar ein solcher, der sich seit der Reformation immer durch seine *weiteren* Ansichten ausgezeichnet hat. Durch Klugheit einerseits und durch Milde andrerseits hat sich unsre Kirche einen Namen gemacht; sie war überall dabei, wo es galt die Wahrheit zu verfechten. Zögen wir uns in eine Ecke zurück, so würden

---

122 Ernst Wilhelm Hengstenberg, seit 1826 Theologieprofessor in Berlin, Mitglied der Berliner Erweckungsbewegung, als Herausgeber der Ev. Kirchenzeitung radikaler Vertreter einer theologischen und kirchlichen Orthodoxie.
123 Friedrich Schleiermacher, damals bekanntester Theologe Deutschlands, seit 1807 in Berlin, auch ein begnadeter Kanzelredner.
124 Brief von Adolf Christ an Wilhelm Vischer-Bilfinger vom 30. Juni 1831, in: StABS PA 511a 611-17-05 66.

wir verlieren, was wir bis jetzt gewonnen. [...] Durch den Beitritt zum Konkordat wird unsere Kirche nicht leiden. Der Sprechende hat die volle Überzeugung, daß der geistige und der geistliche Einfluß Basels nur gewinnen kann [...] Für das Wohl unserer Kirche ist nichts zu fürchten.[125]

Die von Vischer hier in Erinnerung gerufene Klugheit und Milde von Basels kirchlicher Tradition zeichneten wohl ebenso sehr ihn selbst in großem Maße aus, auf politischem wie auch auf kirchlichem Gebiet. Diese Haltung spiegelte sich auch in seinem Verhalten gegenüber dem Theologen De Wette.

Als 1822 Wilhelm Martin Leberecht De Wette als Theologieprofessor nach Basel berufen worden war – De Wette galt als Pionier einer modernen Bibelwissenschaft –, hatten viele fromme Basler aus dem Kreis der Christentumsgesellschaft unter der Leitung von Christian Friedrich Spittler ein Kesseltreiben gegen die Berufung dieses «ungläubigen und leibhaftigen Antichristen»[126] in Gang gesetzt, worüber sich die für die Wahl zuständige Behörde allerdings hinwegsetzte. Schon bald war De Wette in Basel heimisch geworden und mit seiner einnehmenden menschlichen Art konnte er, ohne dabei von seinen theologischen Überzeugungen etwas zurückzunehmen, viele Freunde gewinnen und seine Gegner eines Besseren belehren. Im Laufe der Zeit wurde De Wette immer mehr als Mann des Ausgleichs wahrgenommen und war innert weniger Jahre zu einem Aushängeschild der theologischen Fakultät geworden, der für den Zuzug einer wachsenden Zahl von Studierenden verantwortlich zeichnete. Obwohl mit De Wette theologisch nicht auf der gleichen Linie, freuten Vischer De Wettes wissenschaftliche Erfolge als Gewinn für die ihm am Herzen liegende Basler Universität. So erstaunt es nicht, dass Vischer, der immer von neuem für eine Verständigung innerhalb unterschiedlicher Überzeugungen eingetreten war, De Wettes Tod aufrichtig bedauerte. Seinem Freund Rauchenstein schrieb er 1849: «Mit den Baslern bedauern wir auch hier den Verlust des sel. de Wette [...] Man sollte wahrlich in Basel Alles thun, um einigermaßen den Schaden wieder einzubringen.»[127]

*

Nietzsche war Vischer freundschaftlich eng verbunden. Nur mit ganz wenigen Menschen verkehrte Nietzsche in Basel so intensiv und intim wie mit Vischer und seiner Familie. Regelmäßig war der junge Dozent

---

125 Basler Nachrichten vom 8. Oktober 1864, S. 1829.
126 Andreas Lindt: C.F. Spittler und W. M. L. De Wette, S. 368.
127 Eduard Vischer: Wilhelm Vischer. Gelehrter und Ratsherr, im Spiegel seiner Korrespondenz mit Rudolf Rauchenstein, S. 32.

bei den «alten Vischers» zum Essen geladen, zeitweise «alle Diens-
tage», dann immer wieder auch sonntags. Dabei gingen die gemeinsamen Gespräche der beiden Philologen weit über das Fachliche hinaus
ins Private. Schon bald hatten sich ein vertrauter Ton und ein ebenso
vertrauter gegenseitiger Umgang eingestellt. War Nietzsche einmal
über die Weihnachts- und Neujahrszeit nicht verreist, sondern in Basel geblieben, so wurde er ganz selbstverständlich auch an Festtagen
zu den Vischers eingeladen und von ihnen beschenkt. War Vischer von
Nietzsches Erstling, seiner *Geburt der Tragödie*, die Anfang des Jahres 1872 erschienen war, unbefriedigt und enttäuscht – er hatte wohl,
wie Nietzsches Tutor Friedrich Ritschl auch, ein Buch mit einem fach-
spezifischeren Inhalt erwartet – so entzog er ihm ganz im Gegensatz
zu Ritschl deshalb nicht die Freundschaft. Und nachdem Nietzsche
durch einen journalistischen Rundumschlag aufgrund seiner ersten
Unzeitgemässen Betrachtung über *David Strauss, der Bekenner und der
Schriftsteller* (1873) öffentlich diskreditiert worden war, anerbot sich
Vischer persönlich, sich öffentlich für ihn zu verwenden, was Nietzsche jedoch ablehnte.

Es freute Vischer ganz besonders, dass Nietzsche die Anfrage der
Greifswalder Universität, ob er allenfalls einen Ruf annehmen würde,
im Januar 1872 abgelehnt hatte. Damit blieb Nietzsche, dessen Leistungen als Gymnasiallehrer und Universitätsdozent Vischer sehr
schätzte, den Baslern erhalten. Mit Schulbesuchen und als Fachkol-
lege an der Universität hatte er sich persönlich von Nietzsches Leistungen ein Bild gemacht, Nietzsches öffentliche Vorträge besucht und
war von deren hoher Qualität, ja der Genialität Nietzsches überzeugt.
Übrigens ist Nietzsche wohl im Hause der Familie Vischer, die hin und
wieder im Engadin die Ferien verbrachte, auf dieses Tal, Nietzsches
spätere zweite Heimat, aufmerksam gemacht worden. Vischers
schwere Erkrankung, die ihn Anfang 1874 zum Rückzug aus allen öffentlichen Ämtern zwang und schließlich Mitte 1874 zu seinem Tod
führte, machte Nietzsche schwer zu schaffen, denn er wusste nur zu
gut, was er an Vischer zu verlieren hatte. Seinem Freund Erwin Rohde
teilte er einen Tag vor Vischers Tod brieflich mit:

> Unser guter alter Vischer ist sterbenskrank [...] Er ist unbedingt von allen Baselern
> der, welcher mir das bedeutendste und gründlichste Zutrauen geschenkt hat, auch
> in complicirten Verhältnissen. Kurz, ich verliere dabei sehr, und die Universität wird
> mir um etwas gleichgültiger als sie es bereits ist.[128]

---

[128] KGB II/3, S. 239.

Und noch viele Jahre später, in seinem Kondolenzbrief an Frau Sophie Vischer-Heussler im April 1886 anlässlich des Todes ihres Mannes Wilhelm Vischer, des ältesten Sohnes aus dem Haus Vischer-Bilfinger, gedachte Nietzsche Wilhelm Vischers «verehrungswürdigen und mir unvergeßlich theuren Vaters».[129] Als Nietzsche im Jahr 1879 von Basel Abschied nahm und ein letztes Mal mit seiner Schwester vor Vischers Haus an der Rittergasse vorbeiging, soll er zu ihr gesagt haben: «Alles in allem habe ich in diesem Hause doch mit meine besten Basler Stunden verbracht».[130]

*

Im Hause Vischer hat Nietzsche auch dessen Söhne und ihre Familien kennen- und schätzen gelernt. Vor allem mit zwei von ihnen war er freundschaftlich verbunden, mit Vischers ältestem Sohn, Wilhelm Vischer-Heussler blieb er dies auch über seine Basler Zeit hinaus. Wilhelm Vischer wandte sich nach seiner Schulzeit in Basel zunächst dem Studium der Theologie, dann dem der Geschichte zu. Das für seine akademische Karriere benötigte Rüstzeug holte er sich nach Abschluss seiner Studien bei Georg Waitz, dem bekannten, mit einer Schellingtochter verheirateten Rechtshistoriker in Göttingen, wo Vischer als Privatdozent wirkte. 1866 wurde er Oberbibliothekar – die Basler Universitätsbibliothek war bis anhin von Franz Dorotheus Gerlach geleitet worden, der Vischer bei seiner Amtsübernahme ein «verlottertes Institut» hinterließ – und auf Betreiben Jacob Burckhardts als Dozent für Geschichte an die Universität seiner Heimatstadt berufen. Einige Jahre später trat Vischer von seinem Bibliotheksamt zurück, um sich ganz seiner Dozententätigkeit und der Geschichtsforschung zu widmen. Nachdem er 1874 zum ordentlichen Professor befördert worden war, übernahm er 1877 das Rektorat der Basler Hochschule und hielt in dieser Funktion seine berühmte Rektoratsrede «Über die Grenzen des historischen Wissens», in der er die Probleme der menschlichen Erkenntnis, die sich für den Historiker ergeben, sowie die richtige Bewertung der Überlieferung systematisch darlegte.

Wie sein Vater hatte Wilhelm Vischer ein starkes staatsbürgerliches Pflichtbewusstsein und setzte sich nicht nur für seine Wissenschaft, sondern ebenso tatkräftig für die Belange seiner Vaterstadt ein. In seiner politischen wie kirchlichen Arbeit dachte der Sohn weit konservativer

129 KGB III/3, S. 185.
130 Elisabeth Förster-Nietzsche: Das Leben Friedrich Nietzsche's, 2.Bd, S. 172.

als sein Vater, war aber in kirchlich-theologischen Fragen umso inter-
essierter und versierter. Allerdings war er ängstlich und in Verwaltungs-
fragen unerfahren, was seine politische Karriere hemmte. Dennoch
wurde er 1874 als Vertreter der konservativen Partei in den Großen Rat
gewählt. 1875 initiierte er zusammen mit Andreas Heusler-Sarasin,
Professor für Deutsches Recht an der Universität Basel, einem der führenden Rechtshistoriker der damaligen Schweiz und der eigentliche
Spiritus Rector der Basler Konservativen in jener Zeit, den Eidgenössischen Verein, einen Zusammenschluss der protestantischen Konservativen auf dem Boden der Eidgenossenschaft.

Die Bundesreform von 1874 war ein typisch schweizerischer Kompromiss gewesen. Mit dieser Neuerung sollten gegensätzliche politische
Überzeugungen miteinander in Einklang gebracht werden, was nur teilweise gelang. Während die Radikalen schweizweit nach Zentralisierung
und Stärkung der Bundesgewalt riefen und man ihnen unter dem Eindruck des Deutsch-Französischen Krieges von 1870/71 auf dem Gebiet
der Landesverteidigung auch entgegengekommen war, misslangen
gleichgerichtete Versuche auf dem Gebiet der Erziehung vollständig.
Der Plan, durch einen eidgenössischen Erziehungssekretär, im Volks-
mund «Schulvogt» genannt, die Bundesaufsicht zu verstärken, wurde
von den Konservativen und dem föderalistisch eingestellten Eidgenössischen Verein bekämpft und vom Schweizer Stimmvolk schließlich
auch wuchtig verworfen. Zusammengeschlossen im Eidgenössischen
Verein hatten die Basler Konservativen mit Vertretern aus Zürich und
Bern gegen diesen Schulvogt mobil gemacht. Es war die Absicht Heuslers und Vischers gewesen, mit diesem überkantonalen Verein den einheitlichen Widerstand gegen das «Bestreben nach schrankenloser Ausdehnung der Staatsgewalt»[131] zu organisieren und «eine Vereinigung der
conservativen Elemente in der protestantischen Schweiz herzustellen».[132]
Man wollte auf der Basis einer eidgenössischen, protestantisch-konservativen Politik der Bundesverfassung von 1848 und unter Betonung der
kantonalen Eigenheiten den eigenen politischen Absichten mehr
Gewicht geben. Bewusst politisierten die führenden Vertreter des
Eidgenössischen Vereins als protestantische Christen. «Gottes Gebote
einerseits und die Realitäten [sc. das meint: «was den Stürmen der Jahrhunderte getrotzt hatte»] des Lebens andererseits weisen uns, jene das
Ziel und diese den Weg zum Ziel.»[133]

---

[131] Wilhelm Vischer: Der Eidgenössische Verein 1875–1885, S. 5.
[132] Ebd., S. 24.
[133] Allgemeine Schweizer Zeitung Nr. 149 vom 24. Juni 1876.

Eine möglichst große Verbreitung der eigenen politischen und kirchlichen Anliegen erhoffte man sich in Basel auch mit Hilfe der Gründung der konservativen *Allgemeinen Schweizer Zeitung* Anfang Oktober 1873, dem späteren Vereinsorgan des Eidgenössischen Vereins. Hatten die Radikalen ihren *Volksfreund*, das *Juste Milieu* die *Grenzpost* und waren die einst liberalen *Basler Nachrichten* nach einem Wechsel der Redaktion 1872 erheblich nach links gerückt, so fehlte ein eigentliches konservatives Presseorgan, was besonders in kirchlich-konservativen Kreisen stark empfunden wurde. Wiederum war die treibende Kraft Adolf Christ, der die interessierten und zur Beteiligung geneigten Personen zusammenführte und zu einer Besprechung am 10. Juni 1873 in sein Haus bat. Aus dieser Besprechung ging die *Allgemeine Schweizer Zeitung* hervor. Als Richtlinie für die *Allgemeine Schweizer Zeitung* wurde «die Vertheidigung des republikanisch foederativen Systems auf der Grundlage eines positiven Protestantismus»[134] bezeichnet. Dank dem Eidgenössischen Verein und seinem Vereinsorgan gelang es den Basler Konservativen dann auch, mehr Einfluss auf eidgenössischer Ebene zu gewinnen und mit Gleichgesinnten aus den übrigen Teilen der Schweiz engere Bande zu knüpfen.

Immer wieder nahmen Verein und Parteiblatt zu eidgenössischen Erlassen öffentlich Stellung. Manches zentralistische Vorhaben lehnte man ab, besonders im Bereich der Bildung. Ebenso fehlte einigen einflussreichen Mitgliedern dieses Vereins das nötige Verständnis für die Soziale Frage, was an ihrer ablehnenden Haltung gegenüber dem schweizerischen Fabrikgesetz deutlich wird. Die Lage der Arbeiter blieb ihnen fremd, und deren soziale Forderungen verstanden manche Basler Vertreter dieses Vereins ausschließlich als «Agitation». Die Haltung des Vereins zur Sozialen Frage muss überhaupt als deren Achillesferse bezeichnet werden. Mit dem Ende des Basler Ratsherrenregiments verloren die Konservativen allerdings die Möglichkeit, sich als Vertreter einer Mehrheit der Basler Bevölkerung zu sehen, ja wurden sehr schnell gar zur Minderheitspartei. Darunter litten wenig später auch der Eidgenössische Verein und sein Parteiorgan. Während die Basler Sektion des Eidgenössischen Vereins schon um 1890 offiziell ihr Bestehen einstellte – ihre Forderungen hatten sich inzwischen überlebt und für sie waren in den letzten Jahren ihres Bestehens nur noch Lokalfragen von Bedeutung gewesen –, so bestand die *Allgemeine Schweizer Zeitung* weiter, bis sie 1902 mit den *Basler Nachrichten* fusionierte. Es war das Verdienst dieser Vereinigung gewesen, in oft verantwortungsvoller Oppo-

---

134 Werbenummer vom September 1873.

sition den allzu hemmungslosen Zentralisierungsabsichten der damaligen Radikalen entgegenzutreten und einzelne Projekte auch zu verhindern. Im Jahr 1885 übernahm Vischer als Nachfolger des im selben Jahr verstorbenen Basler Bürgermeisters Carl Felix Burckhardt das Präsidium des Vereins, das er jedoch nur ein Jahr lang bis zu seinem unerwartet frühen Tod ausüben konnte.

Neben der politischen nahm auch die kirchliche Tätigkeit einen großen Teil von Wilhelm Vischers Zeit und Kraft in Anspruch. Nach der Annahme der neuen Kirchenverfassung 1874 wurde er von der Leonhardsgemeinde in die Synode und von dieser in den Kirchenrat gewählt. Hier machte er sich besonders um die Ausarbeitung einer neuen Gottesdienstordnung verdient und vertrat dieses Geschäft als Referent vor der Kirchensynode. Dabei ging es vor allem um eine gleichberechtigte Verteilung von Predigern konservativer oder reformerischer Observanz im sonntäglichen Hauptgottesdienst am Vormittag und an bedeutungsärmeren Nachmittagsgottesdiensten an Sonn- und Dienstagen und so letztlich um die Verhinderung einer Kirchenspaltung.[135] Wie im Politischen, so stand Vischer auch im Kirchlichen auf der Seite der Konservativen und sah sich veranlasst, wie dort dem politischen Radikalismus, so hier der kirchlichen Reformpartei energisch entgegenzutreten. Was ihn aber nicht davon abhielt, mit anders denkenden Theologen und Laien guten Umgang und Kontakt zu pflegen. Freimütig trat er öffentlich für seine Glaubensüberzeugung ein. Aufgrund einer ruchbar gewordenen, ungeschickten Bemerkung eines den Reformern zuneigenden Lehrers äußerte er sich einmal folgendermaßen:

> Die Thatsache, dass Gott seinen eingeborenen Sohn in die Welt sandte zur Rettung dessen, was verloren ist, enthält ein so großes Geheimniß, daß der menschliche Verstand, wenn er es erfassen will, nie damit zu Ende kommt. Da können wir nun zweierlei thun. Entweder machen wir's wie jener Lehrer, von welchem kürzlich in einer Zeitung zu lesen war, daß er einem Schüler auf dessen Bemerkung, Christus werde auch Gottes Sohn genannt, die Antwort gab, das sei aber eine unwichtige Benennung, Gott könne ja keinen Sohn haben; oder wir machen es wie Gellert,[136] welchem die gänzliche Unfassbarkeit jener Thatsache gewiß ebenso wohl bewusst war wie jenem aufgeklärtem Volksbildner, der aber darum nicht vornehm dazu die Achsel zuckte und nicht in dünkelhafter Sturheit das verwarf, was über seinen Gesichtskreis hinausgieng, sondern der in Demuth sprach: Wenn ich dies Wunder fassen will, so steht mein Geist vor Ehrfurcht still. Er betet an und er ermisst, dass Gottes Lieb unendlich ist.[137]

---

135 StABS, Kirchenarchiv E7.
136 Vischer verweist hier auf den bekannten Theologen und Kirchenlieddichter Christian Fürchtegott Gellert.
137 StABS PA 511 619-10-02 (geschrieben 1882).

Vischer lag viel daran, sich über seinen christlichen Glauben immer wieder von neuem Rechenschaft zu geben und diesen im Alltag auch zu bewähren. Seine tiefe Religiosität war ihm Lebensgrundlage und Handlungsmotiv zugleich. Als die kirchliche Synode 1881 die Taufe als Vorbedingung der Konfirmation für fakultativ erklärt hatte, trat Vischer – in seiner Glaubensüberzeugung verletzt – aus Protest gegen diesen für ihn völlig unverständlichen Entscheid, den er nicht mitzutragen vermochte, aus dem Kirchenrat zurück. Als kirchenrätlicher Sprecher hatte er vor der Synode am 4. Juli 1881 unter anderem erklärt:

> Die Kirche, die nicht mehr fest an den Sacramenten hält [...] kann nicht mehr auf den Namen einer christlichen Kirche Anspruch machen, sie kann nur noch als eine allgemeine religiöse Volksgemeinschaft gelten. [...] Will man die Confirmation als Zulassung zum Abendmahl behandeln und nicht nur als Abschluss des ki(rchlichen) Unterrichts und will man den Unterrichteten eine Erklärung ihrer christlichen Gesinnung abnehmen, so halte man darauf, daß diese das Sacrament der Taufe empfangen haben.[138]

An den Grundsätzen seiner christlichen Überzeugung hielt er unerschütterlich fest und fühlte sich darin auch geborgen. Anlässlich des frühen Todes seiner Schwester Emma Fürstenberger-Vischer dankte er seinem Bekannten Wilhelm Wackernagel in Göttingen für dessen Teilnahme am Begräbnis und schloss seinen Brief mit den Worten: «Gottes Wege sind unerforschlich für uns, aber Er weiss, was Er thut, und in Seinen Willen müssen wir uns ergeben.»[139]

Wilhelm Vischer hatte sich 1859 mit Sophie Heussler verheiratet, eine Verbindung, die von seinen Eltern anfänglich nicht gerne gesehen worden war. Fünf Söhne und zwei Töchter wurde dem Ehepaar Vischer im Lauf der Jahre geschenkt. Sophie Heussler, Tochter aus sehr reichem Haus, brachte das Herrengut «Ober St. Romay» in die Ehe ein, einen Hof im Bann des Oberbaselbieter Dorfes Lauwil. Die Gemeinde Lauwil gehörte während der Trennungswirren der 1830er Jahre zu den Gemeinden, die bis zuletzt der Stadt treu geblieben waren. Der Hof von St. Romai war aus dem Kirchengut hervorgegangen und gehörte ursprünglich der mittelalterlichen Kirche St. Remigius zu, deren Reste auf dem Chilchhübel beim Unteren St. Romai um die Mitte des 20. Jahrhunderts ausgegraben wurden. Diese Kirche wurde 1536 durch einen Brand zerstört. Als Ersatz baute man 1562 die heutige Dorfkirche von Reigoldswil. Dabei kam der kirchliche Grundbesitz in weltliche Hände und wurde gleichzeitig dreigeteilt in den Oberen, Mittleren und Unte-

---

138 StABS PA 511 L 30, 19.
139 StABS PA 82, B 16, 359.

ren St. Romai. Nach der Kantonstrennung ging der Hof Ober St. Romai
in den Besitz des Kantonalen Kirchen- und Schulgutes Baselland über
und kam 1854 in den Besitz des Baumwollfabrikanten Daniel Heussler-
Thurneysen, des Vaters von Sophie Vischer. Nach dessen Tod ging dieses Herrengut in den Besitz der Familie Vischer über. Die Eigentümer
der St. Romai-Güter waren vorwiegend Städter, die, nach alter Basler
Sitte, während der Sommerzeit einige Wochen der Erholung auf den
kühleren Jurahöhen verbrachten. Deshalb wurden diese Besitzungen
im Unterschied zu den Bauerngütern Herrenhöfe genannt.

Friedrich Nietzsches Schwester, Elisabeth Nietzsche, die während
Friedrich Nietzsches Basler Zeit manchen Sommer in Basel Wohnung
genommen hatte und ihrem Bruder in vielerlei Hinsicht beistand, war
mit der Familie Vischer-Heussler sehr befreundet und begleitete die Familie in den Jahren 1874, 1875 und 1877 auf den St. Romai als Kinder-
mädchen, während ihr Bruder mit Freunden und Bekannten außerhalb
der Stadt in den Ferien weilte. St. Romai fand sie, wie sie ihrem Bruder
schrieb, «unbeschreiblich reizend», «ganz wunderhübsch», «wirklich
entzückend».[140] Sie genoss die «merkwürdig malerische Umgebung» und
auch ihr Zusammensein mit der geschätzten Besitzerfamilie. Nachgewiesen ist, dass auf St. Romai, bevor Teile davon in Heusslers resp.
Vischers Besitz kamen, erweckliche Privatversammlungen stattfanden,
an denen sich diejenigen, die sich als Wiedergeborene betrachteten und
diejenigen, die sich um ihre Wiedergeburt im christlichen Glauben bemühten, intensiv mit Glaubensfragen beschäftigten. Geleitet hat diese
Versammlungen von Leuten aus dem «pietistischen Milieu» ein Werner Dägen aus Liedertswil. Zudem soll sich ein auf St. Romai arbeiten-
der Knecht, ein Daniel Jakob aus Trueb, 1747 der Wiedertäuferei ver-
dächtigt und deshalb von den damaligen Hofbesitzern, den Gebrüder
Störcky, vom Hof weggewiesen worden sein.[141]

Der Familie Vischer-Heussler stand Friedrich Nietzsche von allen
Vischer-Nachkommen am nächsten. Häufig wurde er, wenn Elisabeth
in Basel war, zusammen mit seiner Schwester von der Familie eingeladen. Ein regelmäßiger und gegenseitig geschätzter Kontakt stellte sich
ein. Den Weihnachtsabend 1871 verbrachte Nietzsche im Haus dieser
Familie und erhielt von ihr eine Reproduktion des Bildes «Erasmus von
Rotterdam» des Malers Hans Holbein geschenkt. Auch wusste Nietzsche jeweils darüber Bescheid, was sich Besonderes im Vischer'schen
Hause tat, wo sich sein Kollege an der Basler Universität gerade auf-

---

140 KGB II/4, S. 520; II/6,1, S. 671.
141 Peter Suter, Die Einzelhöfe von Baselland, S. 54–56.

hielt, sei es in Rom, St. Moritz oder anderswo. Schon in Nietzsches ersten Basler Tagen war ihm Vischer, damals noch Oberbibliothekar der Basler Universitätsbibliothek, behilflich und begleitete den jungen Kollegen aus Naumburg durch die Stadt. Und als die Vischers im Mai 1873 vom Spalentorweg – dort waren diese Vischers sozusagen Nietzsches Nachbarn gewesen – an die Nauenstrasse zogen, war ihnen Nietzsche beim Umzug behilflich. Nietzsche, damals Dekan der philologisch-historischen Abteilung der Philosophischen Fakultät, berichtete seinem Freund Rohde nach Kiel, dass «der junge *Vischer-Heusler* [...] unserer Facultät (deren Dekan ich bin) 100,000 frcs geschenkt [sc. habe] zur Gründung eines Lehrstuhl's für Philologie und vergleichende Sprachwißenschaft.»[142] Bei Bedarf logierten Elisabeth sowie ihr Bruder Friedrich ganz selbstverständlich im Haus dieser Familie. Ende Mai 1877 besuchte das Ehepaar Vischer Franziska Nietzsche in Naumburg. Nachdem Wilhelm Vischer-Heussler am 30. März 1886 verstorben war, schrieb Nietzsche der Witwe Sophie Vischer aus Nizza drei Wochen später Folgendes:

> Es werden selten Männer *so* betrauert, wie Ihr ausgezeichneter Gemahl betrauert wird: von Menschen der verschiedensten Denkweisen und Bestrebungen, die aber alle einmüthig in dem Wunsche sind, einen Nachruhm, wie er ihn hat, zu hinterlassen, als treue, uneigennützige, wohlwollend-wohlthätige und unermüdliche Freunde alles Guten und Gerechten. Darf ich hinzufügen, daß mir persönlich ein Stück Leben und Vergangenheit mit ihm zu Grabe getragen wird, an welches ich gerne und mit vieler Dankbarkeit zurückzudenken habe: er gehörte zu den trefflichen Basler Collegen, die mir, in einer Lebenszeit, wo man keinen Anspruch auf Vertrauen machen darf und sich im Grunde erst zu «beweisen» hat, mit einem unbedingten Vertrauen und hülfreich in Rath und That entgegengekommen sind, nach dem Vorbilde seines verehrungswürdigen und mir unvergeßlich theuren Vaters. Noch von meinem letzten Besuche, den ich ihm in Basel machte (vor zwei Jahren, Sie selbst waren verreist –)[143] habe ich den Eindruck jenes tiefen Vertrauens zurückbehalten, welches wir, ich darf es wohl sagen, zu *einander* hatten.[144]

Die Zeilen machen deutlich genug, wie eng die Beziehung zwischen Vischer und Nietzsche gewesen war und welch enges Verhältnis sie zueinander hatten.

*

---

142 KGB II/3, S. 226.
143 Nietzsche hatte vom 15. Juni bis zum 2. Juli 1884 seine alte Wirkungsstätte besucht und lag die meiste Zeit über krank im Hause seines Freundes Overbeck.
144 KGB III/3, S. 185.

Adolf Eberhard Vischer-Sarasin, der jüngere Bruder von Wilhelm
Vischer, erzählt in einer kleinen von ihm selber verfassten Schrift von
seiner letzten Begegnung mit Friedrich Nietzsche:

> Als der Schreiber dieser Zeilen vor mehreren Jahren zum letzten mal mit Friedrich
> Nietzsche zusammentraf, sprach er mit ihm über seine [Nietzsches's] Schriften und
> bat ihn flehentlich, seine feindliche Haltung gegenüber dem Christentum aufzugeben.
> Traurig sah ihn Nietzsche an und erwiederte: «Mein wissenschaftliches Gewissen ver-
> bietet mir das.» Da hören wir von einem 'wissenschaftlichen Gewissen' und sehen,
> wohin dasselbe einen wahrheitsuchenden Mann geführt hat, der seinen Folgerungen
> bis an das äusserste Ziel gefolgt war.[145]

Vischer spielt hier auf Nietzsches Geisteskrankheit an, die 1889 ausge-
brochen war und deutet diese im Sinn einer Bestrafung eines Ungläubigen, eines vom Christentum Abgefallenen. Adolf Vischers damalige
orthodox pietistische Glaubensüberzeugung ließ für ihn keinen anderen Schluss zu. Allerdings kann dieses Gespräch Vischers nicht, wie immer wieder kolportiert, als ein Beleg dafür gewertet werden, dass er an
Nietzsche einen Bekehrungsversuch unternommen hatte. Das verbietet
sich von seinem Inhalt her von selbst.

Während einer Lehre als Textilkaufmann im Baumwollspinnerei-
geschäft von Felix Sarasin war Vischers Augenmerk auf die Seiden-
zucht gefallen. Es folgten Aufenthalte in Norditalien, London und vor
allem in China, damals Hauptproduzent für edle Seide. In China lernte
er einen englischen Missionar kennen und durch diesen die Missionsarbeit. Drei Jahre arbeitete er dort als Seideninspektor, bis er 1865 nach
Basel zurückkehrte und ein eigenes Rohseidenhandelsgeschäft eröffnete, das er schon bald zum Blühen brachte. Die Voraussetzungen
dafür waren in Basel sehr gut, denn die Stadt hatte sich im 19. Jahrhundert von einer reinen Handelsstadt zu einem Handels- und Indus-
triezentrum entwickelt, vor allem infolge der Expansion der in Fabri-
ken betriebenen Herstellung von Seidenbändern. Das Seidenband war
damals gar der Hauptexportartikel der Rheinstadt. 1871 wurde Adolf
Vischer als politisch Konservativer in den Großen Rat gewählt. In einer
der Sitzungen dieses Gremiums setzte er sich für ein Verbot jeglichen
Theaterbesuches, gar für die Schließung des Theaters ein, für Basels
Fromme damals ein 'sündiges' Geschäft. Diese Einstellung wird vier
Jahre später maßgeblich zu seiner Abwahl als Großrat beigetragen haben. Der Einfluss des «Frommen Basel» schwand in jenen Jahren zusehends, die aufkommenden Radikalen hielten von solchen Ideen
nichts. Immer argumentierte und handelte Vischer aus seiner tiefen,

---

145 Adolf Vischer-Sarasin: Das Christentum und die Geschichte, S. 10.

konservativ-christlichen Glaubensüberzeugung heraus. Deutlich sichtbar wird diese besonders an der von ihm praktizierten öffentlichen Liebestätigkeit, wie etwa im Deutsch-Französischen Krieg 1870/71, wo er in leitender Stellung die Internationale Agentur des Roten Kreuzes für Verwundete und Kriegsgefangene betreute, oder beim Auf- und Ausbau von Arbeitersälen im Klingental zum Wohl der Angestellten und Gesellen, auch als italienischer Konsul in Basel zur Betreuung von notleidenden italienischen Gastarbeitern oder als Leiter einer Hilfsexpedition für Flüchtlinge in Bosnien 1878. Seine Teilnahme an der Berner Allianzgebetswoche im Januar 1875 sollte dann seinem Leben und dem seiner Frau Carolina Rosalie Vischer-Sarasin – das Ehepaar hatte sich 1867 vermählt – eine entscheidende Wendung geben.

Beeinflusst vom deutschen Pietismus und dem Methodismus englischer Prägung entstanden im 19. Jahrhundert in nordamerikanischen Kolonien christliche Erneuerungsbewegungen, die unter dem Stichwort Evangelikalismus[146] zusammengefasst werden. Inhaltliche Merkmale waren das Dogma von der Verbalinspiration der Bibel als der einzigen Autorität und die Überzeugung, dass Gott durch eine erweckliche Predigt den sündigen Menschen zur Umkehr ruft. Im Weiteren sollten die Bekehrten an Gottes Heilsplan mitarbeiten. Im Akt der Bekehrung, so die Überzeugung, werde die Sünde durch die Gnade Gottes in Christus getilgt. Das Leben des Bekehrten kann, auf diesem Weg geläutert, den Weg der Erneuerung und Reinigung, auch Heiligung genannt, beschreiten. Dabei bildeten das Hören auf Gottes Wort und das in Gottes Hand gelegte neue Leben eine unauflösliche Einheit. Besondere Kennzeichen dieses religiösen Aufbruchs waren öffentliche Massenveranstaltungen in Form von Evangelisationen. Aus diesem erwecklichen Aufbruch, dessen Entstehung nicht zufällig in die Zeit einer zunehmenden Entkirchlichung der Bevölkerung fiel – was bei manchen den Eindruck geweckt hatte, dass die Zeit der Umkehr und der Selbstkritik nun gekommen sei –, war die Heiligungsbewegung hervorgegangen, die 1874 in der englischen Universitätsstadt Oxford unter der Leitung des amerikanischen Fabrikanten Robert Pearsall Smith und seiner Frau Hanna Smith ihren Durchbruch erlebte.

Die Anhänger dieser Heiligungsbewegung, die um die Mitte des 19. Jahrhunderts in Nordamerika aufgekommen und sich von da über England, das kontinentale Europa und dann weltweit ausgebreitet hatte, sollten danach streben, den natürlichen Hang des Menschen zum Sün-

---

146 Vgl. zum Folgenden: Jürg Ohlemacher: Evangelikalismus und Heiligungsbewegung im 19. Jahrhundert, S. 371–391.

digen zu überwinden und bewusst sündlos zu leben und sich auf die innere Vervollkommnung des eigenen Lebens zu konzentrieren in völli-
ger Hingabe an Gott und in tätigem Glaubensgehorsam. Über 1500
Gläubige der Evangelischen Allianz, einer übernationalen, freiwilligen
Verbindung evangelischer Einzel-Christen aus vielen Teilen der Welt,
die innerhalb der erwecklichen Aufbruchsbewegungen die Einheit all
derer zu verwirklichen suchte, welche sich in der persönlichen Heils-
erfahrung und der Gewissheit der Rechtfertigung durch den Glauben
an Christus eins wussten, versammelten sich in der letzten August- und
ersten Septemberwoche 1874 in Oxford – seitdem Oxfordbewegung genannt. Unter den Teilnehmenden war aus Basel Carl Heinrich Rappard,
der Nachfolger Christian Friedrich Spittlers als Leiter der Pilgermission
auf St. Chrischona.

Rappard war ursprünglich selber Schüler auf St. Chrischona gewesen und später Missionar in Kairo und Alexandrien geworden. Schon
in jungen Jahren hatte er 1868 zusammen mit seiner Frau Dora Rap-
pard-Gobat die Leitung dieser Missionsanstalt übernommen. Sukzessiv
bauten sie gemeinsam dieses Haus zu einem Prediger- und Missions-
seminar aus, das ganz der christlichen Gemeinschaftsbildung in pietistisch-erwecklicher Tradition verpflichtet und streng nach biblischem
Maßstab ausgerichtet war, allerdings mit einer stark freikirchlichen
Einfärbung. Rappard, der in Oxford zu einem begeisterten Anhänger
der Heiligungsbewegung geworden war, trug später wesentlich zur
Verbreitung dieses Gedankengutes in der Schweiz bei. Es wundert
nicht, dass nach Rappards Oxford-Erlebnis das Stichwort «Evangelisation» in der von ihm geleiteten Ausbildungsstätte geradezu zum Schlag-
wort geworden war. Zusammen mit Rappard war aus Basel auch Pfarrer Otto Stockmayer nach Oxford gepilgert, um dort gemeinsam mit
allen Teilnehmenden in Gebetsversammlungen, an Evangelisationstref-
fen, wo zur Übergabe des eigenen Lebens an Jesus Christus aufgefor-
dert wurde, an persönlichen Aussprachen in Privatwohnungen und in
Gottesdiensten den eigenen Glauben zu stärken und neu zu beleben.
Sie alle, meist zuvor schon engagierte Christen, hatten in Oxford den
christlichen Glauben in einer neuen Tiefe kennengelernt und waren
überzeugt, dort «den Schlüssel zur Neubelebung der kirchlichen
Verhältnisse»[147] gefunden zu haben. Ihres neuen Glaubensweges gewiss,
wollten sie auch am eigenen Wohn- und Arbeitsort öffentlich dafür
Zeugnis ablegen. So gab Rappard nicht nur die Zeitschrift *Des Christen
Glaubensweg* in Zusammenarbeit mit seinem Schwager, dem Basler

---

[147] Dieter Lange: Eine Bewegung bricht sich Bahn, S. 34.

Buchhändler Paul Kober-Gobat heraus, deren Auflage schon bald auf
8000 Exemplare stieg und worin er wortmächtig für die Heiligungsbewegung warb, sondern er war auch bereit, im Sinn einer Aufnahme
der Oxforder Impulse die Allianzwochen 1875 in Bern und in Basel im
Sinn der Absichten der Heiligungsbewegung zu organisieren und verantwortlich mitzugestalten.

Die von Adolf Vischer und vielen anderen besuchte Allianzwoche in
Bern fand in der ersten Januarwoche 1875 statt. Thema dieser Versammlungen war wie in Oxford die «Heiligung durch den Glauben».
Gemeinsame Gebetsversammlungen, «Brüderkonferenzen» und paral-
lel dazu «Frauenversammlungen», persönliche Besprechungen, allgemeine Bibelstunden und abschließend eine gemeinsame Gottesdienst-
feier, die von gut 2000 Gläubigen besucht wurde, machten diese Woche
für viele Teilnehmende zu einem unvergesslichen Erlebnis und zu einer
entscheidenden Station in ihrem Glaubensleben. Dieser Schritt wurde
meist in einer der darauffolgenden Versammlungen öffentlich bezeugt.
Diese Allianzwoche hat auch Adolf und Carolina Rosalie Vischer-
Sarasins Lebens- und Glaubenswege entscheidend geprägt. Damit war
«in seinem [sc. Adolf Vischers] Leben ein grosser und entscheidungs-
voller Wendepunkt eingetreten: Im Jahr 1875 war unser Freund zur völ-
ligen Erkenntnis des Heils in Christo und zur persönlichen Annahme
desselben durchgedrungen»[148] – wie in einem Nachruf auf sein Leben
notiert wurde. Und Dora Rappard bemerkte:

> *Adolf Vischer-Sarasin* († 1902) hatte mit seiner Frau den denkwürdigen Berner Ver-
> sammlungen im Januar 1875 beigewohnt. Dort ging den lieben Freunden das Licht
> des Glaubens in nie gekannter Klarheit auf.[149]

Seit seiner Bekehrung entfaltete Vischer eine immer intensivere Tätigkeit innerhalb der Erweckungsbewegung, gründete verschiedene Evan-
gelisationsvereine und wurde deren Leiter. 1885 entschloss sich das Ehepaar Vischer-Sarasin, ihr Geschäft und großzügiges Wohnhaus an der
Gartenstrasse zu verkaufen und in einem bescheideneren Quartier
Wohnsitz zu nehmen. Schon vier Monate nach der Berner Versammlung, im April 1875, fand in Basel eine weitere Allianzversammlung
statt. Treibende Kräfte dieser Zusammenkunft waren Rappard, verschiedene Pfarrer aus dem pietistisch-erwecklichen Lager und auch
Adolf Vischer. Als Referent konnte der eigentliche Führer der Oxfordbewegung, Robert Pearsall Smith, gewonnen werden, der nach der Ox-

---

[148] N. N.: Adolf Vischer-Sarasin. Ein Zeuge der Wahrheit, S. 163.
[149] Dora Rappard: Lichte Spuren, S. 180.

fordversammlung im Januar 1875 eine Reise durch Deutschland und die Schweiz antrat. Auch diese Zusammenkünfte wurden ganz nach Oxforder Muster unter reger Teilnahme der Bevölkerung – jeden Abend sollen drei- bis fünftausend Menschen den einzelnen Veranstaltungen beigewohnt haben – durchgeführt. Heiligung und Hingabe waren die maßgebenden Themen. Die Einladenden hatten für diese Woche ein dreifaches Ziel formuliert:

> 1) Fundament unserer Betrachtungen soll der unter uns unbestrittene Glaube an den Christus nach der Schrift sein […] 2) Unfruchtbare religiöse Controverse ist ausgeschlossen […] 3) Unsere Absicht ist, uns mit unsern Brüdern vom HErrn zu heiligen.[150]

Dass mit diesen Zusammenkünften Front gegen die immer stärker aufkommenden Reformer gemacht werden sollte, liegt auf der Hand. Die Verantwortlichen selber hatten in ihrer Einladung festgehalten:

> Der Hauptprüfstein aber ist und bleibt: 'Die Bibel'. Es ist in der gegenwärtigen Zeit ein Kampf entbrannt, unsere Gegner haben das Losungswort: *Keine Dogmen mehr!* Sie wollen durch Bildung, Humanität und durch eigene Tugenden ein menschenwürdiges Dasein stiften. Dieser Kampf kann nur auf ethischem, d.h. sittlich-reinem Gebiet ausgeglichen werden. Es muß und wird sich herausstellen, daß wir einen festen Boden unter unsern Füßen haben, und an einer lebendigen Quelle stehen, während bei unsern Gegnern Alles leer und hohl ist.[151]

In der Basler Bevölkerung erregte die Aufforderung zum öffentlichen Bekenntnis einer Umkehr im Glauben Anstoß und führte zu weiteren Polarisierungen innerhalb der Basler Kirche. Dabei verhärteten sich die Fronten zusehends. Die den gemäßigten Radikalen verpflichtete Zeitung *Basler Nachrichten* und der radikale *Volksfreund* erwähnten die Basler Allianzwoche mit keinem Wort. Nur die konservative *Allgemeine Schweizer Zeitung*[152] und der pietistisch-konservative *Christliche Volksbote*[153] machten davon Mitteilung. Diese Allianzwoche stieß in Kreisen der Basler Reformer auf Ablehnung und bestärkte sie darin, sich noch entschiedener als bisher für ihre eigenen Anliegen einzusetzen. Es ist kein Zufall, dass im gleichen Jahr die Kirchensynode nach langen Auseinandersetzungen die Freigabe der Liturgie und damit die Verlesung des Bekenntnisses im Gottesdienst für fakultativ erklärte. Auch Friedrich Nietzsche hat sich an dieser Allianzwoche gerieben, schrieb er doch seiner Schwester Elisabeth am 19. April 1875 aus Basel nach Naumburg:

---

[150] Brosamen aus den Allianz-Versammlungen in Basel vom 4. bis 11. April 1875, S. 5.
[151] Ebd., S.66f.
[152] Allgemeine Schweizer Zeitung, Ausgaben vom 3. (Nr. 78) und 10. (Nr. 85) April 1875.
[153] Christlicher Volksbote aus Basel, Nr. 15 vom 14. April 1875, S. 113–118.

Da fällt mir ein ora et labora, hast Du schon gehört, dass die Baseler Frommen neulich unter Anführung einiger amerikanischer Schwindler eine ganze Woche gebetet
und nicht gearbeitet haben – und Lieder gesungen, englische, wahre Schweine- und
Matrosentanzsaal-Liederchen, von Morgens um 7 bis Abends ½10; nun ist in Folge
dessen hier der Teufel los, die Pfarrer predigen gegen den Schwindel. Mir ist die Baseler Gesellschaft widerlicher geworden, seitdem sie diese Gassenhauer-Christlichkeit
vertragen hat. Ich mache gar keine Besuche mehr.[154]

Das Schwärmerische und öffentliche Zur-Schau-Stellen intimer Erfahrungen ekelte ihn geradezu an. Doch weist seine Mitteilung auch
unmissverständlich auf die Tatsache hin, dass man sich in den Gesell-
schaftskreisen, in denen sich Nietzsche oft und gerne aufhielt, durchaus auch über die Themen Kirche und Glaube unterhielt und sich
Nietzsche so ein deutliches Bild darüber machen konnte, welche Glaubensüberzeugungen von seinen Freunden und Gesprächspartnern geteilt wurden.

Vornehmlich im Bildungsbereich wollten die bibelgläubigen Basler
Kreise dem unaufhaltsamen Vormarsch der reformerischen Kräfte in
Kirche und Gesellschaft entgegentreten und gründeten eine Evangelische Predigerschule, ein typisches Kind aus der Zeit des sogenannten
Richtungsstreits innerhalb der protestantischen Kirchen der Schweiz
und im Speziellen der Stadt Basel. Ziel dieser 1876 ins Leben gerufenen
und bis 1915 bestehenden Schule war eine bibelgemäße Ausbildung von
Predigern. Damit sollte dem neuen Theologie- und Kirchenverständnis,
im Besonderen der Frage nach der Anwendbarkeit der neuen historisch-
kritischen wissenschaftlichen Methode, die sich auch in der Theologie
durchzusetzen begann, entschieden entgegengetreten werden. Als Ausbildungsstätte nahm die Predigerschule eine Zwischenstellung ein zwischen den Universitäten und den Institutionen der Reichgotteswerke,
indem sie gegenüber den theologischen Fakultäten das Gewicht mehr
auf die praktische Ausbildung, gegenüber den Missionsschulen ihre
Ausbildung auf annähernd akademisches Niveau anhob. Zwar wusste
sich diese Schule mit den Universitäten im Anspruch auf Wissenschaftlichkeit verbunden – auf eine gute Kenntnis der alten Sprachen Latein
und Griechisch legte man großen Wert – machte aber Front gegen jeg-
liche Form von liberaler Theologie. Nachdem die Stadt Basel als Sitz
der Schule bestimmt worden war, sagten sogleich konservative Basler
aus dem großbürgerlichen Milieu – zu nennen sind hier Karl Sarasin und
der Basler Kaufmann Theodor Sarasin-Bischoff, der Redaktor des
Christlichen Volksboten – dieser Bildungsinstitution ihre volle Unter-

---

[154] KGB II/5, S. 43f.

stützung in persönlicher und finanzieller Hinsicht zu und garantierten
damit zunächst deren Existenz. Doch das Rad der Zeit vermochte weder dieser erweckliche Aufbruch noch das Engagement des «Frommen
Basel» im Bildungsbereich zurückzudrehen.

Adolf Vischer beteiligte sich auch an weiteren Allianztreffen, die
in Basel abgehalten wurden, aktiv. So an vorderster Front als Präsident der Basler Sektion, an der im Jahr 1879 in der ersten Septemberwoche stattfindenden siebten Hauptversammlung der Evangelischen
Allianz, ein Anlass, der auch dieses Mal Tausende Zuhörer anzu-
locken und zu begeistern vermochte. In seiner Eröffnungsrede rief
Vischer den Anwesenden zu,

> [Sc. dass] wir einen neuen, bekehrten Menschen verlangen müssen, [...] [sc. auch
> wenn wir deswegen] noch mehr, weit mehr Kampf und Feindschaft zu erwarten [sc.
> hätten]. Werden wir dennoch feststehen, dennoch Zeugnis ablegen, nicht nur hier
> und heute, nein überall [...] Und wenn sich jenem Widerstand beigesellt das Gefühl
> eigener Schwäche und Schuld, eigenen Bedürfnisses nach täglicher Vergebung und
> Erbarmung vor dem Thron der Gnade, wäre es nicht verzeihlich oder doch begreif-
> lich, wenn der Eifer ermüdet, die Stimme schwach, die Hände lass würden? Die Al-
> lianz will ja nicht nur ein einmaliges, ein verhallendes Zeugniss, sondern es soll dau-
> ern, Früchte bringen, den Liebesworten sollen Liebes*thaten* folgen.[155]

Diese Worte wie auch spätere Äußerungen zeigen klar, wie weit sich
Vischer inzwischen innerlich von seiner ursprünglich nüchterneren
landeskirchlichen Verankerung entfernt hatte. Noch einen Schritt weiter vor wagte er sich anlässlich einer sechs Wochen dauernden Evangelisation in Basel während der Monate Oktober und November 1882,
die wiederum Tausende zu fesseln vermochte – eine erstaunliche Zahl
angesichts von Basels damaliger Bevölkerung von etwa 65'000 Ein-
wohnern. Als einer der Hauptverantwortlichen förderte Vischer diese
Veranstaltung nach Kräften. Rappard berichtete, dass sich die Verantwortlichen, darunter namentlich auch Adolf Vischer, nicht damit
begnügt hätten,

> die große Menge Volkes anzupredigen und dann wieder gehen zu lassen, ohne eine
> Wirkung zu sehen, sondern sie forderten diejenigen auf, die Vergebung der Sünden
> im Blute Jesu annehmen und ihre Sündenwege verlassen wollten, hervorzutreten,
> um ihren Bruch mit der Welt und ihren Glauben an Jesum vor der ganzen Versamm-
> lung zu bekennen. Es war beugend und erhebend, wenn jeden Abend eine ganze
> Anzahl Männer und Jünglinge hervortraten.[156]

---

[155] Christoph J. Riggenbach: Siebente Hauptversammlung der Evangelischen Allianz ge-
      halten in Basel, Berichte und Reden, 1. Bd., S. 20f.
[156] Carl Heinrich Rappard: Ein Lebensbild von seiner Gattin, S. 188f.

Damit war man der Art von Massenveranstaltungen, wie sie für einen
fundamentalistischen angloamerikanischen Evangelikalismus charakteristisch sind, sehr nahe gekommen. Diese über Wochen dauernden
Versammlungen beunruhigten einen Teil der Basler Bevölkerung und
hatten im Großen Rat eine Interpellation zur Folge. Sogar die Regierung sah sich zum Einschreiten genötigt. Der Basler Kirche drohte ein
Schisma, das nur mühsam verhindert werden konnte. Während die theologischen Auseinandersetzungen innerhalb der Basler Kirche noch über
Jahre andauerten, ging die Verbindung der Kirchenverantwortlichen
mit den gebildeten Laien zunehmend verloren, ebenso der Kontakt mit
der zahlenmäßig stark angewachsenen Arbeiterschaft, eine für die Kirche insgesamt verhängnisvolle Entwicklung. Obwohl Vischer kein zur
Sekte geneigter Separatist war, ging er geradlinig seinen eigenen Weg
weiter. Lebhaftes Interesse bekundete er für die Pilgermissionsanstalt
auf St. Chrischona, die von seinem Freund Rappard geleitet wurde, und
hat in späteren Jahren das Präsidium des Patronatskomitees übernommen. 1897 folgte Vischer einem Ruf des befreundeten Ehepaares Dänd-
liker aus Bern und übernahm zusammen mit seiner Frau die Leitung
des Berner Diakonissenhauses. Nur wenige Jahre später, im Jahr 1902,
starb er nach einer fünf Monate dauernden Krankheit und wurde in
Bern bestattet.

Nietzsche pflegte mit der Familie Vischer-Sarasin persönlichen Kontakt, wenn er mit ihnen auch keineswegs so befreundet war wie mit
Adolfs älterem Bruder Wilhelm und dessen Familie. Auch sah er über
Vischers etwas aufdringliche Art von Frömmigkeit zunächst hinweg, solange er nicht selber Opfer ihres Eifers wurde. Als Illustration dafür
mag die folgende Begebenheit dienen: Am 5. März 1875 war Nietzsche,
wie er seiner Schwester Elisabeth mitteilte, eingeladen «bei Adolf
Vischers, ganz allein.» Während dieses Besuches hat Adolf Vischer seinem Gast eine Reproduktion des Dürerbildes «Ritter, Tod und Teufel»
gezeigt, woran Nietzsche seine helle Freude hatte. Einen Tag später
schickte ihm Vischer einen Abzug dieses Stiches und notierte dazu:

> Mitfolgend erhalten Sie das Bild, an dem Sie gestern so große Freude hatten. Auf der
> Rückseite habe ich den 23 [sic!] Psalm aufgeschrieben. Darin ist *Das* genannt, was
> Einzig und Allein dem Menschen im Thal der Todesschatten Muth und Freudigkeit
> bewahren kann. 'Der Glaube an Gott, als unseren Hirten, Der ja sich jedes Einzelnen
> annimmt und selbst das irrende Schaf aufsucht'. In Freundschaft Ihr A. Vischer.

In einem Brief, den er drei Wochen später seiner Schwester in Cains-
dorf zukommen ließ, nahm Nietzsche auf diese Begegnung mit Vischer
Bezug und schrieb ihr:

Dürers 'Ritter Tod und Teufel' ist, als Geschenk von Adolf Vischer bei mir einge-
kehrt. Ich war vor diesem Geschenk einmal da zu Mittag, ganz allein, es war sehr
artig, selbst Thee wurde mir nach Tisch gekocht. Es sind gute, aber fanatisch fromme
Leutchens, Adolf hält jetzt öffentlich im Vereinshaus Gebete. Wenn sie nur nicht
eines Tages vor Gottseligkeit platzen![157]

Nach seinem Abschied aus Basel hat Nietzsche diesen Stich bei seinem
Basler Freund Franz Overbeck zurückgelassen. Als sich seine Schwester am 22. Mai 1885 mit Bernhard Förster vermählte und sich die Neu-
vermählten aufmachten, nach Paraguay überzusiedeln, bat er seinen
Freund, diesen Stich den beiden Frischvermählten als sein, Nietzsches
Hochzeitsgeschenk, zukommen zu lassen, damit «jenes Dürer'sche Blatt
'Ritter Tod und Teufel', welches in Deinen Händen ist, mit diesen beiden Auswanderern als ein werthvolles und tapferes Wahrzeichen in ihre
neue ferne Heimat wandern solle.»[158]

Nietzsches Schwester Elisabeth hatte sich während ihrer zahlreichen
Basler Aufenthalte eng und vorzugsweise mit Frau Rosalie Vischer angefreundet. Im August 1874 wohnte sie überdies für eine gute Woche
im Haus der Familie und betreute immer wieder Vischers Kinder. Mit
Adolf und Rosalie Vischer hielt sie engen Kontakt und vertraute Adolf
Vischer gar private Geldgeschäfte zur Erledigung an. Zudem schätzte
sie Vischers großes soziales Engagement und hegte auch für Vischers
Glaubensüberzeugung Sympathien. Ihr Bruder Friedrich hingegen hatte
sich, je penetranter – für sein Verständnis – Vischers Glaubensüberzeugung wurde und wirkte, von dieser Familie immer mehr distanziert,
hatte doch Vischers Frömmigkeit inzwischen die Grenzen der Norma-
lität, wie er meinte, überschritten. So berichtete Overbeck in einem
Brief an den Komponisten Peter Gast alias Heinrich Köselitz, einen
Freund Nietzsches, nachdem er Anfang Januar 1889 den geisteserkrank-
ten Freund in Turin abgeholt und nach Basel und da in die Irrenanstalt
Friedmatt begleitet hatte, von der Begegnung Nietzsches mit dem
Klinikchef Wille. Ludwig Wille war seit 1875 Professor für Psychiatrie
und leitete die Basler Irrenanstalt von 1886 bis 1904. Dabei hatte Nietzsche Wille, seinen ehemaligen Kollegen an der Basler Universität, wie-
dererkannt. Overbeck erzählt:

Nietzsche (in der verbindlichen Manier seiner besten Tage und würdiger Haltung):
«Ich glaube, dass ich Sie früher schon gesehen habe, und bedaure sehr, dass mir
nur Ihr Name nicht gegenwärtig ist. Wollen Sie – » *Wille:* «Wille, ich bin Wille!»
Nietzsche (ohne eine Miene zu verziehen in jener Manier und im ruhigsten Tone,

---

[157] KGB II/5, S. 29; II 6/1, S. 65; II/5, S. 38.
[158] KGB III/3, S. 46.

ohne jede Besinnung, fortfahrend): «Wille? *Sie sind Irrenarzt*. Ich habe vor einigen Jahren ein Gespräch mit Ihnen über religiösen Wahnsinn gehabt. Der Anlass war ein verrückter Mensch Adolf Vischer, der damals hier (oder in Basel) lebte.» *Wille* hat schweigend zugehört und nickt beifällig. – Denken Sie sich mit welchem starrem Erstaunen *ich* – der ich die *buchstäbliche* Genauigkeit dieser 7 Jahre zurückliegenden Erinnerung zu erkennen in der Lage war – zuhörte.[159]

Nach seinem Wegzug aus Basel suchte Nietzsche die Rheinstadt nur noch für drei kurze Besuche auf: so war er im Oktober 1880 für zwei Tage als Gast bei den Overbecks, daselbst als Gast auch 1882 vom 8. bis 13. Mai und vom 13. Juni bis 2. Juli 1884, dannzumal einquartiert im Hotel Weisses Kreuz, dem letzten Besuch vor seiner geistigen Umnachtung in dieser Stadt. Nach Overbecks Erinnerung muss Nietzsche demnach während seines fünftägigen Aufenthaltes im Mai 1882 in Basel vermutlich in Begleitung Overbecks mit Wille zusammengetroffen sein und sich mit diesem über Adolf Vischer unterhalten haben. Waren es möglicherweise die sechs bevorstehenden Evangelisationswochen, die Vischer damals vorbereitete und über die er möglicherweise Overbeck, mit dem er immer wieder im Briefwechsel stand, informiert hatte, die Nietzsche dazu veranlassten, sich mit Wille über Vischer zu unterhalten? Oder gar eine zufällige Begegnung mit dem Genannten selbst? Die Sache ist nicht zu entscheiden. In jedem Fall war die Bekanntschaft Nietzsches mit Adolf Vischer in keiner Weise so unbelastet wie die mit dessen älterem Bruder Wilhelm.

---

[159] Franz Overbeck: Werke und Nachlaß, Band 8, S. 259f.

3.2 Nietzsches Kollegen
am Pädagogium und an der Universität

Das Pädagogium. Nietzsche als Lehrer an Pädagogium und Universität. Jacob Burck-
hardt sieht in Nietzsche ein «religiöses Phänomen». Burckhardt's religiöse Sozialisation,
seine konservative politische und christliche Überzeugung. Franz D. Gerlach. Jakob A.
Mähly. Theophil Burckhardt-Biedermann. Ludwig Sieber. Charles F. Girard. Oscar
Vallette. Felix Bertholet-Wagner. Die französische Kirche Basel. Jean H. Grandpierre.
Hermann Schultz. Emil Kautzsch. Julius Kaftan. Conrad von Orelli. Hermann von der
Goltz. Nathanael Plüss. Moritz Heyne. Max Heinze. Andreas Heusler-Sarasin. Jules
Piccard. August von Miaskowski. Carl Liebermeister. Hermann Immermann. Rudolf
Massini. Heinrich Schiess.

Mit seiner Berufung nach Basel auf den Lehrstuhl für klassische Philologie war für Nietzsche der Lehrauftrag verbunden, in der obersten
Klasse des Pädagogiums das Fach Griechisch zu unterrichten, sechs
Lektionen die Woche. Wer sich in Basel zu jener Zeit als Jüngling nach
einem dreijährigen Elementarschulunterricht zu einer «höhern wissenschaftlichen Bildung stufenweise vorbereiten»[160] wollte, besuchte
das Gymnasium. Das Basler Gymnasium stand damals noch immer
auf den Fundamenten, die das 16. Jahrhundert gelegt hatte und war
entsprechend geprägt von humanistischem und reformatorischem Gedankengut. Zu Beginn des 18. Jahrhunderts kam der pietistische Geist
eines August Hermann Franckes auch in Basels Bildungsbestrebungen zum Tragen: zur Absicht, den Schulunterricht zu vereinfachen und
verständlicher zu gestalten, war die «Erziehung zur Gottesfurcht» hin-
zugekommen. Dennoch verblieben die «alten heidnischen Schriftsteller» im Lehrplan. Hatte noch die Aufklärung in Basel eine christliche
und humanistische Note beibehalten und die christlichen Grundlagen
der Erziehung nicht in Frage gestellt, so forderte das Bürgertum des
19. Jahrhunderts nun vermehrt eine stärkere Gewichtung der natur-
wissenschaftlichen, technischen und neusprachlichen Fächer. Zudem
sollte die Ausbildung den praktischen Bedürfnissen des modernen Ge-
schäftslebens Rechnung tragen. Um indessen die bewährte humanis-

---

[160] Ich folge hier und im Folgenden Theophil Burckhardt-Biedermann: Geschichte des
Gymnasiums zu Basel 1589–1889, S. 108–111; 209–222; Zitat S. 214.

tische Bildung nicht aufgeben, sich aber den Bedürfnissen einer neuen Zeit auch nicht verschließen zu müssen, entschloss man sich, die gymnasiale Abteilung in zwei Bereiche aufzuteilen, einen humanistischen und einen realistischen. Dies legte die 1817 in Kraft gesetzte Schulordnung fest. Die bedeutendste Änderung der schulischen Reorganisation von 1817 war die Schaffung des Pädagogiums, einer Vorbereitungsschule für die Universität. Damit war schließlich eine Dreiheit an Schulen entstanden: das Gymnasium, die Realschule und das Pädagogium. Während die beiden ersten bis 1852 miteinander nah verbunden blieben, schloss sich das Pädagogium enger an die Universität an. Sechs Jahre dauerte die Gymnasialzeit. Dann folgte das Pädagogium, und hatte

> den Zweck, solche Jünglinge, welche ihren Gymnasialcursus vollendet [...] nach vorgenommener Prüfung zur weiteren wissenschaftlichen Ausbildung aufzunehmen und in einem 3 jährigen Cursus so weit zu führen, dass sie fähig sind, den an der Universität zu gebenden höhern Unterricht zu fassen und zu benutzen.[161]

Mit der neuen Schulordnung einher ging eine Revision der philosophischen Fakultät. Seit dem Mittelalter war diese Fakultät selbst eine Vorbereitungsschule für das Studium der Theologie, der Jurisprudenz und der Medizin gewesen. Jetzt stellte man diese Fakultät ihren drei Schwestern gleich. Denn die Vorbereitung auf das universitäre Studium war einer anderen Anstalt zugewiesen worden, dem Pädagogium. Dieses hatte bis 1880 Bestand und wurde dann mit dem Gymnasium zusammengelegt. Natürlich blieb es die Aufgabe vornehmlich der Professoren der philosophischen Fakultät, da das Pädagogium an die Stelle ihrer Fakultät getreten war, dort zu unterrichten. Das Universitätsgesetz von 1818 verpflichtete sie, zwei Drittel ihrer 12–14 Wochenstunden am Pädagogium und einen Drittel an der Universität zu erteilen. Es war dann ohne Zweifel ihr Verdienst, das Pädagogium auf das von vielen bewunderte Bildungsniveau gehoben zu haben. Im Übrigen vermochten diese 'Professoren-Lehrer' durch ihre Schultätigkeit auf einen viel weiteren Kreis einzuwirken, als wenn sie ausschließlich an der philosophischen Fakultät doziert hätten. Ein weiterer Vorzug dieser Bildungsanstalt war ihr kleiner, überschaubarer Charakter, zählte sie doch nur drei Klassen mit durchschnittlich je 20 Schülern. Die von Nietzsche unterrichteten Klassen wurden von 11 bis 23 Schülern besucht.

---

[161] Ebd., S. 325.

Im siebten Jahrzehnt des 19. Jahrhunderts unterrichteten am Pädagogium auf der obersten Schulstufe neben Friedrich Nietzsche Männer wie der Kunsthistoriker Jacob Burckhardt, der Altphilologe Franz
Dorotheus Gerlach, der Germanist und Mitarbeiter am *Grimmschen
Wörterbuch* Moritz Heyne, als Romanist Charles-François Girard und
ab 1875 dessen Nachfolger Oscar Vallette, Pfarrer an der Eglise française in Basel. Als Mathematiklehrer und Sekretär dieser Schulabteilung Nathanael Plüss, als Religionslehrer Hermann Schultz bis 1872
und als sein Nachfolger Emil Kautzsch, und als Hebräischlehrer Albert
Socin. Mit Ausnahme von Plüss und Vallette waren alle andern auch
als Dozenten an der hiesigen Universität tätig. Mit ihnen allen pflegte
Nietzsche mehr oder weniger engen Kontakt, unterrichtete er doch
von Dienstag bis Freitag jeweils am Pädagogium und traf dort täglich
auf seine Kollegen. Weitere gute Bekannte Nietzsches, die in den beiden unteren Pädagogiumsklassen lehrten, waren Ludwig Sieber, Lehrer für Deutsch und Griechisch und nachmaliger Oberbibliothekar der
Universitätsbibliothek; Jacob Mähly, Latein- und Griechischlehrer der
zweiten Klasse; Theophil Burckhardt-Biedermann, seit 1871/72 Lehrer für die alten Sprachen, und der Romanist Felix Bertholet. Dieser
bestqualifizierte Lehrkörper sorgte ganz selbstverständlich für eine
enge Anbindung an die Universität. Das Pädagogium unterstand der
Kuratel (der Aufsichtsbehörde der Universität) und war in einem Uni-
versitätsgebäude untergebracht. Eine freie, der universitären Ausbildung angepasste Unterrichtsweise prägte den Schulalltag. Man wahrte
bewusst die freie akademische Form, und die Schüler wussten sich in
manchem den Studenten gleichgestellt. Erst 1866 gab es eine räumli-
che Trennung zwischen den Studenten und den Pädagogianern, als
nämlich das Pädagogium im Mentelinhof auf dem Münsterplatz, der
einst zu den Domherrenhäusern gehört und später Bürgermeistern
und Ratsherren als Wohnstätte gedient hatte, untergebracht und mit
dem dort ansässigen Gymnasium vereinigt wurde. 1875 wurde das
Pädagogium auch organisatorisch reformiert und dem damaligen Rektor des Gymnasiums, Fritz Burckhardt-Brenner, unterstellt. Damit erhoffte man sich mehr Ordnung und Disziplin in dieser Schulabteilung,
was dann «auf nachdrückliche Weise» auch gelang.

*

Gegenüber Ritschl hatte der von der an ihn ergangenen Berufung über-
raschte Student Nietzsche sich dahingehend geäußert, wie Ritschl
Vischer-Bilfinger brieflich mitteilte, dass er «mit voller Hingebung bereit [sc. sei], die 6 Stunden an Ihrem Pädagogium zu geben», wie es für

Dozenten der philosophischen Fakultät Pflicht war. Zudem war Ritschl davon überzeugt, dass Nietzsche «auch ein vortrefflicher Gymnasiallehrer» sein werde.[162] Allerdings war das Pädagogium zur Zeit, als Nietzsche in Basel weilte, keine rein humanistische Vorbereitungsschule mehr, wenn auch das Schwergewicht des Unterrichts auf den alten Sprachen lag, die mit 14 Wochenlektionen etwa die Hälfte des gesamten Pensums ausmachten. Denn nur das Erlernen des Lateinischen war auf allen Schulstufen für alle Schüler obligatorisch, das Griechische hingegen fakultativ und nur von denjenigen obligatorisch zu besuchen, die sich nach ihrer Gymnasialzeit dem Studium der Theologie oder philosophisch-historischen Fächern zuwenden wollten. Trotzdem wurde es von den allermeisten Pädagogianern besucht. Auf der obersten Schulstufe erhielten im Weiteren das Fach Geschichte wöchentlich vier Lektionen zugeteilt, Deutsch und Hebräisch – letzteres ein fakultatives Fach, aber seit 1871 obligatorisch für künftige Theologen, eingeführt als Konzession Basels anlässlich seines Beitritts zum Konkordat der reformierten Kantone – je drei Lektionen; Französisch, Mathematik, Physik je zwei Lektionen und Turnen eine Lektion. In der obersten Klasse kamen noch zwei fakultative Religionsstunden hinzu. Erst das neue Schulgesetz von 1880, das das Pädagogium aufhob und seine Klassen der oberen Abteilung des Gymnasiums zuteilte, erklärte das Erlernen der griechischen Sprache wieder für alle Schüler als obligatorisch. Schon Nietzsche war in der Lehrerkonferenz vom 24. Juni 1875 für eine Erhöhung der Griechischlektionen eingetreten, mit der Begründung, dass die gegenwärtig erteilten sechs Wochenlektionen dafür nicht ausreichten, «den Schülern eine tiefere Neigung für das hellenische Leben einzuflössen».[163] Er sah damals den Sinn einer humanistischen Bildung ausschließlich in der das ganze Leben durchdringenden und formenden Wirkung des als Vorbild, Muster und Norm aufgefassten griechischen Menschen und seiner Kultur. In der gleichen Konferenz plädierte er zudem für eine Verlängerung des Pädagogiumunterrichts um ein Schuljahr – vergeblich, wie wir heute wissen.[164]

Als Lehrer am Pädagogium und auch als Dozent an der Universität war Nietzsche bei Schülern und Kollegen außerordentlich beliebt. Seine zum Teil ungewohnte Art zu unterrichten, die Wertschätzung, die er jedem einzelnen Schüler entgegenbrachte und seine Einladung an sie, ihn in seiner Wohnung zu besuchen – wo fachliche und persön-

---

[162] Zitiert nach Johannes Stroux: Nietzsches Professur in Basel, S. 35, 37.
[163] StABS Protokolle Lehrerkonferenz Pädagogium T 3,2.
[164] Ebd.

liche Anliegen zur Sprache kamen –, die Behutsamkeit, mit der er die
ihm Anvertrauten in das Denken, Leben und Schriftgut der alten Griechen einführte, seine neuartige Sicht, Darstellung und Behandlung von
philologischen Fachfragen, philosophischen Fragestellungen und Persönlichkeiten in der Schulstube, auf dem Katheder, in öffentlichen Vorträgen und Publikationen, nicht zuletzt aber auch sein gepflegtes Auftreten und seine vornehme Zurückhaltung im Umgang mit anderen
Menschen, machten ihn zu einem allseits geschätzten und geachteten
Lehrer, Kollegen und Freund. Auch er selber schätzte seine Aufgabe
an Pädagogium und Universität und opferte ihr einen großen Teil der
ihm zur Verfügung stehenden Zeit. Erst während der zweiten Hälfte
seiner Basler Dekade, als seine gesundheitlichen Krisen immer mehr
überhandnahmen, wurde ihm sein übergroßes Arbeitspensum zur
Bürde, insbesondere seine Aufgabe als Universitätsdozent – was nicht
zuletzt damit zu tun hatte, dass er sich der Philologie, zu deren Vertretung er nach Basel berufen worden war, immer mehr entfremdete.

Schon nach kurzer Zeit, nachdem er an der Basler Universität seine
Arbeit aufgenommen hatte, war Nietzsche klar geworden, dass seine
«eigentliche Aufgabe» die «philosophische» sei und er sich wegen dieser «Prävalenz der philosophischen Neigungen» nach Gustav Teichmüllers Wegzug aus Basel im Frühjahr 1871 um den frei gewordenen
Lehrstuhl der Philosophie bemühte. In seinem Bewerbungsschreiben
an seinen Mentor und damaligen Präsidenten der Universitätskuratel
Wilhelm Vischer-Bilfinger wies er eloquent darauf hin, dass seit seiner Studienzeit seine «Hauptthheilnahme immer auf Seiten der philosophischen Fragen» gestanden habe und dass «es eigentlich nur dem
Zufall zuzuschreiben» sei, dass er sich «nicht von vornherein für Philosophie seine Universitätspläne gemacht habe» und dass deswegen
eine allfällige Berufung auf den vakanten Lehrstuhl einen seiner
«wärmsten Wünsche erfüllen» würde, wenn er «auch hier der Stimme
[…] [sc. seiner] Natur folgen dürfte».[165] Doch die Kuratel gab Rudolf
Eucken den Vorzug, wohl weil Nietzsches Qualifikationen für dieses
Amt als ungenügend erschienen und der Basler Philosoph Karl Steffensen sich gegen Nietzsches Bewerbung gewendet hatte. So harrte
Nietzsche, wenn er sich nun auch vermehrt der griechischen Philosophie zuwandte, weiter auf dem philologischen Lehrstuhl aus. Doch
zermürbten ihn Aufgabe und Amt zusehends. «Mir graut vor der ver-
dammten Philologie […] Höchst widerlich!»,[166] gestand er nach sieben

---

[165] KGB II/1, S. 174–176.
[166] KGB II/5, S. 279.

Basler Jahren seiner Schwester. Der Widerwille gegen seinen Brotberuf steigerte sich im Lauf der Zeit so sehr, dass er gar das Ende seiner akademischen Karriere in Erwägung zog: «Ich weiss es, fühle es, dass es eine höhere Bestimmung für mich giebt als sie sich in meiner Baseler so achtbaren Stellung ausspricht; auch bin ich mehr als ein Philologe»,[167] wie er nur wenig später notierte. Sein Lehramt am Pädagogium hingegen gab er nur sehr ungern auf. Als er im Herbst 1877 die vorgesetzte Behörde seiner zerrütteten Gesundheit wegen um die Entbindung von seiner Arbeit am Pädagogium bat, vergaß er nicht zu betonen, «dass er mit Bedauern von einer Anstalt scheiden werde, an deren Gedeihen [...] [sc. er] mit wirklicher Theilnahme fast neun Jahre gehangen habe».[168] Die Aufgabe an dieser Schule hatte ihm viel Freude gemacht, dies auch aufgrund der Tatsache, dass er, und davon war er gewiss zu Recht selber überzeugt gewesen, ein «leidlicher Schulmeister» gewesen war. Zudem schätzte er den «collegialen und wohlwollenden Geist», den man ihm an dieser Anstalt entgegengebracht hatte. Und einer dieser Kollegen, mit dem er schon in Basel und später auch über seine Basler Zeit hinaus freundschaftlich verbunden blieb und dessen hoher Wertschätzung er sich über alle Jahre sicher sein konnte, war der Kulturhistoriker Jacob Burckhardt.

Jacob Burckhardt

Nur wenige Wochen nach seinem Eintreffen in Basel teilte der junge Dozent seiner Schwester mit: «Mein näherer Umgang ist Jakob Burkhardt, bekannter Aesthetiker und Kunsthistoriker und geistvoller Mensch.»[169] Und am gleichen Tag ging eine Depesche an Freund Erwin Rohde mit der Mitteilung: «Nähere Beziehungen habe ich von vorn herein zu dem geistvollen Sonderling Jakob Burkhardt bekommen; worüber ich mich aufrichtig freue, da wir eine wunderbare Congruenz unsrer aesthetischen Paradoxien entdecken.»[170] Zwischen Nietzsche und Burckhardt sind noch weitere Kongruenzen zu nennen, ohne dass dabei das Trennende, «die Ausbuchtungen nach oben und nach unten» geleugnet werden sollen. Einmal sind beide in einem Pfarrhaus aufgewachsen, was für sie in mancher Hinsicht prägend war. Dann haben beide nach ihrer Schulzeit das Studium der Theologie aufgenommen,

---

167 KGB II/5, S. 282.
168 KGB II/5, S. 290.
169 KGB II/1, S. 11.
170 KGB II/1, S. 13.

ohne es zu beenden. Im Weiteren sind Burckhardt und Nietzsche schon in jungen Jahren, in der Mitte ihres dritten Lebensdezenniums, zu Universitätsdozenten berufen worden und gleichzeitig hielten sie, Nietzsche als Philologe und Burckhardt als Historiker, an der Universität Basel Vorlesungen über die alten Griechen und gaben so ihrem beidseitigen Anliegen Ausdruck, gegen den herrschenden Zeitgeschmack die Werte der Antike hochzuhalten, so wie sie wesentlich von der griechischen Tragikern dargestellt worden sind. Auch besuchten sie, wenn immer möglich, gegenseitig ihre öffentlichen Vorträge und sparten Dritten gegenüber nicht mit Lob über das Gehörte. Nachdem Nietzsche fünf öffentliche Vorträge «Über die Zukunft unserer Bildungsanstalten» von Januar bis März 1872 gehalten hatte – wie keine andere Schrift Nietzsches hatten diese fünf Vorträge Burckhardt tief beeindruckt – schrieb dieser einem Freund: «Sie hätten die Sachen hören sollen! es war stellenweise ganz entzückend [...] Eins hatte man sicher: den Menschen von hoher Anlage, der Alles aus erster Hand hat und weitergibt.»[171] Nietzsche seinerseits teilt seinem Freund Carl von Gersdorff Anfang November 1870 mit:

> Gestern Abend hatte ich einen Genuß, den ich Dir vor allem gegönnt hätte. Jacob Burckhardt hielt eine freie Rede über 'historische Größe', und zwar völlig aus unserm Denk- und Gefühlskreis heraus. Dieser ältere, höchst eigenartige Mann ist zwar nicht zu Verfälschungen, aber wohl zu Verschweigungen der Wahrheit geneigt, aber in vertrauten Spaziergängen nennt er Schopenhauer «unseren Philosophen». Ich höre bei ihm ein wöchentlich einstündiges Colleg über das Studium der Geschichte und glaube der Einzige seiner 60 Zuhörer zu sein, der die tiefen Gedankengänge [...] begreift.[172]

Gemeinsam war beiden Denkern auch eine ausgesprochene Liebe zur Musik, beide komponierten und spielten gut und gern Klavier, wenn auch Burckhardt Wagner, dem Nietzsche während seiner ersten Basler Jahren begeistert anhing, für einen Scharlatan hielt und ihn ablehnte. Schließlich hingen beide einem pessimistischen Weltbild an, waren, schon von ihrer Herkunft her, konservativ geprägt, und die Überzeugung, dass die Gegenwart und mehr noch die Zukunft von einer kulturellen Krise beherrscht werde, ließ beide nie los. Auch waren sie sich, wenigstens während ihrer gemeinsamen Zeit in Basel, in der Verehrung des Philosophen Schopenhauer einig. So erstaunt es wenig, dass Burckhardt und Nietzsche, nachdem sie sich wohl im Dozentenzimmer der Universität und am Pädagogium kennengelernt hatten, geradezu aufeinander fallen mussten, um alsdann über viele Jahre miteinander freund-

---

171 Jacob Burckhardt: Briefe Bd. V, S. 158.
172 KGB II/1, S. 155.

schaftlich verbunden zu bleiben – wenn auch Burckhardt, seiner Natur gemäß, der Zurückhaltendere war und im Verlauf der Jahre zu Nietzsche und dessen Schriften zunehmend auf Distanz ging.

Schon kurze Zeit nach seiner Ankunft in Basel besiegelte Nietzsche mit seinem um eine Generation älteren Kollegen die gegenseitige Freundschaft mit einem Dankopfer an die Dämonen. Nietzsche berichtete darüber seinem Freund Carl von Gersdorff: «Die Dämonenweihe habe ich bei Jacob Burkhardt, in seiner Stube gefeiert: er hat sich meinem Weiheakte angeschlossen und wir haben reichlich zwei Biergläser guten Rhôneweines auf die Straße geschüttet. In früheren Jahrhunderten wären wir der Zauberei verdächtig.»[173] Nietzsches große Wertschätzung gegenüber seinem älteren Freund findet ihren beredtsten Ausdruck darin, dass er immer wieder in Burckhardts Vorlesungen als Hörer präsent war oder, wenn ihn der ältere Kollege bat, auf eine Anwesenheit daselbst zu verzichten, am Ende der Vorlesung Burckhardts über Griechische Kulturgeschichte im Sommersemester 1872 den Kollegen jeweils am Ausgang erwartete, um sich von ihm auf dem Heimweg den Hauptinhalt der Vorlesung rekapitulieren zu lassen. Als besonderes Zeichen jener Freundschaft mag auch die Tatsache gelten, dass Burckhardt der Einzige war, an den Nietzsche, nach erfolgter geistiger Erkrankung, zwei Briefe geschrieben und mit seinem eigenen Namen unterzeichnet hat. Darin ehrte er seinen ehemaligen Basler Kollegen mit dem Geständnis: «Nun sind Sie – bist du – unser grosser grösster Lehrer».[174] War ihr Freundschaftsverhältnis auch ein ungleiches gewesen, immer war es von gegenseitiger Verehrung und Gemeinschaft geprägt. Dass bei so vielen Kongruenzen und freundschaftlicher Verbundenheit auch eine gegenseitige Beeinflussung stattgefunden und befruchtend gewirkt hat, liegt auf der Hand.

Frau Marie Baumgartner-Koechlin aus Lörrach hatte Jacob Burckhardt die von ihr ins Französische übersetzte vierte *Unzeitgemässe Betrachtung* Nietzsches, die im Sommer 1876 unter dem Titel *Richard Wagner in Bayreuth* auf Deutsch erschienen war, Anfang 1877 als Geschenk zugeschickt. In seinem Dankesschreiben an die Übersetzerin vom Februar 1877 notierte Burckhardt, nachdem er seiner Freude über die präzise und gehaltvolle Übersetzung Ausdruck gegeben hatte, die folgende Beobachtung: «Es ist allerdings wahr, daß der religiöse Accent des Apostels, welcher Nietzsche eigen ist, dem Leser wie dem Übersetzer auch über die schwierigsten Partien weiter hilft; eine bloß ästheti-

[173] KGB II/1, S. 244.
[174] KGB III/5, S. 574.

sche Abhandlung, ohne dieß eigenthümliche propagandistische Feuer,
wäre unübersetzbar geblieben.»[175] Scharfsichtig hatte Burckhardt erkannt, dass es sich bei seinem jüngeren Kollegen und Freund im Grunde
um ein religiöses Phänomen handelte, dass 'Religion' in Nietzsches Denken und Schreiben ein Phänomen von ursprünglicher Kraft war.

Solche Urteile fällte Burckhardt keineswegs zufällig und unbedacht.
Er war in einem Pfarrhaus aufgewachsen und hatte über vier Semester
Theologie studiert, war sich demnach der Bedeutung und Schwere des
Begriffs 'Religion' durchaus bewusst. Zudem hatte er sich öffentlich im-
mer wieder über das Phänomen Religion geäußert. So ausdrücklich in
Vorträgen und Vorlesungen aus den 1860er und 1870er Jahren, die nach
Burckhardts Tod sein Neffe, Jacob Oeri, zusammengefasst und 1905 un-
ter dem Titel *Weltgeschichtliche Betrachtungen* publiziert hat. Hier reihte
Burckhardt die Religion, neben dem Staat und der Kultur, unter die
drei wesentlichen Potenzen der Weltgeschichte ein, wobei er mit dem
Begriff 'Potenz' das im Auge hatte, was «im Wesen und Wollen des
Menschen selbst wurzelt»,[176] wovon sozusagen alles, was geschieht, ab-
hängt. Die Religion galt ihm als eine der Urmächte menschlichen Lebens, eine Urmacht von eigenem Wesen und mit eigener Geschichte.
Schon in seinem Frühwerk *Die Zeit Constantins des Grossen* von 1853
sprach er ausführlich von der Religion als dem positiven Gegenbegriff
zur «ausgearteten Kirche» und stellte Erstere als etwas Grundlegendes,
von umfassender und elementarer Bedeutung dar. Burckhardts gründ-
liche Beschäftigung mit der Herkunft und der Begriffsgeschichte des
religiösen Phänomens, aber auch seine zahlreichen und ausführlichen
Gespräche mit dem jüngeren Kollegen und Freund und nicht zuletzt
auch das aufmerksame Studium von Nietzsches Schriften, die Nietzsche
kurz nach ihrem Erscheinen jeweils als Freiexemplare seinem «verehrten Jacob Burckhardt» zukommen ließ, hatten Burckhardt zur Überzeugung kommen lassen, in Nietzsche lebe «der religiöse Accent des
Apostels».[177]

*

Jacob Burckhardts Vater, der denselben Namen trug wie sein berühmt
gewordener Sohn, auch er in einem Basler Pfarrhaus aufgewachsen,
hatte sich schon vor Aufnahme seines Theologiestudiums innerlich vom
herrnhutisch-pietistischen Geist seines Elternhauses gelöst. An der

---

[175] Jacob Burckhardt: Briefe, Bd. VI, S. 120.
[176] Werner Kaegi: Jacob Burckhardt, Bd. VI, S. 97.
[177] Jacob Burckhardt: Briefe, Bd. VI, S. 120.

theologischen Fakultät der Universität Heidelberg suchte sich der Sohn
des frommen Hauptpfarrers an der Basler Peterskirche, Johann Rudolf
Burckhardt, seinen eigenen Weg. Zunächst beschäftigte er sich mit Vorlesungen und Schriften des klassischen Philologen Friedrich Creuzer,
der mit seinem bekanntesten Buch *Symbolik und Mythologie der alten
Völker, besonders der Griechen* von 1812 nicht nur Hegel, Schelling und
den Basler Rechtshistoriker und Altertumsforscher Johann Jakob
Bachofen beeinflusste, sondern auch die wissenschaftliche Religions-
und Mythenvergleichung vorangebracht hatte. Nach zwei Semestern
wandte sich Burckhardt aber ganz der Theologie und da den Heidelber-
ger Theologen Karl Daub und Konrad Philipp Marheineke zu. Beide
gelten als typische Vertreter der spekulativen Theologie, wie sie sich zu
Beginn des 19. Jahrhunderts ausgebildet hatte, einer Richtung innerhalb der Theologie, die ihren Ursprung in der philosophischen Spekulation des Deutschen Idealismus hat. Die Vertreter dieser theologischen
Richtung wollten den Rationalismus und den Supranaturalismus überwinden, ohne aufs Neue der alten Orthodoxie oder dem Pietismus zu
verfallen. Solchen Gedankengängen blieb Burckhardt auch über sein
Studium hinaus verbunden.

In Heidelberg besuchte Burckhardt auch die Vorlesungen des Privatdozenten Wilhelm Martin Leberecht De Wette, der später in Basel
ein sehr einflussreicher theologischer Neuerer und zudem einer der
wichtigsten theologischen Lehrer seines Sohnes Jacob wurde. Nach sieben Jahren als Gemeindepfarrer in Lausen wurde Burckhardt 1816 als
Obersthelfer an die Basler Münstergemeinde berufen und im November 1838 zum Antistes gewählt. In diesem Amt hatte Burckhardt der
gesamten Geistlichkeit des Basler Staates vorzustehen sowie Kirchenrat und Kapitel zu präsidieren. Dabei lagen die kirchliche und allgemeine Bildung dem Antistes der Basler Kirche besonders am Herzen,
wobei für Burckhardt das Anliegen echter Bildung vor allem ein religiöses war. So brachte er selber im Jahre 1832 einen Katechismus heraus, ein *Lehrbuch des christlichen Religionsunterrichts für die Kirchen
des Kantons Basel*.[178] Der theologische Inhalt dieses Katechismus atmet
nach Kaegi die Luft der «aufgeklärten Orthodoxie», eine Richtung innerhalb der Theologie, die, wie später die spekulative Theologie, den
Ton von der Dogmatik auf die Geschichte verschob. In der Folge waren in dieser Periode die Leistungen der historischen Theologie am eindrücklichsten. Zu den genannten theologischen Strömungen kamen

---

[178] Ich folge hier den Ausführungen von Werner Kaegi, in: Jacob Burckhardt, Bd. I,
S. 73–160 u.ä.

schließlich noch Einflüsse der Erweckungsbewegung. Mit dem Gedankengut dieser theologischen Bewegung war Burckhardt ebenfalls in Heidelberg in Kontakt gekommen, wo er sein Zimmer zeitweise mit Friedrich Jung, dem jüngsten Sohn des bekannten Arztes und Laientheologen Johann Heinrich Jung-Stilling geteilt hatte.

Jung-Stilling gehört zu den eindrücklichsten Gestalten der Erweckungsbewegung. In seinem Elternhaus in radikal pietistischem Sinn erzogen, hatte Jung-Stilling zunächst mit dem Gedankengut der Aufklärung kokettiert, bevor er sich der Erweckungsbewegung anschloss und dabei unter dem Druck der Zeitereignisse das vor allem für diese theologische Bewegung typische eschatologisch-apokalyptische Motiv betonte. Mit seinem weitverbreiteten und vielgelesenen Periodikum *Der Graue Mann* und mit seinen *Erzählungen des christlichen Menschenfreunds* avancierte Jung-Stilling zu einem der bekanntesten Erbauungsschriftsteller der Erweckungsbewegung. Damit wollte er, wenn auch mehr in stillem als in missionarisch lautem Ton, in erwecklich-christlichem Sinn erzieherisch wirken und hat, wie schon die unzähligen Auflagen zeigen, die diese volkstümlichen Werke erlebt haben, auch in diesem Sinn gewirkt. Nachwirkungen auch dieser Gedankenwelt sind in Burckhardts Katechismus spürbar, über den Kaegi und die im Pfarrhaus des Antistes herrschende Frömmigkeit abschließend urteilt: «Wenn man erfahren will, welches die Form christlicher Lehre und Frömmigkeit gewesen sei, in der Jacob Burckhardt als Kind hineingewachsen ist, so bleibt dieses Büchlein eine der aufschlussreichsten Quellen.»[179]

Auf Wunsch seines Vaters nahm Jacob Burckhardt nach der Beendigung seiner Schulzeit am Pädagogium das Studium der Theologie in Basel auf. Über vier Semester widmete er sich dieser Ausbildung und hat dies, seinen eigenen Angaben zufolge, auch später nie bereut. Als seine theologischen Referenten galten ihm Karl Rudolf Hagenbach und Martin Leberecht De Wette. Hagenbach, der auf Ausgleich unter den verschiedenen theologischen und politischen Richtungen bedachte Vermittler, hatte über ein halbes Jahrhundert Fakultät und Kirche seiner Heimatstadt Basel entscheidend mitgeprägt, aber auch weit darüber hinaus gewirkt. Aus tiefer theologischer Überzeugung versuchte er zwischen der aufgekommenen Reformtheologie und der 'vernünftigen' Orthodoxie zu vermitteln. Wissen und Glauben, Humanität und Christentum, Kultur und Kirche gehörten für ihn zusammen. Sein bedeutendstes Arbeitsgebiet war dabei die Kirchengeschichte. Der als Wissenschaftler hochgeschätzte Hagenbach hatte während der Jahre

---

[179] Ebd., S. 144.

1869 bis 1872 eine siebenbändige, von den Anfängen des Christentums bis zum 19. Jahrhundert reichende Kirchengeschichte geschrieben.[180] Dabei hatte für ihn die Wissenschaft

> bis in die letzten Gründe des Wissens [sc. vorzudringen], und kommt nicht zur Ruhe, ehe sie dieser Gründe, so weit sie dem menschlichen Geiste erreichbar sind, sich bewußt geworden. Auch die *theologische* Wissenschaft darf dieser Aufgabe sich nicht entziehen. [...] Auch sie muß vordringen bis zu dem *Wissen des Wissens*, das seine Krone in der Philosophie hat.[181]

So hatte Hagenbach in einem öffentlichen Vortrag von 1867 sein theologisch-wissenschaftliches Credo formuliert. Sein Referat beschloss er mit einem persönlichen Bekenntnis:

> Aber ein *Zeugniß* abzulegen sei mir doch am Schlusse gestattet [...] nämlich das Zeugniß, daß mir mein Glaube (wie ich einmal den *Glauben* verstehe) nie hinderlich geworden ist im freien Verfolgen der wissenschaftlichen Ziele, und daß auch wieder die verschiedenen Strömungen auf dem Gebiete der Wissenschaft mir nie (wenigstens nie auf die Dauer) die Freudigkeit des Glaubens getrübt und an den Grundlagen des Heils mich irre gemacht haben.[182]

Mit seinem Anliegen wies sich Hagenbach als Vertreter der Vermittlungstheologie aus. Dabei stand er, was den anthropologischen Ansatz der Theologie im frommen Gefühl betrifft, Friedrich Schleiermacher nahe. Ein gemäßigter Supranaturalismus sollte mit dem Geist neuerer Wissenschaft in Harmonie, Glauben und Wissen in Übereinstimmung gebracht werden. Damit standen die Vermittlungstheologen ständig im Kreuzfeuer zwischen Liberalen und Orthodoxen, so dass ihnen kirchenpolitisch keine maßgebende Stellung zukommen konnte. Doch übten sie als Vermittler – und dies gilt ganz besonders für Hagenbach auch in seinem politischen Wirken – eine nicht unwichtige Brückenfunktion aus.[183]

---

180 Die Kirchengeschichte von der ältesten Zeit bis zum 19. Jahrhundert (7 Bde.), Leipzig 1869–1872.
181 K. R. Hagenbach: Ueber Ziel und Richtpunkte der heutigen Theologie, S. 20.
182 Ebd., S. 63.
183 In Nietzsches Bibliothek findet sich die 1875 von Rudolf Stähelin-Stockmeyer publizierte Biographie über Karl Rudolf Hagenbach (in: 53. Neujahrsblatt, hg. von der Gesellschaft zur Beförderung des Guten und Gemeinnützigen). Nietzsche kannte Hagenbach persönlich, ist ihm aber nicht nähergekommen. Zu Overbecks 34. Geburtstag am 16. November 1871 widmete Nietzsche seinem Wohnungsnachbarn eine Komposition, ein «Kirchengeschichtliches Responsorium». Darin hat Nietzsche den folgenden von ihm verfaßten Text vertont: «(Chor fauler, sich rekelnder theologischer Studenten:) O! A! Kirchengeschichte hör ich nicht bei Overbeck, sondern bei dem alten quatschigen Hagenbach. Hagenbach weiß uns zu taxieren, als Studenten, die um Amt und Brot und Wein studieren. Wer nur den lieben Gott lässt walten und den alten Hagenbach,

Verantwortlich für Burckhardts endgültigen Abschied aus der Theologie war aber der Systematiker De Wette. Hagenbach, mit De Wette eng befreundet, hatte einmal seinen älteren Freund nicht unzutreffend folgendermaßen charakterisiert: «Mit dem Verstand ein Rationalist, mit dem Gemüt ein Mystiker oder Pietist».[184] Anfang 1822 hatte der Basler Kleine Rat trotz vieler Widerstände und Einsprachen den von der damaligen preußischen Regierung als «Demagogen» verschrieenen und wegen einer persönlichen Parteinahme aus seinem Amt als Dozent an der Berliner Universität fristlos entlassenen De Wette als Professor nach Basel berufen. Damit hatte die Regierung viel Mut bewiesen, nicht nur, weil sie damit das mächtige Preußen brüskierte, sondern weil sie sich in ihrer Heimatstadt ein Kesseltreiben einhandelte, das das «Fromme Basel» gegen diesen Pionier der modernen Bibelwissenschaft in Szene setzte. Als junger Gelehrter hatte De Wette in manchen Publikationen mit viel Scharfsinn nachgewiesen, dass die traditionellen Anschauungen über die Verfasserschaft mancher alttestamentlicher Bücher in Frage gestellt werden müssen. Schon der Vater Jacob Burckhardts, der 1807, wie erwähnt, Vorlesungen des jungen Privatdozenten De Wette in Heidelberg besucht hatte, hatte mit einigem Entsetzen in einem Brief an seinen Vater nach Basel geschrieben:

De Wette liest die Einleitung ins Alte Testament; allein er geht einen sonderbaren Weg, so zum Beispiel behauptet er, der Pentateuch sei nicht von Moses, die Salomonischen Schriften seien nicht von Salomo; Moses, David und Salomon seien kollektive Namen, auf die man alles zurücktrug, was man in ihrem Geiste geschrieben fand; demungeachtet seien sie nicht unecht; Jonas, behauptet er, sei ein lehrreiches Märchen.[185]

War die historisch-kritische Arbeit für De Wette vor allem eine Hilfe für ein vertieftes Verständnis der biblischen Botschaft, so mussten ihm solche Äußerungen, bei Konservativen und solchen, die ihn nicht persönlich kannten, zwangsläufig den Vorwurf der Ungläubigkeit eintragen. Fromme Basler Kreise hatten mit größtem Misstrauen dem Kommen des als «ungläubigen Rationalisten», als «Zerstörer des Glaubens» und gar «leibhaftigen Antichristen» diffamierten deutschen Theologen

---

der wird sich wunderbar erhalten trotz allem Prüfungsungemach. (Hier fällt der Chor entrüsteter Zuschauer ironice ein:) nämlich wunderbar ungeschlacht, dumm und keck, ohne nur ein einz'ges Fünkchen vom Geiste unseres Overbeck, noch von seinen andern liebenswürdigen Eigenschaften». Seit Ostern 1870 war Overbeck Hagenbachs Berufskollege gewesen.

184 Volksblatt für die reformirte Kirche der Schweiz, 31. Mai 1873 (Nr. 22).
185 Zitiert nach Werner Kaegi: Jacob Burckhardt, Band I, S. 130f.

entgegengesehen. Doch im Laufe der Jahre hatte sich De Wette dank seines konzilianten Wesens, durch sein großes Engagement als Dozent, aber auch als Reorganisator der Universität, der er insgesamt fünfmal als Rektor vorstand, und schließlich als beliebter Prediger und geachtetes Mitglied des Basler Kirchenrates eine hohe Wertschätzung erworben. So dass im Laufe der Zeit auch die, die anfänglich an De Wettes Rechtgläubigkeit gezweifelt hatten, die Überzeugung gewannen, dass er nicht auf den kühlen Anhänger eines theologischen Rationalismus, der als innerlich unberührter Analytiker die heiligen Schriften gefühllos zergliederte und so die Grundlage des christlichen Glaubens zerstörte, reduziert werden konnte.

Diese Einsicht brach sich Bahn, nachdem Spittler – das eigentliche Sprachrohr des «Frommen Basel» gegen Berufung und Wirken dieses hochsensiblen und genialen Gelehrten – in persönlichen Gesprächen mit De Wette entdeckt hatte, dass sie sich theologisch viel näher standen, als er gedacht hatte. Während dieser persönlichen Begegnungen war Spittler bewusst geworden, dass De Wettes Arbeiten, vor allem seine bedeutendsten zum Alten Testament, immer auch getragen waren von einem tiefempfundenen ästhetisch-religiösen Erleben der biblischen Texte und dass diese, auf ihre ursprüngliche Absicht befragt und erforscht, dem Leser dergestalt erst recht lebendig wurden. In entscheidenden Punkten war De Wette einer Theologie der natürlichen Religion des Deutschen Idealismus verpflichtet. Hier liegt auch die Ursache dafür, dass er letztlich nicht zu einer klaren Unterscheidung von christlichem Glauben und natürlicher Religion kommen konnte. Als Schüler des Philosophen Jakob Friedrich Fries war für ihn die Sache des christlichen Glaubens nicht eine denkerisch-intellektuelle, sondern durch «Anempfindung» und «Begeisterung des Herzens» zu erfassen. So war De Wette immer bestrebt gewesen, akademische Gelehrsamkeit mit aufrichtiger Herzensfrömmigkeit, Liberalität mit sanftem Konservativismus zu verbinden, worin er eine tiefe Ähnlichkeit mit seiner Wahlheimat aufwies. «So verwirklichte er nach außen die in Basel besonders erwünschte, aber gewiß auch allgemein eindrucksvolle Personalunion von besonnen moderner Philosophie, historisch-kritischer Gelehrsamkeit und Einfühlungskunst und gut kirchlicher Frömmigkeit.»[186] Auch wurde er Basler Bürger und hat sich während Basels Schicksalsjahr 1833 tapfer auf die Seite der Stadt und gegen die revolutionäre Landschaft gestellt. Er starb, viel betrauert und hochgeschätzt, im Jahr 1849.

*

---

[186] Karl Barth: Die protestantische Theologie im 19. Jahrhundert, S. 435.

Der jüngere Jacob Burckhardt hatte 1837 das Studium der Theologie aufgenommen. Die Offenheit und Wahrhaftigkeit, die die konservative Gläubigkeit im Haus des Antistes bestimmten, waren für Burckhardt so überzeugend gewesen, dass er sich dem Wunsch des Vaters gerne fügte, wenn auch seine historischen Interessen sich schon zu jener Zeit deutlich vernehmbar gemacht hatten. Doch diesen konnte auch in einem Theologiestudium, jedenfalls teilweise, nachgegangen werden. Das war auch der Grund dafür, weshalb der Student Burckhardt die Vorlesungen des Kirchenhistorikers Hagenbach so gewissenhaft besucht und mitgeschrieben hat. Seinen Freund Johannes Riggenbach ließ er wissen: «Hagenbachs Dogmengeschichte ist oft höchst interessant.»[187] Und so teilte er seinem verehrten Lehrer Anfang 1840 dann auch persönlich mit, dass er das Studium der Theologie aufgeben werde: «Gleichwohl werde ich Ihnen für die vielen theologischen und historischen Belehrungen immer dankbar ergeben sein.»[188] Dass Hagenbach dabei dem jungen, wesentlich an der Geschichte interessierten Theologiestudenten Burckhardt ungewollt die Türe von der Kirchengeschichte zur Weltgeschichte geöffnet hatte, darauf weist auch Burckhardts Bemerkung im obigen Brief hin. Burckhardt ahnte allerdings schon damals den Riss in der Welt und die Möglichkeit zu tragischer Entwicklung aller geschichtlichen Tendenzen und Potenzen. Darin liegt wohl der tiefste Grund für seine frühe, innere Loslösung von der protestantischen Theologie und ihrer Auffassung von der Heilsgeschichte.

Ebenso sehr schätzte Burckhardt De Wettes theologischen Entwurf und stimmte ihm mehrheitlich zu. Doch sah er keine Möglichkeit, mit diesem Glaubensrucksack auf eine Kanzel zu steigen und den Ansprüchen einer Kirchgemeinde an ihren Pfarrer zu genügen. Zu den Dogmen der Orthodoxie mochte er ohnehin nicht zurückkehren. Dazu fehlte ihm der Glaube. Zudem hatte Burckhardt das Buch des Theologen David Friedrich Strauss *Das Leben Jesu* von 1835, worin das Leben Jesu zum größten Teil als Mythus erklärt wird, vermutlich gelesen und diesem Theologen innerlich zugestimmt.[189] Doch gerade diese Übereinstimmung verwehrte es ihm, wie dies schon bei seinen von De Wette übernommenen Ansichten der Fall gewesen war, das Amt eines Gemeindepfarrers anzutreten. Er spürte instinktiv, dass diese neuen Richtungen innerhalb der protestantischen Theologie letztlich zu einer in-

---

187 Jacob Burckhardt, Briefe, Bd. I, S. 101.
188 Ebd., S. 137.
189 Werner Kaegi: Jacob Burckhardt, Bd. I, S. 486.

neren Auflösung der alten bestehenden Staatskirche führen mussten. Und dazu wollte er nicht Hand bieten. Seinem Freund Riggenbach schrieb er:

> De Wettes System wird vor meinen Augen täglich colossaler, man *muss* ihm folgen, es ist gar nicht anders möglich; aber es schwindet auch alle Tage ein Stück der gebräuchlichen Kirchenlehre unter seinen Händen. Heute bin ich endlich draufgekommen, dass er Christi Geburt durchaus für einen Mythus hält – und ich mit ihm. Ein Schauder überfiel mich heute, als mir eine Menge Gründe einfielen, weshalb es ja beinah so sein *müße*. Ja, Christi Gottheit besteht eben in seiner Menschheit.

Diese Bemerkungen ergänzte er mit einem persönlichen Bekenntnis:

> Mit meinen jetzigen Überzeugungen (wenn ichs so nennen darf) könnte ich nie mit gutem Gewissen eine Pfarrstelle annehmen, wenigstens beim jetzigen Stand der Meinungen über die Offenbarung – und der wird so bald sich nicht ändern […] Wenn ich eine Verantwortung haben soll, so will ich sie wenigstens für mich selbst allein und nicht für andere haben.

Abschließend fügte er hinzu: «Noch steht mir das Gebet offen, aber es giebt keine Offenbarung, ich weiß es. […] Wir wollen ehrliche Ketzer bleiben». Theologisch war ihm nur ein etwas nebulöser Begriff von Religion und Gebet übrig geblieben.[190] Trotzdem erhielt er sich zeitlebens einen stillen, persönlichen Glauben, auf den er nur in seltenen Fällen und nur in persönlichem Gespräch mit Freunden zu sprechen kam. Gegenüber seinem Schüler Arnold von Salis, seit 1891 Hauptpfarrer am Basler Münster und letzter Basler Antistes und mit Burckhardt befreundet, äußerte Burckhardt einmal: «Ich will Ihnen etwas sagen, was ich auf dem Katheder nicht sagen möchte: Menschen, die man nicht ändern kann, muss man sich begnügen zu studieren. Wir Historiker können überhaupt nur konstatieren. Darum bin ich nicht Theologe geworden, weil die nicht nur konstatieren dürfen.» Und weiter: «Ein angeborenes Gottesbewusstsein gibt es nicht; nur ein angeborenes Abhängigkeitsbedürfnis».[191] Als ihn von Salis im Frühjahr 1897 in seiner Wohnung besuchte, sagte Burckhardt beim Abschied zu ihm: «Denken Sie auch sonst an mich! Sie wissen, *wie* ich's meine. – Nur nicht davon reden! Aber – ich bin nicht ohne Hoffnung.» Und Salis berichtet weiter:

> Ich erinnerte ihn an jenes Wort, das mir einst in der Hardt aus seinem Munde auffällig gewesen und unvergeßlich geblieben war: «Das kommt davon, wenn man nur

---

190 Jacob Burckhardt: Briefe, Bd. I, S. 84–86.
191 Arnold von Salis: Zum hundertsten Geburtstag Jakob Burckhardt's. Erinnerungen eines alten Schülers, S. 290, 293.

ein Diesseits kennt!» Er erwiderte: «Das jedenfalls darf ich sagen [...] daß ich nie frivol gewesen bin in meinen Aeusserungen. Zwar das habe ich nicht anzunehmen vermocht, daß Christus sagt: Niemand kommt zum Vater, denn durch mich. Eine solche ausschließliche Hingebung an ihn hatte ich nicht; das erfordert so viel! – Es ist freilich eine Anmaßung fast von uns Menschen, eine *Unvergänglichkeit* zu begehren. Aber es ist doch so in unsere Natur gelegt. Ich glaube an eine Unvergänglichkeit; obgleich ich wohl spüre, Ansprüche gibt es hier nicht, gar keine; aber Erbarmen gibt es vielleicht, auch für mich.»[192]

Über seinen letzten Besuch bei Burckhardt, wenige Wochen vor dessen Tod, berichtet von Salis, dass Burckhardt gesagt habe: «Ich habe die Ewigkeit nie aus den Augen verloren. Aber die im Neuen Testament geforderte Askese ist für unser Natur-, bezw. Kulturleben zu streng, – zu viel verlangt.» Und von Salis fährt fort:

> Bei seiner schönen geistigen Frische jener Stunde wollte ich nicht versäumen, einmal die Ansicht dieses Historikers zu erfahren über den *Wert der Evangelien* als Geschichtsquellen. Seine Antwort lautete: «Die vier Evangelien, Johannes inbegriffen, sind so echte und ehrliche Bestrebungen, Geschichte zu geben, als nur möglich; quasi vier Bureaux am Wohnort von vier Aposteln, wo man alles zu erfahren und aufzuzeichnen sich bemühte. – Auch Paulus ist evident echt, ob aber ein Glück für das Christentum? Er ist viel zu schwer und verlangt viel zu viel Studium.» Wieder bat er, als ich ihn verliess: «Denken Sie an mich!» Und, fast ängstlich gegenüber einer Metempsychose (Seelenwanderung), die ihm etwa einmal als Möglichkeit erschienen war, sprach er aus vollem Herzen: «Nur nicht noch ein Erdenleben! Die geringste Wohnung im Vaterhause, und wäre es am äußersten Rande, ist doch ein Stück Unvergänglichkeit».[193]

Hier wird deutlich, dass Burckhardt sich trotz seiner Abwendung vom Studium der Theologie weiterhin mit theologischen Fragen beschäftigte und zeitlebens ein aufmerksamer Bibelleser blieb. Salis' authentische Berichte von persönlichen Gesprächen mit Burckhardt geben auch präzise Hinweise über Burckhardts Stellung zu den Richtungskämpfen innerhalb der Basler Kirche seiner Zeit. So notierte er:

> Wie Burckhardt für das staatliche und öffentliche Leben überhaupt von der Zukunft nichts Gutes und Erfreuliches erwartete, so auch für das kirchliche nicht, vor allem nicht für den *Protestantismus*, infolge der damals mit Erbitterung einsetzenden «Richtungskämpfe». Man hatte ihn aufgefordert, sich dem sogenannten «Reformverein» anzuschließen. Er lehnte es ab. «Ich hab's den Herren gesagt, ich könne durchaus nicht mit ihnen übereinstimmen. Sie wollen ja nicht eine offene, redliche Trennung von Kirche und Staat, sondern nur eine andere Form von Staatskirche! [...] Sie haben den Gegnern nur in die Hände gearbeitet; denn auf seiten der letzteren zeigte sich die größere Opferfähigkeit und Opferwilligkeit, so daß jene Opposition diesen in die Hände arbeitete. Ich bin kein Kirchgänger, gebe mich mit diesen Dingen überhaupt nicht ab. Aber unser Zeitalter ist für solche Reformbestrebungen noch viel zu religiös. Das hängt zusammen mit der Familie u.a.m.» [...] Mir riet er etwa: «Man halte sich

---

[192] Ebd., S. 304, 305.
[193] Ebd., S. 305f.

ans Neue Testament, welches immer die beste vorhandene Lösung des Daseinsrätsels
gibt; man nehme daraus, was man brauchen und bei sich selbst verantworten kann,
und kümmere sich nicht um rechts und links. […] Nur vermeide man den verdamm-
ten Optimismus, diese einzige Waffe des Fortschrittes! Ans Leiden der Menschheit
halten Sie sich!»[194]

Es waren mehr persönliche und politische als theologische Überlegungen gewesen, die Burckhardt von einem Zusammengehen mit den Reformtheologen abgehalten hatten. «Ich habe einst mit großem Interesse
4 Semester hindurch Theologie studirt, und dann gefunden, ich hätte
den Glauben nicht für die Kanzel, worauf ich zur Geschichte überging.»[195]
Er blieb, wenigstens nach außen hin, der konservativen Glaubensüberzeugung, die mit seiner politischen im Gleichschritt ging, treu, wie er sie
in seinem Elternhaus und seiner Vaterstadt kennen- und schätzen gelernt hatte. Während er von der «Nullität des [sc. politischen] Radica-
lismus» reden konnte, «der absolut nur noch im Nivellieren besteht»,[196]
so fragte er sich gegenüber den Reformpfarrern, «mit welcher Stirne ein
Reformer die Kanzel besteigt, um u.a. Ritualien abzuhalten, an deren
Wortsinn er nirgends glaubt!»[197] So schroff Burckhardts Kritik am
politischen und kirchlichen Radikalismus gelegentlich sein konnte,
seinen konservativen Gesinnungsgenossen war er trotzdem keineswegs
ein bequemer Gefolgsmann. Letztlich blieb er in seinen Überzeugungen ein Unzeitgemäßer, wie sein jüngerer Freund Nietzsche es auch war.
Doch den Ernst des Religiösen, das Burckhardt als Metaphysisches verehrte und die Religion selber als «Ausdruck des ewigen und unzerstör-
baren metaphysischen Bedürfnisses der Menschennatur»[198] bezeichnete,
stellte er nie in Frage. Deshalb hatte er gerade in dieser Hinsicht ein
offenes Auge, wenn er in seinem jüngeren Kollegen Nietzsche ein
«religiöses Phänomen» entdeckt zu haben glaubte. Die gegenseitige
Hochschätzung und ihre freundschaftlichen Begegnungen gestatteten
beiden Gelehrten ein klares und zutreffendes Urteil über einander. So
notierte Nietzsche in einem nachgelassenen Fragment aus dem Jahr
1875: «Wo sind Historiker, die nicht von allgemeinen Flausen beherrscht
die Dinge ansehn? Ich sehe nur einen – Burckhardt.»[199] Und eines seiner letzten Worte an Burckhardt, bereits von der heraufdämmernden
geistigen Umnachtung gezeichnet: «Nun sind Sie – bist Du unser grosser

---

194   Ebd., S. 295f.
195   Jacob Burckhardt, Briefe, Bd. VI, S. 235.
196   Ders., Briefe, Bd. IX, S. 135.
197   Ders., Briefe, Bd. VI, S. 235.
198   Ders.: Weltgeschichtliche Betrachtungen, S. 39.
199   KGW IV/1, S. 132, 5[58].

grösster Lehrer».[200] Burckhardt schrieb seinem Freund Preen nach Erscheinen und bewältigter Lektüre von Nietzsches 1878 veröffentlichtem Buch *Menschliches, Allzumenschliches:* Nietzsche «ist ein ausserordentlicher Mensch; zu gar Allem hat er einen eigenthümlichen, selbsterworbenen Gesichtspunkt.»[201] Und seinem Lörracher Freund Eduard Kaiser gegenüber bemerkte Burckhardt über Nietzsche, dass die Basler «einen solchen Lehrer […] nicht wieder bekommen» werden.[202] – Dokumente, die von großer gegenseitiger Kenntnis und Hochschätzung zeugen.

Franz Dorotheus Gerlach

Mit seinen Fachkollegen am Pädagogium und an der Universität unterhielt Nietzsche regen Kontakt. Zunächst ist hier Franz Dorotheus Gerlach zu nennen. 56 Jahre lang war Gerlach Lateinlehrer am Pädagogium, 55 Jahre Professor an der Universität Basel für lateinische Sprache und Literatur und 36 Jahre nebenamtlicher Leiter der Basler Universitätsbibliothek. Gerlach stammte aus dem sächsischen Gotha und war als Pfarrerssohn in Wolfsbehringen geboren. Nach dem frühen Tod seiner Eltern wuchs der Junge in der Obhut seines Onkels auf, des Pfarrers Christian Friedrich Gerlach. Nach dem Besuch des *Gymnasiums Illustre* in Gotha, einer der besten Humanistenschulen jener Zeit, begann er ein Theologiestudium an der Universität Göttingen. Allerdings vermochten ihn die damals in Göttingen lehrenden gemäßigten Rationalisten Gottlieb Jakob Planck und Karl Friedrich Stäudlin nicht für die Theologie einzunehmen. So lief er zur Philologie über. 1815 schloss er seine Studien mit einer Promotionsarbeit ab. Zwei Jahre später kam er als Lehrer für griechische und lateinische Sprache an die Kantonsschule Aarau, überwarf sich aber schon kurze Zeit später mit den Erziehungsbehörden und folgte einem Ruf als Lehrer für lateinische Sprache ans Basler Pädagogium. 1820 erfolgte sein Eintritt in die Basler Universität als Dozent für lateinische Sprache und Literatur. 1833 wurde Gerlach in Basel eingebürgert und leistete als außergewöhnlich aktives Mitglied im Laufe seines langen Lebens diesem Stadtstaat überaus treue Dienste. So bekleidete er insgesamt fünf Mal das Amt eines Rektors der Universität. Im Weiteren amtete er als Bibliothekar, dann als Lehrer und Inspektor am Gymnasium. Und 1835

200 KGB III/5, S. 574.
201 Jacob Burckhardt, Briefe, Bd. VI, S. 293.
202 KGB II/5, S. 113.

wurde er in den Erziehungsrat gewählt und hat in dieser Funktion bei manchen Berufungen entscheidend mitgewirkt. Allerdings war ihm nach dem Weggang Kiesslings aus Basel mit seinem Vorschlag, als Nachfolger seinen Kollegen Mähly vorzusehen, kein Erfolg beschieden. Erst 1875, im Alter von 82 Jahren, legte er seine Ämter nieder. Nur ein Jahr später starb er an den Folgen eines Unfalls.

Gerlach, im persönlichen Umgang oft wenig konziliant, weil allzu temperamentvoll und streitbar, trat neben seiner fruchtbaren Lehrtätigkeit an beiden Anstalten auch durch die Publikation zahlreicher Schriften hervor. Seine Bedeutung liegt jedoch vorwiegend in seiner unermüdlichen Förderung des neuhumanistischen Bildungsideals, wobei ihm als das bedeutsamste und notwendigste Bildungselement die Sprache galt. Und dabei waren es vor allem die alten Sprachen, die für ihn die größte Bildungskraft vereinigten. Schon 1822 hatte er eine Schrift mit dem Titel *Verschiedene Ansichten über höhere Bildung* verfasst. Seine darin genannten «Grundsätze einer wissenschaftlichen Vorschule» stützten sich auf drei Grundpfeiler: zunächst auf das Erlernen der eigentlichen Volkssprache, denn, so Gerlach, wer dieses Kleinod nicht achte, sei ein Fremdling im eigenen Volk. Nach dem Deutschen hätten für die Entwicklung der geistigen Kräfte und für die Bildung eines wissenschaftlichen Sinnes als weitere Sprachen diejenigen von Hellas und Rom gelehrt zu werden, wobei Gerlach dem Griechischen vor dem Lateinischen den Vorzug gab. Neben diese deutsch-griechisch-römische Sprachentrinität sollten aber auch Gesang, Zeichnen, Mathematik, Turnen und wesentlich Geschichte, «dieser grosse Spiegel des Weltgeists», im Lehrplan stehen.

Die Schrift des jungen Dozenten Gerlach, die noch stark die Luft des Pathos der deutschen Befreiungskriege atmete, wirbelte in Basel einigen Staub auf, hatte doch Gerlach darin im ersten Teil drei Gruppen von Leuten attackiert: nämlich «die Gemütlichen», die sich mit den Altvorderen begnügten, «die Erleuchteten», die als religiös Begeisterte ihr Hauptaugenmerk auf die Religion richteten und die Wissen immer nur als Gegensatz zum Glauben begreifen konnten und damit den neuen Erfordernissen einer verantwortlichen Bildung ablehnend gegenüberstünden, und schließlich «die Höchstverständigen und Nützlichen», die alles, was einer unmittelbaren Beziehung auf eine nutzbringende Tätigkeit entbehre, aus dem Lehrplan verbannt sehen wollten. Die Reaktion vonseiten der 'Erleuchteten' ließ nicht lange auf sich warten. Die konservative Basler Pfarrerschaft publizierte schon kurze Zeit später eine anonym erschienene, von Pfarrer La Roche verfasste Gegenschrift *Ein Wort über Bildung und ihre höheren*

Zwecke. Darin wurde Gerlach entgegengehalten, «daß die Aufgabe, welche Erziehung und Unterricht nothwendig sich setzen müssen, nur wo diese von dem christlichen Geiste belebt und durchdrungen sind, gelöst zu werden vermöge». Gerlach preise in seiner Schrift als höchste Güter des Lebens «Wissenschaft, Freyheit und Vaterland [...] doch nimmer sind sie die höchsten [...] nur da gedeihen sie, wo die *Religion* die wahre Weihe ihnen giebt; sie selbst als das Höchste erkannt wird». Die Wissenschaft habe «ohne Anerkennung des Göttlichen keinen Werth».[203] Und zu Gerlachs Hellenenbegeisterung wurde bemerkt:

> Er vergesse nicht, daß die Schriften der Alten wohl als unverwerfliches Hülfsmittel, nie aber als *zureichende* Grundlage für die Bildung unserer Jugend zu achten sind; daß nur da, wo der wahre Geist des Christenthums herrscht, den Schriften des griechischen und römischen Alterthums ihre wahre Würdigung zukommen könne, und ihre bildende Kraft sich zu äußern vermöge; daß aber, wo jener Geist fehlt, nur ein frevelndes, ästhetisch gebildetes und übermüthiges Heidenthum durch sie erneuert werde, das weltgerichtlich von Gott verworfen ist.[204]

Allerdings stellten sich die Basler Behörden hinter Gerlach. Nietzsche, der schon bald seinen um ein halbes Jahrhundert älteren Kollegen weit überstrahlte, hatte für den Nestor des Kollegiums im ersten Jahr seiner Basler Tätigkeit eine Gratulationsschrift verfasst, die diesem anlässlich seines Fünfzig-Jahr-Lehrerjubiläums am 8. Mai 1870 überreicht wurde, zudem hatte er für diesen Anlass eine Gratulationsadresse in lateinischer Sprache geschrieben. Nietzsche kommentierte diese Arbeit seinem Lehrer Ritschl gegenüber mit dem Seufzer: «Es war nicht leicht.»[205] Auch teilte er Ritschl mit: «Der alte Gerlach ist von unverwüstlicher Natur und – jedenfalls für das Pädagogium ein sehr guter Lehrer.»[206] Die Hochschätzung war gegenseitig, denn auch Gerlach suchte nähere Bekanntschaft mit seinem jüngeren Kollegen und lud ihn immer wieder zu sich nach Hause ein. Als Nietzsche im Herbst 1876 für ein Jahr im Süden Italiens Erholung suchte, besuchte ihn «der alte Gerlach» noch wenige Tage vor seiner Abreise und bot Nietzsche an, seine Möbel für die Zeit seiner Abwesenheit in seinem Haus am Münsterplatz 19 auszulagern, was Nietzsche auch tat. Kurz darauf starb Gerlach.

Nur allzu gerne wäre Nietzsche nach Gerlachs Tod in dessen Haus gezogen, hatte er doch eine große Vorliebe für den Basler Münsterplatz. Schon diese wenigen Hinweise machen deutlich, dass die Verbindung von Gerlach und Nietzsche über das nur Berufliche hinausging. Als Kol-

---

203 N. N.: Ein Wort über Bildung und ihre höheren Zwecke, S. 3, 8, 5.
204 Ebd., S. 9.
205 KGB II/1, S. 117.
206 KGB II/1, S. 174.

legen schätzte man sich und verkehrte zusammen auch in privatem Rahmen. Kirchlich war Gerlach wenig engagiert. Doch hatte er sich seinen christlich-konservativen Glauben erhalten und lebte in ihm, ohne dies nach außen hin sichtbar werden zu lassen. Pfarrer Theophil Wilhelm Ecklin, ein aufrichtiger Vertreter der Basler Orthodoxie, von 1871 bis 1911 Pfarrer an der Basler Martinskirche, leitete auf Wunsch der Familie die Abdankungsfeier und sagte in seiner Ansprache an die Trauergemeinde am 2. November 1876 über den Verstorbenen: «Als ihn vor einigen Wochen der Unfall traf, der sein Ende herbeiführte, fühlte er wohl und sprach es aus, dass seine Zeit hienieden abgelaufen sei, und rief Gott um ein gnädiges Ende an.»[207]

Jacob Achilles Mähly

Mit seinem Fachkollegen Jacob Achilles Mähly verband Nietzsche über das Berufliche hinaus nur wenig. Bei Krankheit oder Abwesenheit vertrat man sich gegenseitig am Pädagogium. Dazu notierte Nietzsche an Erwin Rohde am 6. Mai 1870:

> Für mich giebt es jetzt heillos viel zu thun, da ich für dies Semester eine Vertretung des Hr Mähly am Pädagogium übernommen habe. 4 Stunden Lateinisch und 2 Stunden Griechisch: so daß ich jetzt wöchentlich gegen 20 Stunden habe – ich armer Schulmeistersel![208]

Doch Mähly war ein sehr aufmerksamer und begeisterter Leser von Nietzsches Schriften. Vor allem schätzte er Nietzsche als «originellen Geist» und «Stilisten allererersten Ranges», der die deutsche Sprache mit einer Meisterschaft beherrsche, die «vielleicht noch Keiner übertroffen hat und jedenfalls nur Wenige erreicht haben».[209] Das Erscheinen von Nietzsches *Geburt der Tragödie aus dem Geiste der Musik* 1872 hielt er für

> die schönste und werthvollste Gabe [...], welche der Verfasser dem philologischen, vielleicht auch dem gebildeten Publicum geboten hat [...] ein Buch, von so vollendeter, makelloser Formschönheit, von so hinreißendem Redefluß, so bestrickendem Zauber war in der philologischen Literatur bisher gar nicht erschienen. [...] Daß das Buch in Basel geschrieben worden ist, gereicht der Universität zur Ehre.[210]

---

[207] StABS PA 576, E 23 114.
[208] KGB II/1, S. 121.
[209] Jakob Mähly: Erinnerungen an Friedrich Nietzsche, S. 247.
[210] Ebd., S. 248.

Gerade diese Bemerkung zeigt, dass Mähly ohne Zweifel den Kontakt zu seinem jüngeren Kollegen gesucht hat, um sich über diese und weitere Schriften aus dessen Hand auszutauschen. Weiter berichtete Mähly in seinem 1900 erschienenen Rückblick über Nietzsche, dass «seine Schüler [sc. ihn] liebten und verehrten» und Nietzsche sich in Basel «einer große[n] Gunst der Basler» und, da dieser von «durchaus inoffensive[r] Natur» [sc. gewesen sei, er] sich daher der Sympathie aller Collegen, die ihn kannten, erfreuen» durfte. Mähly vergaß nicht anzumerken, dass «gewöhnlich, wenn man den jungen Gelehrten besuchte, […] man ihn bei der Arbeit [sc. fand], Zerstreuungen, außer der Musik, kannte er wenig, Gesellschaften besuchte er selten.» Und hinweisend auf Nietzsches fortschreitendes Leiden notierte Mähly:

> Ich schied jedes Mal mit einem Gefühl tiefer Wehmuth und Ergriffenheit von ihm und konnte des Mitleids mit dem großen Bilderstürmer, der bekanntlich auch gegen das Mitleid so unbarmherzig Sturm lief, nicht Herr werden. Er liebte es in Gesprächen nicht, daß man seine philosophischen Kreise betrat, eine leichte Unterhaltung war ihm erwünschter.[211]

Mähly, auf den Nietzsche einen so außerordentlichen und überragenden Eindruck gemacht hatte, war in Basel aufgewachsen und hatte sich nach dem Besuch des Gymnasiums seiner Heimatstadt dem Studium der klassischen Philologie zugewandt. Seit 1861 unterrichtete Mähly am Pädagogium und später auch am Gymnasium die alten Sprachen. 1864 wurde er zum außerordentlichen Professor und 1875 zum Ordinarius für klassische Philologie – als Nachfolger des zurückgetretenen Gerlach – ernannt. Eine Stellung, die er, in Verbindung mit seiner Tätigkeit als Schullehrer, bis zum Frühjahr 1890 innehatte. Ein Halsleiden, das ihn schon seit vielen Jahren geplagt hatte und ihm später auch das Sprechen zunehmend zur Qual machte, zwang ihn schließlich zum Rücktritt. Mähly war sehr federgewandt und publizierte viele Schriften. Doch fanden seine Bücher unter den Fachkollegen nur wenig Resonanz. Sie erschienen ihnen als allzu flüchtig und wenig wissenschaftlich. Überhaupt war Mählys wissenschaftlicher Ruf nicht der beste. Das wusste auch Wilhelm Vischer-Bilfinger, der seinem Freund Rauchenstein im Zusammenhang mit Nietzsches Berufung nach Basel im Februar 1869 über Mähly, auch dieser ein Kandidat für die Nachfolge Kiesslings, schrieb:

> Leisten wird er meines Erachtens in Zukunft an der Universität nicht viel mehr als bisher. Und steckte in ihm das Zeug eines Universitätslehrers, so müßte er in den

---

211 Ebd., S. 248f.

15 Jahren seines Privatdocententhums und Extraordinariats wenigstens *einmal* die Studenten angezogen haben. Es war aber der Fall gar nie. Ihn jetzt zu Kießlings Nachfolger zu machen, d.h. zum Hauptträger der Philologie an der Universität, wäre unverantwortlich gewesen.

Und zu Mählys wissenschaftlichen Leistungen notierte Vischer: «Viel Talent und Leichtigkeit, aber Mangel an Gründlichkeit, Charakter und Methode.»[212] Auch Kiessling hatte dringend von einer Berufung Mählys als seines Nachfolgers abgeraten und schrieb an Vischer: «Mähly redet mit der süffisantesten Kennermiene von Dingen, die er oft nur halb, in der Regel gar nicht versteht.»[213]

Als Lehrer hingegen war Mähly bei seinen Schülern sehr beliebt und als er wegen seiner Krankheit seine Tätigkeit am Pädagogium aufgeben musste, ließ man ihn nur ungern ziehen. In der Schulchronik liest man über das Jahr 1889/90: «Mit tiefem Bedauern sieht die Lehrerschaft diesen Kollegen scheiden um eines Leidens willen, während sie für sich selbst und für die Schüler noch auf eine lange Dauer lebendigster Anregung von seiner Seite gehofft hat.»[214] Pfarrer Rudolf Handmann, Pfarrer zu St. Jakob und außerordentlicher Professor für praktische Theologie, mit der Familie Mähly befreundet, hielt am 21. Juni 1902 in der Elisabethenkirche die Abdankungsfeier und charakterisierte den Verstorbenen als einen in Glaubensdingen «ehrlichen Zweifler, der [...] durch seine unbedingte Wahrheitsliebe, durch sein starkes Gerechtigkeitsgefühl und [...] seine stets hilfsbereite Gesinnung [...] sich mit der That als Christ zu bewähren suchte.» Dabei schrieb Handmann die Tatsache, dass Mähly sich vorwiegend kritisch mit seinem christlichen Glauben auseinandergesetzt hatte, dem Umstand zu, «daß seine [sc. Mählys] innere Entwicklung in die Jahre fiel, wo die Kämpfe für und wider den christlichen Glauben besonders heftig geführt wurden».[215]

Theophil Burckhardt-Biedermann

Bekannt, wenn auch nur flüchtig, war Nietzsche auch mit einem weiteren Kollegen am Pädagogium, Theophil Burckhardt-Biedermann. Burckhardt-Biedermann war ein Schüler Wilhelm Vischers und machte sich publizistisch mit seinen Studien über die Humanisten des 16. Jahrhunderts und mit der Geschichte von Bonifatius Amerbach einen

---

212 Eduard Vischer: Wilhelm Vischer. Gelehrter und Ratsherr, S. 120f.
213 Brief Kiesslings an Wilhelm Vischer, in: StABS, PA 511a.
214 Zitiert nach: Friedrich Meyer: Das humanistische Gymnasium Basel 1889–1989, S. 30.
215 Zur Erinnerung an Herrn Professor Jakob Mähly, in: StABS, Bibl. LB 19.

Namen. Im Zusammenhang mit seinem Interesse für die Erforschung römischer Altertümer nahm er im Auftrag der Historischen Gesellschaft in Augusta Raurica Ausgrabungen vor; im Lauf der Jahre wurden unter seiner Leitung beeindruckende Fragmente der alten Römerkolonie ans Tageslicht gebracht. Als Gymnasiallehrer unterrichtete Burckhardt-Biedermann am Pädagogium in der ersten und zweiten Klasse Griechisch und Latein und brachte 1889 auch die Geschichte dieser Schule zu Papier. Seit der Neuorganisation des Gymnasiums 1881 bis kurz vor seiner Pensionierung umfasste sein Pensum nicht weniger als 25 Wochenstunden. Als überzeugter Christ vertrat er als konservativer Abgeordneter die Münstergemeinde in der Synode. Große Verdienste erwarb er sich als Synodaler und Mitglied verschiedener kirchlicher Kommissionen für seine Kirchgemeinde und wurde dafür anlässlich des Jubiläums der Universität 1910 von der theologischen Fakultät mit dem Ehrendoktor ausgezeichnet.

Ludwig Sieber

Als Letzter von Nietzsches Fachkollegen am Pädagogium soll hier Ludwig Sieber genannt werden. Nach Abschluss seiner Schulzeit am Basler Pädagogium, widmete sich Sieber in Basel, Göttingen und Berlin dem Studium der alten Sprachen, später auch der Germanistik. Nach seiner Rückkehr nach Basel wurde er Lehrer, zunächst am Realgymnasium und später am Pädagogium, wo er den Deutschunterricht in den ersten beiden Klassen versah. Ferner erteilte er in der ersten Klasse auch Griechisch. Nach fünfzehnjähriger Lehrtätigkeit wurde Sieber 1871 als Nachfolger von Wilhelm Vischer-Heussler, der überraschend von diesem Amt zurückgetreten war, zum Oberbibliothekar der Universitätsbibliothek ernannt. Dieses Amt war ihm auf den Leib geschnitten. Über zwei Jahrzehnte versah er es mit bemerkenswerter Hingabe und tat, trotz prekären räumlichen Verhältnissen im Museum an der Augustinergasse, wo sich die Bibliothek damals befand, die ersten organisatorischen Schritte zur Modernisierung dieser Institution. Seine Aufgabe erfüllte Sieber mit unermüdlichem Fleiß, pünktlicher Genauigkeit und größter Hilfsbereitschaft. In späteren Jahren trat er bei den zuständigen Behörden und in der Öffentlichkeit beharrlich für einen Bibliotheksneubau ein, waren doch im Lauf der Zeit die Raumnot und die wenig geeigneten baulichen Voraussetzungen zur Führung einer Bibliothek im Museum immer mehr zur Belastung geworden. Schließlich war es ihm noch vergönnt, die zuständigen Amtsstellen zur Ausschreibung eines Wettbewerbs für Baupläne für den Bibliotheksneubau zu bewegen. Doch ließ ihn sein unerwartet früher Tod den Neubau am Petersplatz nicht mehr sehen.

Neben seiner beruflichen Tätigkeit war Sieber Mitglied verschiedener Vereine, so auch der Historisch Antiquarischen Gesellschaft, wo er immer wieder Vorträge hielt, zur Hauptsache über die Geschichte seiner Vaterstadt, insbesondere über die dort ansässigen Gelehrten und Buchdrucker. Das war zugleich das Forschungsgebiet, das ihn am meisten fesselte und worüber er viel Neues und Bedeutendes aus den Schätzen der Universitätsbibliothek ans Licht hob. Kurze Zeit war er Mitglied des Großen Rats und der Kirchensynode, in beiden Gremien als Mitglied der Vermittlungspartei. Doch bald gab er diese Tätigkeit wieder auf, da ihm das politische und kirchliche Parteiwesen zuwider war. Am 15. Dezember 1871 schrieb Sieber seinem Freund Eduard Wölfflin: «Seit dem 6. December halte ichs mit Faust und 'heisse Doctor gar'.»[216] Die von Sieber am 1. Dezember 1871 eingereichte Dissertation zum Thema «Über die beiden Reiche Konrads von Würzburg» hatte das Prädikat «summa cum laude» erhalten. Zehn Tage nach der erfolgten Promotion lud er Freunde zum «Doctorschmaus» in seine Privatwohnung in die Eisenburg an der Martinsgasse 18 ein. Wie seinem Taschenkalender von 1871[217] zu entnehmen ist, war an diesem Anlass in privatem Kreis zusammen mit anderen, darunter der Philosoph Rudolf Eucken und der Theologe Hermann von der Goltz, auch Nietzsche eingeladen.

Sieber und Nietzsche waren sich als Kollegen am Pädagogium begegnet. Daraus hatte sich schon bald ein freundschaftliches Verhältnis entwickelt. Dies bestätigt auch der erwähnte Sieber'sche Taschenkalender. Im Monat August desselben Jahres lud Sieber, wie in diesem Kalender vermerkt, Nietzsche zusammen mit seiner Schwester, die damals in Basel bei ihrem Bruder weilte, zu sich auf das Landgut der Familie Lindenfeld bei Luzern ein. Siebers Schwiegereltern, der Bandfabrikant Christoph August Bischoff und dessen Ehefrau, Julie Bischoff-Fürstenberger, hatten dieses Landgut 1852 als Sommersitz käuflich erworben. Regelmäßig verbrachten die Familien Sieber ihre Sommerferien dort. In Siebers Taschenkalender findet sich der folgende Einladungsvers an die Geschwister Nietzsche:

---

[216] Martin Steinmann: Ludwig Sieber und Eduard Wölfflin. Aus ihrem Briefwechsel, S. 4 (352).

[217] Dieser Taschenkalender befindet sich im Besitz der Nachkommen Siebers und ist mir freundlicherweise von Frau Dr. Lisette Bruderer-Goessler (1928–2007), einer Urenkelin Siebers, zusammen mit anderen Dokumenten zur Einsicht überlassen worden.

Wir haben lange schon mit Sehnsucht euch erwartet;
Ist denn der Reiseplan noch immer nicht gekartet?
Lockt's, Freunde, euch nicht her auf Lindenfeldes Höhn,
Wollt Ihr in Tropenglut denn ganz zu Grunde gehen?
Lasset euch laden, Ihr lieben Leute,
In Lindenfelds liebliche, kühlende Luft.
Setzet euch ohne Säumen in den sausenden Bahnzug,
Denn Freunde voll Frohsinn freun sich zu grüssen
Mit stolzem Stabreim, das von guten Geistern
schwungvoll umschwebte Paar der Geschwister.

Ob die Nietzsches der Einladung Folge geleistet haben, ist nicht überliefert. Aus Nietzsches Briefen wird deutlich, wie eng er mit der Familie Sieber liiert war. Einladungen gingen hin und her, man half sich gegenseitig mit Fehlendem aus und kannte die Nöte der anderen. So notierte Nietzsche an Mutter und Schwester nach Naumburg: «Dann war ich einen Abend bei den guten Siebers, mit Socin und Jacob Burckhardt.»[218] Professor August Socin war Chirurg und als Hausarzt mit der Familie Sieber befreundet. Ein anderes Mal heißt es an die gleiche Adresse: «Gestern Abend war ich bei den Siebers; es geht recht gut, alles war guter Dinge, man grüsst Dich liebe Lisbeth.»[219] Der Ton war vertraulich, man stand sich freundschaftlich nahe und verkehrte miteinander. Selbstredend war Sieber als Bibliothekar Nietzsche bei seinen häufigen Besuchen in der Universitätsbibliothek, wo immer möglich, behilflich. Einer Postkarte, die Sieber an seine Kinder Fritz und Amélie Sieber – seine Frau Amélie Sieber-Bischoff war ein Jahr zuvor gestorben – aus Leipzig am 13. November 1882 schrieb, entnehmen wir, dass Sieber dort rein zufällig mit Nietzsche, der über dreieinhalb Jahre zuvor die Stadt Basel verlassen und sein Amt aufgegeben hatte, zusammengetroffen war: «Im Restaurant traf ich zufällig mit Prof. Nietzsche zusammen.»[220]

An seine Frau, die zur Kur in Bad Schinznach weilte, schrieb Sieber einige Jahre zuvor, am 10. Juni 1874:

Der ganze gestrige Tag war in eigenthümlicher Weise zwischen Musik und Begräbniß getheilt. Von 8-10 war ich bei Hagis im Leidhause[221] [...] dann hatte ich auf der Bibliothek den 2stündigen Besuch von Brahms und Vogl, denen ich alle Liedersammlungen, gedruckte und ungedruckte, vorlegen konnte und die beide auch für manches andre Sinn und Verständniß zeigten. [...] Nachmittags war ich um ⅓ im Trauerhaus [...] Ein

---

218 KGB II/3, S. 133.
219 KGB II/3, S. 279.
220 Im Besitz der Familie Bruderer-Goessler (siehe Anmerkung 217).
221 Sieber war mit dem eben verstorbenen Professor der Theologie, Carl Rudolf Hagenbach, den er freundschaftlich 'Hagi' nannte, eng befreundet gewesen.

Platzregen vor dem Abmarsch zur Kirche kam recht ungeschickt. Pfr. Respinger[222] functionierte […] Nun Fahrt und Marsch nach dem Kannenfeld, wo die Studenten nochmals sangen und Prof. Riggenbach sprach (freilich nicht so, wie es Hagenbach an Wackernagels Grabe gethan). Es war ½6 als ich vor dem Münster anlangte, wo schon 5 Uhr das Concert unter ungeheurem Zufluss namentlich von Freunden begonnen hatte. Als ich eintrat, erschallte gerade Vogls hohes A am Ende der Euryanthearie. Das Publicum ließ sich nicht halten, brach in den ungesthümsten Beifall aus und Vogl sang […] die ganze Arie da capo! Dann folgte das Beethovensche Violinconcert […] Auch Stockhausen erndtete Beifall mit der Paulusarie und nun kam das koloßale Triumphlied v. Brahms, welches sehr schön gelang und dem Componisten 2 Lorbeerkränze sammt Orgel und Orchestertusch eintrug. […] Jetzt giengs aufs Kannenfeld zum Trauerfackelzug. […] Stud. Paul Christ und Prof. Overbeck sprachen (der letztere war aber ziemlich officiell und frostig; auch da hat es Andres Heusler am Grabe Wackernagels denn doch unendlich besser gemacht; er war nicht herzlich und ich bedaure, dass nicht ein Hagenbach näherstehender Freund den Studenten antwortete).[223]

Vom 7. bis zum 9. Juni 1874 fanden in Basel zur Feier des fünfzigjährigen Bestehens des Gesangvereins drei Konzerte statt. Johannes Brahms spielte am 8. Juni bei seinem Klavierquartett in A-Dur op. 26 den Pianistenpart eigenhändig mit und dirigierte am 9. Juni sein Triumphlied. Nietzsche, der zu jenem Zeitpunkt auch unter den Zuhörern im Münster war, hörte das Triumphlied noch einmal am 12. Juli am Zürcher Musikfest 1874. Interessant ist in diesem Zusammenhang Overbecks Bemerkung in einem Brief an Carl Fuchs: «Brahms Triumphlied hat uns neulich sehr imponirt, N. gedenkt es über 8 Tage in Zürich wieder zuhören».[224] Über die Eindrücke, die Brahms' Triumphlied in ihm zurückgelassen hatte, schrieb Nietzsche seinem Freund Erwin Rohde:

In der letzten Zeit war Dein Landsmann Brahms hier, und ich habe viel von ihm gehört, vor allem sein Triumphlied, das er selbst dirigierte. Es war mir eine der schwersten aesthetischen Gewissens-Proben, mich mit Brahms auseinanderzusetzen; ich habe jetzt ein Meinungchen über den Mann. Doch noch sehr schüchtern.[225]

Aus Siebers Brief wird deutlich, wie sehr er mit dem Theologen Karl Rudolf Hagenbach freundschaftlich verbunden gewesen war und auch, dass er Hagenbachs Kollege Franz Overbeck kritisch gegenüberstand. Dass Sieber sich auch kirchlich der Vermittlungspartei, deren bedeutendste Persönlichkeit damals der Basler Kirchenhistoriker Carl Rudolf

---

222 Pfarrer Johann Rudolf Respinger amtete damals in der Basler Leonhardsgemeinde, wo er bis zu seinem Tod blieb. Vom frommen Theophil Passavant in seiner Jugendzeit beeinflusst, war er als Pfarrer, Synodaler und Mitglied des Kirchenrates ein Anhänger der konservativen Richtung gewesen.
223 Dieser Brief befindet sich im Privatbesitz der Familie Bruderer-Goessler.
224 Zitiert nach KGB II/7,2, S. 256.
225 KGB II/3, S. 236.

Hagenbach war, zugehörig fühlte, erhellt ein Brief, den er seinem Freund Wölfflin am 13. Juli 1874 schrieb:

> Als Synodale werde ich zuversichtlich wenig Stricke zerreissen; indessen beabsichtige ich nicht der hyperorthodoxen Richtung Vorschub zu leisten. Es muss und wird in dieser Beziehung bei uns anders werden; ein freierer Luftzug ist entschieden nothwendig. Gleichwohl ist mir zur Stunde nicht klar, wie ich auf die Liste der Reformer gerieth. So viel ich weiss, sollte ich von der Vermittlungspartei, d.h. der schweiz. kirchlichen Gesellschaft (Prof. Hagenbach, Rud. Kündig, Wilh. Vischer Sohn etc.) portiert werden; man brachte mich aber nicht durch, wahrscheinlich weil ich am Neujahr das Vereinsorgan, das langweilige Volksblatt[226] refusiert habe.[227]

Mit der «hyperorthodoxen» Richtung innerhalb seiner Heimatkirche war Sieber zwar im Konfirmandenunterricht in Kontakt gekommen, wo er von Johannes Linder unterrichtet worden war. Linder, als Mitglied der Brüdergemeine ein Freund der Herrnhuter, unterrichtete die Jugend in ausgesprochen herrnhutisch-pietistischem Sinn, wovon ein dickes Heft, geschrieben in deutscher Frakturschrift, aus der Hand des jugendlichen Ludwig Sieber eindeutig zeugt. Doch war ihm diese Glaubensrichtung wohl zu eng und rückwärtsgewandt und so plädierte er für «einen freieren Luftzug», den er später bei den Vermittlern gefunden zu haben glaubte. Davon zeugt seine enge freundschaftliche Verbundenheit mit Pfarrer August Linder, Helfer zu St. Peter, einem Vertreter der Vermittlungspartei. Es ist auch August Linder gewesen, der am 21. Oktober 1891 dem verstorbenen Ludwig Sieber die Grabrede gehalten und dabei dem Verstorbenen eine grosse Glaubenstreue attestiert hat.

Charles-François Girard, Oscar Vallette und Felix Bertholet-Wagner

Mit den drei Romanisten an Schule und Universität, mit Charles-François Girard, Oscar Vallette und Felix Bertholet-Wagner ist Nietzsche vermutlich im Dozenten- und Lehrerzimmer ins Gespräch gekommen. Von einer nicht zu unterschätzenden Bedeutung für ihn sind sie wegen ihrer engen Verbindung mit der französischen Kirchgemeinde in Basel. Charles-François Girard studierte Theologie in Lausanne und wurde 1836 ordiniert. Während seines Studiums unterrichtete Girard an einer Internatsschule Französisch, Latein, Geschichte und Geographie. Im

---

226 Das *Volksblatt für die reformierte Kirche der Schweiz* war als Nachfolgerin des *Kirchenblattes für die reformierte Schweiz* das Sprachrohr der Vermittler.
227 Martin Steinmann: Für Christoph Vischer, S. 10 (358).

Jahr seiner Ordination kam er nach Basel, wo sein älterer Bruder als Lehrer wirkte. In dieser Stadt wirkte Girard fast vier Jahrzehnte als Nachfolger von Alexandre Vinet als Romanist am Pädagogium und seit 1841 bis 1875 auch an der Universität als ordentlicher Professor für französische Sprache und Literatur. Als Dank für seine großen Verdienste um die Stadt nahm man Girard ins Basler Ehrenbürgerrecht auf. 1837 verheiratete sich Girard mit der Glarner Arzttochter Johanna Blumer, die neun Kindern das Leben schenkte, wovon sieben das Erwachsenenalter erreichten. Zeitlebens war Girard ein aktives Mitglied der französischen Kirche Basel. Seit 1852 war er für viele Jahre auch Mitglied des Konsistoriums, ein «sehr verdienter Kirchenältester»,[228] wie die Protokolle des Kirchenvorstandes festhalten. Ganz im Sinne seines berühmten Vorgängers und Freundes, Alexandre Vinet, machte sich Girard stark für eine Trennung von Kirche und Staat, da nur so, wie er meinte, die Kirche gegenüber den gerade in Basel zu jener Zeit so virulenten politischen und kirchlichen Spannungen ihre Freiheit und Unabhängigkeit wahren konnte. Girard war von einem tiefen Glauben erfüllt und begann jeden Tag mit einer häuslichen Andacht und Sonntag für Sonntag saß er im Gottesdienst seiner Kirche an seinem Platz, einer Kirche, von der Oscar Vallette anlässlich von Girards Bestattung sagte, «qu'il l'aimait; il s'intéressait à tout ce qui pouvait contribuer à sa prospérité et a sa vie».[229] Und auch Jacob Mähly sprach in seiner Abschiedsrede von Girards «tiefwurzelnde(n)r religioesen Überzeugung, die ja den ganzen Untergrund seines Denkens und Thuns bildete, der Ueberzeugung, dass er seine Gaben und Talente nicht sich selber und eigener Kraft, sondern einer hoehern Macht und einem maechtigeren Willen verdankte.»[230]

Zum Nachfolger Girards am Pädagogium wurde 1875 Pfarrer Oscar Vallette berufen. Vallette wurde 1843 in Paris als Sohn des Pfarrers Jean-Louis Vallette und der Pauline Appia geboren. Jean-Louis Vallette nahm sich in Paris «den deutschen Gassenkehrern» an, deren Aufgabe es war, den Pariser Strassenbesen zu ergreifen. Doch auch in Paris, wohin etliche deutsche Familien geflohen waren, um ihrem wirtschaftlichen Elend in Deutschland zu entfliehen, litt diese Bevölkerungsgruppe grosse Not. Unterstützung fand diese «verruchte Bevölkerung», wie sie genannt wurde, im Pariser Evangelisationswerk St. Marcel, dem Jean-Louis Vallette vorstand. Von 1871 bis 1877 war

---

[228] StABS, Protocoles du consistoire de l'église française à Bâle, PA 141, A 11.

[229] Discours prononcés aux funérailles de M. Charles-François Girard e de Mme Johanna Théodora Girard née Blumer, S. 14.

[230] Ebd., S. 18.

Oscar Vallette Pfarrer an der Eglise française de Bâle und von 1875 bis 1877 Französischlehrer in der zweiten und dritten Klasse am Pädagogium. Anschließend kehrte Vallette wieder nach Paris zurück, wohin er als Pfarrer der lutherischen Kirche berufen worden war. Vallette stand in der Tradition des französischen *Réveil* und damit den Erweckten nahe, wie es für einige Geistliche der französischen Gemeinde besonders charakteristisch war. Während seiner Basler Zeit war er zudem ein aktives Mitglied der Basler Sektion der Evangelischen Allianz und mit Adolf Vischer-Sarasin eng befreundet.

An der Unterstufe des Pädagogiums unterrichtete schließlich Felix Bertholet. Bertholet, auch er ein Waadtländer, hatte zunächst in Lausanne Theologie studiert und diese Studien in Erlangen fortgesetzt, wo er sich gute Kenntnisse in der deutschen Sprache aneignete. Nach ersten pädagogischen Schritten in Hofwyl, wandte er sich ganz dem Lehrerberuf zu. Als Stellvertreter nach Basel berufen, unterrichtete er in der Rheinstadt von 1857 bis 1899 zunächst am Gymnasium, ab 1875 auch am Pädagogium. 1885 wurde er zum Konrektor der Schule ernannt und blieb in dieser Funktion bis zu seiner Pensionierung. Auch Bertholet war während seiner ganzen Basler Zeit ein treues Mitglied der französischen Kirchgemeinde.

*

Im 16. Jahrhundert, im Gefolge der berüchtigten Pariser Bartholomäusnacht im August 1572, waren viele Glaubensflüchtlinge französischer, später auch solche italienischer Muttersprache nach Basel gekommen und hatten sich hier niedergelassen und zu einer eigenen Kirchgemeinde zusammengeschlossen. Dank ihrem hohen Arbeitsethos und ihrer Disziplin hatten es diese Zuzüger schon bald zu großem Vermögen und Einfluss gebracht. Zu diesen Flüchtlingen gehörten die später namhaften Basler Geschlechter der Socin, d'Annoui (Annoni), Passavant, Christ, Sarasin und Bernoulli. Entsprechend wurde die von ihnen in Basel gestiftete Refugiantenkirche immer mehr zu einer Kirche der privilegierten Klasse, wo es Ehrensache war, Mitglied des Konsistoriums, des sogenannten Ältestenrates, zu sein, wo sich viele Namen vornehmer Basler Familien fanden. Ihre Sprache war das Französische, die Sprache der Gebildeten und Einflussreichen. Auf Anraten von Théodor de Bèze, dem Nachfolger Calvins in Genf, hielt man zunächst an den Traditionen der französischen Hugenotten und Genfer Calvinisten fest und schöpfte aus dieser Überlieferung über Jahrhunderte die eigene Glaubensüberzeugung und eine presbyterianische Gemeindeordnung.

Schon seit früher Zeit wurde die französische Kirche von zwei Pfarrern betreut, die meist aus der französischen Schweiz stammten und oft wortmächtige Kanzelredner waren und auf diese Weise ein namhaftes Publikum anzogen. Die beiden Geistlichen waren zugleich für die theologische Ausrichtung dieser Gemeinde verantwortlich. So hielt in ihr im Laufe des frühen 18. Jahrhunderts eine 'vernünftige Orthodoxie' Einzug, war doch Samuel Werenfels, der zusammen mit anderen Schweizer Theologen den Übergang vom altreformierten Denken zur humanistisch geprägten 'vernünftigen Orthodoxie' vollzogen hatte, zu jener Zeit selber Mitglied des Konsistoriums der französischen Basler Kirche. Am Ende des 18. und zu Beginn des 19. Jahrhunderts machten sich wie andernorts auch in dieser Kirche Zerfallserscheinungen bemerkbar: «L'église était devenue en quelque sorte un lieu de réunion; on s'y rendait par bienséance plus que par de vrais besoins réligieux.»[231] So erstaunt es nicht, dass schon bald der Ruf nach einem neuen Geist in Kirche und Gemeinde laut wurde, der 1823 mit dem Amtsantritt des Pfarrvikars Jean-Henri Grandpierre auch tatsächlich in der Gemeinde Einzug hielt. Grandpierre kam vom Genfer *Réveil* her, einer Glaubensbewegung, die im einflussreichen Basel in der Folge nachhaltigen Einfluss gewann, aber auch einige Unruhe verursachte.

Zinzendorf selbst hatte 1741 die Genfer Herrnhuter Gemeine gegründet. Blieb diese Gemeine von der Mitgliederzahl her auch klein, so war sie doch sehr aktiv. Zu Beginn des 19. Jahrhunderts schlossen sich ihr einige junge Theologiestudenten an, denen der oberflächliche Rationalismus, wie er damals an der theologischen Fakultät der Universität Genf gelehrt wurde, nicht behagte. Diese jungen Theologen waren in ihrer antirationalistischen Haltung auf der Suche nach einer biblisch fundierten Glaubenslehre mit einer klaren christozentrischen Ausrichtung und nach einer Anleitung zu einer glaubwürdigen *praxis pietatis*. Das alles musste allerdings im Privaten geschehen, widersetzte sich doch die von der Compagnie des Pasteurs geleitete offizielle Genfer Kirche dem Anliegen dieser von der Erweckung erfassten jungen theologischen Rebellen. Schließlich sahen sich diese jungen Theologen gar gezwungen, auf Druck der kirchlichen Behörden auch ihre privaten Zusammenkünfte, die als nicht autorisierte Veranstaltungen verboten worden waren, offiziell einzuschränken. Allerdings kamen ihnen britisch-schottische Evangelikale wie der Industrielle Richard Wilcox und der schottische Laie und Erweckungsprediger Robert Haldane zu Hilfe, die beide aus beruflichen Gründen nach Genf gekommen waren.

---

[231] Junod, Louis: Histoire de l'église française de Bâle, S. 37.

Vornehmlich der Einfluss Haldanes auf die jungen Theologen war so groß, dass diese kurz nach Haldanes Abreise im Juni 1817 aus Genf – er hatte ein halbes Jahr in der Rhonestadt verbracht – sich zur Separation von der Staatskirche entschlossen und zu einer unabhängigen Gemeinde vereinigten. Das war die Geburtsstunde des Genfer *Réveil*. Diese neue Gemeinschaft, die sich später *Société évangelique* nannte, gewann schnell an Mitgliedern, vor allem Angehörige der Genfer Oberschicht traten zahlreich der neuen Gemeinschaft bei. Ihr erklärtes Ziel waren typisch erweckliche Anliegen wie die Förderung des Reiches Gottes durch die Innere und Äußere Mission, die Verbreitung der Heiligen Schrift, die Einführung der Sonntagsschule, der Kampf gegen den theologischen und kirchlichen Rationalismus und gegen die gesellschaftliche Gleichgültigkeit. Mit der Gründung einer eigenen Predigerschule, die 1832 ihren Betrieb aufnahm, erhielt der *Réveil* zudem eine eigene Ausbildungsstätte für erweckte Theologen.

Grandpierre war in Neuenburg aufgewachsen. Im Fürstentum Neuenburg sympathisierten zwar einige neuenburgische Geistliche – unter ihnen auch Grandpierre – mit dem Anliegen des Genfer *Réveil*, stießen aber mit ihrem Anliegen bei der offiziellen neuenburgischen Pfarrerschaft auf wenig Verständnis. Nach seiner Ordination 1823 kam Grandpierre im Herbst desselben Jahres als Pfarrvikar an die französische Gemeinde in Basel. Schon nach wenigen Wochen hatte der junge und überaus eifrige Geistliche eine lebendige Gemeinde um sich geschart. Seine enthusiastische und volksverbundene, wenn auch wenig wissenschaftliche Art zu predigen machte auf viele tiefen Eindruck. «Sa parole, confiante et enthousiaste comme lui, produisit une vive impression. Au bout de peu de mois l'église se remplit, des âmes se réveillent, des conversions s'opèrent»,[232] stellte ein Zeitzeuge fest. Neben seiner Predigttätigkeit rief Grandpierre vier religiöse Versammlungen ins Leben: eine für ältere Frauen, eine zweite für Eltern, eine dritte für Hausangestellte und schließlich eine für junge Menschen, die alle einmal wöchentlich zusammenkamen. Doch erregte sein schwärmerischer Missionseifer innerhalb und außerhalb der Kirche schon bald beträchtliches Aufsehen, auch über die engen Grenzen dieser Kirchgemeinde hinaus, und verursachte eine nicht geringe Aufregung in der Stadt, wo man dem jungen Prediger vorwarf, «de troubler les consciences et les familles».[233] Das Konsistorium der französischen Kirche sah sich daraufhin gezwungen, den Hauptpfarrer ihrer Gemeinde, Pfarrer Jean Henri Ebray, er

---

232 Jean Pédézert: Souvenirs et études, S. 12.
233 Louis Junod: Histoire de l'église française de Bâle, S. 37.

war von 1808 bis 1838 in dieser Gemeinde tätig, zu beauftragen, «à vou-
loir adoucir sa prédication»,[234] mäßigend auf seinen jüngeren Kollegen
einzuwirken. Viel Erfolg wird ihm dabei nicht beschieden gewesen sein,
denn nur wenige Monate später muss auch unter den Kirchenältesten
die Verunsicherung so groß geworden sein, dass sie Pfarrer Grandpierre
um den schriftlichen Text seiner Predigt baten, der dann unter den Mitgliedern zirkulierte, wo er zwar einhellig für gut befunden, aber zur Einsicht auch dem Antistes der Basler Kirche, Hieronymus Falkeysen,
weitergereicht wurde, wohl mit der Absicht, sich sozusagen von oben,
von dem Verantwortlichen der Basler Kirche, die Rechtmäßigkeit von
Grandpierres Aktivitäten bestätigen zu lassen.[235]

Falkeysen, der erst im vorgerückten Alter zum Antistes der Basler
Kirche gewählt worden war, hielt ängstlich an der Tradition fest und
wandte sich später, «aus Furcht vor der neuen Theologie», dem Pietismus zu. Heftig hatte er seinerzeit De Wettes Berufung nach Basel bekämpft. Als die Kuratel De Wettes Berufung gegen seinen Willen
durchgesetzt hatte, intrigierte Falkeysen weiter und wollte den Buchhandlungen den Verkauf von De Wettes Büchern untersagen, was aber
den energischen Widerspruch seiner Kollegen herausforderte. So erstaunt es nicht, dass Falkeysen an Grandpierres Predigten nichts auszu-
setzen hatte. Ganz im Gegenteil: Er fällte ein sehr wohlwollendes und
zustimmendes Urteil über sie und ließ den Angeschuldigten persönlich
wissen: «Continuez; j'envisage votre présence dans notre ville de Bâle
comme une véritable bénédiction.»[236] Damit war die Rechtmäßigkeit
von Grandpierres Amtsführung sanktioniert und er konnte weiteren
Protesten zum Trotz mit seiner Arbeit fortfahren, zumal er keine Kirchenspaltung, wie er selber schrieb, anstrebte.

Doch bereits 1827 verließ Grandpierre die Stadt Basel in Richtung
Paris, um dort einem Ruf als Leiter der Pariser Mission Folge zu leisten. Einen späteren Nachfahren Grandpierres im Amt, Oscar Vallette,
hat Nietzsche noch kennengelernt. Auch Vallette war ein überzeugter
Erweckter, wenn auch in seinen öffentlichen Auftritten weniger leidenschaftlich als sein Vorgänger Grandpierre. Nietzsche kannte mindestens
einzelne Publikationen Zinzendorfs aus eigener Lektüre, was Notizen
aus seiner Nachbasler Zeit bezeugen.[237] Darüber wird weiter unten noch
detaillierter die Rede sein. Ob er allerdings mit Zinzendorfs Schriften

---

234 StABS, Protocoles du consistoire de l'église française à Bâle, PA 141, A 11, S. 293
     (15.8.1824).
235 Ebd., S. 301.
236 Louis Junod: Histoire de l'église française à Bâle, S. 37.
237 KGW VII/1, 15(60), S. 518.

schon im Religionsunterricht bei Robert Buddensieg in Schulpforta bekannt geworden war oder ob ihn sein Kollege Vallette darauf hingewiesen hat, ist nicht mehr zu erweisen. Im Weiteren ist behauptet worden – ohne dass jedoch dafür eine Quelle beigebracht worden wäre –, dass Nietzsche am Pädagogium mit der Zinzendorf'schen «Liedertheologie» bekannt geworden sei.[238] Sollte diese Behauptung zutreffen, könnte Vallette auch in diesem Fall der Vermittler gewesen sein. Immerhin steht fest, dass das bis 1875 im Besitz der politischen Macht befindliche «Fromme Basel» auch am damaligen Pädagogium ohne jeden Zweifel Personalpolitik in seinem Sinn betrieben hat, womit Überzeugungen von Erweckten auch dort vertreten und hochgehalten wurden. Vallette mag dafür *ein* Beispiel, aber gewiss nicht das einzige, sein.

Hermann Schultz

Neben Franz Overbeck pflegte Nietzsche mit weiteren Theologen, alle Kollegen an der Universität und zum Teil auch Lehrer am Pädagogium, Kontakt. Zunächst muss hier Hermann Schultz genannt werden. Schultz hatte sich nach theologischen Studien in Göttingen und Erlangen 1861 in Göttingen habilitiert und kam 1864 als Ordinarius für alttestamentliche Theologie nach Basel. In seiner Antrittsrede betonte er, dass er in Basel die Absicht habe, «der hl. Schriften des alten Bundes Ausleger und des evangelischen Glaubens Lehrer an dieser altberühmten Stätte der Wissenschaft» sein zu wollen.[239] So zeigte er sich auch bewandert auf systematischem Gebiet und las ebenso mehrmals über Themen der neutestamentlichen Theologie. 1869 erschien zum ersten Mal seine *Alttestamentliche Theologie*, die fünf Auflagen erlebte, die letzte 1896, wobei der Verfasser in jeder Auflage die neusten Ergebnisse der alttestamentlichen Forschung, die gerade in jenen Jahren einen großen Aufschwung nahm, einarbeitete. In späteren Jahren erfolgten weitere vielbeachtete Publikationen, zunächst in systematischer Theologie, wo sich Schultz in seinem 1881 erschienenen Buch über die *Lehre von der Gottheit Christi* vor allem der christologischen Frage zuwandte. Weitere Publikationen hatten ethische und apologetische Fragen zum Inhalt.

Im Weiteren war Schultz auch ein gern gehörter Kanzelredner. «Seine Predigten [...] sind schriftgemäße, gedankenreiche, warm

---

238 Michael Jacob: Gott am Kreuz, S. 63.
239 Basler Nachrichten vom 19. Mai 1903 (2. Beilage zu Nr. 136).

lebendige Zeugnisse von dem in Christus uns erschienenen Heil in edler, gemessener und geschmackvoller Sprache»,[240] wie ein regelmäßiger Predigthörer urteilte. Intensiv beteiligte sich Schultz am Basler Universitätsleben, übernahm 1868 das Rektorat und engagierte sich ebenso in Personalfragen. So fragte er im Auftrag der Erziehungsbehörden in einem Brief vom 15. November 1869 Franz Overbeck an, damals Privatdozent in Jena, ob dieser einer allfälligen Berufung nach Basel Folge leisten würde. In seinem Schreiben erwähnte Schultz, dass man in Basel «die Errichtung einer weiteren theologischen Professur mit in Aussicht genommen» habe und «daß in manchen Kreisen der Wunsch laut wurde, – vor Allem von Seite eines hiesigen meistens aus Laien bestehenden Reformvereins, der sich wesentlich der Anschauung der 'Zeitstimmen' nähert», einen Vertreter dieser Richtung mit der Aufgabe zu betrauen, «dass einzelne Fächer, vor Allem die biblische Kritik Neuen Testamentes und das damit zusammenhängende kirchengeschichtliche Gebiet, in einer mehr kritischen Richtung vertreten seien, als das von meinem Kollegen Prof(essor) Riggenbach[241] geschieht.»[242] In seinem Antwortschreiben wenige Tage später erklärte sich Overbeck bereit, eine allfällige Berufung nach Basel anzunehmen.

Vom Frühjahr 1870 bis zu seinem Wegzug nach Straßburg im Herbst 1872, wo ein halbes Jahr zuvor eine neue Hochschule gegründet worden war, gehörte Schultz auch dem Kirchenrat an. 1874 ging er weiter nach Heidelberg und zwei Jahre später nach Göttingen, wo er an der Seite seines Freundes Albrecht Ritschl, dem berühmten Begründer des Ritschlianismus, lehrte. Die Ritschl'sche Theologie war der sehr ernsthafte Versuch, aus der Sackgasse der vor 1870 zunehmenden theologischen Zersplitterung herauszukommen. Immanuel Kants Kritizismus hatte Ritschl zur Abkehr von der Spekulation bewogen. Entschlossen wandte er sich gegen jede Form von Metaphysik in der Theologie, aber auch gegen die sogenannte natürliche Theologie und gegen die Versuche, das Gottesbewusstsein aus dem menschlichen Selbstbewusstsein abzuleiten. Immer wieder betonte er die absolute Unabhängigkeit der Religion von jeder Metaphysik und stellte sie, den sittlichen Kategorien Kants folgend, als eine ethische Gesinnungsautonomie dar.

Dieser realistische Empirismus kam den praktischen Bedürfnissen des nationalliberalen Bürgertums im Bismarck-Deutschland sehr entgegen.

---

240 Karl Stockmeyer: Prof. Dr. Herrmann Schultz, S. 93.
241 Zunächst Anhänger einer liberalen Richtung innerhalb der Theologie, später Vertreter einer strengen Orthodoxie.
242 Overbeckiana, 1.Teil: die Korrespondenz Franz Overbecks, S. 86.

Daher ihr damaliger Erfolg. Allerdings war der Einfluss seines Freundes Ritschl in Göttingen viel zu mächtig, als dass sich auch um Schultz hätte eine Partei oder Schule bilden können. Er musste notwendig im Schatten seines berühmten Kollegen wirken, dessen überragenden Erfolg er ihm vorbehaltlos gönnte. Schultz blieb mehr als Ritschl mit Schleiermachers Denken verbunden und versuchte immer wieder von neuem die Einheit der Theologie in der Verbindung von Wissenschaft und Kirche aufrecht-zuerhalten, theologische Wissenschaft und pfarramtliches Wirken miteinander zu verbinden. Ein typisches Anliegen der Vermittlungstheologie, der Schultz seit seiner Basler Zeit verbunden geblieben war. Noch in Basel hatte sich Schultz dem Vermittler Hagenbach angeschlossen. In einer Zusammenkunft der schweizerisch-kirchlichen Gesellschaft, der theologischen Heimat der Vermittler, hatte Hagenbach in einem Grundsatzreferat ausführlich die Absicht dieses theologischen Standpunktes erläutert und betont, dass es ihr Anliegen sei,

Christenthum und Humanität so zu vermitteln, dass Beide zu ihrem Recht gelangen. Gegen die einseitige Kulturverherrlichung, ja –Vergötterung [sc. der Reformtheologen] hat das Programm mit seiner Betonung des *historischen* Christenthums deutlich genug Verwahrung eingelegt. Gegen die einseitige Gläubigkeit, die sich von vornherein mit der modernen Kultur auf gespannten Fuss gesetzt hat [sc. hier denkt Hagenbach an die Orthodoxen], rief der Redner das berühmte Wort Schleiermachers zu Hilfe, ob denn fortan die Wissenschaft mit dem Unglauben und der Glaube mit der Barbarei zu gehen habe, was er natürlich mit seinem grossen Lehrer und Meister der Gottgelahrtheit entschieden verneinte.[243]

Anwesend «am Präsidialtische», war auch «Herr Prof. Schulz [sic!]» und dieser stellte dabei

die Forderung auf, daß *Gerechtigkeit* solle geübt werden, und dieß sei den beiden schon organisirten Vereinen nicht möglich. […] Der evangelischen Partei werde es trotz der Intelligenz und dem guten Willen vieler trefflicher Männer nicht gelingen, weil sie die Ueberzeugung nicht haben könne, daß durch einen *Verlust* auch ein *Gewinn* erzielt werde, da sie *jedes* Nachgeben als schmerzlichen Verlust empfinde. Zudem stehe hinter der maßgebenden besonnenern und gebildeten Führern die Masse derer, die einmal mehr oder weniger schroffe Parteileute seien und die in allen Fragen schließlich doch überstimmen und majorisiren, was bereits mit Petrus in Antiochien und den Brüdern in Jerusalem der Fall gewesen sei. Mit freudigem Herzen vermöge diese Richtung Gerechtigkeit nicht zu üben. Aber auch die der Reformer nicht, weil ihre Seite nach links offen stehe und Viele ohne Interesse für Kirche und Christenthum eintreten. Hingegen die Partei der *Mitte kann* Gerechtigkeit üben und will es gern thun mit aller Freudigkeit und im *Glauben* an eine noch bevorstehende herrliche Zukunft der Kirche, bei'm Blick auf die Kulturentwicklung.[244]

---

243 Volksblatt für die reformirte Schweiz, IV Jg., Nr.1 vom 6. Jan. 1872, S. 7.
244 Ebd., S. 8.

Nietzsche hielt persönlichen Kontakt zu Schultz, wusste seinen Brief-
partnern auch Persönliches aus dessen Leben zu erzählen. Schultz unterrichtete auf der Oberstufe des Pädagogiums das fakultative Fach
Religion und war somit auch dort Nietzsches Kollege.

Emil Kautzsch

Nachfolger von Hermann Schultz am Pädagogium und an der Universität wurde Emil Kautzsch. Kautzsch stammte wie Nietzsche aus der weiteren Umgebung Leipzigs, auch er aus einem Pfarrhaus. Zudem war er
vor allem Philologe. Man sprach also die gleiche Sprache und verstand
sich. Kautzsch hatte in Leipzig das Studium der Theologie aufgenommen
und konzentrierte sich schon bald auf die philologisch-exegetische Seite
der Theologie, besonders des Alten Testaments. Daneben trieb er auch
orientalische Studien, was ihm für das Verständnis der Umwelt des Alten Testaments von großem Nutzen war. Nachdem er sich in alttestamentlicher Exegese in Leipzig habilitiert hatte, wurde Kautzsch 1871 zum
außerordentlichen Professor ernannt und nur ein Jahr später nach Basel
berufen. Kautzsch war gerne nach Basel gekommen, hatte er doch Overbeck gegenüber, als seine Berufung nach Basel feststand, geäußert: «Vom
ersten Tage an hat mich die Idee einer Uebersiedelung nach Basel mit einer Freudigkeit erfüllt, die ich vor allem als einen Wink Gottes betrachten möchte.»[245] Zu seiner Aufgabe gehörte es, am Pädagogium in der
obersten Klasse den Religionskurs zu führen. Für diese Arbeit, die er keineswegs missen wollte und mit viel Engagement versah, brachte er viel
Freude und Erfahrung mit, hatte er doch nach dem Abschluss seiner Studien an der Leipziger Nikolaischule Hebräisch, Religion, Deutsch und
Latein unterrichtet.

Nach dem Wegzug seines Freundes, des Orientalisten Albert Socin,
1876 nach Tübingen, übernahm er zusätzlich den Hebräischunterricht,
den Socin bisher erteilt hatte. Socin war einst selber Schüler des Basler
Pädagogiums gewesen und hatte sich später semitischen Studien zugewandt. 1871 habilitierte er sich in Basel auf diesem Gebiet und übernahm zugleich den Hebräischunterricht an der obersten Klasse des Pädagogiums, womit er Nietzsches Lehrerkollege wurde. Doch 1876 folgte
er einem Ruf als ordentlicher Professor nach Tübingen und siedelte
1890 nach Leipzig über. Nur neun Jahre später verstarb er in seinem

---

245 Brief Kautzschs an Overbeck vom 1. März 1872, in: Nachlass Franz Overbeck, UB
Basel.

fünfundfünfzigsten Altersjahr. Kautzsch und Socin waren eng befreundet und so folgte Kautzsch 1880 seinem Freund an die schwäbische Universität, wohin er auf Betreiben Socins berufen worden war. Eng befreundet war Kautzsch auch mit der Familie Wilhelm Vischer-Heussler, er hatte sogar die Patenschaft eines ihrer Kinder übernommen.

In Basel entfaltete Kautzsch eine rege literarische Tätigkeit, die in Tübingen und dann besonders in Halle noch zunahm. In Halle entstand sein eigentliches Lebenswerk, die Übersetzung des Alten Testamentes ins Deutsche, ergänzt mit den alttestamentlichen Apokryphen und Pseudoepigraphen (1890–1900). Mit der ihm eigenen wissenschaftlichen Gründlichkeit hatte er ein Werk geschaffen, das bis weit ins 20. Jahrhundert hinein Bestand haben sollte. Schon während seiner Basler Zeit hatte er die Neubearbeitung von Wilhelm Gesenius' *Hebräischer Grammatik* an die Hand genommen und diese bis zum Jahr 1909 über acht Auflagen betreut und jeweils erweitert um das, was Sprachwissenschaft und Exegese Neues dazu erbracht hatten. Auch nahm er sich in Basel lokaler Themen an und verfasste eine Monographie über den berühmtesten Vorgänger auf seinem alttestamentlichen Lehrstuhl, Johann Buxtorf den Älteren. Nach dem Tod Karl Rudolf Hagenbachs wurde er 1874 zum Lektor des Frey-Grynäischen Instituts gewählt und bewohnte bis zu seinem Weggang aus Basel «das alte heimelige Haus» am Heuberg. 1875 erteilte ihm der Große Rat das Ehrenbürgerrecht der Stadt Basel wohl auch deswegen, weil er einen im gleichen Jahr an ihn ergangenen Ruf an die Universität Heidelberg abgelehnt hatte.

Kautzsch, eine gewinnende und liebenswürdige Persönlichkeit, geschätzt von Kollegen und Mitbürgern, hat sich gern in Basel aufgehalten. Hier begründete er seinen Ruf als bedeutender Forscher auf dem Gebiet der alttestamentlichen Disziplinen. War Kautzsch auch vornehmlich Gelehrter, so hat er sich trotzdem der Allgemeinheit nicht verschlossen. Dann und wann übernahm er Predigtvertretungen, vornehmlich an der Kirche zu St. Theodor und im Münster, was ihm eine große Zuhörerschaft dankte. 1873 wurde er Mitglied des Basler Kirchenrates, 1878/79 zum Rektor der Universität gewählt. Als Wissenschaftler wie auch als Theologe war Kautzsch ein starker konservativer Grundzug eigen. Das wird nicht nur in seinem Verständnis des Altern Testaments deutlich, wo er dezidiert daran festhielt, dass die alttestamentliche Religion nicht als ein innerhalb der Geschichte entstandenes Phänomen zu verstehen sei, sondern vielmehr als ein von «oben herabgekommenes». Auch hatte er Wellhausens Literarkritik zwar zur Kenntnis genommen und davon gelernt, doch innerlich war er diese Entwicklung nur zögernd mitgegangen. Zu einer grundsätzlichen Auseinandersetzung mit der überlieferten kirchlich-dogmatischen Tradition kam es bei ihm hingegen nie. Innerhalb der kirchlichen Parteienbildung stellte er sich auf die Seite der Orthodoxen. Von den Vermittlern wollte er nichts wissen, gab es doch für ihn mit den Reformern nichts zu vermitteln. Täglich begleiteten ihn die Losungen der Herrnhuter Brüdergemeine, deren Gedankengut er immer eng verbunden geblieben ist. Mit Kautzsch ist Nietzsche, obwohl man sich kannte, nicht in näheren Verkehr getreten. Zu weit entfernt voneinander waren ihre Interessens- und Arbeitsgebiete.

Julius Kaftan

Zu Kautzschs hervorragenden Basler Freunden gehörte Julius Kaftan, der 1873 als außerordentlicher Professor nach Basel berufen und an der Universität ebenfalls mit Nietzsche bekannt wurde. Darüber hinaus dinierte Nietzsche, wenn nicht gerade seine Schwester Elisabeth bei ihm in Basel weilte und für seinen Lebensunterhalt sorgte, beinahe täglich mit Kaftan im Gasthof zum Goldenen Kopf. Zur Tischrunde, einer geistvollen und behaglichen Männerrunde mit geselligen Gesprächen in jenem an der Schifflände gelegenen Gasthof,[246] von den Freunden spaßhaft auch «zum goldenen Schädel» genannt, zählten im Weiteren der Theologe Conrad von Orelli, der auf Strafprozess-, Kirchen- und Staatsrecht spezialisierte Jurist Albert Teichmann, der im Auftrag der Basler Regierung die bekannte Darstellung des Universitätslebens mit dem Titel *Die Universität Basel in ihrer Entwicklung in den Jahren 1885–1895* geschrieben hatte und die 1896 als Festgabe der Stadt Basel den Organisatoren der Schweizer Landesausstellung 1896 übergeben worden war, und der Musiker Adolf Blomberg, der 1872 Basel verließ, um eine Musikdirektorenstelle in Mulhouse anzutreten. So entwickelte sich zwischen Nietzsche und Kaftan ein reger Kontakt, dann und wann kam Nietzsche in seinen Briefen auch auf ihn zu sprechen und nannte ihn zusammen mit den anderen Tischgenossen vertraut einen «guten Gesellen».[247]

Kaftan war in einem nordschlesischen Dorf in einem Pfarrhaus geboren, verbrachte seine Jugend- und Schuljahre nach dem frühen Tod seines Vaters im Jahre 1859 in Flensburg. Im Herbst 1866 begann er mit seinem Theologiestudium, zunächst in Erlangen, später in Berlin und

---

[246] Zu diesem Gasthof siehe die Abbildung auf dem Buchumschlag.
[247] KGB II/3, S. 178.

Kiel. 1872 wurde er an der Universität Leipzig promoviert und nur ein
Jahr später mit einer kritischen Untersuchung über die altorthodoxe In-
spirationslehre habilitiert. In seiner in späten Jahren abgefassten Selbstbiographie erwähnte Kaftan den Philosophen Friedrich Adolph Trendelenburg und die Theologen Friedrich Schleiermacher und Isaak
August Dorner als Lehrer, die ihn wesentlich geprägt hätten, wies zudem auf den Berliner Theologen Franz Karl Steinmeyer hin, dessen
vierzehntäglich gehaltene Predigten im Universitätsgottesdienst wesentlich dazu beigetragen hätten, «dass ich in diesem Berliner Jahr meines
Glaubens als persönliche Überzeugung in einer mich beglückenden
Weise gewiss und froh wurde».[248]

Auch Kaftan predigte gerne und tat dies hauptsächlich in der Leip-
ziger Thomaskirche. Er selbst urteilte: «Namentlich aber haben diese
Predigten in der Thomaskirche mir den Ruf nach Basel verschafft.»
Nachdem der Theologe Hermann von der Goltz 1873 Basel in Richtung
Bonn verlassen hatte, beriefen die Basler auf die vom Verein für christ-
lich-theologische Wissenschaft in den 1830er Jahren als Gegengewicht
zur Berufung De Wettes gestiftete Dozentenstelle den fünfundzwanzig
Jahre jungen Gelehrten. Zu dieser Berufung notierte Kaftan:

> Vorsteher der Theologischen Gesellschaft war 1873 der Ratsherr Adolf Christ-Sarasin.
> Daß ich mich der Freundschaft dieses Mannes und eines intimeren Verkehrs mit ihm
> vier Jahre lang bis zu seinem Heimgang habe erfreuen dürfen, gehört zum Besten, was
> Gott mir in meinem Leben geschenkt hat, sein Bild steht mir bis heute als ideale Ver-
> körperung evangelischer Frömmigkeit und Weisheit vor Augen.[249]

Zehn Jahre blieb Kaftan in Basel, einer Stadt, die ihm, wie er immer
wieder beteuerte, zur zweiten Heimat geworden war. Während seiner
neunzehn Basler Semester las Kaftan Dogmatik, Ethik, neutestamentliche Theologie und Symbolik. Neben seinen Vorlesungen und Übun-
gen predigte er auch hin und wieder.

In seiner wissenschaftlichen Arbeit legte der Gelehrte sein Hauptaugenmerk auf die systematische Theologie, woraus später seine
bekannten Bücher hervorgegangen sind: *Die Wahrheit der christlichen
Religion* (1888), seine viel gelesene *Dogmatik* (1897; [7-8]1920) und *Die
Philosophie des Protestantismus* (1917). Während seiner Basler Zeit
hatte sich Kaftan mit den Schriften des Theologen Ritschl näher vertraut gemacht und sich der Gedankenwelt des bedeutenden Theologen angenähert, führte dessen Anregungen aber selbständig weiter in-

---

[248] Zitiert nach Erich Stange: Julius Kaftan, S. 204.
[249] Ebd., S. 208, 209.

sofern, als er neben dem ethischen Element auch das mystische, nämlich «das unmittelbare Verhältnis des Gläubigen zu Gott und zu Christus» zu seinem Recht kommen ließ. Mit Ritschl zentrierte Kaftan seine Theologie in der geschichtlichen Offenbarung in Jesus Christus und führte damit dessen Absicht, den «historischen Jesus» zur Grundlage des Glaubens zu machen, weiter. 1883 folgte Kaftan einem Ruf als Nachfolger seines ehemaligen Lehrers Dorner an die theologische Fakultät der Universität Berlin und wurde dort für Jahrzehnte eine der maßgebenden Gestalten im theologischen und kirchlichen Leben Preußens. Über seine kirchliche Stellung während seiner Basler Zeit notierte Kaftan:

> [D]ass der durchweg lutherische Charakter meiner Theologie niemanden dort [sc. in Basel] Anstoß gab, und daß ich an meinem Teil mich in wenig Jahren ganz in das kirchliche und gottesdienstliche Leben Basels einlebte, wie ich denn im letzteren schon im ersten Jahr durch Predigten mitwirkte. [...] Basel ist nicht streng reformiert, das gottesdienstliche Leben dort ist nicht viel anders als im lutherischen Württemberg. Beide sind vom Pietismus, das Wort in gutem Sinn verstanden, beherrscht und bilden miteinander etwas wie eine Brücke vom Luthertum zum reformierten Wesen. [...] Basel ist mir eine zweite Heimat geworden.[250]

Wie seine Äußerungen über seine enge Beziehung zu Adolf Christ-Sarasin bezeugen, hegte Kaftan zwar Sympathien für die kirchlich Konservativen, stand aber den Vermittlern näher. 1879 publizierte Kaftan eine Schrift mit dem Titel *Die Predigt des Evangeliums im modernen Geistesleben*. Dazu notierte er in seinen Selbstbetrachtungen:

> Weiter bemerke ich zum Titel, daß es sich nicht darum handelte, eine Anpassung des Evangeliums an das moderne Geistesleben zu empfehlen. Gerade im Gegenteil: als die herrschenden Mächte in ihm bezeichnete ich diesseitige Kurseligkeit und Autoritätslosigkeit, im Gegensatz dazu solle die Predigt des Evangeliums das ewige Leben und den Gehorsam des Glaubens verkündigen.[251]

In einer ausführlichen Rezension im *Volksblatt für die reformirte Kirche der Schweiz*, dem Sprachrohr der Vermittler, bedankte sich der Rezensent beim Verfasser dafür, «daß nun wieder ein so bedeutender Schritt gethan ist, die theologische Forschung auf ihre wesentliche und allein fruchtbare Aufgabe zurückzuführen».[252]

---

[250] Ebd., S. 210f.
[251] Ebd., S. 218.
[252] Balmer: Die Predigt des Evangeliums im modernen Geistesleben, S. 133.

Viele Jahre später, im Sommer 1888, sind sich Kaftan und Nietzsche in Sils-Maria noch einmal begegnet. Nietzsche berichtete darüber seiner Mutter:

> Eine sehr angenehme Gesellschaft ist mir der Berliner Professor *Kaftan* und Frau, die mich noch von Basel her gut kennen und zum ersten Mal hier oben sind. […] Es ist übrigens einer der sympathischsten Theologen, die ich kenne.[253]

Auch Kaftan hielt diese Begegnung schriftlich fest, erzählte von gemeinsamen Spaziergängen mit Nietzsche in Sils und Umgebung und notierte:

> Nietzsche selbst sprach mit mir im Herbst 1888 über nichts häufiger als über die große Veränderung seiner Gedankenwelt. Er redete davon in Ausdrücken, in denen etwa ein pietistisch gerichteter Christ von seiner Bekehrung redet: vorher nichts als Dunkel, jetzt alles licht und hell.[254]

Und weiter:

> Wenn die Zeit erfüllt ist, wird er [sc. Nietzsche] aufhören, als Prophet zu gelten, und wird er allen sein, was er uns andern ist, die wir nie zu seinen Anhängern zählten: ein interessantes Phänomen, ein grosser Dichter, ein genialer Lehrer, der vieles in der inneren Welt gesehen hat und andre es sehen lehren kann.[255]

Conrad von Orelli

Tischgenosse Nietzsches im Gasthaus Goldener Kopf war auch der Theologe Conrad von Orelli. Von Orelli wuchs in Zürich in einem von herrnhutischer Frömmigkeit geprägten Elternhaus auf, einer Glaubensrichtung, der er zeitlebens verbunden blieb. Sein Studium nahm er an der theologischen Fakultät der *Eglise libre* in Lausanne auf. Weitere Stationen waren Zürich, Tübingen und Erlangen. In Erlangen traf er auf seinen wichtigsten theologischen Lehrer, den Alttestamentler Franz Delitzsch, einen Vertreter der heilsgeschichtlich orientierten Theologie, die die historisch-kritische Forschung ablehnte. Delitzsch hatte in von Orelli die Liebe zum Alten Testament entfacht und als Delitzsch 1867 eine Berufung nach Leipzig angenommen hatte, folgte ihm von Orelli und promovierte 1869 bei ihm mit einer Arbeit über «Die hebräischen

---

253 KGB III/5, S. 395.
254 Sander Gilman: Begegnungen mit Nietzsche, S. 606.
255 Julius Kaftan: Aus der Werkstatt des Übermenschen, S. 253.

Synonyma der Zeit und Ewigkeit genetisch und sprachvergleichend dargestellt».

In seine Heimatstadt zurückgekehrt, wurde von Orelli Pfarrer am Zürcher Waisenhaus und schon ein Jahr später zum Privatdozenten für Altes Testament an die Universität Zürich berufen. Eine Anfrage der Basler Kuratel über von Orellis wissenschaftliche Qualifikationen beantwortete Delitzsch mit dem Hinweis auf von Orellis Fähigkeiten, «den Weg selbständiger Forschung auf alttestamentlichem Gebiete so rühmlich fortzugehen, wie er ihn in seiner trefflichen Schrift über die hebräischen Synonyma beschritten hat». Im Übrigen sei von Orelli

> ein Mensch von lebendiger christlicher Gesinnung, von gediegenem Charakter, [...] von feinen Sitten, kurz einem theologischen habitus practicus, wie man ihn einem akademischen Lehrer zu wünschen hat [...] Kurz, obschon von Orelli einer anderen Kirche angehört als ich selber, so rechne ich ihn doch zu den wenigen jüngeren Kräften, denen wir die Zukunft der alttestamentlichen Wissenschaft mit Vertrauen anheimgeben können.[256]

1872 hatte Ratsherr Karl Sarasin mit einem Legat von hunderttausend Franken die Voraussetzung für eine zweite Stiftungsprofessur zur Errichtung eines zusätzlichen Lehrstuhls an der theologischen Fakultät geschaffen. Wie schon die erste im Jahr 1836 geschaffene Stiftungsprofessur, so war auch die zweite gedacht zur «Förderung gründlicher theologischer Studien und eines lebhaft christlichen Sinnes und Lebens», vermittelt von «solchen theologischen Lehrern, die wahre Wissenschaftlichkeit mit der Begeisterung des Glaubens und mit entschiedener Christlichkeit verbinden». Im Weiteren war es die Aufgabe dieser Lehrer, «die hiesigen Studierenden zu einer gründlichen aber gläubigen Erkenntnis des Wortes Gottes hinzuführen». Die Berufenen sollten dazu befähigt sein, gründlich wissenschaftlich zu arbeiten und ein Leben «in bewusster Christusnachfolge pietistischer Prägung» zu führen.[257] Beide Stiftungsprofessuren wollten die konservativen Kräfte innerhalb der Basler Kirche stärken. Und wie schon die erste, so sollte auch die zweite Stiftungsprofessur vom «Verein zur Beförderung christlich-theologischer Wissenschaft und christlichen Lebens» verwaltet werden.[258] Auf diese von Sarasin finanzierte Stiftungsprofes-

---

[256] Hans Hauzenberger: Der «Verein zur Beförderung christlich-theologischer Wissenschaft und christlichen Lebens», S. 132.

[257] Ebd., S. 127f.

[258] Dieser Verein wurde erst in den 1960er Jahren, anlässlich einer Neustrukturierung der Universität, aufgelöst und die Besoldung der Dozentenstellen vom Staat übernommen.

sur berief man 1873 von Orelli als Dozenten nach Basel. Hier las er alttestamentliche Exegese und semitische Sprachen wie Hebräisch, Arabisch und Syrisch. Allerdings war die Berufung von Orellis keineswegs als Konkurrenz zu dem ein Jahr früher berufenen Emil Kautzsch gedacht. Vielmehr sollten sich die zwei Dozenten ergänzen, was sie auch in glänzender Weise taten und zugleich miteinander befreundet waren. In Basel hat von Orelli vierzig Jahre lang als akademischer Lehrer gewirkt und war dort «für alle rechtsstehenden Theologen die Hauptanziehungskraft».[259]

Von Orelli zählte zu den führenden Kräften der konservativ-kirchlichen Richtung und präsidierte über viele Jahre den über die ganze Schweiz verbreiteten Evangelisch-kirchlichen Verein, Sammelbecken der Positiven. In seinem eigentlichen Fach stand ihm der Offenbarungsgehalt des Alten Testaments zuoberst. Dabei galt ihm die Bibel als «ein Dokument der Offenbarung Gottes, die in stufenweisem Fortschritt auf die höchste Selbsterschliessung Gottes in Christus hinziele».[260] Enge Kontakte hielt von Orelli zur Basler Missionsanstalt, ebenso zu freikirchlichen Gemeinden. An der siebten Hauptversammlung der Evangelischen Allianz in Basel im Jahre 1879 nahm er fleißig teil und hielt auch ein Referat «Über die Unwandelbarkeit des apostolischen Evangeliums». Unter seinen zahlreichen Publikationen sind seine Kommentare über die wichtigen biblischen Propheten Jesaja, Jeremia und Ezechiel die bedeutendsten. Wegen seiner Liebenswürdigkeit und seines schlagfertigen Witzes war er ein gern gesehener Gast in jeder Tafelrunde und gehörte insofern auch zu Nietzsches «guten Gesellen».

Hermann von der Goltz

In einem Brief des Pathologen Hermann Immermann an Franz Overbeck wird Nietzsches Bekanntschaft mit dem Theologen Hermann von der Goltz erwähnt.[261] Aus diesem Brief Immermanns geht hervor, dass Nietzsche mit dem genannten Theologen befreundet war. Im Weiteren notierte Elisabeth Nietzsche in ihr Tagebuch,[262] dass Nietzsche auch privat mit von der Goltz verkehrte. Hermann von der Goltz war als Theologe in der biblisch-pietistischen, auch theosophisch geprägten Frömmigkeit zu Hause, in der er aufgewachsen war. Vor allem der Theologe

259 Paul Wernle, Autobiographie, S. 213.
260 Ernst Kappeler: Conrad von Orelli, Zürich 1916, S. 10.
261 Nicht näher datierter Brief von 1875, in: Nachlass Franz Overbeck, UB Basel.
262 Zu diesem Tagebuch siehe KGB II/7/1, S. 631f.

Johann Christian Hofmann, der sich den Überzeugungen des bedeutendsten Pietisten Württembergs, Johann Albrecht Bengel, verbunden fühlte, redete einem orthodoxen Biblizismus das Wort und vertrat die im Zeichen der Erweckung wirkungsvolle Synthese von Heilsgeschichte und persönlichem Christentum, was den jungen Theologiestudenten von der Goltz mächtig anzog. Unter der Anleitung des Tübinger Theologen Tobias Beck, der auch in Basel gelehrt hatte, vertiefte sich von der Goltz in die originalen Gestalten der württembergischen Theologen und Theosophen. Auf dieser Basis bildete sich später seine konservative Glaubenshaltung aus. Seinem Glauben gab von der Goltz einmal den folgenden, prägnanten Ausdruck: «Ohne Glauben, Liebe und Hoffnung in Christo fehlt den ungeheuern geistigen und materiellen Kräften, welche die Menschheit mit Organisirung der Massen für gemeinsame Arbeit entfaltet, der sittliche Mittelpunkt und das heilige Gleichgewicht.»[263]

Als von der Goltz 1865 nach Basel auf eine von den Konservativen finanzierte Stiftungsprofessur für biblische und systematische Theologie zum außerordentlichen Professor berufen wurde, stellte er sich den Baslern in seiner Antrittsrede mit dem Thema «Über die universale Bedeutung der Bibel» vor, worin er ausführte, wie er den an ihn ergangenen Auftrag, christliche Theologie in bibelgläubigem Sinn zu lehren, auffasste. Von der Goltz, der 1870 zum ordentlichen Professor befördert wurde und dem man zwei Jahre später das Rektorat der Universität anvertraute, entfaltete in Basel eine fruchtbare Tätigkeit. Während dieser Zeit entstanden die beiden wissenschaftlichen Hauptwerke seines Lebens: *Gottes Offenbarung durch heilige Geschichte* (1868), eine biblische Dogmatik, die er in die immer weiter wachsende biblische Offenbarungsgeschichte eingebettet wissen wollte, und *Die christlichen Grundwahrheiten* (1873), ein streng christozentrisch aufgearbeiteter dogmatischer Stoff. In den folgenden Jahren fühlte sich von der Goltz mehr zur praktischen Kirchenpolitik berufen als zur wissenschaftlichen Theologie und so nahm er 1873 die Gelegenheit wahr, zunächst einem Ruf nach Bonn, wenig später nach Berlin zu folgen, wo er beim Neuaufbau der preußischen Landeskirche tatkräftig mitwirkte und maßgeblich für die Ausgestaltung der landeskirchlichen Gesetzgebung und Organisation verantwortlich zeichnete. Dabei war er bestrebt, mögliche Spannungen innerhalb der Kirche zu überwinden, konnte er doch Auseinandersetzungen dieser Art nicht leiden. Auf diese Weise diente er der Entfaltung und Pflege eines lebendigen kirchlichen Gemeindelebens. Darin gründete auch sein mutiges Einstehen für die Berufung

---

[263] Von der Goltz: Ueber sittliche Werthschätzung politischer Charaktere, S. 789f.

des liberalen Theologen Adolf von Harnack im Jahre 1887 nach Berlin, nachdem der Evangelische Oberkirchenrat Harnacks theologische Überzeugung offiziell in Zweifel gezogen und dem zuständigen Ministerium eine Ablehnung der vorgesehenen Berufung empfohlen hatte. Obwohl auch er dem Oberkirchenrat als Mitglied angehörte, stellte sich von der Goltz als streng konservativer Theologe gegen dieses Verdikt, indem er auf die Unabhängigkeit der theologischen Wissenschaft verwies und in einem Separatvotum den Beschluss des Oberkirchenrates zutiefst bedauerte und erklärte, dass er dazu in Widerspruch stehe.

Nietzsches Schrift über David Friedrich Strauss, die 1873 erschienen war und die der Verfasser von der Goltz kurz vor dessen Weggang aus Basel noch überbracht hatte, hat von der Goltz nachweislich stark beschäftigt. Ausführliche Notizen aus seinem Nachlass zeugen von einer intensiven Lektüre und Auseinandersetzung mit dieser ersten *Unzeitgemässen Betrachtung* seines ehemaligen Basler Kollegen.

Zusammenfassend kann an dieser Stelle festgehalten werden, dass Nietzsche den Kontakt und die Auseinandersetzung mit Theologen immer wieder gesucht und auch geschätzt hat. Zudem fällt auf, dass es ausschließlich Theologen aus dem konservativen und pietistisch-erwecklichen Lager waren, mit denen er Umgang pflegte. Der Reform zuneigende Theologen fehlen hingegen in seinem Bekanntenkreis fast gänzlich – von Overbeck einmal abgesehen, der sich jedoch auch nicht den liberalen Theologen zuzählte.

Moritz Heyne und Nathanael Plüss

Zusammen mit Nietzsche unterrichteten am Pädagogium schließlich auch der Germanist Moritz Heyne und der Mathematiker Nathanael Plüss. Der Mathematiker Plüss, der kein Universitätsdozent war, hatte sich an der Universität Göttingen ausgebildet und seine Lehrerlaufbahn als Bezirkslehrer in Aarau begonnen, bevor er als Lehrer ans obere Gymnasium und Basler Pädagogium kam. Nietzsche pflegte mit ihm keinen persönlichen Kontakt. Moritz Heyne hingegen, Deutschlehrer am Pädagogium und Professor für deutsche Sprache und Literatur an der Universität Basel, stand ihm näher. Einmal war ihm Heynes Fach vertrauter als die Mathematik. Zudem war Heyne ein Landsmann Nietzsches, aufgewachsen in Weissenfels, nur wenige Kilometer südwestlich von Nietzsches Geburtsort Röcken gelegen. Nach Studien der Germanistik, Geschichte und Altphilologie an der Universität Halle, habilitierte sich Heyne dort 1864 und wurde fünf Jahre

später zum Extraordinarius ernannt. Seine Forschungen beschäftigten
sich vornehmlich mit dem Angelsächsischen, Gotischen und Altdeut-
schen. 1870 wurde er als Nachfolger von Wilhelm Wackernagel, der
als Erster mit seinen wissenschaftlichen Leistungen der Germanistik
den vollgültigen Universitätsrang verliehen hatte, an die Universität
Basel berufen. Mit seiner Ernennung wurde ihm auch das Kommis-
sionspräsidium der von Wackernagel gegründeten Mittelalterlichen
Sammlung übertragen. Bot Heyne auch seine ganze Arbeitskraft auf,
um den ihm gestellten Aufgaben gerecht zu werden, so sah er doch
bald ein, dass ihm neben seinen drei Verpflichtungen als Universitätsdozent, als Lehrer und als Vorstand der Mittelalterlichen Sammlung
keine Zeit mehr für seine Forschungen blieb. Deshalb bat er bereits
im Frühsommer 1871 um eine Beschränkung seiner Aufgabe am Pädagogium, was ihm im *Volksfreund*, dem Sprachrohr der Radikalen,
übel vermerkt wurde. Doch sprach ihm Wilhelm Vischer das volle Vertrauen der Kuratel, der Aufsichtsbehörde der Universität, die sein Anliegen positiv aufgenommen hatte, aus. Unermüdlich widmete sich
Heyne seiner Aufgabe als Dozent und wandte sich verstärkt der Wort-
forschung und Altertumskunde zu. Seit 1867 war er Mitredaktor für
die Arbeit am *Grimmschen Wörterbuch*. Dieses Werk förderte er im
Laufe der nächsten Jahrzehnte wie kein anderer. Um sich verstärkt
dieser Arbeit widmen zu können, nahm er nach dreizehnjähriger Tätigkeit in Basel einen Ruf an die Universität Göttingen an, die zur
kräftigen Förderung ebendieses wissenschaftlichen Unternehmens
eigens für Heyne eine Professur geschaffen hatte. Heyne war Freimaurer und seit 1871 Mitglied der Basler Loge «Zur Freundschaft und Be-
ständigkeit». Die Freimaurer verpflichteten sich zur Förderung der
Menschlichkeit in der Gesellschaft und zu einem ausgleichenden Wirken im Konfessionellen. Was sie von jeder dogmatischen Engherzig-
keit fernhielt. Da Heyne diesen Zielsetzungen nachlebte, fühlte er sich
innerhalb der protestantischen Kirche den Vermittlern zugehörig.
Dass er wegen seines Gesuchs um Arbeitsentlastung von radikaler
Seite persönlich angegriffen wurde, zeigt, dass er weder Mitglied noch
Gesinnungsgenosse dieser politischen und kirchlichen Richtung gewesen ist. Nietzsche stand Heyne beruflich und privat nahe und empfahl
diesen, nachdem er selber dem deutschen Musikverein auf dessen Anfrage, als Preisrichter für eine Preisarbeit über Richard Wagners «Ring
der Nibelungen» zu amten, in positivem Sinn beantwortet hatte, Heyne
als weiteren Preisrichter, was akzeptiert wurde. Die Überzeugung
Vischer-Bilfingers, mit der Berufung Heynes «eine vortreffliche Ac-
quisition gemacht» zu haben, teilte auch Nietzsche in jeder Hinsicht.

Max Heinze

Einen weiteren Landsmann und ehemaligen Lehrer Nietzsches in Schulpforta, Max Heinze, beriefen die Basler 1874 auf den Lehrstuhl für Philosophie, wo er neben philosophischen Kollegien auch Vorlesungen über Pädagogik hielt und das Pädagogische Seminar leitete. Heinze verließ nach nur einem Jahr die Rheinstadt wieder, da er einen Ruf nach Königsberg angenommen hatte. Heinze war wie Nietzsche in einem Pfarrhaus aufgewachsen, studierte zunächst Theologie, später Philosophie und Klassische Philologie an den Universitäten von Leipzig, Halle, Erlangen, Tübingen und Berlin, wo er 1860 beim Philosophen Friedrich Adolph Trendelenburg mit einer Arbeit über die stoische Affektenlehre promoviert wurde. Die folgenden drei Jahre war er als Lehrer in Schulpforta angestellt, wo er Griechisch, Französisch und Geschichte unterrichtete und von September 1861 bis März 1863 Nietzsches Tutor und Lehrer war. 1872 habilitierte sich Heinze an der Universität Leipzig und war als Privatdozent tätig, bis er nach Basel berufen wurde. Heinze hatte seinen ehemaligen Schüler nicht vergessen und besuchte ihn in dessen Basler Wohnung noch vor seinem Amtsantritt, worauf Nietzsche Mutter und Schwester mitteilte: «Ich freue mich auf Heinze's Ankunft, denn ob ich schon nichts Förderliches in meinem Sinne von ihm erwarte, so weiss ich doch dass er ein guter tüchtiger und rücksichtsvoller Mensch ist.»[264] Nietzsche hielt guten Kontakt zu Heinze, war auch Gast in Heinzes Haus und vergnügte sich mit ihm an gemeinsam besuchten Familienanlässen. Auch unternahm man gemeinsame Ausflüge, so im Juli 1874 auf die Frohburg. Doch als Heinze am Ende des Wintersemesters im April 1875 Basel wieder verließ, bemerkte Nietzsche gegenüber seiner Schwester: «Über das Verschwinden des guten Flachkopfs Heinze bin ich recht froh, es war auf die Dauer nicht auszuhalten. Na, überhaupt die ganze deutsche Professorenbande. Aber Heinze ist doch ein merkwürdig geringes Exemplar dieser an sich sehr reizvollen und inhaltsreichen Rasse»[265] Trotzdem war das gegenseitige Verhältnis von Sympathie und Wertschätzung geprägt und blieb es auch während der folgenden Jahre. So ließ Nietzsche seinem Kollegen 1878 vom Verleger unmittelbar nach dem Erscheinen sein Buch *Menschliches, Allzumenschliches* zukommen und Heinze verfolgte, obschon von grundverschiedener Denkungsart, Nietzsches Lebensgang aufmerksam und mit viel

---

[264] KGB II/3, S. 212.
[265] KGB II/5, S. 44.

Interesse. Mehrfach trafen sich Nietzsche und Heinze in den 1880er Jahren, in Bayreuth, in Leipzig, auch in Nizza. Im April 1883 meldete Nietzsche seinem Freund Heinrich Köselitz nach Venedig:

> Bemerken Sie doch, lieber Freund, daß *Heinze* bei weitem mein bester Fürsprecher in Universitätskreisen ist [...] Ich habe ihn gern: es ist eine sehr reinliche wohlmeinende und gerade Art. In Schulpforta war er noch mein Lehrer. Daß er nach Basel berufen wurde, war wesentlich mein Werk; und da ereignete sich das curiosum, daß ich, damals Dekan der philosophischen Fakultät, meinen früheren Lehrer 'einzuführen' hatte.[266]

1897 wurde Heinze auf Wunsch der Mutter Nietzsches Gegenvormund und kümmerte sich vornehmlich um die Geldangelegenheiten seines Pfleglings. Zudem stand Heinze Nietzsches Schwester Elisabeth auf ihre Bitte hin bei der nicht unumstrittenen Gründung und Einrichtung des Nietzsche-Archivs in Weimar mit Rat und Tat zur Seite. Ein paar Jahre später bedankte er sich, indem er Elisabeth Förster-Nietzsche in einem langen Sendschreiben 1908 der schwedischen Akademie als Kandidatin Deutschlands für den Literaturnobelpreis empfahl, wobei er die von ihr verfasste Nietzsche-Biographie und ihr Engagement beim Aufbau des Nietzsche-Archivs ins Feld führte.[267] Den Preis erhielt freilich Rudolf Eucken, ein ehemaliger Basler Dozent.

Anlässlich von Nietzsches Bestattung am 28. August 1900 sprach Heinze an dessen Grab. Heinze war der einzige Philosophiedozent, mit dem Nietzsche in Basel persönlichen Umgang pflegte. Mit Gustav Teichmüller, der von 1868 bis 1871 in Basel lehrte, und dessen Nachfolger Rudolf Eucken, der von 1871 bis 1874 in Basel war, sowie mit Heinzes Nachfolger Hermann Siebeck, schien Nietzsche nichts zu verbinden. Das hat vermutlich damit zu tun, dass Nietzsche nicht vergessen hatte, dass seine Bewerbung um die Nachfolge Teichmüllers weder ernst genommen noch auch nur in Betracht gezogen worden war. Trotzdem hat Nietzsche im Wintersemester 1877/78 allwöchentlich zweimal das Philosophiekolleg Steffensens zum Thema «Geschichte der Philosophie in der Christenheit bis auf Kant»,[268] gehalten vor 24 Hörern, regelmäßig besucht.

---

[266] KGB III/1, S. 360.
[267] Rudolf Eucken: Philosophische Schriften, S. 15.
[268] StABS, Universitätsarchiv AA2 und Erziehungsacten X 34, Semesterberichte 1877–1878.

Andreas Heusler

Hier ist auch vom Rechtsgelehrten Andreas Heusler zu sprechen. Heusler wurde 1834 als drittes von sieben Kindern des bekannten Juristen, Mitglieds des Kleinen Rates und Redaktors der konservativen *Basler Zeitung*, Andreas Heusler-Ryhiner, geboren. Herkunft und Vaterstadt zeichneten ihm seine Bahn vor, wobei ihm für seine Stellung zu politischen und kirchlichen Fragen der Vater stets Vorbild blieb. Von Haus aus war Heusler ein konservativer, protestantischer Föderalist. Sich selbst wollte er ausschließlich als «demokratischen Aristokraten» bezeichnet wissen. Wie sein Vater, so wurde auch der jüngere Heusler mit der Zeit immer mehr zum Führer der Basler Konservativen, was heftige persönliche Angriffe vonseiten der Radikalen zur Folge hatte. Nach seiner Studienzeit in Deutschland kehrte Heusler nach Basel zurück und blieb seiner Heimatstadt fortan treu. Hier lehrte er als ordentlicher Professor Deutsches Recht und schrieb in dieser Funktion auch das geniale Werk, das seinen Ruhm für alle Zeit begründen sollte, *Die Institutionen des Deutschen Privatrechtes*, eine Darlegung von dessen geistigen Grundlagen. Daneben oblagen ihm auch Vorlesungen über das Zivilprozessrecht. Von 1891 bis 1907 war er zudem Präsident des Appellationsgerichts, des obersten kantonalen Gerichts.

Heusler war eine ebenso uneigennützige und mutige wie herrische und eigensinnige, letztlich zwiespältige Kämpfernatur, die zum Zeitgeschehen in Opposition stand und daran leidenschaftlich Kritik übte. Dennoch galt er als markante Verkörperung baslerischer Gelehrtheit und genoss über seine Vaterstadt hinaus großes Ansehen. Fünfzig Jahre ging er seiner akademischen Tätigkeit nach, bekleidete wiederholt das Amt des Dekans seiner Fakultät und übernahm 1871 das Rektorat der Universität. Sein um zehn Jahre jüngerer Kollege Nietzsche unterstützte ihn während dieses Rektoratsjahres als Sekretär, was Nietzsche im Dezember 1870 nach Naumburg berichtete: «In der letzten Sitzung des akademischen Senats hat man Freund Heusler zum Rector der Universität, mich zum Sekretär gemacht. Neue Beschwerden!»[269] Zugleich entfaltete Heusler seine politische Tätigkeit als konservatives Mitglied im Basler Großen Rat von 1866 bis 1902. Dabei galt ihm als überzeugtem Konservativen das Dogma der Rechtsgleichheit nicht als absolutes Credo, und an die allein seligmachende Kraft der Demokratie glaubte er nie. So erstaunt es kaum, dass Heusler, nachdem 1875 die neue Basler Verfassung in Kraft getreten und die Volkssouveränität eingerichtet war, weiterhin

---

[269] KGB II/1, S. 164.

alle Tendenzen – wenn auch meist vergeblich –, die eine weitere Ausgestaltung der Verfassung im Sinn eines gleichmachenden «Bundes-
radikalismus» anstrebten, bekämpfte. In seinem eigenhändig verfassten
Lebenslauf notierte er: «Wir in Basel sind jetzt ganz auf dem Bundes-
niveau. Mir graut davor, wieder in diesen Schmutz hineinzumüssen.»[270]
Und an seinen Sohn schrieb er am 13. Februar 1887:

> Also, wir stecken seit 1875 in der einseitigsten Demokratenherrschaft […] Das Entschei-
> dende, was das Regiment in Basel geändert hat, ist das: bis 1875 war die Regierung un-
> besoldet, da konnten nur anständige Leute gewählt werden. Durch die Verf. von 1875
> wurden die Regierungsstellen besoldete Stellen, da kamen die hungrigen demokrati-
> schen Stellenjäger ans Regiment. […] Früher waren wir von anständigen, gewissenhaf-
> ten, patriotischen Leuten regiert, jetzt aber von Leuten ohne Charakter, die alles tun,
> um dem Pöbel lieb zu sein u. von ihm auf ihren grünen Sesseln erhalten zu werden.[271]

Um seinem Anliegen mehr Gewicht zu verschaffen, gründete er zusammen mit seinem Freund, dem Historiker Wilhelm Vischer-Heussler und
weiteren Konservativen aus anderen Schweizer Kantonen 1875 den konservativen protestantischen Eidgenössischen Verein und präsidierte diesen Verein als Nachfolger Wilhelm Vischers für kurze Zeit. Trotz allem
war ihm bewusst, dass in 'seinem' Basel die Konservativen seit Mitte
der 1870er Jahre nur noch eine einflussreiche Minderheit bildeten, wo
sich kaufmännischer Unternehmungsgeist mit eindrucksvoller Opfer-
willigkeit für gemeinnützige Zwecke paarte – das vornehme baslerische
Mäzenatentum.

Hatte Heuslers Vater 1835 die Freiwillige Akademische Gesellschaft
(FAG) mit der Absicht gegründet, die infolge der Kantonstrennung
finanziell arg bedrohte Basler Hochschule zu retten, so unterstützte der
Sohn nebst der FAG als Präsident der leitenden Kommission der Universitätsbibliothek über drei Jahrzehnte in freigebiger Art und Weise
dieses Institut und widmete ihm, neben weiteren gemeinnützigen Aufgaben, seine ganze Aufmerksamkeit. Heusler ist ein überzeugter pro-
testantisch-konservativer Föderalist und Christ gewesen. Die tägliche
Hausandacht war ihm ebenso selbstverständlich wie der sonntägliche
Gottesdienstbesuch, mit Vorliebe beim Waisenhausprediger Emanuel
Preiswerk, den er anderen Kanzelrednern vorzog. Er verabscheute alles «Theologengezänk» und ebenso jede kirchliche Parteienbildung.
Diesen Mann zeichnete ein hohes religiöses Ethos aus, ebenso eine
kindliche Frömmigkeit, der alles Laute und Schwärmerische in Glaubenssachen zuwider war. Wie schon seinem Vater, so war auch ihm eine

---

[270] StABS, PA 329 N4, S. 7.
[271] Ebd., S. 8.

nüchterne protestantische Religiosität ein bestimmendes Moment seiner Persönlichkeit. Einem Freund, der ihn kurz vor seinem Tod besuchte, soll er gesagt haben: «Was mich im Jenseits erwartet, weiss ich nicht, aber ich klammere mich an 2. Kor. 12,9: 'Lass mich an deiner Gnade genügen'.» Und aus seiner persönlichen Erinnerung an Heusler erzählt Ulrich Stutz die folgende Begebenheit:

> Als ich einst bei feierlicher Gelegenheit in einer Adresse zu Ehren eines Gelehrten, in dessen Wertschätzung er [sc. Heusler] mit mir nicht übereinstimmte, im Eifer des grossen Stils eine Wendung aus Röm. 11,33 brauchte, in der Meinung, man dürfe die Hl. Schrift auch einmal als Buch der Bücher zitieren, da war er ganz empört und verwies mir das allen Ernstes als gotteslästerlich, weil man nie das, was vom Höchsten ausgesagt sei, auch von Menschlichem sagen dürfe.[272]

Nietzsche war mit Heusler gut bekannt. Sie waren sich während Heuslers Rektoratsjahr näher gekommen. Als Nietzsche im Frühjahr 1871 in Lugano zur Kur weilte und den Kuratelpräsidenten Wilhelm Vischer-Bilfinger schriftlich um Geld gebeten hatte, überbrachte ihm Heusler auf Wunsch Vischers diese Barschaft persönlich. Nietzsche nahm jeweils auch am Gesundheitszustand von Heuslers Frau Adèle Heusler-Sarasin, die krankheitshalber oft in Davos weilte, herzlich Anteil. Und als Adèle Heusler-Sarasin 1878 im 37. Altersjahr früh verstarb, schrieb Nietzsche seinem Kollegen einen ergreifenden Kondolenzbrief: «Ach mein armer armer Freund, mit dem tiefsten herzlichsten Bedauern habe ich von ihrer Vereinsamung gehört, das glauben Sie mir gewiß.»[273] Beide, Nietzsche und Heusler, waren große Freunde der Musik und spielten hervorragend Klavier. Dabei schätzte Heusler unter den Komponisten die der vorklassischen Zeit wie Bach, Händel und Gluck, lehnte hingegen die Zeitgenossen Brahms und speziell Wagner ab. Wagners Musik hatte für ihn den Wert von «Trödel», während Nietzsche bekanntermassen damals ein feuriger Verehrer dieses Komponisten war. Eine Anekdote erzählt, dass Nietzsche

> einst zu Heusler gestürmt sei mit den Worten: «Heusler, kommen Sie rasch, der Meister kommt, der Meister! Kommen Sie zum Bahnhof!» Heusler (nach den Worten: «was fir e Meischter?, ah, dr Wagner») lässt sich bewegen, mit Nietzsche am Bahnhof Wagners Ankunft zu erwarten, um ihn da kennenzulernen. Der Zug fährt ein und so erzählte Heusler: «do kunnt so ne glai Männli mit breite sydige Umschlag an

---

272 Stutz, Ulrich: A. Heusler, ein Nachruf, S. 112.
273 KGB II/5, S. 316.

de Ermel – und stürzt sich, ohni uns azluege, direkt in e anderi Lokaliät. Do han i gsait: aadie Nietzsche, i ha gnueg vo dim Meister», und bi wieder heimgange.[274]

Lange über seine Basler Zeit hinaus blieb ein herzlicher Kontakt zwischen den beiden Gelehrten bestehen.

Jules Piccard

An der Universität war Nietzsche auch mit Jules Piccard bekannt geworden. Piccard war in Lausanne geboren und hatte sich nach abgeschlossenem Chemiestudium 1862 in Heidelberg promoviert. Der deutschen Sprache in Wort und Schrift vollkommen mächtig, habilitierte er sich im selben Jahr am Eidgenössischen Polytechnikum in Zürich, wo er danach als Privatdozent Vorlesungen hielt. Dort beschäftigte er sich vornehmlich mit der Agrikulturchemie. 1868, neunundzwanzigjährig, folgte er einem Ruf nach Basel und versah da seine Professur über 34 Jahre. Gleichzeitig ging er von 1876 bis 1884 der Aufgabe des Kantonschemikers nach und befasste sich dabei mit Fragen der Nahrungsmittelchemie und der Hygiene. Die Basler schätzten den mit einer in der französischen Schweiz aufgewachsenen Deutschen, Hélène Haltenhoff, einer «Schönheit von madonnenhafter Erscheinung»,[275] mit der er vier Kinder hatte, verheirateten Piccard sehr. 1874 verlieh ihm die medizinische Fakultät für seine Verdienste um die Förderung der Medizinstudenten den medizinischen Ehrendoktor.

> In seinem äußeren Wesen war er ein Mann von überaus feiner und graziöser Geistesart mit den angenehmen und verbindlichen Formen der guten, alten französischen Zeit, ihrer causerie und ihrem esprit. [...] und so geschah es, daß sein Haus beste deutsche Kultur und angenehmste französische Zivilisation, französische civilité, französischen Esprit, französische geistige und äussere Grazie vereinigte.[276]

Neben seiner wissenschaftlichen Arbeit war Piccard ein leidenschaftlicher Alpinist und Bergmaler. Aquarellierend verstand er es, die Alpenwelt treffend auf die Leinwand zu bannen. Im Weiteren interessierte er sich für die Politik und unterstützte den Physikprofessor Eduard Hagenbach-Bischoff bei seinem Engagement für die Einführung des Proporzwahlsystems. Eduard Hagenbach, der Sohn Carl

---

274 Anonym: Heusler im Basler Musikleben, in: Basler Nachrichten vom 29./30. September 1934, 1. Beilage zu Nr. 266.
275 Kurt von Miaskowski: Basler Jugenderinnerungen, S. 123.
276 Ebd., S. 124.

Rudolf Hagenbachs, galt damals als der profilierteste politische Vermittler im Großen Rat, einem Gremium, dem er von 1867 bis zu seinem Tod 1910 angehörte. Ihm lag viel an einer gerechten Vertretung
aller Parteien in den politischen Gremien und deshalb setzte er sich
unermüdlich für das Proporzwahlverfahren ein, das auch den kleinen
Gruppierungen eine angemessene Vertretung sicherte. Doch erst am
26. Februar 1905 nahm das Basler Volk das Gesetz über das Proporz-
wahlrecht an. Die Stellung eines Vermittlers kam Hagenbach auch in
kirchlichen Angelegenheiten zu. Möglicherweise hat ihn Piccard auch
auf diesem Gebiet unterstützt. In der Zeit der Berufung nach Basel
erkrankte Piccard an Typhus, wovon er sich nie wieder ganz erholte;
zunächst glaubte er gar, den Ruf nach Basel nicht annehmen zu können, da diese Krankheit ihn von seiner fordernden Arbeit abhalten
könnte. Trotzdem hat er, nicht zuletzt dank der sorgfältigen Pflege,
die ihm seine Frau zukommen ließ, schließlich das biblische Alter von
93 Jahren erreicht. Gerade seine Krankheit war es, die in ihm Verständnis und Mitgefühl wachsen ließ für die Krankheit von Freunden
und Bekannten, so auch von Nietzsches Krankheit. Während des Wintersemesters 1870/71 erkrankte Nietzsche und musste auf Anraten der
ihn behandelnden Ärzte sein Lehramt vor Semesterschluss zugunsten
einer Kur verlassen. Ab Mitte Februar 1871 weilte er für sechs Wochen zusammen mit seiner Schwester in Lugano. Piccard, der von
Nietzsches gesundheitlichen Problemen wusste, schrieb seinem erkrankten Kollegen am 21. März 1871 nach Lugano:

> Wenn Sie ganz gesund wäre(n), würden Sie wahrscheinlich das Bedürfniss Ihnen ein
> Paar Worte zu schreiben, welches ich jetzt empfinde, gar nicht begreifen können.
> Leider aber haben wir einen Berührungspunkt, hoffentlich nicht von Dauer: wir sind
> beide leidend und in unserer Berufsthätigkeit gehemmt. Diese wenigen Zeilen sol-
> len nur ein Zeichen meiner vollen Theilnahme sein und dürfen, da Sie nicht wohl
> sind, *nicht* beantwortet werden. [...] ich hoffe dass wir Beide mit frischen Kräften
> im Mai wieder anfangen werden.[277]

Trotzdem antwortete Nietzsche postwendend:

> Lieber und werter Herr Kollege, Sie haben mich durch Ihren Brief wahrhaft über-
> rascht: wie selten habe ich ein so reines Zeichen der Teilnahme erhalten! Der ganze
> Tag nahm ein freundliches Gesicht an, der mit dem Empfang dieses Briefes begonnen
> war. Seien Sie überzeugt, daß ich so einen Zug wie diesen, nie vergessen kann.[278]

---

[277] KGB II/2, S. 343f.
[278] KGB II/1, S. 188.

Ein eindrückliches Zeichen der Freundschaft. Zudem suchte Piccard, wenn er sich auf Reisen befand und es sich ergab, Nietzsche auch nach dessen Abschied von Basel zum Besuch dort auf, wo dieser sich gerade befand. In seinen späten Erinnerungen an Nietzsche charakterisierte der Chemiker seinen Kollegen so: «durch seine Herzensgüte, durch sein kindliches Gemüt, durch seine absolute Wahrheitsliebe» sei dieser «wahrhaft groß» gewesen.[279] Als Mitglied der französischen Kirche Basel wird Piccard wohl keine Sympathie für die liberale Theologie empfunden haben.

August von Miaskowski

Ebenso freundschaftlich verbunden wie mit Jules Piccard war Nietzsche mit dem Nationalökonomen August von Miaskowski und dessen Familie. Von Miaskowski wurde im estländischen Pernau geboren und war nach dem Studium der Rechts- und Staatswissenschaften für längere Zeit in den baltischen Provinzen Russlands tätig gewesen, bevor er sich den Wirtschaftswissenschaften zuwandte. Nachdem er sich 1871 an der Universität Jena habilitiert hatte, wurde er 1874 als erster Nationalökonom nach Basel berufen. Von dort ging er 1876 an die landwirtschaftliche Hochschule nach Hohenheim, kehrte aber schon nach zwei Jahren wieder an die Universität Basel zurück, um 1881 einem Ruf nach Breslau zu folgen. In Basel fühlte sich der Gelehrte äußerst wohl. Davon zeugen einzelne seiner Schriften, die baslerische und schweizerische Themen zum Inhalt haben, so ein Buch über Isaak Iselin (1875), für Miaskowski «ein Weltbürger und zugleich ein Schweizer; ein Schweizer und außerdem ein Basler».[280] Dann über *Die Gesellschaft des Guten und Gemeinnützigen* (1877), über *Die Verfassung der Land-, Alpen- und Forstwirtschaft in der deutschen Schweiz* (1878), über *Die Schweizerische Allmend* (1879) und schließlich über das *Kranken- und Begräbnisversicherungswesen der Stadt Basel* (1880).

Seine besondere Aufmerksamkeit galt dem karitativen Sozialsystem der Stadt, das er für beispielhaft hielt und das ihm als Grundlage für seine wissenschaftlichen Analysen diente. Politisch zählte sich der Gelehrte dem *Juste Milieu* zu, der Gruppe der gemäßigt Konservativen, was einem Brief, in dem der Schreiber von «uns Leuten des juste

---

[279] C.A. Bernoulli: Franz Overbeck und Friedrich Nietzsche, Bd. 1, S. 170.
[280] Zitiert nach Andreas Staehelin (Hg.): Professoren der Universität Basel aus fünf Jahrhunderten, S. 200.

milieu»[281] spricht, zu entnehmen ist, den Miaskowski dem damaligen Ständerat von Basel-Stadt, Karl Rudolf Stehlin-Merian schrieb. Kirchlich zählten sich die Miaskowskis der Katholisch-apostolischen Kirche zu. Die Katholisch-apostolische Kirche ist eine der Erweckungsbewegung in Deutschland vergleichbare Erscheinung in Großbritannien und wird dem angelsächsischen Evangelikalismus zugerechnet. Auch sie zeichnete sich durch eine biblizistische Grundhaltung aus, indem der Bibel in allen Glaubens- und Lebensfragen oberste Autorität zugesprochen wird. Zudem war dieser Glaubensform eine postmillenarische Auffassung eigen, nämlich die Überzeugung, dass das Ende des Tausendjährigen Reiches kurz bevorstehe und damit auch Christi leibliche Wiederkunft, eine buchstäbliche Erfüllung der biblischen Weissagungen in naher Zukunft. Von dieser Überzeugung her sah man die dringendste Aufgabe der Kirche darin, für eine baldige «Wiederaufrichtung der göttlichen Kirchenordnung» nach dem neutestamentlichen Urbild zu sorgen. Einher ging diese Überzeugung mit der Herstellung urchristlicher Zustände wie dem Zungenreden, der Verkündigung von prophetischen Weissagungen und Bitten um Heilungen. Die 1832 gegründete Katholisch-apostolische Kirche ernannte in der Folge zwölf Apostel, die allein den Heiligen Geist vermitteln konnten und die seit 1836 auch auf dem europäischen Festland eine intensive missionarische Tätigkeit entfalteten und eindrückliche Erfolge, vor allem in Deutschland, erzielten. Dabei erregte 1847 der Anschluss des Marburger Theologieprofessors Heinrich Thiersch an diese Kirche besonderes Aufsehen.

Thiersch hatte sich zunächst klassisch-philologischen und philosophischen Studien gewidmet und dabei auch die Vorlesungen seines Paten, des Philosophen Friedrich Wilhelm Joseph Schelling, besucht und sich dabei manchen Gesichtspunkt Schellings, so auch dessen Liebe zur Mystik, zu eigen gemacht. Zeitlebens blieb er ihm verbunden. Ab 1835 widmete sich Thiersch ganz der Theologie und habilitierte sich 1840 in Erlangen. 1843 erging an ihn ein Ruf als außerordentlicher Professor nach Marburg und im Januar 1846 wurde er an derselben Universität zum ordentlichen Professor befördert. Thiersch zählte zu den fähigsten Theologen um die Mitte des 19. Jahrhunderts. Aus Enttäuschung über die Zeichen seiner Zeit und den damit verbundenen Niedergang der christlichen Theologie und der immer noch bestehenden Verflechtung von Staat und Kirche, trat Thiersch 1847 der Katholisch-apostolischen Bewegung bei, mit der er sich schon seit 1842 beschäftigt hatte. Hier sah er den rettenden, von Gott bereiteten Ausweg. Damit war jedoch seine

---

[281] StABS PA 513 IE5 A11; Brief vom 3. Juni 1876.

Stellung innerhalb der theologischen Fakultät problematisch geworden, und 1850 wurde ihm jede Vorlesungstätigkeit untersagt. Später erfolgte auch sein Ausschluss aus der lutherischen Kirche. Schon bald übernahm Thiersch innerhalb der neuen Gemeinschaft eine leitende Stellung und seit 1875 wirkte er als Leiter der apostolischen Gemeinden Süddeutschlands, der Schweiz und Österreichs in Basel. In dieser Stadt lebte er bis zu seinem Tod 1885. Gerne verkehrte er mit vielen bedeutenden Menschen der Stadt, wie dem Alttestamentler von Orelli, dem Philosophen Steffensen, den er hoch schätzte, dem Dogmatiker und Neutestamentler Johannes Riggenbach, dem Botaniker und Geologen Peter Merian, dem umtriebigen Christian Friedrich Spittler und der Familie Miaskowski. In Basel war Thiersch auch verantwortlich für die Ausbildung der Priester seiner Gemeinschaft und hielt nebenbei öffentliche Vorträge, zum größten Teil historischen Inhalts. Gerne hielt er sich im Haus der Familie Miaskowski auf, wo er ein gern gesehener Gast war. In seinen Jugenderinnerungen erzählt Kurt, der Sohn August von Miaskowskis, von Thierschs Besuchen in seinem Elternhaus und notiert dazu: «Er [sc. Thiersch] war das Haupt der Sekte der Irvingianer in Basel. […] Jedenfalls war er einer der besten und im schönsten Sinne christlichen Menschen und als solcher natürlich auch ein großer und innig gegengeliebter Kinderfreund.»[282] Auch sprach er in seinen Erinnerungen seinem Vater eine tiefe Religiosität zu.

Nietzsche war mit seinem Kollegen und dessen Familie befreundet. In ganz persönlichen Angelegenheiten wandte sich Miaskowski an Nietzsche und bat ihn um Rat, so auch, als die Anfrage aus Hohenheim eingetroffen war, ob Miaskowski die Leitung der dortigen landwirtschaftlichen Hochschule zu übernehmen bereit sei. Man unternahm gemeinsame Ausflüge und traf sich vierzehntäglich, um gemeinsam zu musizieren oder Lektüre zu treiben. Kurt von Miaskowski berichtet:

Ich kann mich aber erinnern, den vornehm und apart aussehenden Mann [sc. Nietzsche] […] öfter bei uns zu Hause gesehen zu haben. Er gehörte zu einem musikalisch-literarischen 'Kränzchen' jüngerer, meist reichsdeutscher Universitätsprofessoren, das in den beteiligten Familien herumging. Nietzsche spielte sehr schön Klavier und hat meine Mutter, die damals viel im Gesangverein, in Gesellschaft und zu Hause sang, oft begleitet. Dieser Basler literarisch-musikalische Kreis gehörte damals in den siebziger Jahren zu den Neuerern – wenigstens in der Schweiz –, die den dort noch gar nicht allgemein anerkannten Gottfried Keller lasen und würdigten und welche die unvergleichlichen, damals aber noch neuartig und schwer verständlich anmutenden Brahmsschen Lieder […] studierten und vorsangen.[283]

---

[282] Von Miaskowski Kurt: Basler Jugenderinnerungen, S. 121.
[283] Ebd., S. 86f.

Auch Frau Pauline Ina von Miaskowski, eine geborene von Staden, die sich 1866 mit August von Miaskowski verheiratet hatte, hat in ihren schriftlich festgehaltenen Erinnerungen auf diesen «kleinen geselligen Verein» hingewiesen, «der alle 14 Tage, am Dienstag Abend, abwechselnd in den drei Familien sich zusammenfand». Die drei Familien waren die Miaskowskis, die Heynes und die Immermanns. Die drei ledigen Herren, Nietzsche, Overbeck und Romundt – auf Overbeck und Romundt (sc. Heinrich Friedrich Romundt) werden wir später noch ausführlich zu reden kommen – sollten dabei als Unverheiratete «kräftig mithelfen», wobei Overbeck und Nietzsche «die beiden Hauptspaßmacher unter uns» waren. Auch vergaß die Schreiberin nicht, immer wieder Nietzsches Klavierspiel zu erwähnen, «Nietzsche phantasierte wieder sehr schön». Vergnüglich ging es an diesen Abenden zu, es wurde gar zum Tanz aufgespielt, wobei die Schreiberin bedauernd ergänzte: «Wir Basler müssen ja leider das Vergnügen des Tanzes ganz entbehren, da hier in den Privathäusern fast nie getanzt wird. Wir flotten Dienstags-Vereinler bedauern das alle sehr!» An Vergnügungen wie Tanz und Theaterbesuch lag den «Frommen Baslern» nichts. Es gehörte sich ganz einfach nicht.

> Im Winter 1874/75 kam Nietzsche außerdem an jedem Freitag Nachmittag, um mich zum Gesang zu begleiten. Er brachte stets viel neue Noten mit […] Zum Schluß […] phantasierte Nietzsche uns vor oder er spielte aus Wagnerschen Opern, was er stets auswendig und ganz meisterhaft tat. Es waren genußreiche Stunden. […] Mein Mann hat, ebenso wie ich, stets die freundlichsten Erinnerungen an Nietzsche bewahrt, dessen geistig vornehme und dabei auch menschlich liebenswürdige, heitere Art jedem, der ihn kannte, unvergeßlich blieb.[284]

Als die Miaskowskis nach ihrem knapp zweijährigen Aufenthalt in Hohenheim nach Basel zurückkehrten, lernten sie einen anderen Nietzsche kennen,

> einen leidenden, ganz zurückgezogenen. Das heitere Freundesheim am Spalenthorweg, Nr 45 hatte sich aufgelöst. Professor Overbeck war verheiratet, Dr. Romundt nach Deutschland zurückgekehrt. […] [Sc. Es hielt] schwer, den heiteren, liebenswürdigen Menschen wieder zu erkennen, mit dem wir kaum zwei Jahre zuvor so häufig verkehrt hatten.[285]

Dieser enge, freundschaftliche Kontakt brach nach Nietzsches Abschied von Basel 1879 gänzlich ab.

---

[284] Sander Gilman (Hg.): Begegnungen mit Nietzsche, S. 225f.
[285] Ebd., S. 227.

Carl Liebermeister

Abschließend sollen noch vier Kollegen Nietzsches aus der medizinischen Fakultät erwähnt werden, mit denen Nietzsche persönlich verkehrte und deren Patient er war. Carl Liebermeister war ein deutscher Internist, hatte in Bonn, Würzburg, Greifswald und Berlin Medizin studiert und sich 1856 in Greifswald habilitiert. Ab 1860 arbeitete er in Tübingen, wo er 1864 zum außerordentlichen Professor ernannt wurde. Ein Jahr später wurde er als Professor für Pathologie und Leiter der Medizinischen Klinik an die neugeschaffene medizinische Universitätsklinik in Basel berufen. In seiner Basler Zeit erwarb er sich hohes Ansehen, insbesondere durch die erfolgreiche Bekämpfung einer Typhusepidemie, die zur Zeit seiner Ankunft in Basel ihren Höhepunkt erreicht hatte. Durch experimentelle Untersuchungen hatte Liebermeister diese Epidemie als Folge von Trinkwasserinfektionen erkannt und sich in der Folge für die Trinkwassersanierung der Stadt eingesetzt. Obgleich er sich in Basel sehr wohl fühlte, folgte er schon 1871 einem Ruf als Nachfolger seines Lehrers Felix Niemeyer nach Tübingen. Während seiner Basler Zeit starb Liebermeisters Gattin Fanny Liebermeister-Spaeth, die er als kaum 18-Jährige 1864 geehelicht hatte, an den Folgen der Geburt ihres ersten Sohnes. Die Abdankung vom 8. April 1866 leitete der bereits genannte Pfarrer Wilhelm Ecklin, damals Pfarrhelfer zu St. Peter, überzeugter Vertreter einer «ungebrochenen Orthodoxie». Ein Jahr später heiratete Liebermeister Marie Spaeth, die Schwester seiner verstorbenen ersten Frau.

Nietzsche hatte sich, als er schon kurze Zeit nach seinem Amtsantritt in Basel erkrankte, Liebermeister anvertraut. Mit Brief vom 6. Februar 1871 teilte Liebermeister dem Ratsherrn Wilhelm Vischer-Bilfinger mit, dass Nietzsche an «Magen- und Darmkatarrh» erkrankt sei, «der ihn körperlich und geistig sehr herunterbringt». Deshalb sei er zur Überzeugung gekommen, dass es für den Patienten am besten sei, «wenn er sich auf einige Zeit von hier entfernen und in besserem Klima frei von allen Geschäften seiner Gesundheit leben würde. Ich habe ihm Lugano als passenden Ort empfohlen».[286] Nietzsche selbst führte seine Erschöpfungszustände auf Überarbeitung zurück: «Man wird doch als deutscher Dozent in Basel unverantwortlich ausgenutzt; bei sehr schlechtem Gehalt! Wenn es irgend eine Gelegenheit giebt, mich von hier zu entfernen, so benutze ich sie»,[287] klagte er Anfang Februar 1871 Mutter und Schwester in Naumburg. Der Urlaub wurde ihm bis zum Ende des Win-

---

[286] StABS, Erziehungsakten CC 15.
[287] KGB II/1, S. 181.

tersemesters 1870/71 gewährt. Des Öfteren waren Nietzsche und, wenn sie in Basel weilte, auch seine Schwester Elisabeth bei der Familie Liebermeister zu Gast. Nietzsches Kontakte mit Liebermeister blieben auch nach dessen Wegzug aus Basel bestehen. Bei gelegentlichen Besuchen in Basel suchte der Arzt auch seinen damaligen Kollegen und Patienten Nietzsche auf. Und Franz Overbeck erzählte Nietzsche brieflich im März 1883 aus Genua, dass er die Liebermeisters, die auf Durchreise waren, besucht habe.[288]

Hermann Immermann

Als Nachfolger Liebermeisters wurde Hermann Immermann berufen. Immermann stammte aus Magdeburg, hatte an verschiedenen deutschen Universitäten Medizin studiert und war, wie sein Vorgänger, ein Schüler Niemeyers gewesen. 1860 hatte er in Berlin promoviert und sich bei Niemeyer in Tübingen im Fach Innere Medizin 1864 habilitiert. Nach einer Zeit als Assistenzarzt in Erlangen kam Immermann, erst 33-jährig, im Herbst 1871 nach Basel auf den Lehrstuhl für Spezielle und Allgemeine Pathologie, für Therapie und Klinischen Unterricht. Über ein Vierteljahrhundert wirkte Immermann als geachteter Dozent in Basel. Immermann, der das Schwergewicht seiner Tätigkeit auf den Unterricht legte, wurde als hervorragender Lehrer sehr geschätzt. Unter seiner Leitung hat sich die Zahl der klinischen Studenten im Lauf seiner Wirkungszeit mehr als verdreifacht. Besondere Verdienste hat sich der Genannte um den Ausbau des Klinischen Unterrichts, der Laboratorien und der Erweiterung des Spitals erworben. Anlässlich seines 25-Jahr-Doktorjubiläums wurde ihm das Ehrenbürgerrecht der Stadt Basel verliehen. Während seiner Zeit in Erlangen hatte Immermann 1869 Maria Diehl, Tochter eines Apothekers und Fabrikbesitzers, geehelicht. Diese Heirat versetzte ihn in eine wirtschaftlich unabhängige Stellung, eine Tatsache, die bei seiner Berufung ausdrücklich erwähnt worden war. Vier Kinder entstammten dieser Ehe, zwei Töchter und zwei Söhne. Einer der beiden Söhne, Karl Wilhelm Georg Immermann, lebte als Augenarzt zunächst in Glarus, später in Basel. Am öffentlichen Leben der Stadt Basel nahm Immermann nicht teil. Seine ganze Arbeitskraft widmete er dem Spital und seinen Patienten.

Mit Hermann Immermann verband Nietzsche eine herzliche Freundschaft. Der Mediziner war ihm während seiner Basler Zeit ein «getreuer

---

288 KGB III/1, S. 349.

Freund und Arzt».[289] Intensiv hat sich Immermann um Nietzsches zunehmende Kränklichkeit gekümmert, stand ihm mit Rat und Tat zur Seite.
Doch bestand auch darüber hinaus ein gutes gegenseitiges Einvernehmen. Nietzsche lud, wenn seine Schwester ihn in Basel unterstützte, die
Immermanns immer wieder zu Tisch, und die Geschwister waren auch
bei den Immermanns willkommen. Es war auch Immermann gewesen,
der Nietzsche auf seiner Ferienreise im Frühjahr 1872 für zehn Tage nach
Vernex an den Genfersee begleitete, wo sie sich zusammen von Krankheit und einem strengen Wintersemester erholen wollten. Auch habe
Immermann, wie Bernoulli berichtet, seinen Freund nach Tribschen, wo
die Wagners residierten, begleitet.[290] Mit Brief vom 7. Oktober 1874
machte Nietzsche seinem Freund Erwin Rohde in Hamburg folgende Mitteilung: «Heute Abend ist die Taufe von Immermann's Jüngstem; wir
Drei assistiren dabei.»[291] Immermann hatte die drei Freunde Nietzsche,
Overbeck und Romundt gebeten, während der Taufe seines Sohnes Karl
Wilhelm Georg durch Pfarrhelfer Carl Roth in der Kirche zu St. Leonhard (in der Leonhardsgemeinde waren die Immermanns eingepfarrt)
dessen Paten, die in München, Berlin, Wien und Frankfurt a.M. lebten[292]
und an jenem Mittwochabend nicht in Basel anwesend sein konnten, zu
vertreten. Gerne kamen die drei, die zusammen am Schützengraben 45
in der sogenannten Baumannshöhle wohnten, vom Theologen Kaftan abschätzig als «Giftbude» verspottet, diesem Wunsch nach. Beim Weggang
Nietzsches aus Basel schenkte er den Immermanns seine Mange, was
ihnen «ein grosses Vergnügen» bereitet hat.

Rudolf Massini

Als Nietzsches Krankheit mit den Jahren immer schlimmer wurde, vertraute er sich auch dem Universitätskollegen und Arzt Rudolf Massini
an. Als gebürtiger Basler hatte Massini in Basel, wo Carl Liebermeister
sein Lehrer gewesen war, später in Göttingen, Edinburgh und Wien Medizin studiert und 1868 seine Promotion bestanden. Seit 1871 arbeitete
er als Assistenzarzt wiederum unter Liebermeisters Leitung in Basel.
1872 habilitierte sich Massini in Basel für Pathologie und Therapie. Fünf
Jahre später wurde er außerordentlicher Professor, und 1882 übertrug
man ihm die Leitung der Poliklinik. 1890 wurde er zum ordentlichen

289 KGB II/3, S. 113.
290 C. A. Bernoulli: Franz Overbeck und Friedrich Nietzsche, Band I, S. 102.
291 KGB II/3, S. 262.
292 StABS, Kirchenarchiv St. Leonhard BB 26.4.

Professor und Direktor der staatlichen allgemeinen Poliklinik ernannt. Schließlich übertrug man ihm 1897 das Rektorat der Universität. Mit eindrucksvollem Engagement widmete er sich dem Ausbau der staatlichen allgemeinen Poliklinik und damit der staatlichen Krankenpflege für die ärmere Bevölkerung der Stadt. Daran hing er mit Leib und Seele. In erster Linie wollte Massini Arzt sein und erst dann Lehrer und Forscher. Damit erklärt sich, warum die Zahl seiner wissenschaftlichen Publikationen bescheiden blieb. Immerhin mag es in unserem Zusammenhang von Interesse sein, dass er seine Assistenten immer wieder zur Publikation von wissenschaftlichen Untersuchungen anregte, wobei er ihnen oft ein Thema vorgab, wie beispielsweise das Thema «Beiträge zur Syphilistherapie mit oleum cinereum». Massini bekleidete als Oberfeldarzt das militärische Amt des höchsten Arztes der Armee. Eine große Liebe verband Massini mit der klassischen Musik, die er großzügig förderte. Geistliche und weltliche Musikaufführungen in Kirchen und Konzertsälen besuchte er regelmäßig und mit viel Gewinn. Massini war verheiratet mit Louise Meyenrock, die ihren Mann um 36 Jahre überlebte. Die gemeinsamen Söhne Rudolf Massini, der 1921 außerdienstlicher Professor wurde, und Max Massini waren beide auch Mediziner und lebten in Basel. Der Vater Rudolf Massini, ein überzeugter Christ, ahnte seinen vorzeitigen Tod voraus und bestimmte als Bibeltext für seine Abdankung den zweiten Vers von Psalm 103: «Lobe den Herrn, meine Seele und vergiss nicht, was er dir Gutes getan hat». Hinzu notierte er folgende Überlegungen:

> Gott vor Allem, Gott allein die Ehre. Habe ich Gutes wirken und ausrichten können, ich habe es nur können, weil er zuerst an mir Gutes gethan hat. Er hat mich geschaffen und meine Art. Er hat mir die Gaben verliehen, die mir leicht fallen liessen, was andern schwer ward. Er hat mir Bahn gemacht zum Ziel und die Aufgabe für mich aufgethan, der ich mich mit ganzer Lust hingeben mochte und in der ich etwas leisten konnte. Er hat mir das Glück meines Hauses geschenkt, das mir auch in allem Schweren meines Amtes die Freudigkeit erhielt. Er ist im tiefsten Grund meines Lebens Kraft gewesen.

Hinzugefügt hat Massini noch sein eigenes Glaubensbekenntnis:

> Ich sterbe im Glauben an den allmächtigen Gott, der Himmel und Erde gemacht hat, der die Bahnen der Sonnen lenkt und der auch die Geschicke von uns armen kleinen Menschen bestimmt, der höher ist denn alle Vernunft und dessen Offenbarungen in Jesu Christo wir gläubig annehmen, weil unsere menschliche Erkenntnis, zeitlich und räumlich begrenzt, zum Erfassen seiner Grösse nicht hinreicht.[293]

---

293 StABS, Nekrologe PA 743, E1.

Diese persönlichen Ausführungen verlas der der Gruppe der konservativen Theologen zugehörende Pfarrer Ernst Miescher anlässlich von Massinis Bestattung im Dezember 1902. Miescher war Pfarrer zu St. Leonhard, seit 1875 zudem Redaktor des *Christlichen Volksfreundes* und von 1891 bis 1907 Präsident der Basler Missionsgesellschaft. Massinis Credo legt nahe, dass er, der Pfarrer Miescher persönlich um die Durchführung seiner Bestattung gebeten hatte, demselben theologischen Geist verpflichtet war wie Miescher. Nietzsche, Massini freundschaftlich zugetan, nannte ihn immer wieder «unser trefflicher Massini» und schenkte ihm bei seinem Abgang aus Basel einen Lehnstuhl. Auch ließ er ihm im April 1878 vom Verleger ein Freiexemplar seiner Schrift *Menschliches, Allzumenschliches* zukommen. Anfang 1878 verfasste Massini für den schwer erkrankten Kollegen ein Zeugnis, das diesen endgültig von seinen Unterrichtsverpflichtungen am Pädagogium entbinden sollte, nachdem Nietzsche bereits im Oktober 1877, nach einem Urlaubsjahr, eine Verlängerung der Befreiung vom Unterricht am Pädagogium zugestanden worden war.

Heinrich Schiess

In zunehmendem Mass versagte Nietzsche mit den Jahren das Augenlicht. Seine Augenschmerzen nahmen seit dem Frühjahr 1873 stetig zu, so dass er zeitweise nur noch kurze Zeit pro Tag lesen und schreiben konnte. Dies veranlasste ihn, möglicherweise auf Anraten Immermanns, den Ophthalmologen Heinrich Schiess zu konsultieren, der ihm schon bald für zwei Wochen jegliches Lesen und Schreiben verbot. Trotzdem setzte Nietzsche seine Arbeit am Pädagogium und an der Universität fort, trug jedoch seine Vorlesungen frei vor. Auch später blieb der Zustand von Nietzsches Augen labil, so dass er auf die Unterstützung von Freunden wie Heinrich Romundt und Carl von Gersdorff angewiesen war, ebenso auf die seiner Schwester. Auch der Student Adolf Baumgartner, der Sohn einer Mülhausner Fabrikantenfamilie, war ihm nach Diktat beim Schreiben behilflich und las ihm vor.[294]

Schiess war in Heiden (Appenzell) als ältestes von insgesamt vierzehn Kindern im Haus des Pfarrers Johann Heinrich Schiess, einem überzeugten Pietisten, geboren. Über dreißig Pfarrer hatte dieses Geschlecht hervorgebracht. Wegen seiner konsequenten pietistischen Gesinnung wurde Johann Heinrich Schiess nach nur je vier Amtsjahren in

---

[294] Zu Nietzsches Augenproblemen vgl. KGB II/7/2, S. 810.

Heiden und Urnäsch zur Demission gezwungen, bis die Familie in Grabs einen besseren Boden fand und Pfarrer Schiess bis 1879 amten konnte. Offenbar hatte man in Grabs mit dem Pfarrer Johann Heinrich Schiess gute Erfahrungen gemacht, wählte man doch zu seinem Nachfolger dessen Sohn Alfred, Heinrich Schiess' Bruder, der als Theologe zunächst in Oberglatt (ZH) und dann 1879 als Nachfolger seines Vaters das Pfarramt in Grabs übernommen hatte. Nach Schuljahren in Grabs, wohin seine Eltern 1838 gezogen waren, und St. Gallen riet Vater Schiess seinem Sohn Heinrich zum Medizinstudium, das dieser 1852 in Basel aufnahm. Schiess wohnte in Basel bei der Familie Merian, wo schon sein Vater und Großvater während ihrer Studienzeit ein zweites Zuhause gefunden hatten. Nach Studien in Basel und Würzburg promovierte Schiess 1856 in Basel und ließ sich daraufhin in der Ostschweiz als Allgemeinpraktiker nieder. In diese Zeit fiel seine Vermählung mit der reichen Kaufmannstocher Margaretha Gemuseus aus Basel. Dieser Ehe entsprangen zwölf Kinder. Schon 1861 kehrte Schiess nach Basel zurück, wo er sich als Spezialarzt für Augenheilkunde niederließ. Hier baute er, da er materiell unabhängig war, eine private Heilanstalt für Augenkranke auf und habilitierte sich 1863 in seinem Spezialfach. Vier Jahre später wurde er zum außerordentlichen Professor ernannt und 1876, als ihm eine auswärtige Professur angeboten wurde, machte man ihn zum ordentlichen Professor der Ophthalmologie, um ihn in Basel halten zu können. Seine private Augenheilanstalt nahm einen ungeahnten Aufschwung, was Schiess dazu veranlasste, den Bau eines öffentlichen Augenspitals zu fordern, der wenige Jahre später, finanziert aus privaten Mitteln, an der Mittleren Strasse errichtet wurde.

1881 starb Schiess' Frau und hinterließ ihm die Sorge um zehn meist noch unmündige Kinder. Nachfolgend übernahm seine Tochter Rosy die Führung des Haushaltes. Schiess, ein überaus strenger Vater, achtete darauf, dass seine Kinder sonntags immer die Kirche besuchten. Auch hielt er jeden Tag eine kurze Morgenandacht, an der alle, inklusive das Hauspersonal, teilzunehmen hatten, wobei Schiess jeweils aus den Herrnhuter Losungen und der Bibel las und seine Betrachtung mit einem Gebet abschloss, wie er dies von seinem Elternhaus her gewohnt war. Leutselig wie er war, liebte Schiess ein großes Haus und gab gerne üppige Einladungen. Nach dreißigjähriger Dozententätigkeit demissionierte Schiess 1896, da er an einer immer stärker sich bemerkbar machenden Kurzsichtigkeit erkrankt war, die ihn zunehmend an einer erfolgreichen ophthalmologischen Tätigkeit hinderte. Nach seiner Demission unternahm Schiess ausgedehnte Reisen, um noch so viel von der Welt zu sehen, als es ihm seine immer stärker abnehmende Sehkraft erlaubte. Schiess sah voraus, dass er eines Tages erblinden würde. Im Jahre 1913 verlegte der damals 80-Jährige seinen Wohnsitz nach Grabs und bewohnte dort das Haus, in dem schon sein Vater den Lebensabend verbracht hatte. Ein Jahr später, inzwischen beinahe erblindet, starb Schiess, umsorgt von seiner Tochter Rosy, an einem Schlaganfall.

Während Nietzsche mit den allermeisten seiner Basler Kollegen und Freunden, wie damals üblich, auf 'Sie' verkehrte, war er mit Schiess schon bald auf 'Du' – «Schiess, mit dem ich jetzt Du sage»[295] – damals ein Zeichen von großer, beinahe schon intimer gegenseitiger Vertrautheit. Sehr freundschaftlich verkehrten beide miteinander, und Schiess nahm an Nietzsches Schicksal aufmerksam Anteil. So schrieb er ihm nach Sorrent, wo Nietzsche von Oktober 1877 bis Mai 1878 Urlaub machte und Erholung suchte:

> Lieber Freund, [...] ich hoffe, daß Deine Nerven und Deine Augen doch noch Ruhe finden werden. Was Du mir von Deinem rechten Auge schreibst, das könnte mich beunruhigen, wenn ich nicht hoffte, daß dies mit dem völligen Schwinden Deines Kopfwehs auch wieder besser würde. Viel Bewegung im Freien und Abstinenz vom Lesen sind angezeigt, bald sollte Dir besser werden, sonst würde ich Dir doch einmal rathen, nach Neapel zu fahren und dort einen Augenarzt zu konsultieren. Es sind mehrere dort.[296]

Schiess sorgte sich um seinen Freund und Patienten, auch wenn dieser weit weg von Basel war. Freundschaftlich überließ Nietzsche, wie er es schon bei Heinze und Massini gehalten hatte, auch Schiess ein Freiexemplar seiner Schrift *Menschliches, Allzumenschliches* und schenkte auch ihm nach der Auflösung seines Basler Haushalts im Frühjahr 1879 einen Lehnstuhl. Über seine Basler Zeit hinaus blieb er mit seinem Vertrauensarzt in regem Kontakt und holte sich bei ihm immer wieder Rat zur Linderung seiner zunehmenden Augenschwäche.

---

[295] KGB II/3, S. 178.
[296] KGB II/6/1, S. 495.

3.3 Weitere Bekannte Nietzsches in Basel

Eduard Thurneysen-Gemuseus. Heinrich Gelzer-Thurneysen. Johann Jakob Bachofen. Adolf und Marie Baumgartner. Charlotte Kestner.

Als Nietzsche nach Basel kam, kannte er kaum jemanden in dieser ihm fremden Stadt. Das sollte sich jedoch bald ändern, zunächst durch die Vermittlung der Familie Vischer, seine ersten Basler Bekannten, dann durch seine Arbeit an Pädagogium und Universität. So wuchs sein Bekanntenkreis vornehmlich während seiner ersten Basler Jahre stetig an und ging, je länger je mehr, über den Kreis seiner Arbeitskollegen hinaus. Als Nietzsche im Lauf der Zeit zunehmend kränker wurde und ihm seine Beschwerden eine immer größere Zurückhaltung auch an Besuchen und Einladungen auferlegten, lösten sich viele, vornehmlich lose geknüpfte Freundschaften wieder auf. Was hingegen auf festen Boden gegründet war, blieb bestehen. Einige früher geknüpfte Beziehungen hatten trotz der aufkommenden Schwierigkeiten auch deshalb Bestand, weil die Beteiligten sich nicht nur mit Nietzsches Person, sondern darüber hinaus mit seinem Denken und seinen Schriften auseinandergesetzt hatten. In diesem Kapitel soll eben auf diese Bekannten Nietzsches hingewiesen werden, während auf eine Darstellung von anderen, oberflächlicheren Beziehungen, die vornehmlich von Nietzsches Schwester Elisabeth, die oft und über lange Zeit in Basel bei ihrem Bruder weilte, gepflegt worden sind, verzichtet wird. Dies auch deshalb, da Letztere auf Nietzsche kaum Einfluss ausgeübt haben. Alle hier Genannten waren weder an der Universität noch am Pädagogium tätig.

Eduard Thurneysen-Gemuseus

Mit dem Präsidenten des Strafgerichtes, Eduard Thurneysen, war Nietzsche schon früh bekannt geworden. Häufige Einladungen in Thurneysens «sehr wohlhabendem Haus» sind vor allem für das Jahr 1872 bezeugt. Nietzsche leistete ihnen auch dann noch Folge, als er aus Krankheitsgründen auf andere Besuche verzichtete, schätzte er doch den Strafgerichtspräsidenten sehr. Eduard Thurneysen war in Basel hochangesehen und als Präsident des Strafgerichts – dieses Amt übte er von 1868 bis 1890 aus – sehr geschätzt. Geprägt von großer Pflichttreue, galt er vielen Zeitgenossen als Beispiel für die in der Rheinstadt besonders geschätzte «Genauigkeit und Gerechtigkeit», da er «mit grossem Fleiss und Verstand seines Amtes waltete und die ihm übertragenen Arbeiten mit enormer Gewissenhaftigkeit und unter voller Beherrschung des Stoffes ausführte».[297] In seinem eigenhändig verfassten und anlässlich seiner Bestattung vorgetragenen biographischen Nachruf notierte Thurneysen, dass er nach seiner Schulzeit gewillt war, das Studium der Theologie zu ergreifen, was aber «bei einem von mir beratenen Professor wenig Anklang gefunden hatte». Wandte er sich in der Folge der Rechtswissenschaft zu, so blieb sein Interesse für Fragen der Theologie dennoch bestehen. Auch widmete er sich mit viel Hingabe den Anliegen der reformierten Basler Kirche. Dazu notierte er in seinem Lebenslauf: «Mein höchstes Interesse erregten die kirchlichen Verhandlungen. Gott möge mir verzeihen, wenn meine Gesinnung nicht immer eine ganz lautere war und ich mich zuweilen ohne volles Verständnis beteiligte.» Darin bestärkte ihn auch seine Gattin Emilie Thurneysen-Gemuseus, die «mit Liebe danach getrachtet habe, von ihrem festen Gottvertrauen auch mir etwas mitzuteilen».[298] Etwas von Thurneysens aufrichtiger und konservativer Glaubensart wird sichtbar in einem Brief, den er seiner Nichte Sophie Vischer-Heussler, der Frau von Wilhelm Vischer-Heussler, am 16. November 1865 geschrieben hat. Der Stellungnahme zu einem innerfamiliären Problem schloss Thurneysen die Bemerkung an: «Alle Leidenschaften können bekämpft werden, wenn man sich unter Gottes Führung stellt» und gab im Weiteren zu bedenken, dass wir gut daran tun, «immer und immer wieder auf den hinzuweisen, der allein mächtig genug ist, die bösen Neigungen zu bekämpfen und die wahre innere Freude zu geben».[299]

Von 1874 bis 1898 war Thurneysen als Vertreter der konservativen Partei Mitglied der Synode der reformierten Basler Landeskirche und des Kirchenvorstandes der Münstergemeinde, wo er in Sachfragen jeweils «eine vermittelnde Stellung einzunehmen» sich bemühte.[300] Mit Brief vom 20. November 1871 ging er den jungen Theologiedozenten Franz Overbeck an, sich von der Synode als Mitglied des Kirchenrates

[297] Nachruf auf Dr. Eduard Thurneysen, in: Basler Nachrichten vom 15. November 1900, Nr. 312.

[298] Zum Andenken an Dr. Eduard Thurneysen-Gemuseus, Alt-Strafgerichtspräsident in Basel, in: StABS, Leichenreden Bibl. LB 18/25, S. 3–6.

[299] StABS, PA 511a 619-21-02.

[300] Allgemeine Schweizer Zeitung vom 14. Nov. 1900, Nachruf auf Ed. Thurneysen.

wählen zu lassen, was dieser jedoch umgehend ablehnte. Overbeck wollte nicht in die Arena der kirchlichen Richtungskämpfe hineingezogen werden. Thurneysen pflegte nicht nur seine Bekanntschaft mit Nietzsche, sondern las auch mit viel Interesse dessen Bücher. Nachdem Nietzsches dritte *Unzeitgemässe Betrachtung, Schopenhauer als Erzieher* (1874), erschienen war, nahm Thurneysen diese Schrift mit außerordentlichem Gefallen auf und schrieb dem Verfasser:

> Ich hoffe, Sie werden es mir nicht als Zudringlichkeit auslegen, wenn ich Ihnen in Freundesweise meinen Dank ausspreche für die Kräftigung, die ich in stillen Stunden aus Ihrem «Schopenhauer als Erzieher» gezogen. Ich weiß ja wohl, Sie schreiben für die Jugend [...] Aber vielleicht weisen Sie es nicht zurück, wenn auch ein älterer Mann [...] sich bestärkt fühlt [...] der Stimme der «Wahrhaftigkeit» Gehör zu geben. [...] Wenn schon diese Zeilen zeigen sollten, daß nicht nur manches Ohr auf die Stimme des Einsamen hört, sondern auch mancher Freund [...] mit ihm und für ihn fühlt, so wäre es mir eine aufrichtige Freude.[301]

Was Nietzsche veranlasste, seinem Freund Carl von Gersdorff ein paar Tage später mitzuteilen: «der alte Präsident Turneysen schrieb mir sehr gut».[302]

Am 15. August 1889 machte Thurneysen Overbeck die Mitteilung, dass Nietzsches Mutter das «Civilgericht [sc. von Baselstadt] um die Bestellung eines Vormunds für Prof. Nietzsche» angegangen sei, wohl in der Absicht, Eduard Thurneysen persönlich möge diese Vormundschaft übernehmen. Allerdings, so Thurneysen weiter, behandle das Zivilgericht ausschließlich «Entmündigungen baslerischer Kantonsbürger» und deshalb müsste das Gericht dem Anliegen von Nietzsches Mutter eine Absage erteilen.[303] Diese Episode zeigt deutlich das hohe Ansehen des Gerichtspräsidenten bei der Familie Nietzsche. Auch berichtete Elisabeth Nietzsche, dass Eduard Thurneysen, «ein ausgezeichneter alter Basler», ihr im Herbst 1896 gesagt habe, dass ihr Bruder ihm «immer wie ein Wesen direkt aus Gottes Hand hervorgegangen, noch nicht vom Staub der Welt beschmutzt» vorgekommen sei.[304]

Nietzsche kannte auch weitere Mitglieder der Familie Thurneysen, so Eduards Bruder, den Seidenbandfabrikanten Emil Thurneysen-Merian, ebenso Eduard Thurneysens Tochter Clara Gelzer-Thurneysen. Claras Ehemann Heinrich Gelzer hatte in Basel bei Jacob Burckhardt Geschichte studiert und im Wintersemester 1870/71 die Vorlesung Nietzsches über Hesiods *Erga* besucht. Als Nietzsche aus Krankheits-

---

301 KGB II/4, S. 619f.
302 KGB II/3, S. 286.
303 Franz Overbeck-Nachlass, Brief Thurneysens an Overbeck vom 15.8.1889, S. 3.
304 Elisabeth Förster-Nietzsche: Der junge Nietzsche, S. 328.

gründen 1871 von Neujahr bis Ostern pausieren musste, übernahm Gelzer seinen Griechischunterricht in der dritten Klasse des Pädagogiums. 1872 wurde Gelzer Privatdozent in Basel, ein Jahr später Extraordinarius in Heidelberg und 1878 als Ordinarius nach Jena berufen, wo er bis zu seinem Tod verblieb. Zur Verlobung Gelzers mit Clara Thurneysen im März 1873 war auch Nietzsche geladen. Heinrich Gelzer hätte nach Burckhardts Willen sein Nachfolger in Basel werden sollen. Doch Gelzer sagte von Jena aus ab, weil er, wie Nietzsche vermutete, auf einen Ruf nach Berlin hoffte. Die Gelzers spielten im späteren Leben Nietzsches insofern eine Rolle, als sie der Mutter Franziska Nietzsche bei der Überführung des umnachteten Sohnes von Basel in die Jenaer Klinik 1889 behilflich waren und gute Kontakte zur Familie aufrechterhielten. Auch Gelzer war, wie schon sein Vater Johann Heinrich, an kirchlichen Fragen sehr interessiert. Sie bildeten eine der wichtigsten Seiten seiner wissenschaftlichen Tätigkeit. Mit Stolz trug er den Titel eines «D. theologiae», den ihm die Universität Gießen verliehen hatte. Sein Vater Johann Heinrich Gelzer, auch mit dieser Familie hatte Nietzsche gute Kontakte gepflegt, war zunächst Universitätslehrer für Geschichte in Basel gewesen, verließ später aber die Stadt aus Kummer über den aufkommenden Radikalismus in Politik und Kirche, den er als überzeugter Konservativer vergeblich aufzuhalten versucht hatte. Von 1844 bis 1851 war er Professor für Geschichte an der Universität Berlin, wo er Vorlesungen in christlich-konservativem Geist hielt. Aus Krankheitsgründen kehrte er 1851 nach Basel zurück, ohne jedoch sein Universitätsamt wieder aufzunehmen.

Johann Jakob Bachofen

Früh ist der Winter Herr geworden. Schnee lag schon letzten Montag. Lange Weile wie immer. In einer Stadt wie Basel ereignet sich absolut nichts, außer wie überall wo Menschen sind, Taufen und Leichenbegängnisse. [...] In meinem Hause siehts auch ganz alltäglich aus. Wir stehen auf, frühstücken, sehen den Buben mit den Schuljungen auf dem Münsterplatz lärmen, verrichten die Geschäfte des täglichen Lebens und gehen zeitig zur Ruhe, um alt zu werden. So zählen wir die Tage des Monates, die Monate, die Jahre, bis es schließlich ein Ende nimmt auf dem Pflaster unsers Liliputiens.[305]

Dies schrieb am 7. November 1879 Johann Jakob Bachofen seinem Zürcher Freund Heinrich Meyer-Ochsner, einem Philologen und

---

[305] J. J. Bachofen: Gesammelte Werke, Bd. 10, Briefe, S. 495.

Numismatiker. Bachofen hatte als ältester Sohn des Bandfabrikanten Johann Jacob Bachofen-Merian der Familientradition gemäß den Namen des Vaters erhalten. Zu Hause und in der Verwandtschaft wurde er Jean-Jacques geheißen. Die Vorfahren waren seit Generationen Bändelherren. Auch die Mutter, Valerie Bachofen-Merian, war 'sydiger' Herkunft gewesen. Doch Johann Jakob folgte nicht dem Berufsweg seiner Vorfahren, den seine Eltern für ihn vorgesehen hatten. Die von ihm erwartete Führung des angestammten Unternehmens überließ er seinen beiden jüngeren Brüdern Carl Bachofen-Burckhardt und Wilhelm Bachofen-Vischer. Als einziger Vertreter seines Geschlechts wandte er sich der Wissenschaft zu. Nach Studien in Basel, Berlin, Göttingen, Paris und England kehrte Bachofen als Doktor der Rechte nach Basel zurück. In Basel beschäftigte er sich vornehmlich mit dem römischen Recht und dessen Geschichte. Ein Jahr später habilitierte er sich als Dozent für römisches Recht und avancierte in dieser Aufgabe 1842 zum ordentlichen Professor. Mit 25 Jahren war er Rechtsprofessor an der Universität, wenig später wurde er zum Richter zunächst am Strafgericht, später am Appellationsgericht berufen, ein Amt, das er bis 1866 ausübte und das ihm als willkommene Ergänzung zu seinen wissenschaftlichen Studien diente.

Ohne Angabe von Gründen legte er jedoch bereits 1844 seine Professur nieder, wohl weil er sich durch sie in seiner Freiheit und Forschertätigkeit allzu sehr beengt fühlte. Noch nicht 30-jährig nahm er als Mitglied der konservativen Partei Einsitz in den Großen Rat, verzichtete aber, angewidert vom Vordringen des Radikalismus und der nur zögerlichen Gegenwehr seiner Gesinnungsfreunde, schon nach drei Jahren auch auf dieses Amt. Schlüsselerlebnis für seine politisch reaktionäre Haltung waren die Trennungswirren von 1833 gewesen.

> Seine Liebe zu dem damals untergegangenen alten Basler Staat, und seine Entrüstung über das Unrecht, das diesem damals [sc. 1833] angetan wurde, verbinden sich fortan in jener Hassliebe, mit der er argwöhnisch alles verfolgt, was 'in unseren Republiken' geschieht.[306]

Zudem veranlasste ihn das Revolutionsjahr 1848, sich völlig von der modernen Zeit, die er als ganz und gar dekadent wahrnahm, abzuwenden. Nach der Schmach der Kantonstrennung verkaufte der Vater 1838 das der Familie gehörende Riehener Landgut an Christian Friedrich Spittler, der zunächst beabsichtigte, dort die spätere Pilgermission unterzubringen, schließlich aber Gebäude und Park der Taubstummenanstalt

---

306 Thomas Gelzer: Die Bachofen-Briefe, S. 836.

zur Verfügung stellte, die über ein Jahrhundert dort verblieb. So behielt der 30-jährige Bachofen als öffentliches Amt nur das eines Richters und wurde, aufgrund seines Erbteils materiell völlig unabhängig, Privatgelehrter. Dabei hielt er immer an den Prärogativen von Stand und Herkunft fest. Mehrfach unternahm er jetzt Reisen in den Süden, so nach Italien, Spanien, Griechenland und anderen Mittelmeerländern. Hier begann er mit intensiven Studien des Altertums, eine Arbeit, die einen Ersatz bildete für die erledigten Ämter in seiner Vaterstadt und ihm zugleich eine neue Lebensaufgabe erschloss. «Darum ist mir das Alterthum so lieb, weil ich mit der modernen Herrlichkeit auf sehr schlechtem Fuße stehe.»[307] Die neue Welt der Industrialisierung war ihm zutiefst zuwider und der aufkommende politische Klassenkampf in seiner Heimatstadt ließ ihn nach einem Zeitalter suchen, das auf ganz anderen als den modernen Grundlagen fußte. Dabei war er, auch dank seiner jahrelangen Beschäftigung mit dem römischen Recht, auf eine Gesellschaftsordnung gestoßen, die er in einer weit zurückliegenden Zeit wiedergefunden zu haben glaubte und die ihm weit mehr zusagte als die gegenwärtige.

Das römische Recht war ihm schon immer als «eine Hauptseite des alten Lebens» erschienen, doch suchte er nun das ganze «alte Leben» zu erforschen. Was ihn, über das Altertum hinaus, schließlich zu den urzeitlichen Zuständen der Menschheit führte und nach ihrer Urreligion und ihren Grundgesetzen und Grundurrechten fragen ließ. Dabei entdeckte er mit genialer Intuition und großem Einfühlungsvermögen, dass in den Anfängen der menschlichen Gesellschaft und Kultur eine mutterrechtliche Ordnung geherrscht haben muss und somit in den ältesten Kulturen ein anderes Mutterbild dominant gewesen war als dasjenige seines patriarchalischen Zeitalters. Die Mutter war das Haupt der Familie und zugleich die Trägerin der Kultur. Freilich ließ er keinen Zweifel darüber aufkommen, dass für ihn die Entwicklung vom ursprünglichen heidnischen 'Muttertum' zu immer höheren Stufen der Paternität durchaus ihre Richtigkeit hatte. Im Ganzen betrachtet war ihm daher auch die Gegenwart gut, denn sie gehörte dem Christentum, einer paternalen Religion. Auf der Suche nach Beweisen für seine These von der Ursprünglichkeit des Mutterrechts, ihren Vorstufen und deren Überwindung, stieß er auf den Mythos als den ihm zuverlässigsten Zeugen. Mythen sind für Bachofen, zusammen mit Symbolen und Riten, als Manifestationen der ursprünglichen Denkweise die zentralen Komponenten von Religion. Religion ist das Zentrum schlechthin jeder Kul-

---

[307] J. J. Bachofen: Gesammelte Werke, Bd. 10: Briefe, [an H. Meyer am 25.5.1869], S. 428.

tur. Mythen galten ihm als sprachlicher Ausdruck von Religion und haben deshalb auch besondere Aussagekraft. Dabei war ursprünglich die Frau Statthalterin und Pflegerin des Mysteriösen, das er als das wahre Wesen jeder Religion sah. Immer wieder von neuem charakterisierte Bachofen den Mythos als ganz entscheidende religiöse Aussage und schrieb ihm auch eine formende Rolle in der Kultur zu: «Dem Alterthum sind sie [sc. die Mythen] Elemente der Kraft und gleich unserer Tellsage auf die Gesinnung des Volkes und die Entwicklung seiner Geschichte von maßgebendem Einfluß.»[308] Unerschütterlich blieb er bei der Überzeugung, das entscheidende Prinzip der menschlichen Entwicklungsgeschichte sei die Religion und leugnete dabei konsequent den Gegensatz von Glauben und Wissen, auf den die Wissenschaft seiner Zeit festgelegt war. Unbeirrt verteidigte er den christlichen Glauben als eine unersetzliche Quelle der Erkenntnis und den Mythos als ein unschätzbares Überlieferungsgut.

Seine Hinwendung zu vorantiken Epochen, zum mythischen Weltalter, erweist Bachofen als Parteigänger der Romantiker, die ebenfalls ein besonderes Interesse am Mythos hatten. Ihm war ein tiefer romantischer Sinn eigen für das Religiöse und Mysteriöse. Bachofen drang in die tiefsten Schichten des Kulturlebens ein und entwickelte eine Vorliebe für die für Romantiker so typischen Ahnungen und Stimmungen und für das religiöse Erleben. Allerdings tat er dies nie als enthusiastisch Berauschter oder Träumer, sondern blieb der Forscher, der mit andächtiger Hingabe von der Spekulation zur Erkenntnis vorzudringen suchte. Mit der Entdeckung des «Mutterrechts» erweist sich Bachofen als Vertreter einer ganzheitlichen, romantischen Weltanschauung. Das eine Gesellschaft Bildende und Tragende war ihm das Weibliche, das Sinnliche, das Erd- und Schöpfungsnahe, entstanden aus einem natürlichen Urzustand und gehalten in der Religion, die der Mittelpunkt jeder echten Gesellschaft bleibt. «Die religiöse Grundlage des ganzen alten Denkens und Lebens, das ist seit jener Zeit mein leitender Gedanke und mein großes Augenmerk geworden.»[309]

Von Bachofens Interpretation der Antike, der Idee des Mutterrechts und seinem Verständnis des Mythos wollte die Fachwelt damals nichts wissen. Denn man hielt am Gesichtspunkt des Mannes, d.h. an der Form und dem Logos, fest. Zudem litt vornehmlich Bachofens Werk *Das Mutterrecht* von 1861 an ausufernder Breite und exzessiver Überladenheit an Zitaten und Hinweisen, die es nur schwer lesbar machten. Auch wei-

---

[308] Ders.: Die Sage von Tanaquil, S. XXXVII.
[309] J. J. Bachofen: Eine Selbstbiographie, S. 375.

tere Publikationen Bachofens blieben weitgehend unverstanden und wurden kaum verkauft. Zudem erntete Bachofen, dieser erzreaktionäre Grandseigneur und Antimodernist *par excellence*, der die politischen und sozialen Ideen seiner Zeit schroff ablehnte, bei vielen nur Spott und Hohn. Wer die Demokratie für den «Untergang alles Guten» hielt, «weil sie uns in die Barbarei zurückwirft […], da sie den göttlichen Charakter der Obrigkeit vernichtet und die göttliche Staatsordnung in allen Stücken verweltlicht»[310] – für den gottgläubigen Menschen Bachofen bestand kein Zweifel daran, dass die Geschicke der Welt von Gottes Allmacht gelenkt werden – konnte selbst im konservativen Basel nicht auf große Zustimmung hoffen. Ebenso, wer den angesehenen, einflussreichen und sehr konservativen Ratsherrn Andreas Heusler öffentlich als allzu liberal bezeichnete. In der Folge zog sich Bachofen zunehmend aus den Basler Gelehrtenkreisen zurück und widmete sich ausschließlich seinen ethnologischen, altertums- und religionswissenschaftlichen Forschungen. In seinem fünfzigsten Altersjahr verließ er sein Elternhaus und heiratete 1865 die um dreißig Jahre jüngere Louise Elisabeth Burckhardt. 1870 kaufte er sich ein Haus auf dem Münsterplatz und lebte dort mit seiner Frau und seinem Sohn Johann Jakob Bachofen bis zu seinem Tod 1887. Zusätzlich erwarb sich Bachofen 1878, sein Vermögen hatte sich nach dem Tod des Vaters noch beträchtlich vermehrt, einen Landsitz am Fuß des Bruderholzes, das «Bachofenschlössli», mitten in einem ausgedehnten, prachtvollen Park gelegen. Seine Gattin, die ihren Mann um 33 Jahre überlebte, suchte noch in den Jahren des Ersten Weltkrieges zur heißen Sommerzeit dort kühlende Erholung.

Seine bedeutenden Basler Zeitgenossen waren Bachofen, trotz seines Rückzuges aus der Öffentlichkeit, alle wohlbekannt, was sich angesichts der kleinräumlichen Verhältnisse in der damaligen Rheinstadt von selber versteht. Manche von ihnen charakterisierte er seinem Brieffreund Heinrich Meyer-Ochsner gegenüber mit schneidender Verachtung. So Wilhelm Vischer-Bilfinger als Präsident der Kuratel und, wie bereits dargestellt, Adolf Kiessling, Nietzsches Vorgänger an der Universität. Am 4. April 1869 notierte er: «H(err) Vischer ist seit langer Zeit leidend und soll ganz unkenntlich aussehn. In einem solchen Fall steht bei uns die Sonne still und darf durchaus nichts angerührt werden.»[311] Hingegen schätzte er den Philosophen Steffensen, seinen Nachbarn am Münsterplatz, «unsern Staatsphilosophen» und Franz Gerlach. Seinem ehemaligen Lateinlehrer am Pädagogium ver-

---

[310] Ebd., S. 367.
[311] J. J. Bachofen: Gesammelte Werke, Bd. 10, Briefe, S. 421f.

dankte er viel und blieb mit ihm bis zu dessen Tod 1876 freundschaftlich verbunden.

> Von dem hiesigen wissenschaftlichen Leben weiß ich auch nicht viel zu melden, es herrscht die größte Centrifugalkraft und Bedeutendes geschieht gar Nichts. Geistig munter und thätig finde ich allein Gerlach, 'die andern all sind irrende Schatten'. Unsere guten Basler lieben sich bald die unbedingte Ruh'. Das bischen spiritus geht auf Creditbanken und andern Schwindel, den man Fortschritt benennt.[312]

Möglicherweise ist Nietzsche über seinen Kollegen Gerlach mit der Familie Bachofen bekannt geworden. Eine andere Möglichkeit wäre eine Begegnung der beiden Gelehrten in der Basler Lesegesellschaft, wo sie beide Mitglied waren. Die Lesegesellschaft, ein Kind der Aufklärung, hatte zu ihrem Zweck: «die Beförderung der Geselligkeit, wechselseitige Mitteilung gemeinnütziger Gedanken,[313] Rückerinnerung an die besten Werke der älteren Literatur und die Bekanntschaft mit den neuern verschiedenen Nationen, schnelle Kenntnis der Geschichte der Mitzeit.»[314] Auch lagen jeweils viele Tageszeitungen zur Lektüre auf. Präsidiert wurde diese Gesellschaft zu Nietzsches Basler Zeit von Wilhelm Vischer-Bilfinger, von seinem Sohn Wilhelm Vischer-Heussler und von Ludwig Sieber-Bischoff. Zu ihren Mitgliedern zählten Johann Jakob Bachofen, Jacob Burckhardt, dem sie sozusagen zu seinem geistigen Stammlokal geworden war, dann Franz Gerlach, Hermann Immermann, Emil Kautzsch, Jakob Mähly, Franz Overbeck, Albert Socin, Karl Steffensen und Eduard Thurneysen-Gemuseus – um nur diese Bekannten Nietzsches zu nennen.

So wie Bachofen unerschütterlich bei der Überzeugung blieb, dass das entscheidende Prinzip der menschlichen Entwicklungsgeschichte die Religion sei – «es gibt nur einen mächtigen Hebel der Zivilisation, die Religion»,[315] pflegte er zu sagen –, so war er selber ein gläubiger und aktiver Christ, eine Überzeugung, die er auch in sein Werk einfließen ließ. Dass er sich auch in seinem Glauben ganz den Konservativen zurechnete, erstaunt nicht. Als sein Bekannter Rudolf Iselin ihn einmal dazu aufforderte, die angestrebte Renovation des Münsters doch finanziell mitzutragen, antwortete er:

---

[312] Ebd., S. 265.
[313] Darin wird die Gründerhand von Isaak Iselin sichtbar, der 1760 den entscheidenden Vorstoß, der dann zur Gründung der Gesellschaft führte, unternommen hatte.
[314] Festschrift zum 150-jährigen Bestehen der Allgemeinen Lesegesellschaft in Basel, S. 26.
[315] J. J. Bachofen: Urreligion und antike Symbole, Bd.1, S. 75.

So werde ich meine, der Münsterrestauration feindliche Gesinnung gewiss ändern [...] und freudig Ihrer Aufforderung zum Beitrage an die Verschönerung dieses Bauwerkes Folge leisten, an dessen Frontseite der H. Georg ritterlich und steigbügelfest den giftigen Drachen tödtet, während in seinem Innern ein Reformer [sc. der liberale Zwingli Wirth] den alten Glauben zu untergraben bemüht ist.[316]

Bachofen war ein tätiges Mitglied der Französischen Kirche in Basel, eine in der damaligen Zeit bei der *haute société* beliebte Kirchgemeinde und ging Sonntag für Sonntag dort zum Gottesdienst. 1869 hatte man an ihn die Anfrage gerichtet, ob er Mitglied des Konsistoriums werden wolle, was er mit der Begründung anderweitiger Beschäftigungen ablehnte. Doch zehn Jahre später nahm er eine Wahl als *Ancien du Consistoire* an, um in dieser Aufgabe der Kirchgemeinde noch tatkräftiger als bisher zur Verfügung stehen zu können. 1877 hatte Bachofen der Französischen Kirche im Andenken an seinen 1876 verstorbenen Vater großzügig einen Betrag von Fr. 10'000 vermacht, zur Unterstützung von invaliden Pfarrern, Pfarrwitwen und Pfarrwaisen. Anlässlich Bachofens Tod am 25. November 1887 richtete der Kirchenvorstand der Französischen Kirche an die Witwe ein Kondolenzschreiben. Darin hieß es:

Depuis fort long temps Mr le Dr. Bachofen était un auditeur affilié et attentif de notre église ed il l'aima de plus en plus, parcequ'il y trouvait le calme et la paix. [...] Sa place dans notre temple était toujours occupé, et de dimanche en dimanche, sa présence recueillie était un'édification pour le troupeau, au même temps qu'un encouragement pour ses pasteurs; cette place restait-elle vide, cela signifiait que Mr. Bachofen était malade ou qu'il était absent de Bâle. [...] Ses convictions réligieuses étaient en même temps très-fermes et très-larges; elles portaient l'empreinte de son caractère solide et bien veillant. Tout ce qui était croyance positive lui inspirait du respect, mais rien ne l'attristait comme les infidélités et les négations.[317]

Vordergründig sind zwischen Bachofen und Nietzsche einige Parallelen auszumachen. Beide waren an der antiken Kultur und am Verhältnis von antiker Kultur und Christentum interessiert. Beide setzen auch dem damals maßgebenden Griechenlandbild in ihren Publikationen eine Sicht entgegen, die sich mit den Mitteln historisch-kritischer Quellenforschung in ihrer damalig gängigen Form nicht mehr rechtfertigen ließ, indem sie nämlich das zu beschreiben suchten, was sich 'hinter' den Fakten der geschichtlichen Realität verbirgt: die namenlosen Mächte, die religiösen Vorstellungen, die Mythen und Symbole, die Sitten und Gebräuche. Bei den Sachverständigen stießen damit beide auf komplette Ablehnung und beiden blieb die wissenschaftliche Anerkennung ver-

---

[316] Ders.: Gesammelte Werke, Bd. 10, S. 499.
[317] StABS, Protokolle der französischen Kirchgemeinde PA 141 A 11, S. 675f.

sagt. Im Gefolge zogen sich beide immer mehr aus dem öffentlichen Leben zurück und lebten in der Überzeugung ihrer Unzeitgemäßheit. Als positives Erlebnis haben beide am Ende ihres Lebens noch die 'Morgenröte' ihres aufsteigenden Ruhmes wahrnehmen können. Letztendlich aber sind die Gegensätze zwischen den beiden Denkern entscheidender und wiegen schwerer als das, was sie miteinander verband. Und diese Gegensätze waren es auch, die im Laufe der Zeit ihre anfängliche Freundschaft beendeten. Das Erscheinen von Nietzsches *Unzeitgemässen Betrachtungen*, besonders aber die Veröffentlichung seines Werkes *Menschliches, Allzumenschliches* war für Bachofen das Signal, den persönlichen Verkehr mit Nietzsche endgültig abzubrechen.

Indessen hatte Bachofen anfänglich große Hoffnungen in den jungen Altphilologen gesetzt, die Nietzsche zunächst auch nicht enttäuscht hatte. Sein Erstlingswerk *Die Geburt der Tragödie* zeigt deutlich Bachofens Einfluss auf den jungen Gelehrten und entzückte den konservativen Patrizier geradezu. Viele gemeinsame Gespräche waren diesem Werk vorausgegangen und folgten ihm, wobei Nietzsche oftmals bei Bachofens zum Dinieren geladen war und einmal gar einen Weihnachtstag inklusive Bescherung bei der Familie verbrachte. Auch Frau Bachofen setzte sich mit Nietzsches Erstlingsschrift auseinander und las sie in einer französischen Übersetzung. Des Weiteren musizierte die junge Frau des Hauses dann und wann zusammen mit Nietzsche vierhändig am Klavier und als ihr Gatte einmal unpässlich war, begleitete Nietzsche sie am 28. Januar 1872 in ein Konzert: «Gestern war ich in unserm Casinoconcert und habe Frau Bachofen begleitet, deren Mann krank ist»,[318] wie er seiner Schwester nach Naumburg schrieb. Frau Louise Elisabeth Bachofen war sehr musikalisch und auch ein aktives Mitglied des Basler Gesangvereins, was ihrem Mann gelegentlich missfiel, notierte er doch an seinen Freund Heinrich Meyer-Ochsner: «Die l. Frau ist furchtbar musikalisch geworden, wird aber durch mich zuweilen gemäßigt.»[319] Wie C. A. Bernoulli mitteilt, hat Frau Bachofen beinahe vierzig Jahre später aus der Erinnerung an diese Zeit ihm brieflich darüber folgendes mitgeteilt:

> Meine Beziehungen zu Nietzsche beschränken sich *nur* auf die paar ersten Jahre seines Hierseins, er war ein Jahr älter als ich, wir waren beide damals noch sehr jung und, wie Sie sich denken können, war er für mich nicht der große Professor und Philosoph, sondern wir verkehrten freundschaftlich, harmlos und lustig miteinander. Mein lieber Mann auch mochte ihn gerne, und ich weiß, dass Nietzsche ihn sehr verehrte, er hat es mir oft gesagt. Damals erschien die 'Geburt der Tragödie', wovon mein Mann sehr

---

318 KGB II/1, S. 281.
319 J. J. Bachofen: Briefe, Bd. 10, S. 422.

entzückt war und sich viel von Nietzsche versprach. Dann aber kamen seine weiteren Schriften, die mein Mann ganz ablehnend beurteilte und seiner Gesinnung nach beurteilen mußte, und da wurde nach und nach der schöne Verkehr getrübt und abgebrochen. Ich freue mich aber immer, daß ich Nietzsche in dieser frühen Zeit kennen lernte, damals als er noch für Wagner schwärmte – und *wie* schwärmte er! Jeden Sonntag reiste er nach Luzern und kam jedesmal erfüllt von seinem dortigen Gott zurück und erzählte mir von all dem Herrlichen, das er gesehen und gehört. Ich glaube ganz entschieden, der Bruch mit Wagner war für Nietzsche ein Todesstoß, jedenfalls war er nachher ein ganz veränderter Mensch.[320]

Immerhin waren die gegenseitigen Kontakte mindestens während Nietzsches ersten Basler Jahren häufig sehr herzlich und freundschaftlich gewesen.

Adolf und Marie Baumgartner

Die beiden im Folgenden beschriebenen Persönlichkeiten unterhielten zwar zu Nietzsche ein enges oder mindestens freundschaftliches Verhältnis, gehörten aber nicht zum Kreis des «Frommen Basel», wohnten sie doch jenseits der Stadtgrenze im angrenzenden Deutschland oder waren erst im Alter aus dem Ausland in die Rheinstadt gezogen. Obwohl sie also für unsere Thematik nur von untergeordneter Bedeutung sind, soll hier dennoch in der gebotenen Kürze auf sie hingewiesen werden. Über ihren Sohn Adolf Baumgartner, einen herausragenden Schüler Nietzsches am Pädagogium, von Nietzsche «Erzschüler» genannt, war dieser mit Baumgartners Mutter, Marie Baumgartner-Koechlin, bekannt geworden. Marie Baumgartner war im damals französischen Mülhausen geboren und hatte den ebenfalls aus Mülhausen stammenden Chemiker und Teilhaber der Baumwolldruckerei Koechlin in Lörrach, Jacques Baumgartner, geheiratet. Durch diese Heirat wurde sie deutsche Staatsbürgerin, blieb aber zeit ihres Lebens eng verbunden mit ihrer früheren Heimat und hielt intensiven Kontakt mit Vertretern des zeitgenössischen literarischen Frankreich.

Als zweites Kind der Familie wuchs Adolf in Lörrach auf, besuchte später in Basel Gymnasium und Pädagogium, wo zu seinen Lehrern Jacob Burckhardt und Friedrich Nietzsche gehörten, mit denen er schon als Schüler und später als Student in näherem, freundschaftlichem Kontakt stand. Nach der Matura 1874 begann Baumgartner in Basel das Studium der Geschichte und der klassischen Philologie, ganz

---

[320] C. A. Bernoulli: Johann Jakob Bachofen und das Natursymbol, S. 593. Der Brief stammt aus dem Jahr 1909.

den Berufsrichtungen seiner beiden verehrten Lehrer entsprechend. Seine Studien, die immer wieder von seiner militärischen Dienstpflicht unterbrochen wurden, führten Baumgartner von Basel nach Bonn, wieder zurück nach Basel und 1877 nach Jena, wohin ihn Nietzsche empfohlen hatte. Denn dort lehrte Nietzsches Freund Erwin Rohde Altphilologie. Ihm folgte Baumgartner 1878 nach Tübingen, wohin Rohde berufen worden war. Allerdings verschlechterte sich das Verhältnis zwischen den beiden, wohl nicht zuletzt darum, weil Baumgartner die Philologie immer mehr zugunsten der Geschichte vernachlässigte. In einem Brief an Overbeck notierte Rohde über Baumgartner: «Er hat etwas unglaublich Eingebildetes und eigentlich Unverschämtes in seinem Wesen. [...] Ein wahrhaft *freches* Wesen bei mäßiger Begabung.»[321] 1879 doktorierte Baumgartner in Tübingen, beschäftigte sich anschliessend ausführlich mit der armenischen Sprache und Literatur und habilitierte sich 1881 in Basel für alte Geschichte und Historiographie.1890 übertrug man ihm als Nachfolger von Jacob Burckhardt die Professur für Allgemeine Geschichte. Baumgartner galt als Stadtkind, hatte er sich doch in den achtziger Jahren das Basler Bürgerrecht erworben. Bis zu seinem Tod 1930 ist er in dieser Aufgabe der Basler Alma Mater treu geblieben und trug als einer der letzten Dozenten noch den gesamten Stoff der Weltgeschichte vor. Freilich vermochte Baumgartner, der seinem hochgeachteten Lehrer Burckhardt im August 1897 eine umstrittene Grabrede hielt, als Universitätslehrer seinen Vorgänger nie vergessen machen.

Während seiner Basler Studienzeit hatte Baumgartner neben Nietzsche und Burckhardt auch Vorlesungen bei Overbeck, beim Germanisten Moritz Heyne und dem Privatdozenten in Philosophie, Heinrich Romundt, gehört. Bis gegen Ende von Nietzsches Basler Zeit war das Verhältnis von Baumgartner und Nietzsche eng und herzlich. Als Student hatte Baumgartner dem augenkranken Nietzsche zeitweilig als Vorleser und Schreiber gedient. Auch hatte er für Nietzsche eine Reinschrift seiner eigenen Mitschrift von Jacob Burckhardts Vorlesung über «Griechische Kulturgeschichte» verfasst. Und als Nietzsche im August 1875 die «Baumannshöhle» verliess, wo er fünf Jahre gewohnt und mit Overbeck unter einem Dach gelebt hatte, um zusammen mit seiner Schwester am Spalentorweg 48 einen eigenen Hausstand zu gründen, zog Baumgartner in Nietzsches ehemalige Wohnung am Schützengraben 47 ein. Auch Nietzsche schätzte Baumgartners Unterstützung, hatte seinen Schüler auch eingeladen, ihn und Romundt im Herbst 1874 auf die Rigi zu beglei-

---

[321] Franz Overbeck – Erwin Rohde: Briefwechsel, S. 31, 36.

ten. In einer Anspielung auf eine Stimme aus dem Himmel anlässlich der Taufe Jesu, worüber der Evangelist Matthäus im dritten Kapitel seines Evangeliums berichtet, notierte Nietzsche in einem Brief an seinen Freund Rohde über Baumgartner: «Das ist mein lieber Sohn, an dem ich Wohlgefallen habe.»[322] Er war sein «trefflicher Schüler und Freund», ihm in jeder Hinsicht «ein Gewinn». Und auch Baumgartner wusste, was er an Nietzsche hatte. So schrieb er ihm 1874 aus Bonn unter dem Stichwort «Was ich Ihnen [sc. Nietzsche] verdanke»:

> Es scheint mir, als ob seit dem ersten Tage, an dem ich in Ihr Haus kam, mich ein Geisterchor umgebe, der jede harte Berührung mit der Welt von mir abwehrt, der mich immer in gleicher Entfernung begleitet und mit mir durch die Welt wandert gleich dem Doppelreife des Saturnus. Ob es die Griechen sind, die mich so auf den Händen tragen, ob die Gewißheit Ihrer Freundschaft, ob Schopenhauer, ob eine Ahnung von Wagner, wer will das wissen?[323]

Eine radikale Wendung nahm diese Freundschaft, als Nietzsche 1878 den ersten Teil seines Buches *Menschliches, Allzumenschliches* publizierte. Nach der Lektüre schrieb Baumgartner an Jacob Burckhardt am 15. Juni 1878:

> Ich habe das neue Buch [...] mit den besten Erwartungen ernsthaft durchgelesen und mich erstaunt über die Möglichkeit so verkehrter Reden. Er [sc. Nietzsche] bildet sich leibhaftig ein, er werde mit ein paar mathematischen und chemischen Analogien wirkliche Formeln aufstellen können für das menschliche Herz, und meint, er rücke der Wahrheit ganz besonders nahe, wenn er seine besten Empfindungen zertrampelt und als Reminiszenzen aus irgend einer fabelhaften Tierzeit ausgibt. Wenn er dabei nur auch noch konsequent wäre; aber das ist er nicht einmal.[324]

Besonders getroffen hatte ihn Nietzsches «Antichristevangelium», das «von der Gewaltübung als Schöpfungswerk des Übermenschen und von der Verwerflichkeit des Mitleids als Hindernis dieses Schöpfungswerks»[325] kündete, wie Baumgartner es im Rückblick 1918 formulierte. Und so erstaunt es nicht, dass der persönliche Kontakt nach Nietzsches Weggang aus Basel für immer abbrach. Für Baumgartners christliche Überzeugung waren Nietzsches Äußerungen – vor allem seine «Mitleidlosigkeit», wie er es nannte – unerträglich geworden. Ebenso konnte er mit der von Nietzsche hochgeschätzten Wagner'schen Musik nichts anfangen. Doch ist für unseren Zusammenhang Baumgartner insofern von Bedeutung, als er Nietzsches Bekanntschaft mit seiner Mutter vermittelt hatte.

---

[322] KGB II/5, S. 16.
[323] KGB II/4, S. 607.
[324] Zitiert nach Emil Dürr: Adolf Baumgartner, S. 218.
[325] Ebd., S. 219.

Zum ersten Mal war Nietzsche am 29. März 1874 bei Baumgartners in Lörrach Gast gewesen. Marie Baumgartner hatte einige von Nietzsches Veröffentlichungen mit viel Interesse gelesen und freute sich, Nietzsche persönlich kennenzulernen. Mit seiner kulturkritischen Einstellung zum militärisch und politisch siegreichen Deutschland sprach er der überzeugten Elsässerin aus dem Herzen. Und so anerbot sie sich, Nietzsches dritte *Unzeitgemässe*, *Schopenhauer als Erzieher*, ins Französische zu übersetzen. Im folgenden Winter hat sie, ständig beraten durch Nietzsche, das Werk übersetzt. Allerdings war es dann nicht möglich gewesen, in Paris dafür einen Verleger zu finden. In dieser Zeit fand ein intensiver mündlicher und schriftlicher Austausch zwischen den beiden statt. Häufig weilte Nietzsche in Lörrach zu Besuch. Er war ihr besonders ans Herz gewachsen. Und wenn er gelegentlich auch seine Freunde mitbrachte, so ließ sie ihn wissen: «Kommen Sie dieses Mal allein. [...] Meine Samstage gehören nunmehr Ihnen.» Auch wenn Marie Baumgartner nicht zuletzt ihres Sohnes Adolf wegen mit Nietzsche als dessen Lehrer engen Kontakt hielt, so vermochte dieser der Mutter, die unter der häufigen Abwesenheit ihres Sohnes litt, mit seiner Anwesenheit ihren Sohn beinahe gleichwertig zu ersetzen. Sie schrieb Nietzsche nach Basel:

> Ich will Ihnen sagen was ich eben an Adolf geschrieben habe, «daß ich ihn mit meinem ganzen Herzen liebe, daß ich Tag und Nacht an ihn denke, daß ich ihm Glück und Muth und Gesundheit wünsche, und daß er mich lieb behalten soll». Es gilt doch auch für Sie wie für ihn! Ueberhaupt, in den nur mir bekannten Winkeln und Tiefen meines Herzens kommt zu Zeiten eine ganz eigenthümliche und doch so natürliche Verwechslung und Vermischung von Ihnen und Adolf vor. [...] Dafür bekommen Sie das gleiche Maaß von Liebe zugetheilt.[326]

Und nur wenige Wochen später, am Weihnachtstag 1875, rückblickend auf das zu Ende gehende Jahr, schrieb sie ihm:

> Meine Gefühle für Sie sind dieselben geblieben. [...] Und so denke ich, daß meine Liebe für Sie Etwas zuverlässiges, dauerndes sein muß und bleiben muß; und Sie wissen, Liebe – oder wenn Sie lieber wollen, Freundschaft – ist für mich Etwas Heiliges, Verpflichtendes, wie eine Weihe. Es soll also im neuen Jahr auch dabei bleiben.[327]

Ein Jahr später gestand sie ihm offen: «Ich liebe Sie von Herzen.» Nietzsche war ihr ans Herz gewachsen, sie liebte und verehrte ihn. Oder gingen ihre Gefühle gegenüber Nietzsche gar über das hinaus, was die Etikette jener Zeit zuließ? Marie Baumgartner war sich ihrer weitreichenden

---

[326] KGB II 6/1, S. 14, 26, 127.
[327] KGB II 6/1, S. 259

Sympathie für Nietzsche durchaus bewusst, und auch, welche Grenzen zu überschreiten ihr letztlich versagt bleiben mussten. Sie schrieb ihm, der im Sommer 1877 im Rosenlaui Erholung suchte:

> Ich denke Viel an Sie [...] und wenn Sie mich nicht ein Mal des Weges haben kommen sehen auf Jener lieblichen Alp wo ich vor 5 Jahren so gern gewandelt bin mit Adolf, so ist es bloß weil sich nicht Alles ausführen läßt was ich wünsche; und auch weil nicht alle Menschen das so einfach finden würden was ich mir oft als natürlich und erstrebenswerth vorstelle.[328]

Dass Nietzsche ihr gegenüber zurückhaltender war, hat sie rückblickend bedauert und es ihn auch wissen lassen: «Sie thun wenig um diese Zuneigung Anderer zu ermuthigen.»[329]

Trotz der Enttäuschung, für ihre Übersetzung der dritten *Unzeitgemässen* Nietzsches im Jahr zuvor keinen Verleger gefunden zu haben, machte sie sich sogleich nach Erscheinen von Nietzsches *Richard Wagner in Bayreuth*, seiner vierten *Unzeitgemässen*, im Sommer 1876 erneut an die Übersetzung auch dieser Schrift ins Französische. Schon Ende Oktober hatte sie den Text zu Ende gebracht und wenige Monate später, im Jahr 1877, lag diese Übersetzung in den Buchhandlungen auf. Während Nietzsches gesundheitlich so schwierigen letzten halben Jahrs in Basel, vom Herbst 1878 bis zum Frühjahr 1879, wo er allein in einer Junggesellenwohnung an der Bachlettenstrasse lebte, kümmerte sich Marie Baumgartner als höchst feinfühlige Betreuerin und Helferin rührend um ihn und suchte ihm mit Handreichungen aller Art sein mühseliges Leben zu erleichtern. Auch verfertigte sie aus weiteren Aphorismen, die Nietzsche als Nachtrag zu seinem 1878 erschienenen Werk *Menschliches, Allzumenschliches* verfasst hatte, das Druckmanuskript, welches dann Ende 1878 an Nietzsches Verleger Schmeitzner abging. Und als sich Nietzsche im Frühjahr 1879 aus gesundheitlichen Gründen gezwungen sah, seine Tätigkeit in Basel ganz aufzugeben und die Stadt am Rhein endgültig zu verlassen, kaufte sie ihm einige Wohnmöbel ab, um diese bei sich «in Ehren zu halten». So auch Nietzsches Lehnstuhl, «um Sie oft im Geiste auf jenem Stuhle sitzend mir vorzustellen und zurück zu wünschen». Dieser fand seinen Platz in ihrem Schlafzimmer, «mir sehr bequem in schlimmen Tagen».[330]

Nietzsche und Marie Baumgartner waren sich in mancherlei Hinsicht sehr nahe gewesen. Als mütterliche Freundin blieb sie ihm auch über

---

[328] KGB II 6/1, S. 452, 664.
[329] KGB II 6/2, S. 997.
[330] KGB II 6/2, S. 1109, 1203.

seine Basler Zeit hinaus verbunden und brach trotz der Enttäuschung, die Nietzsches Buch *Menschliches, Allzumenschliches* auch in ihr ausgelöst hatte, nicht mit ihm. Bei der Lektüre hatte sie, wie sie ihm gestand, «vor Bewunderung und Schrecken abwechselnd gezittert […] daß es mir aber heute zu Muthe ist als sei in mir Etwas abgestorben.»[331] Persönlich hatte sie Nietzsche in Basel noch aufgesucht und sich mit ihm über sein Buch unterhalten. Dabei muss auch Nietzsches darin geäußerte Christentumskritik zur Sprache gekommen sein. Denn, nach Hause zurückgekehrt, schrieb sie ihm: «Gott behüte Sie auf Ihrer Reise! Verstehen Sie unter 'Gott': Alles was besser zu beschützen vermag als ein schwacher Mensch! Wenn man Jemand lieb hat, so wünscht man ihm doch unwillkührlich einen Engel oder einen Gott zum Begleiter.»[332]

Marie Baumgartner und ihr Mann waren Mitglieder der Evangelisch-lutherischen Gemeinde Lörrach gewesen. Während ihr Mann Jacques Baumgartner sehr fromm war und sich in seiner Freizeit häufig alttestamentlich-hebräischen Studien widmete, pflegte Marie eine liberale, jedoch keineswegs indifferente Glaubensüberzeugung. Als Ausdruck dafür mögen die folgenden, mir mündlich mitgeteilten Verse gelten, die Marie Baumgartner selber verfasst hat:

> Was Gott dir nicht gegeben
> zum vollen Eigentum.
> Lass schweben, lass es schweben
> und klage nicht darum.

> Was aber du gewonnen,
> was dir gehört allein
> mit Wonne, ja mit Wonne
> halt's fest und pflege sein.

> Den guten Menschen lieben,
> das ist ein Paradies
> geblieben, ja geblieben
> seit Gott die Welt verliess.[333]

Auch war sie eine fleißige Bibelleserin und verbarg das in ihrer Korrespondenz mit Nietzsche durchaus nicht. Nachdem Nietzsche Basel verlassen hatte, ließ er ihr jeweils direkt vom Verlag seine Bücher *Morgenröthe* und *Die fröhliche Wissenschaft* zukommen. Für die Zusendung des Letzteren bedankte sie sich beim Verfasser und teilte ihm feinfühlig mit:

---

[331] KGB II 6/2, S. 843.
[332] KGB II 6/2, S. 1053.
[333] Mitteilung von Frau Alexandra Bidi (1900–1999), der Stieftochter von Adolf Baumgartner, an den Verfasser.

So wenig krank, so wenig bitter und scharf, haben Sie noch nie sich ausgesprochen! Gegen das Leben überhaupt, gegen die Dichter und Frauen, (ich glaube fast auch gegen liebende Menschen) sind Sie gnädiger und gerechter als früher. Sie beginnen das Buch sogar mit Versen! Und schließen dasselbe mit Einer Seite die schöner und poetischer ist als ganze Bände von Gedichte! Wie sollte ich mich nicht doppelt freuen und Ihnen Glück wünschen!

Und sie schloss ihr Schreiben mit den Worten:

Es beruhigt mich, zu wissen wo die Wenigen leben die mir das Leben werthvoll und die Erde schön machen, und Keinem schulde ich was ich Ihnen schulde, verehrter Herr, und deßhalb sollen Sie stets und überall gesegnet sein von Ihrer ergebenen Marie Baumgartner.[334]

Es waren ihre letzten Worte, die sie an Nietzsche gerichtet hat. Auf seine Zusendung des ersten Teils seines *Zarathustra* 1883 reagierte sie nicht mehr. Die Gründe dafür sind einsichtig genug.

Charlotte Kestner

Abschließend soll hier auf Charlotte Kestner, das achte und viertjüngste Kind des hannoverschen Juristen und Archivrates Johann Christian Kestner und der Charlotte Buff, des Urbildes der Lotte in Goethes *Leiden des jungen Werther*, hingewiesen werden. Aufgewachsen in Hannover und Wetzlar, siedelte die junge Charlotte 1808 ins Elsass, zunächst nach Straßburg, später nach Thann über, um ihrem verwitweten Bruder, dem Fabrikanten Carl Kestner, als Erzieherin seiner beiden Kinder beizustehen. Als sich ihre Nichte und Pflegetochter Caroline Kestner mit dem Basler Bankier Johann Jakob Bischoff vermählte und in Basel Wohnsitz nahm, war Charlotte häufig im «Kirschgarten», wo das junge Ehepaar lebte, zu Gast. Nach dem Tod ihres Bruders in Thann übersiedelte sie nach Basel. In der Rheinstadt blieb sie bis zu ihrem Tod beinahe drei Jahrzehnte wohnhaft, als stadtbekannte Erscheinung wohlwollend «s'Täntli Kestner» genannt, zunächst im «Kirschgarten», später in einer eigenen Wohnung vor dem Aeschentor, anschließend auf dem Münsterplatz im «Domhof» und als betagte Frau schließlich im Haus «auf Burg», dem Wohnsitz von Professor Karl Steffensen. Hatte ihr Bruder in Thann einen großen Freundeskreis um sich geschart, so pflegte Charlotte diese Gastfreundschaft in Basel weiter und lud immer wieder Verwandte und Freunde in ihr Haus ein. Die Professoren De Wette, Jung, Bachofen, Ger-

---

[334] KGB III/2, S. 286, 288.

lach, Miaskowski, Schönbein, Jacob Burckhardt, dessen öffentliche Vorträge in der Aula sie mit viel Begeisterung – «es ist eine unbeschreibliche Freude» – regelmäßig besuchte, und Nietzsche waren bei ihr gern gesehene Gäste. Ebenso verkehrte sie eng mit manchen angesehenen Basler Familien, besuchte gerne Konzerte und Vorträge, nahm am Kulturleben der Stadt regen Anteil und zeigte ein lebhaftes Interesse an vielen Erscheinungen des geistigen und religiösen Lebens. Unter den Gebildeten ihrer Zeit war sie anerkannt als «oberste Priesterin» der damals noch weitverbreiteten, in der mächtigen Verehrung des berühmten Dichters nie erlahmenden Goethegemeinde, geschätzt als Hohepriesterin einer längst vergangenen Zeit. Kurt von Miaskowski charakterisierte sie als «aristokratische Schönheit» und fuhr fort: «Ihre ganze Persönlichkeit umwob ein Hauch einer großen vergangenen Zeit und eines der größten Namen Deutschlands.»[335] Entsprechend war ihre Wohnung eingerichtet als eigentliches Museum, angereichert mit literarischen Reliquien und anderen Familienheiligtümern. Aber auch um die Bedürftigen und Arbeitslosen kümmerte sie sich fürsorglich und nahm sie in ihre Wohnung auf, die zeitweise einem Stellenvermittlungsbüro geglichen haben soll. Wurde sie um Rat angegangen, so lautete ihre Losung: «Sei nur aufrichtig, geh vor Gott deinen geraden Weg, dann wirst du auch klug sein».[336] Im Jahre 1823 hatte Charlotte Kestner in Thann den Theologieprofessor Wilhelm Martin Leberecht De Wette kennen- und schätzen gelernt. In der Folge las sie einzelne seiner Schriften und sympathisierte mit De Wettes liberaler theologischer Haltung. Ihrem Bruder August Kestner, damals Hannoveranischer Legationsrat in Rom, schrieb sie am 29. Mai 1831 aus Basel:

> Lasest du denn wohl den 'Theodor'[337] von de Wette, den du damals mitnahmst? Es ist ein wichtiges Buch in dieser Zeit des religiösen Streites. Lies es doch mal. Vielleicht kommst du als Mann nicht so oft in den Fall, von deinen religiösen Meinungen Rechenschaft zu geben als unser Eins. Ich gestehe aber, daß ich jetzt sehr verlegen wäre, wenn mein Glaube noch so unbestimmt wäre, als vor 10 Jahren. Denn das gute Pietistenvolk ist seiner Sache doch nicht gewiß und lässt unser Eins, dessen Werke christlich scheinen und dessen Worte nicht die Terminologie ihres Katechismus haben, doch nicht in Ruhe. Ich meine, Jemand, der volle Befriedigung in seinem religiösen Gefühl und Ansicht fände, brauche nicht immer Andere zu fragen und zu betasten, wie sie dieses meinen oder jenes. Ich frage diese guten Leute nie.[338]

---

[335] Kurt von Miaskowski: Basler Jugenderinnerungen, S. 100.
[336] Zitiert nach Daniel Burckhardt-Werthemann: Vom alten Basel und seinen Gästen, S. 41.
[337] *Theodor*, mit vollem Titel *Theodor oder des Zweiflers Weihe* (1822), war ein Bildungsroman.
[338] Hermann Kestner-Koechlin (Hg.): Briefwechsel zwischen August Kestner und seiner Schwester Charlotte, S. 187.

Und 1843 notierte sie aus Thann an die gleiche Adresse:

> Wir hatten einen herrlichen Besuch von 2½ Tagen des edlen Professor De Wette aus
> Basel. Er ist einer der ersten Theologen und vielleicht Philosophen Deutschlands, ein
> Mann voll Liebe, Kindlichkeit und reinem Geschmack für alles Schöne. Gott erhalte
> ihn lange; denn er ist eine Vormauer gegen die Methodisten![339] Kein Kämpfer; aber
> er ist eine Stütze für diejenigen, die dieser trüben Geistesrichtung nicht folgen kön-
> nen [...] Ich zähle diese Bekanntschaft, die endlich nach zwanzig Jahren Freundschaft
> geworden ist, zu den größten Segnungen unserer älteren Jahre.[340]

Deutlich wird aus diesen Zeilen, dass Charlotte Kestner den Pietisten
keine Sympathie entgegenbrachte. Zwar war sie auch mit dem Sekretär
der Deutschen Christentumsgesellschaft in Basel, Christian Friedrich
Spittler, in regem persönlichem Kontakt und unterstützte seine Werke
wie die Taubstummenanstalt in Riehen, und war an Missionsfesten ein
willkommener Gast. Doch «könne sie», wie sie ihrem Bruder gestand,
«nicht zu der Seite übertreten, von der er ist».[341] Mit De Wette und
anderen Interessierten traf sie sich über längere Zeit jeden Montag zu
einem «Leseabend, der uns große Erholung [...] gewährt».[342]

Friedrich Nietzsche war immer wieder gerne Gast bei Frau Kestner. Dabei las sie ihm Goethe-Inedita und aus Goethe'schen Briefen
vor. Auch nahm er ihre Einladungen zu einer Mittagsgesellschaft
gerne an und unterhielt sich bereitwillig mit ihr. Überdies war Charlotte Kestner an Nietzsches Schriften interessiert und las seine vierte
Unzeitgemässe, Richard Wagner in Bayreuth. Während eines Kurauf-
enthaltes in Bad Ragaz im Mai 1877 hatte Nietzsche aus den *Basler
Nachrichten* vom Tod Charlotte Kestners am 21. Mai erfahren und dies
seiner Schwester Elisabeth, die diese alte Dame auch persönlich ge-
kannt hatte, sofort per Postkarte mitgeteilt: «Die gute Frl. Kästner ist
todt.»[343] Damit war sein Basler Bekanntenkreis um eine weitere Person ärmer geworden. Eng war die Beziehung von Nietzsche und Kestner zwar nicht. Doch war man sich sympathisch gewesen und hatte
ganz selbstverständlich miteinander viele gute Gespräche geführt.

---

[339] Hier gemeint als pejorative Bezeichnung für pietistische Parteigänger.
[340] Hermann Kestner-Koechlin (Hg.): Briefwechsel zwischen August Kestner und seiner
Schwester Charlotte, S. 271.
[341] Ebd., S. 304.
[342] Ebd., S. 295.
[343] KGB II/5, S. 240.

3.4 Nietzsches Hausgenossen: Heinrich Romundt und Franz Overbeck

Heinrich Romundt

Friedrich Nietzsche lernte Heinrich Romundt 1866 im philologischen Verein der Universität Leipzig kennen. Diesen Verein hatte Friedrich Ritschl kurz nach seiner Ankunft in Leipzig initiiert mit der Absicht, für seine begabten Schüler eine Plattform zu schaffen, wo diese ihre wissenschaftlichen Arbeiten präsentieren und besprechen konnten. Die Leitung dieses Vereins, der damals zehn Mitglieder zählte, vertraute er seinem begabtesten Schüler, Friedrich Nietzsche, an. Nietzsche gelang es aufgrund seiner brillanten Vorträge und Beiträge in kurzer Zeit, eine Mehrheit der Vereinsmitglieder und Mitstudenten in seinen Bann zu ziehen und sie über viele Jahre hinweg eng an sich zu binden. Zu diesem Kreis gehörte auch Heinrich Romundt.

Heinrich Romundt war als zweitältestes von zehn Kindern, wovon sechs schon im frühen Kindesalter starben, in Freiburg a.d. Elbe geboren, wo sein Vater Hinrich Romundt als Gastwirt arbeitete.[344] Romundt studierte in Leipzig und Göttingen Philologie, promovierte 1869 und bestand zwei Jahre später auch die Prüfung für das höhere Schulamt. Nach Hauslehrerstellen in Leipzig und Nizza zog Romundt 1872 nach Basel. Nietzsche hatte Romundt eindringlich gebeten, nach Basel zu kommen, um hier eine akademische Laufbahn einzuschlagen. Er gab viel auf Romundts philosophische Fähigkeiten, nachdem es ihm gelungen war, aus Romundt einen leidenschaftlichen Schopenhauerianer zu machen. 1872 reichte Romundt in Basel seine Habilitationsschrift zum Thema «Die menschliche Erkenntnis und das Wesen der Dinge» ein, die er mit einer gedruckten Widmung für Nietzsche versehen hatte, und arbeitete anschließend als Privatdozent. Seine Antrittsvorlesung «Über das Wesen und die Aufgaben der philosophischen Betrachtung» hielt Romundt Anfang November 1872. Ende 1873 bewarb sich Romundt um die Nachfolge von Rudolf Eucken auf den Basler Lehrstuhl für Philosophie. Als Schopenhauerianer hatte Romundt jedoch keine Chance,

---

344 Hubert Treiber: Gruppenbilder mit einer Dame, S. 44.

diese Professur zu erhalten. Berufen wurde der bereits genannte Max Heinze. Im April 1874 zog Romundt von der Missionsstrasse an den Schützengraben 45 um und lebte da für ein Jahr unter einem Dach mit Overbeck und Nietzsche. Am 10. April 1875 verließ er Basel wieder. Aus finanziellen Gründen sah er sich außerstande, seine akademische Tätigkeit weiterzuführen. Zuvor hatte er den Rektor der Universität, um seine materielle Situation zu verbessern, schriftlich um die «Uebertragung von Lehrstunden an einer unserer höheren Anstalten»[345] gebeten. Auf diesen Wunsch war die Kuratel nicht eingetreten, bewilligte Romundt aber eine einmalige Gratifikation von 1000 Fr., womit die Behörden ihre Zufriedenheit mit der von Romundt geleisteten Arbeit zum Ausdruck bringen wollten. Doch konnte diese Zulage seine materielle Situation nicht entscheidend verbessern. Zudem hatte sich Romundt bereits entschlossen, Basel zu verlassen und in Deutschland eine Gymnasiallehrerstelle anzutreten. Nach Lehrerstellen in Oldenburg, Osnabrück und Hamburg, dazwischen war Romundt immer wieder in seine Heimatgemeinde Freiburg a.d. Elbe zurückgekehrt, ließ er sich, inzwischen ein renommierter Kantforscher und -interpret geworden, für immer in Dresden nieder. Romundt war ledig geblieben und wohnte zusammen mit seinem ebenfalls unverheirateten Bruder Georg August, Staatsanwalt am Landesgericht und später Oberjustizrat, bis zu seinem Tod in Dresden-Plauen. Kurz vor seinem Weggang aus Basel hatte Romundt zum Entsetzen seiner Freunde Nietzsche und Overbeck die Absicht geäußert, katholischer Priester werden zu wollen. Dieser Berufswunsch irritierte Nietzsche völlig. Seinem Freund Rohde schrieb er:

> falle nicht vom Stuhle, wenn Du davon hörst, dass Romundt einen Übertritt zur katholischen Kirche projectirt und katholischer Priester in Deutschland werden will. [...] Ich bin etwas innerlich verwundet dadurch und mitunter empfinde ich es als das Böseste, was man mir anthun konnte. [...] Unsre gute reine protestantische Luft! Ich habe nie bis jetzt stärker meine innigste Abhängigkeit von dem Geiste Luthers gefühlt als jetzt, und allen diesen befreienden Genien will der Unglückliche nun den Rücken wenden? Ich frage mich, ob er noch bei Verstande ist und ob er nicht mit Kaltwasserbädern zu behandeln ist [...] ich schäme mich tief, wenn ich dem Verdachte begegne, dass ich irgend was mit diesem mir grundverhassten katholischen Wesen zu thun hätte.[346]

Dieser Berufswunsch erstaunt umso mehr, als keinerlei Belege für eine Konversion Romundts beigebracht werden können. Im Gegenteil: Das Ausleihbuch der Basler Universitätsbibliothek zeigt den regen Benutzer dieser Anstalt beschäftigt mit beinahe ausschließlich philosophischer

---

[345] Brief vom 28. Nov. 1874, in: StABS Erziehungsakten CC 57.
[346] KGB II/5, S. 27f.

Literatur und hier besonders mit den Philosophen Platon und Kant. Theologica hat er sich nur ganz vereinzelt ausgeliehen. Trotzdem war die Theologie für ihn ein Thema und je älter er wurde, desto intensiver hat er sich damit beschäftigt, jedoch meist im Zusammenhang mit Kants Philosophie.

Im Sommersemester 1881 hatte Romundt ein Semester lang als ordentlich eingeschriebener Student an der Universität Leipzig protestantische Theologie studiert und bei Christian Ernst Luthardt, einem Vertreter der lutherisch-konfessionellen Theologie, die «Erklärung des Römerbriefs» gehört.[347] Auch publizierte Romundt im gleichen Jahr ein Buch mit dem Titel *Die Herstellung der Lehre Jesu durch Kants Reform der Philosophie* und ein Jahr später erschien von ihm *Vernunft als Christenthum*. Es war der Theologe Albrecht Ritschl gewesen, der der reformatorischen Theologie vorgeworfen hatte, dass sie den zentralen Begriff der synoptischen Verkündigung Jesu, den Begriff des «Reiches Gottes» in ungebührlicher Weise habe zurücktreten lassen, um dann dem Philosophen Immanuel Kant das Verdienst zuzuschreiben, die Bedeutung ebendieses Begriffs auch für die Theologie neu zur Geltung gebracht zu haben. Im Einverständnis mit Kant deutete Ritschl diesen Begriff in ethischem Sinne um und kehrte damit an diesem wichtigen Punkt zum Aufklärungsprotestantismus zurück. Konsequent griff Ritschl in seiner Theologie auf die theoretische und praktische Philosophie der Aufklärung, d.h. auf einen entscheidend als antimetaphysischen Moralisten interpretierten Kant zurück, von dem aus er das Christentum verstehen zu können meinte als die große und unvermeidliche Verwirklichung eines praktischen Lebensideals. Damit wurde das Christentum auf eine praktisch-sittliche Diesseitsreligion reduziert. Als überzeugter Kantianer hatte Romundt in dieser Ritschl'schen theologischen Konzeption seine christliche Überzeugung festmachen können. In einem Monatsheft der Comenius-Gesellschaft ließ Romundt 1898 eine Besprechung eines Aufsatzes des Theologieprofessors Max Reischle, einem Schüler Ritschls, erscheinen unter dem Titel *Die Verwandtschaft moderner Theologie mit Kant*. Darin stimmte er dem Verfasser, der der Ritschl'schen Theologie «eine weitgehende innerliche Verwandtschaft [...] mit dem Geiste des (Kantschen) Kriticismus» bescheinigte, zu und sprach «dieser Beziehung [...] ein allgemeineres Interesse» zu. Im Weiteren bejahte Romundt auch Reischles Nachweis, dass eine «Verwandtschaft der neueren Theologie mit Kant» durchaus gegeben sei, um in Folge die bereits in positivem Sinn beantwortete Frage zu stellen: «Ist

---

347 Mitteilung von Hubert Treiber an den Verfasser.

es nicht, als habe Kant hierbei geradezu das vorher beschriebene Vorgehen der modernen Theologie vor Augen gehabt?» Romundt schloss seine Besprechung mit der lapidaren Feststellung: «diese Bemühungen von Angehörigen der theologischen Fakultät [sc. nämlich ihre Bemühungen um eine adäquate Berücksichtigung der Kantschen Philosophie in ihren theologischen Überlegungen] ist deshalb gewiss mit Beifall zu begrüssen».[348]

*

Für Nietzsche war Romundt ein «lernendmitstrebender Freund [...] mir außerordentlich werth wegen seiner philosophischen Gleichstimmung», kurz ein «guter und begabter Mensch».[349] Doch auf Augenhöhe mit Nietzsche war er nicht. Das wusste auch Romundt. So schrieb er 1869 seinem Freund Nietzsche nach Naumburg: «Ich habe es schon zu oft ausgesprochen, daß alles dasjenige in meinem geistigen Besitz, was mehr werth ist als nichts, in dem Verkehr mit Dir erworben ist.» Und drei Jahre später bekannte er: «Froh bin ich, liebster Freund, daß ich in Dir einen so treuen und guten Ratgeber für die inneren und äußeren Angelegenheiten des Berufes besitze und noch oft werde ich in diesem Winter Dich um Deinen Rath bitten.»[350] Und nachdem sich Romundt dazu entschlossen hatte, seine akademische Aufgabe in Basel zugunsten einer Lehrerstelle aufzugeben, schrieb Nietzsche an Freund Rohde in väterlichem Ton:

> Romundt denkt nun endlich an Schulmeistereien [...] und doch halten wir's in *jeder* Beziehung jetzt für nothwendig, daß er die akademische Philosophirerei aufgibt; vor allem weil er sich doch persönlich schlecht dabei befindet und oft recht angegriffen und nervös ist.

Und wenige Zeit später monierte er an denselben Empfänger: «Er macht uns mit einer störrigen Phantasterei (ach, ohne Phantasie) rechte Sorge.»[351] Trotz diesem Lehrer-Schüler-Verhältnis verstanden sich Romundt und Nietzsche sehr gut. Viel Zeit verbrachten sie zusammen, auch einmal eine gemeinsame Ferienzeit im Juli 1874 in Bergün und zwei Monate später vier Tage auf der Rigi. Auch Overbeck zählte Romundt zu seinem engsten Freundeskreis. Der Abschied von Basel am 10. April 1875 fiel allen drei Freunden dementsprechend schwer. Nietz-

---

[348] Heinrich Romundt: Die Verwandtschaft moderner Theologie mit Kant, S. 54, 57, 58.
[349] KGB II/1, S. 46, 77.
[350] KGB II/2, S. 59; KGB II/4, S. 84.
[351] KGB II/3, S. 275; II/5, S. 17.

sche schilderte dieses Erlebnis Carl von Gersdorff gegenüber so, dass Romundt

> einige Stunden vor der Abreise nicht fort wollte; Gründe gab es nicht und so setzten wir es durch, dass er Abends reise; es ging leidenschaftlich traurig zu […] er bat viel weinend um Verzeihung und wusste sich nicht vor Trauer zu helfen. Eine eigenthümliche Schrecklichkeit brachte mir noch der letzte Augenblick; die Schaffner schlossen die Wagen zu, und Romundt um uns noch etwas zu sagen, wollte die Glasfenster des Coupés herunter lassen, diese widerstanden, er bemühte sich immer wieder und während er sich so quälte, sich uns verständlich zu machen – erfolglos: – ging der Zug langsam fort und nichts als Zeichen konnten wir machen. Die grässliche Symbolik der ganzen Scene war mir ebenso wie Overbeck […] schwer auf die Seele gefallen, es war kaum auszuhalten. Übrigens lag ich den nächsten Tagen mit einem dreissigstündigen Kopfschmerz und vielem Galle-Erbrechen zu Bette.[352]

Eine Woche später erhielten die beiden Freunde in Basel einen Brief. Romundt schrieb darin, «daß Eure Freundschaft und das vertraute Zusammenleben mit Euch die Sterne meines Lebens waren und daß ich von Euch getrennt mich wie in einer weiten dunklen Nacht finden würde fragend, irrend und ganz und gar ruhelos».[353] Trotzdem kehrte Romundt nie mehr nach Basel zurück. Dort hatte er nicht nur seine Freunde Nietzsche und Overbeck zurückgelassen, sondern auch viele andere Bekannte aus dem Freundeskreis Nietzsches und Overbecks, mit denen er oft und gerne mit, aber auch ohne seine beiden Vertrauten zusammen gewesen war: vornehmlich die Familien von Miaskowski, Immermann, Heusler und Frau Baumgartner. Auch war er regelmäßig im Goldenen Kopf in der Gesellschaft von Kaftan und von Orelli anzutreffen, wo er hauptsächlich mit Kaftan engeren Kontakt geschlossen hatte, der über viele Jahrzehnte anhielt.

Von eminenter Bedeutung für Nietzsche war seine von Romundt im Frühjahr 1873 vermittelte Bekanntschaft mit Paul Rée. Zwischen dem Philosophen, Psychologen und späteren Arzt Rée und Nietzsche entwickelte sich eine enge Freundschaft. Eine Freundschaft, die am unglückseligen Dreiecksverhältnis Nietzsche – Lou von Salomé – Rée 1883 schließlich zerbrechen sollte. Nach seinem Abschied aus Basel löste sich Romundt zunehmend aus dem Bann Nietzsches. So nahm er Distanz zu Nietzsches Buch von 1878 *Menschliches, Allzumenschliches* und schrieb an Overbeck: «Dieses 'menschliche' Buch ist ja wohl nicht der letzte Schritt unseres Freundes, er wird auch über die darin geäußerten Ansichten noch hinauskommen.»[354] Und Nietzsche selbst ließ er wissen:

---

352 KGB II/5, S. 41.
353 KGB II/6,1, S. 98.
354 Romundt an Overbeck am 26. Januar 1879 (Universitätsbibliothek Basel).

Ich glaube zwar nicht, daß wir auseinandergehen in Betreff der Lehren der Metaphysik [...] aber damit, meine ich, noch nicht die Gegenstände dieser Lehren. Und wenn diese nun allerdings für das Wissen und also für den allein der Wahrheit Nachstrebenden nicht vorhanden sind, da es keinen Zugang zu ihnen giebt, so sind sie darum noch nicht nichts für den Glauben; und ich kann nicht einsehen, warum wir durchaus uns auf das Wissen einschränken sollen [...] aber wenn so mit dem Wissen Ernst gemacht wird, so können wir auf den Glauben nicht verzichten.[355]

Nietzsche antwortete Romundt nicht mehr, bemerkte aber gegenüber Overbeck:

Freund Romundt's Brief lege ich bei, ich verstehe ihn nicht ganz. Die Vermahnung zum Glauben verstehe ich sogar gar nicht – Glaube an was? Frage ich (den) Tropf. Aber vielleicht meint er den *Glauben an den Glauben*. – Ein Butterbrod ist mir mehr werth als ein solch blasses Ding.[356]

Den ersten *Zarathustra*, das letzte Buch, das Romundt von Nietzsche 1883 erhalten hatte, entrüstete ihn, weil dieser darin, wie er Overbeck viele Jahre später rückblickend mitteilte, «mit dem Namen desjenigen, was unzähligen Menschen heilig ist, umgeht, in dem 'Gott ist tot' u.s.w., mich einst sofort empört und mir alsbald den Eindruck von einer Art von Wahnsinn gemacht hat».[357] Die Sendung selber ließ Romundt Nietzsche gegenüber unbeantwortet. Man hatte sich auseinandergelebt und verstand sich kaum mehr. Einzig über Overbeck erfuhr Romundt noch von Nietzsche, von seinen Wanderjahren, von seinem Siechtum und Tod.

Franz Overbeck

Franz Overbeck kam als Sohn des deutsch-britischen Kaufmanns Franz Heinrich Overbeck 1837 in St. Petersburg zur Welt. Nach einem Aufenthalt in Paris, der Heimat seiner Mutter Jeanne Camille Overbeck-Cerclet, kehrte die Familie nach der Februarrevolution von 1848 wieder nach St. Petersburg zurück. Ab 1850 logierte man in Dresden. Overbeck entschloss sich zum Studium der Theologie, obwohl er, wie er später behauptete, nie ernsthaft religiös war. Vielmehr dachte er, mit dieser Berufswahl eine für die Menschheit nützliche Tätigkeit auszuüben. Nacheinander studierte er von 1856 bis 1860 in Leipzig, Göttingen und wieder in Leipzig, wo er seine Studien mit der Promotion abschloss. Zu seinen für ihn wesentlichen theologischen Lehrern zählte er

---

[355] KGB II/6,2, S. 1075f.
[356] KGB II/5, S . 457.
[357] Romundt an Overbeck am 15. Oktober 1899 (Universitätsbibliothek Basel).

Richard Rothe, Kirchenhistoriker und Dogmatiker in Heidelberg, Gründer des liberalen Protestantenvereins, auch bekannt geworden als Kritiker einer dogmatisch und institutionell unbeweglich gewordenen Kirche, und Ferdinand Christian Baur, den bekannten Kirchen- und Dogmenhistoriker und Haupt der jüngeren Tübinger Schule, einen theologischen Hegelianer, der vehement gegen die Wissenschaftsfeindlichkeit der Kirche, in der, wie er meinte, eine reaktionäre Stimmung zum Ausdruck komme, Stellung bezogen hatte. Overbeck hatte zwar keinen der beiden persönlich gehört, jedoch mit viel Gewinn ihre Schriften gelesen. Mit Rothe beeindruckte ihn ein Theologe, der Spekulation und unbefangene Beurteilung der geistigen Situation der Gegenwart miteinander zu verbinden wusste und der zugleich tief fromm war. Mit Baur teilte er die Erkenntnis, dass es in der historisch arbeitenden Theologie keine andere Methode als nur die der übrigen Geschichtswissenschaft geben darf. Im Gefolge der Baur'schen Schule wollte er das Urchristentum – er nannte es auch «Keimzustand des Christenthums» – und dies im Gegensatz zu aller Apologetik «rein historisch, d.h. wie es wirklich gewesen ist»,[358] erforschen und darstellen. Allerdings warf Overbeck Baur vor, ebendiese Methode zu wenig radikal angewandt zu haben, ein Vorwurf, der ihn später auch mit der gängigen Kirchengeschichtsschreibung entzweite. Kirchengeschichte war für Overbeck nichts anderes als ein Stück Weltgeschichte, jede kirchliche oder theologische Betrachtungsweise schloss er radikal aus. Allein das «modern wissenschaftliche Weltbild» war ihm von Bedeutung, er war ausschließlich an der «reinen» Wissenschaft interessiert.

Als dritten theologischen Gewährsmann Overbecks muss der Hallische freisinnige Theologe Carl Heinrich Wilhelm Schwarz, ein Mitbegründer des Protestantenvereins und Schüler Schleiermachers, genannt werden, von dem der junge Overbeck wichtige Anregungen empfangen hatte. 1863 zog Overbeck nach Jena, wo er auf Karl Hase, einen bedeutenden Kirchenhistoriker des 19. Jahrhunderts und damaliges Haupt der Jenenser Fakultät, traf. 1864 habilitierte er sich in Jena mit einer Arbeit über Hippolyt von Rom. Während seiner Studienzeit in Leipzig war er eng befreundet mit dem Historiker Heinrich von Treitschke. Von Treitschke sog Overbeck, wie er selber einmal bemerkte, «in aller Stille das Gift der Kritik ein».[359] Treitschke stand damals dem Christentum sehr fern und Overbeck hat später behauptet, dass dieser Freund ihm

---

358 Franz Overbeck: Über Entstehung und Recht einer rein historischen Betrachtung, S. 3f.
359 Zitiert nach Walter Nigg: Franz Overbeck, S. 3.

dasselbe ganz verdorben habe. Overbecks enge Freundschaft mit Nietzsche, gegen den Treitschke von großer Antipathie erfüllt war, hatte in den siebziger Jahres eine Entfremdung von Treitschke zur Folge. Auch goutierte Overbeck Treitschkes zunehmenden deutschen Patriotismus, seine immer penetranter geäußerte Verherrlichung der preußischen Staatsidee und der Persönlichkeit des Reichskanzlers Otto von Bismarck nicht mehr, so dass die beiden Freunde später vollständig auseinanderkamen.

1869 erhielt der 32-jährige Privatdozent Overbeck in Jena eine Anfrage zur Übernahme einer theologischen Professur an der Universität Basel. Der Verein für kirchliche Reform hatte in den 1860er Jahren in Basel über längere Zeit immer wieder einen theologischen Lehrer gefordert, der die freiere wissenschaftliche Richtung innerhalb der Theologie vertreten sollte. Die Eingabe hatte darauf hingewiesen, dass der bestehende Lehrkörper gegenwärtig aus lauter konservativen und der Vermittlung nahestehenden Theologen zusammengesetzt sei. Deshalb müsse nun auch die neue Richtung zu ihrem Recht kommen. Die Kuratel nahm die Sache unverzüglich an die Hand, war doch die Wahl eines zusätzlichen Stelleninhabers vom Gesetz her bereits vorgesehen und bewilligt worden. Man trat in Verhandlungen mit Wilhelm Mangold in Marburg, der als geeignete Persönlichkeit ins Auge gefasst worden war. Nach erfolgter Wahl zog jedoch Mangold überraschend seine Zusage zurück, da die preußische Regierung ihn dazu überredet hatte, in Marburg zu bleiben. So setzte man gegen den Willen der Reformer in einem zweiten Anlauf die Wahl des Jenenser Privatdozenten Franz Overbeck durch und berief ihn am 8. Januar 1870 offiziell nach Basel. Hier war es seine Aufgabe, neutestamentliche Exegese und ältere Kirchengeschichte zu lesen. Diesem Amt blieb Overbeck bis zu seinem vorzeitigen Rücktritt 1897 treu.

Zunächst außerordentlicher Professor, wurde der junge Gelehrte schon auf das Wintersemester 1871/72 hin zum ordentlichen Professor befördert. Im Jahre 1876 amtete er als Rektor der Universität. Im Gegensatz zu vielen Kollegen, die wie er aus Deutschland nach Basel gekommen waren, integrierte sich Overbeck nur schwer in seine neue Umgebung und blieb mehr der stille, abseits stehende, ganz für seine Forschungen lebende Einsiedler. Ein äußerst gewissenhafter, wissbegieriger, kritischer Forscher von unendlichem Wissen, der nie fertig wurde, weil er sich nicht genugtun konnte. Einzig als Mitglied der Bibliothekskommission der Universitätsbibliothek, der er später den größten Teil seines Nachlasses vermachte, diente er über seine beruflichen Aufgaben hinaus dem Basler Gemeinwesen. Was die Reformer mit der Berufung Overbecks befürchtet hatten, hatte sich bestätigt: Overbeck dachte nicht daran, sie in ihrem kirchlichen Parteienkampf zu unterstützen. Zudem vertrat er eine Auffassung von Theologie und Kirche, die ihn über die Auseinandersetzungen zwischen den kirchlichen Parteien hinaushob und im vornherein ausschloss, dass er sich als Mitglied einer der beiden an den Kämpfen beteiligte. Einzig mit Nietzsche, mit dem er fünf Jahre unter dem gleichen Dach in der «Baumannshöhle» am Schützengraben 45 wohnte, verband ihn eine herzliche Freundschaft, die bis zum Tod Nietzsches und im übertragenen Sinn auch darüber hinaus andauerte. Die «Baumannshöhle» wurde so genannt nach der damaligen Wirtin Frau Baumann-Reisch, einer aufrichtigen, gläubigen Frau, die nach ihrem Wegzug aus Basel über viele Jahre mit Overbeck brieflich in Kontakt geblieben war und sich immer wieder auch nach Nietzsche, diesem «selten guten Mann» erkundigte. Wie kein anderer war Overbeck zum Zeugen der Entwicklung Nietzsches vom romantischen Schwärmer zum radikalen Kämpfer geworden. Die Wohngemeinschaft mit Nietzsche nahm ein Ende, als Nietzsche die «Baumannshöhle» im Sommer 1875 verließ, um mit seiner Schwester am Spalentorweg 48 in einem gemeinsamen Haushalt zu leben, während Overbeck nach seiner Vermählung mit Ida Rothpletz ein Jahr später an die Eulerstrasse zog. Als Nietzsche Basel 1879 für immer verließ, schrieb Overbeck einem Bekannten: «Damit hatte ein 9jähriges Zusammensein für mich ein Ende, wie es mir nicht wieder zuteil werden wird.»[360]

*

In seinen wissenschaftlichen Forschungen war Overbeck vor allem Historiker. Als Historiker war er bestrebt, die Anfänge des Christentums und seine ältesten Urkunden profan, undogmatisch und unter Anwendung der kritischen Methode zu erforschen und darzustellen. Von wesentlicher Bedeutung war, dass er dabei mit aller Deutlichkeit die eschatologische Haltung des Urchristentums, die konsequente Einstellung Jesu wie des frühen Christentums auf eine überweltliche Zukunft, deren Anbruch in Bälde erwartet wurde, erkannte. Die gespannte Erwartung der Urchristen auf das unmittelbare Eintreffen der Parusie war für Overbeck der dominierende Gedanke im Christentum. Darum musste sich aus der Nichterfüllung der eschatologischen Hoffnung eine unvermeidliche Wesenswandlung ergeben: «Mit dem Glauben an die Parusie hat das alte Christentum eben den Glauben an seine Jugend verloren.»[361]

---

[360] Franz Overbeck: Werke und Nachlass, Bd. 8: Briefe, S. 168.
[361] Ders.: Christentum und Kultur, S. 8.

Der Sinn der notwendigen geschichtlichen Wandlung des Urchristentums ist demnach die unvermeidliche Ent-Eschatologisierung. Was für Overbeck im Endergebnis die Entchristlichung schlechthin bedeutete. Eine Religion, die wesentlich in der Erwartung des Endes der Welt und der Wiederkunft Christi lebte – in dieser Erwartung musste sie leben, wenn sie sich treu bleiben wollte – konnte keine theologische Wissenschaft und keine Kirche ausbilden, weil ihre Hoffnung einer Weltverneinung gleichkam. Und dieser weltverneinende Charakter eignete dem Christentum schon seit apostolischer Zeit. Dass sich dann Kirche und Theologie trotzdem so rasch ausgebildet haben, erklärte sich für Overbeck nicht aus dem Christentum selbst, sondern aus seinem im zweiten nachchristlichen Jahrhundert vollzogenen Eintritt in die heidnische Bildungswelt. Damit hatte die Verweltlichung des ursprünglichen christlichen Impulses seinen Anfang genommen. Allein das Mönchtum, so Overbeck, vermochte sich dieser Entwicklung zu entziehen. Und damit war auch eine rein historisch arbeitende Theologie – «die Theologie ist der Versuch den rel. Glauben jeder Generation annehmbar zu machen»[362] – die das ursprüngliche Christentum erfassen und es als Norm gegenwärtiger Gestaltung anwenden wollte, eine Unmöglichkeit geworden. «Das junge Christentum ist das der Erfahrung seines Alters noch entbehrende Christentum und eben darum auch durch keine Theologie mehr zu retten, die sich nicht entweder aller historischen, wissenschaftlichen oder aller theologischen Ansprüche begibt.»[363] Dass es Theologie gibt, ist demnach das Ergebnis jener Grundverlegenheit, die mit der Parusieverzögerung gegeben ist. Denn die Welt sei, wie Overbeck meinte, von vornherein stärker gewesen als das Christentum. Zwischen dem ursprünglichen Christentum und der Geschichte bestand für ihn demnach ein unüberbrückbarer Gegensatz.

> Mit dem Christentum geht es zu Ende, es hat keine Macht über die Menschen mehr und wird gegenwärtig von manchem seiner öffentlichen Bekenner offen verworfen, von unzähligen sanfter und gewissermaßen still abgelehnt. Diese Tatsache scheint mir so augenscheinlich wie das Leuchten der Gestirne.[364]

Auch er selbst, der Basler Theologieprofessor, hatte sich persönlich vom Christentum gelöst, war zum überzeugten Agnostiker geworden, der großen Tragik in Overbecks Leben, unter der er sehr gelitten hat. Er war Theologe und Lehrer der Theologie geworden und geblieben, ob-

---

[362] Ders.: Kirchenlexikon, in: Werke und Nachlass Bd. 5, S. 471.
[363] Ders.: Christentum und Kultur, S. 8.
[364] Ebd., S. 208.

wohl er innerlich und äußerlich jede Theologie ablehnte. Dieser Widerspruch zwang ihn schließlich in die frühzeitige Pension. Wobei allerdings Overbecks Freund Erwin Rohde vermutete, dass die Theologie bei Overbeck doch tiefer sitzen müsse, als er es sich selber zuzugeben bereit sei. Ansonsten müsste ihm «das Verhalten dieses grundehrlichen Mannes» völlig unverständlich bleiben. Christentum und moderne Kultur, Glauben und Wissen, Christentum und Theologie blieben für Overbeck unversöhnliche Gegensätze. Eine Anpassung des Christentums an die moderne Zeit war in seinen Augen nicht möglich, ohne dass dabei das echte, ursprüngliche Christentum verloren geht. Geradezu mit Ingrimm erfüllte ihn das Kokettieren der Theologen des 19. Jahrhunderts mit dem Zeitgeist. Für Overbeck stand unverrückbar fest: Das Christentum gibt sich auf, wenn es mit der Welt paktiert. Einen Kompromiss konnte es hier für ihn nicht geben. Denn er erblickte

> die Wurzel des Konflikts der Gegenwart mit dem Christentum darin, daß *die Theologie stets modern gewesen ist* [...] das Christentum aber *nie*, aus keinem anderen Grunde, als weil das Christentum nie eine Geschichte hat haben wollen [...] In seiner heute erreichten vollkommenen Verweltlichung muß es erliegen und kann ihm keine Theologie mehr helfen, die nur das Gegenteil von dem will, was das Christentum von jeher gewollt hat. [...] Denn um etwas Anderes wäre es mir nicht zu tun als um den Nachweis des *finis Christianismi* am modernen Christentum.[365]

Overbeck wurde nicht müde, immer wieder auf den antiken Charakter des Christentums hinzuweisen und darum Antike und Christentum der Moderne entgegenzustellen. So fest sah Overbeck die Verbindung von Christentum mit antiker Kultur, dass er sagen konnte, «das Christentum sei die Einbalsamierung, in der das Altertum bis in die Gegenwart gekommen ist».[366] Ein modernes Christentum hingegen galt ihm als ein Widerspruch in sich selber. Nur als ein, wenn auch bedeutendes Objekt der historischen Forschung war ihm das Christentum noch von Interesse. So wurde Overbeck nicht müde, Weltflucht, Weltentsagung, Weltverneinung und den Glauben an ein nahes Weltende als die zentralen Begriffe des echten, ursprünglichen Christentums zu beschreiben. Dabei genoss das Mönchtum für ihn eine besondere Wertschätzung, weil an ihm wie nirgends sonst ersichtlich werde, «wie tief es in der ursprünglichen christlichen Predigt der Weltentsagung, ja in einzelnen geradezu asketischen Elementen des Neuen Testamentes begründet»[367] sei. Da er dem ursprünglichen Christentum eine asketische Grundstruktur zuer-

---

[365] Ebd., S. 245f., 289.
[366] Franz Overbeck: Über die Christlichkeit, S. 22.
[367] Vgl. dazu Overbecks Vortrag «Über die Anfänge des Mönchthums», in: Werke und Nachlass, Bd. 1.

kannte, sah er im Mönchtum keine dem Christentum fremde, ihm von außen zugeflossene Strömung, sondern eine Bewegung, die das echte Christentum repräsentiert. Wer diesen asketischen Grundcharakter leugne, der übe Verrat am Christentum. Askese war für ihn die einzige Form, die der Kirche in ihrer neuen Stellung in der Welt den eschatologischen Charakter des Glaubens bewahrte. Allein in ihr diagnostizierte er die Verlängerung der Naherwartung und einzig wesensechte Entfaltung aus dem Ursprung. In der Askese und folgerichtig im Mönchtum sah er den urchristlichen Geist der Weltflucht und die unbedingte Zuwendung zum Jenseits noch lebendig. Somit war für ihn eine Theologie – und dabei hatte Overbeck durchaus die moderne Theologie als wissenschaftliche Reflexion auf das Christentum im Auge –, welche dieses historische Faktum nur als eine Zeiterscheinung gelten lassen wollte, hingegen das Christentum mit dem Zeitgeist zu versöhnen sich bemühte, unmöglich geworden. Daher war für ihn die Befreiung von der modernen Theologie eine Grundvoraussetzung, um zum Christentum in ein sachgemäßes Verhältnis zu kommen. Und darum auch seine harsche Kritik an Kollegen seiner Zeit, insbesondere an Adolf von Harnack, die sich in hemmungsloser Apologetik gefielen, um das Christentum für die Moderne zu retten. Ihnen hielt er ganz grundsätzlich entgegen: Nicht Theologie brauche das Christentum. «Was das Christentum vor allem bedarf, um sich in der Welt noch zu behaupten, ist der Erweis seiner praktischen Durchführbarkeit im Leben.» Und hier schlug Overbeck eine Bresche für den Pietismus im Gegensatz zur Orthodoxie:

> Die Orthodoxie ist das Produkt des Ideals, das Christentum durch Theorie (Dogmatik) zu erweisen, der *Pietismus* das des Ideals, diesen Erweis aus dem Leben (der Praxis) zu bringen. Es ist kein Wunder, daß die moderne Welt so sehr nach Orthodoxie lechzt und sich so wenig aus dem Pietismus macht, daß eine Dogmatik wie die Ritschls solchen Erfolg hatte, während die Rothesche so kläglich Schiffbruch litt […] Im modernen Leben dürstet das Christentum nach dem Leben und insofern nach Pietismus, im modernen Christentum die Modernität nach Orthodoxie, denn mit dem Leben hat sie sich schon vollgetrunken. Und so erhält im modernen Christentum das Christentum nichts zu trinken. Denn der Sitz seines Durstes ist ein ganz anderer als bei der Modernität.[368]

Die praktische Durchführbarkeit des Christentums sollten, wenn überhaupt, allein Mönchtum und Pietismus erweisen. Nur sie verdienen nach Overbeck Sympathie.

*

---

[368] Ders.: Christentum und Kultur, S. 274f.

In seinem 1873 publizierten und 1903 in einer zweiten Auflage erschienenen und zusätzlich mit einer Einleitung versehenen Buch *Über die Christlichkeit unserer heutigen Theologie* gestand Overbeck, dass für ihn seit seinem Eintreffen in Basel zwei Dinge von wesentlicher Bedeutung gewesen waren: die in gewissen einflussreichen Basler Kreisen gelebte pietistische Form der Frömmigkeit und seine Freundschaft mit Friedrich Nietzsche.

> Beim Drängen aber, von dem ich eben rede, war nicht nur der Conflict zwischen Pietismus und Reform in Basel betheiligt, in den ich mich beim Antritt meiner hiesigen Professur sehr unversehens hereingerückt sah; ich würde nicht Alles, was ich hier zu sagen habe, sagen, wenn ich bei diesem Drängen nicht auch dem Eindruck seinen besonderen Antheil anwiese, den ich vom Pietismus hier davon getragen habe. Nicht, dass es sich für mich noch um eine ernstliche Annäherung an diese Denkweise hätte handeln können, – dafür war ich ihr doch schon zu gründlich entfremdet, – doch eben dieses auch wieder nun nicht so vollständig […] dass ich völlig unempfänglich gewesen wäre für das neue religiöse Clima, in das ich hier versetzt wurde […] Indessen auch einen Einfluss so ganz unabsehbarer Art sollte ich noch auf Basler Boden erfahren; es ist der stärkste der Art, der mich auf meiner Wanderschaft durch das Leben, und zwar *nel mezzo del cammin*, getroffen; er hat auch an meiner 'Christlichkeit' mitgeschrieben. Ich habe meine Freundschaft mit *Friedrich Nietzsche* im Sinne.[369]

Dieses Zitat lässt den Lesenden einen Blick werfen auf Overbecks damalige Lebenssituation: in Basel sah er sich zum ersten Mal mit der Frage konfrontiert, wie das Christentum in der Gegenwart noch glaubhaft gelebt werden könne, nämlich als er dem Pietismus begegnete – in dem die subjektive Echtheit weit stärker gewichtet wurde als die objektive Wahrheit.

> Der edlere Pietismus hat oft ein lebhaftes Gefühl von einer Andächtigkeit (für anders empfindende Menschen) und ist darum ehrlich bestrebt unter Umständen möglichst wenig sich bemerkbar zu machen, sich aufzudrängen. Ich habe das namentl. am Basler Pietismus häufig beobachtet.[370]

Dass er seitdem dem Pietismus mit Respekt begegnete, bezeugen auch spätere Aufzeichnungen. Da findet sich einmal die Feststellung: «Ritschl ist die pietistische Form des Christentums die verhassteste. Für mich ist es die einzige, unter welcher mir ein persönliches Verhältnis zum Christentum möglich wäre oder doch gewesen wäre.»[371] Auch wenn er für sich selber die Übernahme dieser Glaubensform ablehnte, so fällt doch auf, dass unter den zeitgenössischen protestantischen Richtungen, de-

---

[369] Ders.: Über die Christlichkeit unserer heutigen Theologie, S. 12f.
[370] Ders.: Kirchenlexikon, Abschnitt «Pietismus/Charakterisierung, Vermischtes» (Universitätsbibliothek Basel).
[371] Ders.: Christentum und Kultur, S. 179.

nen Overbeck die Christlichkeit absprach, der Pietismus fehlte, dass er sich im Gegenteil immer wieder bewusst mit dieser Glaubensform auseinandergesetzt hat. In seinem Kirchenlexikon finden sich viele Hinweise, die auf eine intensive Beschäftigung mit dem Pietismus hinweisen, und dies häufig in Verbindung mit seiner Darstellung der beiden Theologen Albrecht Ritschl und Richard Rothe. Dabei steht Ritschl für die von Overbeck abgelehnte Orthodoxie, Rothe für die von ihm bejahte Lebensform des Pietismus.

> Zwei verschiedene Formen das Xsthms, von denen die eine das Hauptgewicht auf den theoretischen (dogmat.) Erweis des Xsthms legt (Orthodoxie), die andere auf den praktischen (durch das Leben) (Pietismus). Die 2te ist zweifellos die Werthvollere, in der Natur der menschlichen Dinge am sichersten begründete, und wird darum auch vom echten Xsthtm, vom Xsthtm, welches leben will, folgerichtig vor Allem erstrebt.[372]

Oder an anderer Stelle:

> Soweit sich der Religionsstreit der Gegenwart wirkl. innerhalb des Gegensatzes der Orthodoxie u. des Pietism. abspielt, s(t)ehe ich für meine Person ohne alles Wanken zum Pietismus. D.h. diesem gebe ich geg. *den Stdpkt* des Orthodoxism. unbedingt Recht.

Und:

> Ich entscheide mich für *Rothe*, obwohl ich als Nichttheologe schliessl. weder mit seinem noch mit Ritschl's Beruf etwas zu thun habe. [...] [Sc. Dies] auch darum, weil die pietist. Form des Xsthms noch die einzige ist, zu der ich mich selbst in eine persönli. Beziehung gestellt denken könnte.[373]

Overbeck zeigte nicht nur viel Sympathie für die pietistische Glaubensform, sondern in seinem Forschen und Arbeiten sind auch Parallelen zu inhaltlichen Schwerpunkten dieser Glaubensart augenfällig. So war die Kirchengeschichte die eigentliche Domäne pietistischer Theologen und erlebte unter ihrer Ägide einen neuen Aufschwung. Zudem sehnten sich die Pietisten danach, das Urchristentum für die Gegenwart wieder zu erwecken und bis in seine individuellen und sozialen Ausdrucksformen hinein wieder herzustellen. Dabei legten sie Wert auf die christliche Vollkommenheit und die Eschatologie, die lebhafte Erwartung des Königreiches Jesu Christi und die daraus folgende Geschichtsdeutung. Schließlich befragte der Pietismus den Glauben des Einzelnen immer wieder daraufhin, ob er lebendig sei, was zur Folge hatte, dass sich der

---

[372] Ders.: Kirchenlexikon A 234: Stichwort 'Pietismus' (Universitätsbibliothek Basel).
[373] Ders.: Kirchenlexikon, in Werke und Nachlass, Bd. 5, S. 255, 420.

fromme Mensch in einer bis dahin undenkbaren Weise auf sich selbst
gestellt sah und damit die Bindung an ein kirchliches Amt an Bedeutung verlor. Bei allen diesen Punkten fällt es nicht schwer, diese auch
als wesentliche Themen Overbecks festzumachen, wenn er dabei auch,
was wenig erstaunt, zu anderen Resultaten kam. Overbecks Nähe zu
pietistischem Gedankengut ging gar so weit, dass er in seiner Schrift
über die *Christlichkeit*, ganz im Sinne der Pietisten, einen Wertungs-
gegensatz zwischen Empfindung in positivem und Reflexion in negati-
vem Sinn statuierte.

> Empfunden und nicht blos obenhin bedacht muss überhaupt sein, was man sagt und
> wofür man Glauben fordert, und so muss man auch mit dem Christenthum empfin-
> den, wenn man es vertheidigt.[374]

Das hätte genauso auch ein Pietist schreiben können. Overbecks Nähe
zum Pietismus ist augenfällig und immer wieder finden sich in seinen
Arbeiten Stellen, die pietistischen Geist atmen. Und wenn wir bedenken, dass seine Schrift über die *Christlichkeit*, wie er selber sagt, von
Nietzsche «mitgeschrieben» worden sei, dann wird deutlich, wie eng der
persönliche Kontakt und wie intensiv der Gedankenaustausch zwischen
den beiden Bewohnern der «Baumannshöhle» gewesen sein muss.
Overbeck gab davon freimütig Kenntnis in der Einleitung, die er 1903
seiner *Christlichkeit* vorangestellt hat.

> Nietzsche und ich wurden in Basel alsbald nicht nur Collegen, sondern auch Wand-
> nachbarn. [...] Aus dieser Nachbarschaft hatte sich [...] die regelmässige Gewohnheit
> entwickelt, unsere Abendmahlzeit gemeinschaftlich in meinem, dem tiefer gelege-
> nen und auch geräumigeren, Zimmer einzunehmen. [...] und lange dauerte es nicht,
> und es ging aus diesem unserem, Nietzsche's und meinem, Verkehr während unseres
> etwa vierjährigen Contuberniums in Basel zwischen uns etwas wie ein Verhältniss der
> Unzertrennlichkeit hervor. [...] Waren wir aber zusammen, so gab der Stoff zu unse-
> ren kaum stockenden Gesprächen zum allergeringsten Theile der Umstand der auch
> bei Nietzsche nicht fehlenden theologischen Anfänge her, zu einem weit grösseren die
> Anhäufung von Missmuth, die in uns aus Anlass der grossen Vorgänge in Deutsch-
> land, denen wir damals mit einander aus der Ferne zuzusehen hatten, anwuchs und
> die wir vor einander enthüllten, überhaupt die unzähligen Dinge, über die man sich
> gemeinhin in unsern Jahren auszutauschen haben wir, wenn man nicht eher zusam-
> mengekommen ist und die Herzen sich öffnen. [...] Doch [...] wie sollte ich [...] nicht
> aufhorchen und zusehen, dass ich dazu lernte aus dem, was ich in so reizvoller Weise
> gelehrt wurde? [...] Voran ging [...] die Lection der 'Geburt der Tragödie', die ich
> schon vor 1872 vor mir entstehen sah.[375]

---

[374] Ders.: Über die Christlichkeit unserer heutigen Theologie, S. 46.
[375] Ebd., S. 14–16.

Wie viel Vertrautheit war in diesen Jahren gewachsen, wie viele Pläne waren geschmiedet und wieder verworfen worden! In Nietzsche hatte Overbeck den «ausserordentlichen Menschen» wahrgenommen, auch wenn er nicht verschwieg, dass er aus Nietzsche schon damals nicht immer «klug geworden»[376] sei. Seine Freundschaft mit Nietzsche war mit dabei gewesen, als er sich seine Absage an die Zunftgenossen von der Seele schrieb. Mit Nietzsche zusammen verlebte Overbeck in Basel die glücklichste Zeit seines Lebens, wie es auch für Nietzsche die glücklichste gewesen ist. Nach Nietzsches Basler Jahren hat Overbeck dessen Weg treu mitbegleitet, unbeirrt von dem Erschreckenden und Abstoßenden, das dieser für ihn zuweilen haben musste.

*

Es ist viel über die gegenseitige Beeinflussung dieser beiden Unzeitgemäßen spekuliert und geschrieben worden. Darüber weitere Vermutungen anzustellen, 'alte Kleider abzuklopfen', davon sehe ich ab. Man müsste dabei vieles sagen, was andere schon gesagt haben. Ihr gegenseitiges Verhältnis ist zuerst als menschliches zu würdigen. Zusammengeführt hatte sie zunächst die gemeinsame Schopenhauerverehrung und anfänglich auch die gemeinsame Verehrung Wagners. Doch ist es müßig, bei diesen beiden Gelehrten nach Spuren zu suchen, wer was und von wem übernommen und woher beeinflusst worden ist. Wer über Jahre Wand an Wand wohnt, miteinander intensiv in teilweise sehr persönlichem Gespräch lebt, denkt, arbeitet und auch musiziert; wer praktisch zeitgleich je ein Buch mit einem ähnlichen Thema in großer gedanklicher Nähe zueinander publiziert wie Overbeck seine *Christlichkeit* und Nietzsche seine *Erste Unzeitgemässe Betrachtung* über David Friedrich Strauss – wobei Nietzsche, dessen Schrift einige Zeit nach derjenigen Overbecks entstand, darin einen Punkt aus Overbecks Schrift aufnahm und zur Hauptsache machte –; wer anschließend beide Bücher, erschienen beim selben Verleger, zusammenbinden lässt und mit dem Vers versieht:

> Ein Zwillingspaar aus Einem Haus
> ging muthig in die Welt hinaus,
> Welt-Drachen zu zerreissen.
> Zwei-Väterwerk! Ein Wunder war's!
> Die Mutter doch des Zwillingspaars
> Freundschaft ist sie geheissen.

---

[376] Ebd., S. 15.

und darunter die Unterschrift setzt: «Der eine Vater dem andern!» und wer auch über die Zeit des gemeinsamen Contuberniums hinaus miteinander eng und freundschaftlich verbunden bleibt, dem ist wohl bewusst, dass manches in der gemeinsamen Auseinandersetzung entstanden ist, zu dem beide Teile gleichwertig beigetragen haben. Haben wir Overbecks Hochschätzung seines Zusammenseins mit Nietzsche schon zitiert, so soll hier ein Zeugnis von Nietzsches Hand zum gleichen Thema wiedergegeben werden. Zwei Jahre, nachdem dieser Basel verlassen hatte, schrieb er seinem Freund Overbeck Mitte November 1881 aus Genua nach Basel:

> Mein lieber Freund, was ist dies unser Leben? Ein Kahn, der im Meere schwimmt, von dem man nur dies mit Sicherheit weiß, daß er eines Tages umschlagen wird. Da sind wir nun zwei alte gute Kähne, die sich treulich Nachbarschaft gehalten haben, und namentlich hat Deine Hand redlich dabei geholfen, mich vor dem «Umschlagen» zu behüten! So wollen wir denn unsere Fahrt fortsetzen und einer um des Andern Willen *recht lange!* recht lange! – wir würden uns so vermissen! Einigermaßen glatte See und gute Winde und vor allem Sonne – was ich mir wünsche, wünsche ich auch Dir; und traurig, daß meine Dankbarkeit sich eben nur in einem solchen *Wunsche* äußern kann und daß sie gar nichts über Wind und Wetter vermag![377]

[377] KGB III/1, S. 139f.

3.5 Lebensumstände

Basels katalysatorische Wirkung auf Nietzsche. Elisabeth Nietzsche in Basel. Elisabeths Glaubensüberzeugung. Friedrich und Elisabeth als Liebhaber der Passionsmusik von Bach, Beethoven, Mozart. Musik und Pietismus. Das «Fromme Basel» und das Theater. Nietzsche in Basel auf dem Weg zu seiner Bestimmung. Nietzsche und aktuelle Ereignisse aus Politik und Kirche. Das Thema «Religion» für Nietzsche. Nietzsches Bibellektüre.

Basel war für Nietzsche der Ausgangspunkt seiner Wallfahrten nach Tribschen zu Cosima und Richard Wagner und seiner langsamen und schmerzhaften Loslösung von seinem Idol. In Basel betrieb Nietzsche die Philologie als Beruf und entdeckte die Philosophie als seine Berufung. Nach Basel kam Nietzsche als Jünger des Philosophen Schopenhauer und emanzipierte sich im Lauf der Zeit von ihm. Als Nietzsche in die Rheinstadt kam, verlor er seine preußische Staatszugehörigkeit und wurde staatenlos. Als er diese Stadt wieder verließ, machte er sich gleicherweise auch innerlich heimatlos. In Basel lockerten sich allmählich Nietzsches frühere enge Bande zu seinen Jugendfreunden und er fand in Franz Overbeck den Freund fürs Leben. Basel war Nietzsches einziger einigermaßen bleibender Aufenthalt unter Menschen und der Ausgangspunkt seines späteren unsteten Wanderlebens. In Basel traf Nietzsche auf eine gebildete, der humanistischen Tradition verpflichtete gesellschaftliche Oberschicht. Aus dieser Tradition heraus lebte und dachte auch er. In Basel wurde Nietzsche je länger, umso kränker und fand schließlich mit seinem Weggang aus der Rheinstadt seine 'neue' Gesundheit. In Basel begann Nietzsche seine Arbeit als enthusiastischer Pädagoge und geschätzter Universitätsdozent und versuchte über Jahre, in seinen Lehrämtern gegen die Krankheit durchzuhalten. Seine Absicht, als Philosophiedozent in Basel arbeiten zu können, scheiterte, was ihm den Weg zum freien Schriftsteller öffnete. Nietzsche erlebte in Basel ein inneres Drama, wurde seelisch und physisch krank, quälte sich mit den Fragen nach Beruf und Berufung und stellte hier die Weichen für eine neue Zukunft.

Schon mit seinen ersten Publikationen stieß er bei seinen Fachgenossen mehrheitlich auf Ablehnung, irritierte damit auch seine engsten Freunde und fand seinen neuen Stil, seine Philosophie, sich selber. Nach zehn Jahren in Basel floh Nietzsche aus der Rheinstadt und erklärte, er «halte es nicht aus ohne das Gefühl, *nützlich* zu sein; und die Baseler sind die einzigen Menschen, welche es mich merken lassen, dass ich es bin».[378] In Basel leistete Nietzsche ein enormes Arbeitspensum an Schule, Universität, amtlichen Aufgaben, eigener Lektüre und Schriftstellerei und war bestrebt, trotz dringender ärztlicher Ermahnungen, seinen Arbeitsaufwand nicht zu reduzieren. So hatte Basel auf den jungen Gelehrten insgesamt eine katalysatorische Wirkung, und er fand hier, wenn auch unter großen Schmerzen und Enttäuschungen, schließlich zu sich und seinem eigenen Weg. Dies alles ist in seiner Gegensätzlichkeit und Widersprüchlichkeit vielfach beschrieben und dargestellt worden und soll hier nicht wiederholt werden. Allerdings war die Stadt Basel für Nietzsche aber auch der Ort, wo er über längere Zeit zusammen mit seiner Schwester Elisabeth gelebt hat; der Ort, wo er nach Möglichkeit intensiv sich mit Musik beschäftigt, Musik gehört und selber Musik gemacht hat und schließlich der Ort, wo er, wie später nie mehr in seinem Leben, über Jahre sesshaft gewesen ist und die in seinem Elternhaus gelebte pietistisch-erweckliche Art der Frömmigkeit als Lebensform einer einflussreichen und tragenden Gesellschaftsschicht kennen und schätzen gelernt hat. Diese drei Fakten sollen in diesem Kapitel näher beschrieben werden.

*

Nietzsche war mit seiner Schwester Elisabeth von Kindsbeinen an in geschwisterlicher Freundschaft herzlich verbunden. Eine enge emotionale Beziehung band die beiden vaterlos Aufgewachsenen zusammen. Möglicherweise war es diese ungewöhnlich feste Bindung, die es beiden in ihrem späteren Leben schwer machte, einen Ehepartner zu finden. Es wird überliefert, dass Pensionäre auf der Frohburg, einem Hotel im nordwestschweizerischen Jura, über Nietzsche und seine Schwester, die dann und wann dort zu Gast waren, geäußert haben sollen, dass sie «ein so rührendes Geschwisterpaar noch nie gesehen»[379] hätten. Elisabeth selber beschrieb ihr Verhältnis zu ihrem Bruder in Briefen an ihre Mutter so: «Wir sind glücklich miteinander» und «Ich denke jetzt oft, wie schön es vom lieben Gott eingerichtet ist, dass ich eben nicht verheirathet bin und somit dem guten Fritz gerade jetzt […] von Nutzen sein kann.» Selbstsicher stellte sie fest, dass sie «in allen Dingen, Freud und Leid, Fritzens Vertraute geworden» sei.[380] Es ist gemutmaßt worden, ob

---

[378] KGB II/5, S. 250.
[379] Brief Elisabeths an ihre Mutter vom 9. Juli 1874 (GSA 100/531).
[380] Briefe an die Mutter vom 19.5., 24.6.1875 und 1.5.1878 (GSA 100/531).

Elisabeth nicht unbewusst ein erotisches Verlangen nach ihrem Bruder, gar eine beinahe inzestuös anmutende Beziehung zu ihm entwickelt habe, womit ihre große Eifersucht erklärbar wäre, die sie immer wieder dann entwickelt hat, wenn eine andere Frau ihr ihren Bruder 'stehlen' wollte. Dies sei besonders deutlich bei Elisabeths Intrigenspielen und bösartigen Einmischungsversuchen in Nietzsches «Lou[sc. Andreas-Salomé]-Affäre» zum Ausdruck gekommen, was schließlich zu einer starken Abkühlung im geschwisterlichen Verhältnis geführt habe.[381] Wie auch immer, Elisabeth selber vermochte erst nach der 'Normalisierung' des Verhältnisses zu ihrem Bruder eine engere Beziehung zu einem anderen Mann, ihrem späteren Ehemann Bernhard Förster, einzugehen. Dessen ungeachtet war sie die treue Gefährtin ihres Bruders vor und während seiner Basler Zeit, er ihr Idol.

Schon zu seiner Leipziger Studienzeit war Nietzsche um die mangelnde Bildung seiner Schwester besorgt gewesen, machte sie, wenn er zu Hause war, mit Problemen der klassischen Philologie vertraut und lehrte sie die Grundsätze der wissenschaftlichen Forschung. Auch später, während der gemeinsamen Basler Zeit, nahm sich Nietzsche immer wieder ihrer an und brachte ihr auch den rechten Umgang in der Gesellschaft bei. Sie ihrerseits blieb treu an seiner Seite und pflegte ihn selbstlos während seiner sich immer häufiger einstellenden Krankheitsphasen. Als er mit 24 Jahren zum Professor nach Basel berufen wurde, war sie mächtig stolz auf ihren Bruder und bereit, ihm, wann er nur wollte, ans Rheinknie zu folgen und behilflich zu sein. Als dann Nietzsche schon nach wenigen Monaten in Basel häufig von Migräneattacken und Schlaflosigkeit befallen wurde und zunehmend Mühe mit der Führung seines eigenen Haushaltes bekundete, eilte sie auf seine Bitte hin zu ihm, um ihn zu unterstützen. So kam sie mit ihrer Mutter am 13. April 1870 zum ersten Mal nach Basel und blieb über vier Monate bei ihm, während die Mutter schon früher zurückreiste, um einer erkrankten Schwester beizustehen. Seitdem verbrachte Elisabeth jedes Jahr mehrere Monate in Basel bei ihrem Bruder und den Rest der Zeit in Naumburg.

Verlangte damals die Konvention, dass eine Tochter bis zu ihrer Verheiratung im Haus ihrer Eltern zu verbleiben hatte, so gestattete Franziska Nietzsche ihrer Tochter, wenn auch oft nur widerwillig und bloß auf inständiges Bitten Friedrichs hin, dass sie ihrem Bruder den Haushalt in Basel führte. Allerdings blieb ihr unerklärlich, warum ihre beiden Kinder auch Anfang der 1870er Jahre noch immer keinen Ehepart-

---

381 Roswitha Wollkopf: Elisabeth Nietzsche – Nora wider Willen?, S. 266.

ner gefunden hatten. Doch wurden ihre schriftlichen Ermahnungen an Tochter und Sohn, sich doch endlich nach einem Ehepartner umzusehen, von diesen jeweils entschieden zurückgewiesen. 1871 weilte Elisabeth sieben Monate in Basel, 1872 vier Monate. 1873 waren es wiederum fünf Monate, 1874 drei Monate, ein Jahr später zunächst ein paar Wochen im Frühjahr und ab Mitte August 1875 wohnte Elisabeth dann für ein Jahr bei ihrem Bruder in einem gemeinsamen Haushalt am Spalentorweg 48. Als Nietzsche Anfang Oktober 1876 einen einjährigen Urlaub beginnen konnte, der ihm aus gesundheitlichen Gründen gewährt worden war, und nach Italien reiste, kehrte Elisabeth zu ihrer Mutter nach Naumburg zurück. Nach Nietzsches Rückkehr nach Basel Anfang September 1877, richteten die beiden Geschwister an der Gellertstrasse 22 wiederum einen gemeinsamen Haushalt ein und blieben ein knappes Jahr zusammen. Ende Juni 1878 verabschiedete sich Elisabeth dann endgültig aus Basel. Nachdem es wegen der Veröffentlichung von Nietzsches Buch *Menschliches, Allzumenschliches* zu Diskussionen und wohl auch Spannungen unter den Geschwistern gekommen war, beschlossen sie, ihr Kontubernium für immer zu beenden. Nietzsche, der inzwischen gesundheitlich sehr angeschlagen war, wollte die nächste Zeit allein in Basel leben. Erst als er im Frühjahr 1879 Basel für immer verließ, bat Overbeck Elisabeth, ihrem Bruder bei der Auflösung seines Haushaltes behilflich zu sein. So kam sie im Mai dieses Jahres noch einmal für ein paar Tage nach Basel und begleitete ihren Bruder nach seinem endgültigen Verlassen der Stadt zu einem Kuraufenthalt nach Bremgarten bei Bern.

Während ihrer vielen sich über Monate erstreckenden Aufenthalte in Basel hat sich Elisabeth ausnehmend wohl gefühlt. Sie schätzte die Nähe zu ihrem Bruder ebenso wie die häufig erfolgten Einladungen vonseiten seiner Bekannten. Zudem stärkte der Eintritt in diesen Gesellschaftskreis ihr Selbstbewusstsein. Der jeweiligen Vorfreude auf ihr Wiederkommen nach Basel gab sie immer wieder beredten Ausdruck: «Reise ich schon im Geiste den bekannten lustigen Weg [...] und komme seelenvergnügt in dem geliebten Basel an»[382] und bekannte rückblickend, sie sei jeweils «sehr glücklich in Basel»[383] gewesen. Nietzsche selber erging es ähnlich. Seinem Freund Carl von Gersdorff teilte er im Juli 1875 mit:

Meine Schwester ist seit einer Woche wieder in Naumburg, wo es viel vorzubereiten giebt, dass wir am Ende der Ferien hier unser neues Heimwesen gründen kön-

---

[382] KGB II/2, S. 555.
[383] KGB II/6,1, S. 4.

nen. Ich bin über diese Wendung sehr glücklich und sehe mit viel Vertrauen auf das Kommende. Mein schöner Entwurf für die nächsten 7 Jahre war nur möglich bei einer solchen Ordnung und Regelung meines Alltaglebens. Nun habe ich doch eine ganz vertraute hülfreiche Seele um mich. Nicht mit einem Wort habe ich sie überredet, sie hat sich ganz freiwillig entschlossen.

Und wenige Wochen später notierte er an den gleichen Empfänger:

Also inzwischen habe ich mit Hülfe meiner Schwester mich häuslich eingerichtet, und es ist *gut* gelungen. So bin ich endlich, seit meinem dreizehnten Lebensjahre[384] wieder in traulicheren Umgebungen, und je mehr man sich aus allem, was Andre erfreut, exilirt hat, um so wichtiger ist, dass unsereins seine eigene Burg hat, von wo man zusehen kann und wo man vom Leben sich nicht mehr so gehudelt fühlt. Ich habe es durch das glückliche Wesen meiner Schwester, das mit meinem Temperament auf das beste zusammenstimmt, vielleicht günstiger getroffen als sehr viele andere.[385]

Nur wenige Wochen nach ihrer ersten Ankunft in Basel hatte Nietzsche seine Schwester nach Tribschen mitgebracht und mit den Wagners bekannt gemacht, «ein bescheidnes artiges Mädchen», wie Cosima ihrem Tagebuch anvertraute.[386] Bei den Wagners fand sie den Zutritt zu einer ihr ganz neuen Welt und fühlte sich in ihrer Gesellschaft sehr wohl. Schon bald hatte sie Cosimas Sympathie gewonnen und wurde von ihr eingeladen, im Frühjahr 1875 für einige Wochen das Bayreuther Hauswesen zu betreuen und sich um die Kinder zu kümmern, während Cosima und Richard Wagner auf einer Konzertreise waren, die dem Bayreuther Unternehmen, einem Wagner'schen Familienunternehmen, das einzig dem Zweck diente, seine Opern aufzuführen, dringend benötigte finanzielle Mittel zuführen sollte. Von dieser Aufgabe überaus angetan, erfüllte sie ihre Verpflichtungen mit großer Hingabe. Als Nietzsche später zu Wagner zunehmend auf Distanz ging und seine Besuche in Bayreuth einstellte, sah Elisabeth für sich den Zeitpunkt gekommen, sich von der Rolle der kleinen Schwester ihres Bruders zu emanzipieren und eigene Wege zu gehen. Ihre Stellung in Bayreuths Wahnfried wollte sie nicht aufgeben, konnte sie sich doch inzwischen zum weiteren Gefolge des Komponisten zählen und verkehrte mit Cosima im vertrauten 'Du'. Nur allzu gern sonnte sie sich im gesellschaftlichen Glanz jener Clique und genoss deren Lebensstil. Hinzu kam, dass unter den Männern, die ihr offen den Hof machten, auch ihr späterer Ehemann, der leidenschaftliche Wagnerianer Bernhard Förster, war. Dies alles wollte sie sich durch Nietzsches allmähliche Abwendung von den Wag-

---

384 In diesem Alter hatte Nietzsche sein Elternhaus verlassen und war als Schüler in Schulpforta eingetreten.
385 KGB II/5, S. 72, 112.
386 Cosima Wagner, Die Tagebücher 1/1869–1872, S. 262.

ners nicht nehmen lassen und hielt hartnäckig an den Bayreuthern fest. Und wie mit Cosima, so war sie auch mit vielen Ehegattinnen von Nietzsches Basler Bekannten auf 'Du' und pflegte herzlichen Umgang mit ihnen. Ganz besonders hatte sie sich Sophie Vischer-Heussler und Rosalie Vischer-Sarasin angeschlossen. Auch hier übernahm sie dann und wann während der Sommerzeit für einige Tage die Kinderbetreuung auf dem Sommersitz der Familien Vischer auf St. Romai und bekannte später, wie «alle rührend gut zu mir» gewesen sind.

> [Sc. Hier] ist es wirklich unbeschreiblich hübsch […] und ich fühlte mich bei all' den lieben Vischers so außerordentlich glücklich. […] Es war geradezu unbeschreiblich wie reizend auch Vischers [sc. die Familie Vischer-Heussler] bis zuletzt mit mir gewesen sind.[387]

Zusammen mit Rosalie Vischer besserte sie bei einem Privatlehrer ihre italienischen Sprachkenntnisse auf und wenn Fritz nicht in Basel war, logierte sie ganz selbstverständlich bei einer der genannten Vischer-Familien. Zudem hegte Sie große Sympathien für Adolf Vischers eifrig-leidenschaftliche Glaubensüberzeugung. Jedoch verstörten sie zunehmend die sich häufenden gesundheitlichen Beschwerden ihres Bruders, die trotz ihrer aufopfernden Pflege und den aufmerksamen Behandlungen durch die Ärzte Immermann, Schiess und Massini nicht abnehmen wollten. Zudem verstand sie nicht, warum ihr Bruder sich trotzdem «nicht zur Amtsaufgabe entschliessen»[388] konnte, wie sie es ihm doch immer wieder von neuem nahegelegt hatte. Dabei kannte sie ihren Bruder gut genug, um nicht das Rezept zu kennen, das ihm seine Gesundheit hätte zurückbringen können. Auguste Oehler-Forst, der Frau ihres Onkels Oscar Ulrich Oehler, teilte sie mit: «Fritz geht es immer dann gut, wenn er mutterseelenallein in der Welt umherstreicht. Er ist ein geborener Einsiedler.» Deshalb sei eine «schleunige Luftveränderung für ihn das Beste, alle Pflege nützt nichts.»[389] Im Weiteren registrierte sie auch sehr genau die inneren Wandlungen seiner Ansichten und Überzeugungen, die Nietzsche im Lauf der Jahre durchmachte und meldete nach Hause:

> Fritzens Ansichten [sc. haben sich] so nach und nach entwickelt und nehmen so verschiedene Gestalt an, dass heute nicht mehr passt, was vor 5 Jahren zählte und man muss sehr viel mit ihm zusammen leben um die Wandlungen richtig aufzufassen.[390]

---

387 Briefe an die Mutter vom 12.8. und 9.9.1874 (GSA 100/531) .
388 Brief an die Mutter vom 24.1. (GSA 100/531).
389 Brief vom 21.3.1878 (GSA 100/1141). Ähnlich an die Mutter am 13.5.1878 (GSA 100/531).
390 Brief an die Mutter vom 1. Mai 1878.

Schon 1871, als sie ihren Bruder von Mitte Februar bis Anfang April zu einem Kuraufenthalt in Lugano begleitete, hatte sie in ihr Tagebuch notiert:

> Das glänzende Geschick meines lieben Bruders hat auch mein Leben mit [...] Freude verklärt. Was ich überhaupt diesem geliebten Bruder verdanke, kann ich kaum sagen [...] und wenn auch andrerseits ein [...] Kampf [...] angeregt wurde [...] der Kampf einer angeborenen u. anerzogenen religiösen Überzeugung mit einer vollkommnen neuen Anschauungsweise so denke ich doch wenn dieser Kampf einmal [...] endet, so wird er nur dazu beigetragen haben, aus der mehr anerzogenen Überzeugung eine wahrhaft innere u. eigene zu machen.[391]

Als sie Ende Juni 1878 das Zusammenleben mit ihrem Bruder endgültig aufgab und nach Naumburg zurückkehrte, schrieb sie ihm später nach Basel:

> Ich bin immer voll des innigsten Dankes gegen Dich mein Lieber Großer, daß ich mit Dir habe eine Zeit lang zusammensein können dadurch hat mein Dasein erst überhaupt für mich einen Werth bekommen, daß Du mir einige allgemeine Interessen eingeflößt hast. Manchmal freilich macht mich das recht schwermüthig: Du hast mir viel Gutes, ja eigentlich alles Gute, was ich erlebet habe geschenkt und ich habe Dir nie was Gutes erweisen können, alles Pflegen hat Dir nicht wohlgethan und es geht Dir diesen Winter doch immer viel viel besser als im vorigen Jahr oder scheint es nur so in der Ferne?[392]

Tatsächlich schien es nur so. Fritzens Gesundheit verschlechterte sich weiter, so dass er sich gezwungen sah, im Frühjahr 1879 von allen seinen Ämtern zurückzutreten und Basel endgültig zu verlassen. In einer unmittelbar nach ihrer Ankunft in Naumburg geschriebenen Botschaft an ihren Bruder hatte Elisabeth noch notiert:

> Hier [sc. in Naumburg] ist es nun recht hübsch, aber weißt Du mein Lieber es ist doch recht verwöhnend mit Dir zusammen gewesen zu sein, die täglichen Gespräche sind wirklich hier zu uninteressant. [...] Wie schön waren Deine Unterhaltungen, wie belehrend wie interessant und wie hübsch war es überhaupt aber freilich das übrige Leben ist hier viel sorgloser und harmloser. Kein Mensch beunruhigt mich mit meinem Seelenheil, alle Leute sind heiter und liebenswürdig.[393]

Nicht dass die Basler und Baslerinnen ihr ihr Seelenheil geraubt hätten. Doch hatte das Erscheinen von Nietzsches *Menschliches, Allzumenschliches* im April 1878 zu vielen, vorwiegend negativen Reaktionen geführt. Und Elisabeth hatte die zunehmende Kritik in ihrem

---

[391] Tagebuch von Elisabeth Nietzsche (GSA 72/855).
[392] KGB II/6/2, S. 1016.
[393] KGB II/6/2, S. 960.

Basler Bekanntenkreis verletzt. Darüber erstattete sie ihrer Mutter im Juni desselben Jahres folgenden Bericht:

> Ich freue mich recht auf Naumburg denn hier wird es mir nach Fritzens Buch etwas schwül. Die Leute sind reizend gut gegen mich aber ich habe es satt diese ewige, wenn auch gut gemeinte Besorgniß, um meiner Seele Seligkeit. Die Leute nehmen das Dasein hier zu schwer, mir bekommt das zu schlecht […] und wenn ich einmal Jemand besuche, so halten sie versteckte Reden gegen Fritzens Ansichten, und das heitert mich auch nicht auf […] Fritz kann sich ganz abschließen, das kann ich nicht und will es auch nicht. […] Ich bekam solche Lust mich auch einmal zu amüsieren und nicht ewig im Schatten der hiesigen Schwermuth zu sitzen.[394]

In ihrer 1897 erschienen Biographie über ihren Bruder wies Elisabeth hingegen das Gerücht, sie hätte Basel wegen Nietzsches Buch *Menschliches, Allzumenschliches* und der daran öffentlich geäußerten Kritik vorzeitig verlassen, energisch zurück. Das Gegenteil sei, wie sie nun behauptete, der Fall gewesen: «Ich war nämlich mit all diesen Sentenzen vollkommen einverstanden». Doch wenige Zeilen später schränkte sie ein und schrieb:

> Ein Körnchen Wahrheit war aber doch in dem Gerücht […] Zum Beispiel hatte sich mein Christenthum sehr gut mit den Ansichten Schopenhauer's und Wagner's vertragen […] aber in der neuen Philosophie meines Bruders war für das Christenthum überhaupt kein Platz mehr. Mit meinen veralteten Ansichten kam ich mir aber selbst wie eine Art Hemmschuh für Fritz vor und fand es deshalb besser, wenn wir nicht das ganze Jahr zusammen waren, was wir auch aufrichtig mit einander besprachen.[395]

Elisabeth war wie ihr Bruder auch in dem ihnen von ihren Eltern vermittelten pietistisch-erwecklichen Glauben aufgewachsen. Und dieser christlichen Glaubensform war sie treu geblieben. Regelmäßig besuchte sie in Naumburg auch als junge Erwachsene zusammen mit ihrer Mutter ganz selbstverständlich den sonntäglichen Gottesdienst und die Missionsstunden und nahm gerne an den von dieser religiösen Erneuerungsbewegung ins Leben gerufenen Missionsfesten teil. Zudem war sie für den kirchlichen Sonntagsschulunterricht ihrer Kirchgemeinde besorgt. Auch während ihrer langen Aufenthalte in Basel ging sie, wie sie selber schreibt «alle 14 Tage in die Kirche».[396] Als Franziska Nietzsche zum Besuch ihrer Kinder von Mitte Februar bis Ende März 1876 zum zweiten Mal in Basel weilte und sich ihr Sohn während dieser Zeit für ein paar Tage mit einem Freund am Genfersee aufhielt, erfahren wir aus

---

[394] Brief an die Mutter vom 14. Juni 1878 (GSA 100/531).
[395] Elisabeth Förster-Nietzsche: Das Leben Friedrich Nietzsche's, 2. Bd., S. 303f., 305.
[396] Brief an die Mutter vom 19.10.1877 (GSA 100/531).

einem Brief von Mutter und Schwester an ihn, dass sie am Sonntag «das heilige Abendmahl genossen»[397] hätten und es ist anzunehmen, dass Elisabeth auch ohne ihre Mutter an solchen kirchlichen Handlungen teilnahm. Schon von ihrem ersten Besuch 1870 in Basel hatte Franziska Nietzsche ihrem Bruder Oscar Oehler ihre Eindrücke über ihre erste größere Reise geschildert und bemerkt: «Es ist schön in der Schweiz und vorzüglich auch hier in Basel, wo ein sehr frommer Sinn ist, so daß mir am Sonntag das Strömen der Menschen nach allen Kirchen, etwas wahrhaft rührendes hat.»[398]

Aus Bayreuth – Elisabeth hatte im Frühjahr 1875 bei den Wagners während deren Abwesenheit die Stelle einer Hausvorsteherin eingenommen – berichtete sie ihrem Bruder nach Basel, dass Cosima Wagner auf der Suche sei nach einer Internatsschule für ihre beiden älteren Töchter, Daniela von Bülow und Blandine von Bülow. Dabei sei Cosima auf das Vitzthum'sche Stift aufmerksam gemacht worden und hätte erfahren, dass dort «*aller Unterricht von Geistlichen* erteilt würde». Sie fuhr fort:

> Gersdorffs jüngste Schwester ist dort gewesen und so sage ihm doch er möchte recht bald einmal Alles, was er wüßte und welchen Einfluß es auf seine Schwester ausgeübt hätte, an Cosima schreiben. Es ist ihr nämlich Angst gemacht worden es wäre furchtbar streng und pietistisch dort.

Und dieser Feststellung ließ sie das persönlich vielsagende Bekenntnis folgen: «Ich fände es nun kein Unglück, wenn es so wäre, im Gegentheil, aber ich bin eben selbst pietistisch.»[399] Damit wird deutlich, dass Elisabeth bei ihrem überkommenen Glauben geblieben war. Nicht unerwähnt bleiben soll schließlich die Tatsache, dass auch Nietzsches Haushaltshilfe, Frau Caroline Schwenk-Muskulus[400] an Sonntagen oft fromme Versammlungen besuchte und sich den Basler Pietisten eng angeschlossen hatte. Elisabeth hatte sie Ende Oktober 1875 nur ungern aus ihrem Haushalt, den sie gemeinsam mit ihrem Bruder in Basel führte, ausscheiden sehen.

*

---

[397] KGB II/6/1, S. 298.
[398] KGB II/7/1, S. 618.
[399] KGB II/6,1, S. 64f.
[400] Caroline Schwenk-Muskulus war die Nachfolgerin von Frau Sophie Wiedlebacher-Schmutz in Nietzsches Haushalt gekommen. Wie mir die Nachfahren von Frau Wiedlebacher mitteilten, habe diese gerne bei den Nietzsches gearbeitet, weil, wie sie sagte, Nietzsche «ein freundlicher Herr gewesen» war (persönliche Mitteilung der Familie Wolf-Wiedlebacher an den Verfasser).

Wie ihr Bruder Fritz, so war Elisabeth eine leidenschaftliche Musik-
hörerin. Vornehmlich die Passionsmusik Johann Sebastian Bachs hatte
es ihr angetan. Am 12. April 1876, ihr Bruder weilte zu diesem Zeitpunkt in Genf, berichtete sie ihrer Mutter aus Basel, dass sie

> in dieser Zeit eine großartige Freude [sc. gehabt habe] das war die Aufführung der
> Matthäuspassion von Bach, ich war in drei Proben und einer Aufführung und habe
> es so herrlich genoßen, daß meine Seele noch ganz davon erfüllt ist.[401]

Schon zwei Jahre früher hatte sie an die gleiche Adresse geschrieben:

> Wir schwelgen jetzt in einer solchen Fülle von Konzerten, daß man fast aus der Kir-
> che nicht nach Hause kommt. Der Gesangverein hier feiert sein 50 jähriges Jubi-
> läum wirklich glorios […] Wunderbar schön wurde gestern im Münster die Johan-
> nespassion von Bach aufgeführt, morgen wird unter Anderm das Triumphlied von
> Brahms unter seiner eigenen Direktion aufgeführt.[402]

Weiter hatte sie, wie ihrem Tagebuch zu entnehmen ist, am 10. Mai 1871
die Hauptprobe und am Tag danach die öffentliche Aufführung von
Händels «Messias» besucht.[403] Diese Liebe zur Passionsmusik und zum
Komponisten Johann Sebastian Bach teilte Elisabeth mit ihrem Bruder,
der diesen Komponisten einmal «den göttlichen Bach»[404] genannt hatte.
In der Zeit vom 27. bis 29. April 1870 hörte Nietzsche im Basler Münster – noch als geistig Erkrankter erzählte er seiner Mutter tief bewegt
von diesem Basler Gotteshaus – dreimal die Matthäuspassion, «jedesmal mit demselben Gefühl der unermeßlichen Verwunderung. Wer das
Christenthum völlig verlernt hat, der hört es hier wirklich wie ein
Evangelium».[405] In *Menschliches, Allzumenschliches* hielt Nietzsche unter dem Titel «Religiöse Herkunft der neueren Musik» fest:

> Die seelenvolle Musik entsteht in dem wiederhergestellten Katholicismus nach dem
> tridentinischen Concil, durch Palestrina […] später, mit Bach, auch im Protestantis-
> mus, soweit dieser durch die Pietisten vertieft und von seinem ursprünglich dogma-
> tischen Grundcharakter losgebunden worden war […] Ohne jene tiefe religiöse Um-
> stimmung, ohne das Ausklingen des innerlichst-erregten Gemüthes wäre die Musik
> gelehrt oder opernhaft geblieben; der Geist der Gegenreformation ist der Geist der
> modernen Musik (denn jener Pietismus in Bach's Musik ist auch eine Art Gegen-
> reformation). So tief sind wir dem religiösen Leben verschuldet.[406]

---

[401] Brief an die Mutter vom 12.4.1876 (GSA 100/531).
[402] Brief an die Mutter von Anfang Mai 1874 (GSA 100/531).
[403] KGB II/7/1, S. 631.
[404] KGB II/1, S. 120.
[405] Ebd.
[406] KGW IV/2, S. 181.

Louis Kelterborn, Schüler Nietzsches am Pädagogium und als Student Nietzsches Teilnehmer an dessen Rhetorik-Vorlesung im Wintersemester 1872/73, später Jurist und Musiker, der seinen Lehrer in dessen Wohnung oft besucht hat und ihm in vielen Gesprächen nähergekommen war, berichtete, dass Nietzsche nach der Anhörung von Bachs Matthäuspassion und Mozarts Requiem, «welche in den hehren Räumen unsres alten Münsters stattfanden […] Worte der wärmsten Anerkennung» geäußert habe und dies

> namentlich mit Bezug auf die Passionsmusik, es sei ihm kaum eine Stadt bekannt, wo man einen richtigeren Eindruck davon erhalten könne, als eben Basel, wo das Werk gleichsam als religiöser Gottesdienst vorgetragen und auch vom Publikum in der Stimmung eines solchen angehört und aufgenommen würde […] Von Mozart's 'Requiem' war er ersichtlich tief gerührt und gab seiner großen Vorliebe für das Werk einen beredten Ausdruck.[407]

Schon als Student hatte Nietzsche im November 1865 in der Leipziger Thomaskirche Bachs Johannespassion gehört, vier Monate später an demselben Ort Beethovens «Missa Solemnis» und anschließend noch einmal Bachs Johannespassion. Zu Nietzsches Beethoven-Verehrung meinte Kelterborn:

> Für die einsame Größe und Erhabenheit des Beethoven'schen Genius hatte Nietzsche das tiefste Gefühl, welches sich gerade darin zeigte, daß er mit Bezug auf ihn eher wortkarg war und einmal sogar meinte, Beethoven sei eigentlich zu erhaben, um Gegenstand eines unterhaltenden Gesprächs zu sein. 'Über den schweigt man am besten'.[408]

Und während eines Ausflugs in die Umgebung von Neapel[409] soll Nietzsche, wie Malwida von Meysenbug in einem Brief vom 14. Februar 1877 an ihre Stieftochter Olga Monod festhielt, geäußert haben:

> Dann fuhren wir auf den Posillip und sahen die herrlichste Beleuchtung der untergehenden Sonne auf Golf, Bergen [sic!] und Stadt. Nietzsche sagte, ihm fiele dabei nur das Benediktus aus der großen Messe von Beethoven ein, als die einzig passende Musik zu solchem Anblick.[410]

*

---

407 KGB II 7/1, S. 594.
408 KGB II 7/1, S. 595.
409 Von Oktober 1876 bis Mai 1877 weilte Nietzsche für einen Kuraufenthalt bei Malwida von Meysenbug in Sorrent.
410 Zitiert nach: Friedrich Nietzsche. Chronik in Bildern und Texten, S. 395.

Für den Pietismus und seine Fortsetzung, in einer allerdings andersartigen geistigen Gesamtsituation, der Erweckung, war die Musik immer schon von großer Bedeutung gewesen.[411] Schon früh verstand man in diesen Kreisen Musik als «Sprache der Seele». Dabei ging es den Pietisten hauptsächlich um eine Verbindung von Frömmigkeit und Musik, ihr Musikverständnis zielte besonders auf Verinnerlichung und Individualisierung. Musik sollte von innen kommen und wieder nach innen führen. Sie war für sie Ausdruck eines besonders unmittelbaren Gefühlsausdrucks. Schon Friedrich Schleiermacher hatte in seiner *Weihnachtsfeier* festgehalten:

> Denn jedes schöne Gefühl tritt nur dann recht vollständig hervor, wenn wir den Ton dafür gefunden haben; nicht das Wort, dies kann immer nur ein mittelbarer Ausdruck sein, nur ein plastisches Element, wenn ich so sagen darf, sondern den Ton im eigentlichen Sinn. Und gerade dem religiösen Gefühl ist die Musik am nächsten verwandt.[412]

Zudem legte die von Pietismus und Erweckungsbewegung besonders gepflegte und geförderte Singkultur – der Pietismus hatte immer eine starke Affinität zum Lied gezeigt und geradezu eine 'Gesangbuchkultur' ins Leben gerufen – großen Wert auf die individuell-stimmungshaften und gemeinschaftsfördernden Elemente des Singens. Die musikalische Vermittlung von Gefühl machte nach ihrem Verständnis den Zugang zum Religiösen wesentlich einfacher als der rational-diskursive. Und religiöse wie musikalische Erfahrung seien beide an den Gefühlsbereich gebunden. Auch kam das ihnen für ihr Glaubensverständnis so wesentliche Element eines Erlebens des individuellen Glaubens in der Musik am Intensivsten und Reinsten zum Ausdruck. Darum galt ihnen die Musik als das dominante künstlerische Medium.

Ebenso stehen Bachs Kirchenwerke in einem direkten Zusammenhang mit der Predigt- und Erbauungsliteratur jener Frömmigkeitsbewegung. Hatte dieser Komponist doch wesentliche Teile der freien Dichtungen, den Libretti, in seiner Matthäuspassion auf Passionspredigten von Heinrich Müller, einem deutschen Erbauungsschriftsteller, protestantischen Kirchenlieddichter und lutherischen Theologen aus Rostock, aufgebaut. Müller war ein Vertreter der Verinnerlichung des Christentums. Seine Passionspredigten waren weitverbreitet und bildeten eine der textlichen Vorlagen für die von Christian Henrici, dem wichtigsten Textdichter Johann Sebastian Bachs, neu gedichteten Teile der Matthäuspassion. Diese Müller'sche Musikfrömmigkeit war

---

[411] Vgl. zum Folgenden: Christian Bunners: Musik, S. 443ff.
[412] Friedrich Schleiermacher: Die Weihnachtsfeier, ein Gespräch, S. 49.

für Bach von besonderer Bedeutung, auch wenn die Libretti von Kirchenkantaten, Oratorien und Passionen oft eine Durchmischung von orthodoxen, pietistischen und aufklärerischen Elementen aufweisen. Damit kann eine gewisse Sympathie Bachs für den Pietismus nicht von der Hand gewiesen werden. Und so erklärt sich auch die starke Affinität aller Pietisten und Erweckten zu Bachs Musikschaffen.

Doch nicht nur die Kirchenmusik hatte es Nietzsche angetan. Gerne besuchte er auch Konzerte mit weltlicher Musik und stellte sich verschiedentlich bei Abonnementskonzerten der Basler Konzertgesellschaft ein. Mit Hans Huber, dem Begründer und Leiter des Basler Konservatoriums und Direktor der Musikschule, einer der populärsten Persönlichkeiten Basels in der damaligen Zeit, war Nietzsche persönlich bekannt. Später hat Huber, nachdem er durch seine Musik zur «Kleinbasler Gedenkfeier 1892» zum Liebling der Basler geworden war, von der Universität den Ehrendoktor erhalten. Auch hatte sich Huber bedeutende Verdienste um den Neubau des Musiksaals, der am 2. Dezember 1876 eröffnet wurde, erworben und im Übrigen ein umfangreiches musikalisches Œuvre, bestehend aus Oratorien, Messen, Opern, Sinfonien, Instrumentalkonzerten, viel Kammermusik und einer gewaltigen Zahl von Klavierwerken, hinterlassen. Nietzsche hatte das Huber'sche Violinkonzert op. 40, uraufgeführt am 3. November 1878 im Basler Musiksaal, gehört. Seinem Schüler Louis Kelterborn schrieb er ein paar Wochen später:

> Grüßen Sie mit den Worten des ergebensten Dankes Herrn Huber. (Sie wißen, daß er mir schon einmal in diesem Winter eine große Wohlthat erwiesen hat: seiner Musik danke ich die beste Viertelstunde im ganzen Vierteljahr).[413]

Nietzsche hatte nicht vergessen, dass Huber 1872 und 1873 für sein umstrittenes Werk *Die Geburt der Tragödie* öffentlich und leidenschaftlich eingetreten war. Hingegen mied Nietzsche, im Gegensatz zum Besuch von Musikaufführungen, und damit ganz im Gleichschritt mit Basels frommen Kreisen, Theaterbesuche. In seinem Spätwerk *Nietzsche contra Wagner* stellte er lakonisch fest:

> Was geht mich das Theater an? [...] Ich bin wesentlich antitheatralisch geartet, ich habe gegen das Theater, diese *Massen-Kunst* par exellence den tiefen Hohn auf dem Grunde meiner Seele, den jeder Artist heute hat. *Erfolg* auf dem Theater – damit sinkt man in meiner Achtung bis auf Nimmer-wieder-sehn; *Misserfolg* – da spitze ich die Ohren und fange an zu achten.[414]

---

[413] KGB II/5, S. 377.
[414] KGW VI/3, S. 417.

Das hatte er allerdings nicht immer so gehalten: als Student und noch
in seinem ersten Basler Jahr hatte er einzelne Theateraufführungen besucht, sah später aber gänzlich davon ab. Hatten ihn auch in diesem
Punkt die Basler Frommen überzeugt? Die Erweckten, wie schon die
Pietisten, frönten jedenfalls einer letztlich kunstfeindlichen Tendenz,
indem sie infolge ihres Wahrheitsrigorismus alles Fiktionale als lügen-
hafte Verstellung brandmarkten, das ihrem Weg zur seelischen Erweckung und zum Aufbau des Reiches Gottes nur hinderlich sein konnte.
Die zerstreuende bloße Unterhaltung war in ihren Augen nichts anderes als eine Vergeudung der vor Gott rechenschaftspflichtigen «edlen
Zeit». Es war ihre Überzeugung, dass ein Christ, eingedenk seines je-
derzeit nahen Endes, «die Zeit auskaufen» muss, er darf sie nicht ver-
tun. Zudem errege das Theater die weltliche Sinneslust und leiste der
Geldverschwendung Vorschub. Zwar konnten die Basler Frommen den
Bau des Theaters in den 1830er Jahren nicht verhindern, dennoch gelang es ihnen mit einigem Erfolg, die Subventionierung des Theaters
durch die Allgemeinheit über einige Jahrzehnte zu verhindern. Dabei
vertrieben sie unermüdlich ein Traktat mit dem Titel *Eine Stimme wider die Theaterlust*, das der erweckliche Theologe Friedrich August
Tholuck 1824 verfasst hatte. Darin schloss dieser eine Besserung des
Christen durch eine von Schauspielen angeregte Einsicht des Menschen
aus. Nur Busse und göttliche Gnade würden zur wahren Tugend der
Menschen führen.

*

Nietzsches Verhältnis zu Basel war ein Spannungsverhältnis. Denn
Basel als Arbeits- und Wohnort hatte er, ganz im Gegensatz zu Sils-
Maria, Venedig oder Turin, nicht selbst gewählt. Dennoch ist Basel,
trotz allen Schwierigkeiten, denen er dort begegnet ist, wie Bernoulli
zu Recht schreibt, «in gewissem Sinne seine Stadt gewesen».[415] Der alt-
baslerische Geist mit seiner Vorliebe für eine konservative Lebenshaltung und Denkungsart entsprach dem Nietzsches in hohem Maß.
Die traditionsgebundene, humanistische Luft, eingebettet in protes-
tantischem Gewand, die damals noch in dieser Stadt herrschte, war
ihm wesensgemäß. In der Stadt Holbeins und Erasmus', hier, wo es
Ruhe gab und Geist und Sinn für diesen Geist, für Nietzsche exem-
plarisch verkörpert im Menschen und Kollegen Jacob Burckhardt,
hier, in dieser nach Norden offenen Handelsmetropole auf der Grenze
zur restlichen Schweiz, zu Frankreich und Baden, hier hat der junge

---

[415] C. A. Bernoulli: Nietzsche und die Schweiz, S. 30.

Gelehrte, wenn auch unter vielen schmerzlichen Erfahrungen, zu seiner eigenen Bestimmung gefunden. Hier hatte er sich nicht nur mit der Wagner'schen Kunst als Wiederbelebung der antiken Tragödie, sondern auch mit dem Problem der Bildung, der Erziehung und damit der Kultur und ihren geistigen Grundlagen überhaupt beschäftigt. Hier war er Menschen begegnet, die für ihn von essentieller Bedeutung, in mancher Hinsicht auch prägend gewesen sind. So soll noch der geistig Erkrankte, wie es die ihn in Naumburg pflegende Mutter in einem Brief an Overbeck schilderte, über Basel und die Basler geäußert haben: «Ich habe an einem Ort gelebt, wo ausgezeichnete Menschen waren. Basel hieß der Ort, wie ich glaube.»[416] Galt ihm zwar das Klima dieser Stadt mit zunehmender Aufenthaltsdauer als seiner Gesundheit abträglich – «mir graut jetzt etwas vor den Gesundheitsverhältnissen in Basel, welche jedenfalls ungünstig für mich sind»[417] – so schätzte er umso mehr das Wohlwollen vieler Mitbürger ihm gegenüber. Dergestalt erstaunt es nicht, dass er, so lange es sein durch Krankheit geschwächter Körper überhaupt zuließ, in Basel blieb und wenigstens an der Universität seinen Pflichten nachkam. Als die Umstände ihn schließlich doch zum Abschied aus Basel zwangen, schlich er sich beinahe abschiedslos aus der Stadt. Ein übergroßes Arbeitspensum, ein qualvolles sich Loslösen von alten Freunden und Idolen und die ständige Suche nach seiner ihm eigenen Aufgabe hatten letztlich seinen Körper zermürbt, ihn aber auch die ihm entsprechende Bestimmung finden lassen, «*den* Dämon, [...] der *meines* Lebens Faden hält». Schon ein paar wenige Monate nach seiner Ankunft in Basel war ihm bewusst geworden: «Wissenschaft Kunst und Philosophie [sc. nicht Philologie!] wachsen jetzt so sehr in mir zusammen, daß ich jedenfalls einmal Centauren gebären werde.»[418] Und nachdem sein Buch *Menschliches, Allzumenschliches* publiziert war und in der Stadt Basel einige Empörung ausgelöst hatte, wusste er endgültig um sein Ziel:

> Jetzt wage ich es, der Weisheit selber nachzugehen und selber Philosoph zu *sein*; früher verehrte ich die Philosophen. [...] Mit der metaphysischen Verdrehung[419] ging es mir zuletzt so, daß ich einen Druck um den Hals fühlte, als ob ich ersticken müßte. [...] Und nicht wahr? Mein Gesicht bleibt Ihnen doch wieder Nietzschisch und *nicht mehr* Bülowisch?[420]

---

416 Erich Podach: Der kranke Nietzsche, S. 164.
417 KGB II/5, S. 199.
418 KGB II/1, S. 95.
419 Hier verwies er auf sein früheres Vorbild Schopenhauer.
420 Hier spielte er auf Cosima und Richard Wagner an, von denen er sich inzwischen distanziert hatte. KGB II/5, S. 335.

In diesem Zusammenhang ist auf eine Bemerkung hinzuweisen, die er 1872 in einem Brief an seinen Freund Carl von Gersdorff machte und die als wichtiger Hinweis auf sein nachdenkliches Suchen nach seiner Lebensaufgabe gelten kann: «Im Übrigen habe ich den Glauben, dass wir nicht geboren sind glücklich zu sein, sondern unsere Pflicht zu thun; und wir wollen uns segnen, wenn wir wissen, wo unsere Pflicht ist.»[421] Trotz des fortschreitenden körperlichen Zerfalls wollte Nietzsche nichts anderes als seine «Pflicht thun». Mit dieser Überzeugung fußte er letztlich auf der pietistischen Arbeits- und Berufsethik, wie mit ihm viele fromme Basler Kaufleute und Zeitgenossen auch.

Die pietistische Wirtschaftsethik geht auf den Arbeits- und Berufsbegriff der Reformation zurück. Luther hatte Arbeit als Gottesdienst und göttliches Gebot gesehen, dem jeder nachzuleben habe. Dies galt ebenso den Pietisten als Grundlage, die Pflicht zur Arbeit war auch in ihren Augen eine universale. Doch sollten nach ihrer Überzeugung darüber hinaus die 'weltlichen Geschäfte' die Beziehung zu Gott nicht beeinträchtigen. Der Hallenser Theologe und Pädagoge, August Hermann Francke betonte, dass zwar die «Kinder Gottes», die er den «Kindern der Welt» gegenüberstellte, wie diese die Arbeit als eine unbedingte Pflicht auf sich nehmen sollten, diese aber darüber hinaus zur Ehre Gottes und zum Besten des Nächsten gereichen müsste. Zudem fand für ihn die Pflicht zur Arbeit ihre Ergänzung in der Forderung nach einer maximalen Nutzung der Zeit. Als «Auskauffer der Zeit» seien die Menschen dazu verpflichtet, «jeden Augenblick wahr[zu]nehmen, dass sie immer etwas gutes aus der Zeit als aus einem schnell vorbey lauffenden Strom heraus reissen, so ihnen mit in die Ewigkeit folge». Der den Basler Frommen am nächsten stehende württembergische Pietismus legte zudem noch besonderen Wert auf die, wie er sie nannte, 'Treue im Kleinen': «Mein Fleiss ging nur dahin, das, was mir vor die Hand kam, es möchte wichtig oder gering, ansehnlich oder unscheinbar seyn, nach dem Vermögen, das von Gott dargereichet wird, treulich zu verrichten», bekannte der Württemberger Theologe Johann Albrecht Bengel. Und ebendiese 'Treue im Kleinen' gipfelte in der für den württembergischen Pietismus charakteristischen Lehre von der «Sorgfalt, Pünktlichkeit und Ehrlichkeit im Berufsleben».[422] In dieser Tradition ist das Arbeitsethos mancher Basler Frommen und auch dasjenige Nietzsches zu verorten,

---

[421] KGB II/1, S. 286.
[422] Vgl. Peter Kriedte: Die pietistische Arbeits-, Berufs- und Wirtschaftsethik, S. 585–588 (Zitate daselbst).

wenn er es als seine vordringliche Aufgabe sah, nichts anderes als nur seine Pflicht zu tun.

*

War die Religion für Nietzsche im Kreis seiner Freunde und Bekannten unbedingt ein Thema, so die Politik weniger. Ein nachgelassenes Fragment von Anfang 1874 hält fest: «Ich halte es für unmöglich, aus dem Studium der Politik noch herauszukommen als Handelnder. Die greuliche Nichtigkeit der sämmtlichen Parteien, die kirchlichen mit eingeschlossen, ist mir deutlich.»[423] Ausgenommen wenn politische Debatten von weitreichender Tragweite stattfanden, äußerte er sich privat darüber, wie etwa über die Revision der Bundesverfassung von 1872, über die Änderung der Kantonsverfassung 1875, die der alten Behörden- und Verwaltungsorganisation des Kantons, die noch aus den Traditionen des *Ancien Régime* stammte, ein Ende setzte – «Hier haben wir großen Verfassungsstreit; die alte Form der Regierung wird in ein paar Monaten zu Grabe getragen, neue Menschen kommen herauf, und Vieles dürfte sich ändern»,[424] teilte Nietzsche seiner Mutter mit – und, für ihn wohl von grösserem Interesse, da auch er sich mit Bildungsfragen beschäftigte und sich darüber öffentlich geäußert hatte, über die Basler Schulgesetzreformen. Ein Exemplar der «Verhandlungen des Basler Grossen Rathes vom 7. Februar 1876 betr. Paragraph 13 des Universitätsgesetzes sammt Rathschlag und Circular von Mitgliedern des Erziehungscollegiums, Basel 1876» findet sich in seiner persönlichen Bibliothek. Unter Nietzsches zurückgelassenen Schriften liegt zudem der Ratschlag der Regierung zur Neustrukturierung der Landeskirche, betitelt mit «Organisation der Landeskirche (Kanton Basel-Stadt). Rathschlag und Gesetzesentwurf» von 1873. Dieser sah vor, der evangelisch-reformierten Landeskirche ein größeres Maß an Selbständigkeit zu gewähren. Nietzsche hat demnach während seiner Basler Zeit auch die öffentlichen Auseinandersetzungen um die Kirche zur Kenntnis genommen. Fragen im Zusammenhang mit Kirche und persönlicher Glaubensüberzeugung hatte sich Nietzsche immer wieder gestellt, was nicht erstaunt, wenn man die starke und einflussreiche christliche Überzeugung vieler seiner Basler Bekannten bedenkt und auch, dass er für einige Jahre mit einem Theologenfreund unter einem Dach wohnte und täglich, vornehmlich abends, mit ihm zusammen war und so tausende von Stunden gemeinsam essend, trinkend, redend, diskutierend und nicht

---

[423] KGW III/4, S. 390.
[424] KGB II/5, S. 32.

zuletzt regelmäßig sich auch über Theologica austauschend verbrachte, überdies oft auch mit Freunden des einen, die schnell zu Freunden des andern wurden. Carl Albrecht Bernoulli, als Theologiestudent in Overbecks Vorlesungen, später mit diesem eng befreundet und schließlich dessen Nachlassverwalter, schrieb in seinem zweibändigen Werk *Franz Overbeck und Friedrich Nietzsche. Eine Freundschaft:*

> Nun aber verkehrte er [sc. Nietzsche] täglich mit seinem Kollegen [sc. Overbeck], der das Christentum als historische Größe zum Gegenstand einer imponierenden Gelehrsamkeit machte, und so wird denn Overbeck rein im allgemeinen als die Ursache zu bezeichnen sein, daß Nietzsche sich fortan zum Christentum nicht gleichgültig verhielt.[425]

Dass während seiner Basler Zeit und auch darüber hinaus Overbeck Nietzsches gewichtigster Gesprächspartner in theologicis gewesen ist, liegt auf der Hand. In einem Brief aus Vernex im Frühjahr 1872 an Overbeck unterschrieb Nietzsche seine Zeilen mit «Ihr sehr affektionirter Freund und Bruder ἐν θεῷ».[426] Und als Overbeck seine Schrift *Ueber die Christlichkeit unserer heutigen Theologie* konzipierte, teilte Nietzsche einer Bekannten mit:

> In meinem Hause entsteht eben etwas voraussichtlich sehr Rühmliches, eine Charakteristik unserer jetzigen Theologie, hinsichtlich ihrer *«Christlichkeit»:* mein Freund und Gesinnungsbruder Prof. Overbeck, der freieste Theolog, der jetzt nach meinem Wissen lebt und jedenfalls einer der größten Kenner der Kirchengeschichte, arbeitet jetzt an dieser Charakteristik und wird, nach allem, was ich weiß und worin wir einmüthig sind (sic!), einige erschreckende Wahrheiten bekannt machen.

Und einige Zeilen weiter heißt es: «Ich halte Overbeck's Characteristik der gegenwärtigen theologischen Parteien für ein Meisterstück [...] eine so offen-ehrliche und kühne Schrift.»[427] Auch die Entstehung und Veröffentlichung von Overbecks *Studien zur Geschichte der alten Kirche* im Herbst 1874, die Kirchengeschichte war die eigentliche Domäne der pietistisch-erwecklichen wissenschaftlichen Theologie, hatte Nietzsche sozusagen hautnah begleitet und er schrieb darüber seinem Freund Rohde nach Kiel: «Was für ein treffliches Buch, ich kaue daran herum und immer schmeckt mirs.»[428] Alle diese Zitate machen deutlich, wie intensiv das gemeinsame theologische Gespräch im «Baseler Uhlenhorst» am Schützengraben 45 gewesen sein muss.

---

[425] C. A. Bernoulli: Franz Overbeck und Friedrich Nietzsche. Eine Freundschaft, Bd. I, S. 130.
[426] KGB II/1, S. 311.
[427] KGB II/3, S. 142f., 146.
[428] Ebd., S. 275.

Religion und persönliche Glaubensüberzeugung waren für Nietzsche Themen, die ihn nicht losgelassen haben und die er immer wieder auch im Horizont der pietistisch-erwecklichen Tradition bedacht hat. So ermahnte er seinen Freund Carl von Gersdorff, der ihm von Auseinandersetzungen mit seinen Eltern über Fragen der Religion berichtete: «Betone nur immer durch die That Deine innerste Übereinstimmung mit dem Dogma der Liebe und des Mitleidens – das ist die feste Brücke, die auch über solche Klüfte geschlagen werden kann.» Hier klingen sowohl Schopenhauer'sche Überlegungen als auch die für alle Pietisten verpflichtende, den Alltag durchdringende Forderung nach einer *praxis pietatis* deutlich an. Ähnlich notierte Nietzsche an eine andere Adresse: «Alles wartet jetzt auf den *handelnden* Menschen, der jahrtausendalte Gewohnheiten von sich und anderen abstreift und es besser *vor*macht, zum *Nach*machen.»[429] In seiner späten Schrift *Der Antichrist* hat Nietzsche noch einmal mit aller Deutlichkeit auf diese *praxis pietatis* hingewiesen: «Nicht ein 'Glaube' unterscheidet den Christen: der Christ handelt, er unterscheidet sich durch ein *andres* Handeln [...] die *evangelische Praktik allein* führt zu Gott, sie eben *ist* 'Gott'.» Und:

> Es ist falsch bis zum Unsinn, wenn man in einem «Glauben», etwa im Glauben an die Erlösung durch Christus das Abzeichen des Christen sieht: bloss die christliche *Praktik*, ein Leben so wie der, der am Kreuz starb, es *lebte*, ist christlich [...] Heute noch ist ein *solches* Leben möglich, für *gewisse* Menschen sogar nothwendig: das echte, das ursprüngliche Christenthum wird zu allen Zeiten möglich sein ... *Nicht* ein Glauben, sondern ein Thun.[430]

Weiter schrieb Nietzsche im oben zitierten Brief an Gersdorff: «Gerade religiöse und philosophische Grundanschauungen gehören zu den *pudendis*. Es sind die Wurzeln unseres Denkens und Wollens: deshalb sollen sie nicht an's grelle Licht gezogen werden.»[431] Auch hier wird wiederum ein Hinweis auf die pietistisch-erweckliche Tradition sichtbar. Denn mit der von Pietismus und Erweckung in den Mittelpunkt gerückten Betonung einer zentralen Stellung des eigenen Glaubenslebens war einer Individualisierung das Wort geredet, die nur wenig Wert auf Öffentlichkeit legte. Das Persönliche sollte eben «nicht an's grelle Licht gezogen werden». Dabei war sich Nietzsche seiner eigenen theologischen Herkunft durchaus bewusst. Ida Overbeck-Rothpletz erinnerte sich an eine ihrer ersten Begegnungen mit Nietzsche:

---

[429] KGB II/1, S. 226f.; II/3, 142.
[430] KGW VI/3, S. 203f., 209.
[431] KGB II/1, S. 227.

> Eine meiner ersten Erinnerungen ist eine Begegnung mit ihm auf der Straße. Er er-
> zählte von einem Aufsatze Renans über mittelalterliche Kunst, den er eben gelesen
> habe und versuchte sein Talent der Belehrung an mir. Er deutete und drängte so ge-
> schickt, daß er mir richtig das Wort «Barock des Christentums» in den Mund legte,
> darauf in übermütiges, lautes Lachen ausbrach und versicherte: so etwas sei eigentlich
> in ihm: ein überladenes, sich selbst aufhebendes Religionsbedürfnis.[432]

Es war nicht ungebräuchlich, vom Pietismus als einer 'barocken' Art
des Christentums zu reden, stammten doch Pietismus und Barock aus
dem 17. Jahrhundert und waren sie beide auch eine Reaktion auf die
gleichen politischen Krisen, nicht zuletzt den Dreißigjährigen Krieg. Zudem hatte sich der Pietismus gerade in seinen Anfängen stilistisch an
der Formensprache des Barock ausgerichtet. Auch fanden sich das
Kerngedankengut des Pietismus, seine Theologeme und Grundsätze bei
den Mystikern des Spätmittelalters, den Spiritualisten am 'linken Flügel' der Reformation und bei den Bußpredigern und Ekstatikern der
Barockzeit wie den Theologen Paul Felgenhauer und Johann Valentin
Andreae. Hinzu kommt, dass sich Nietzsche in seiner reichhaltigen Lektüre während seiner Basler Zeit auch mit Büchern theologischen Inhalts
befasste, darunter mit solchen von profilierten Pietisten. Hier ist in erster Linie Johann Heinrich Jungs (genannt Stilling) Lebensgeschichte zu
nennen – der schon erwähnte Jung-Stilling wird zu Recht als einer der
«Patriarchen der Erweckung» bezeichnet – die schon der Schulpforta-
Schüler Nietzsche in seinem Gepäck hatte und in der er immer wieder,
auch während und nach seiner Basler Zeit, las. Jung-Stillings Lebensgeschichte gehört zu den bedeutendsten christlichen Autobiographien
des 18. Jahrhunderts. In einem Fragment, entstanden im Sommer 1878
notierte Nietzsche: «In *Jung-Stilling* die Stelle über das Vergnügen in
der *christlichen* Moral.»[433] Und im zweiten Teil von *Menschliches, Allzumenschliches*, «Der Wanderer und sein Schatten», hielt er fest:

> Wenn man von Goethe's Schriften absieht und namentlich von Goethe's Unterhal-
> tungen mit Eckermann, dem besten deutschen Buche, das es giebt: was bleibt eigent-
> lich von der deutschen Prosa-Litteratur übrig, das es verdiente, wieder und wieder ge-
> lesen zu werden? Lichtenberg's Aphorismen, das erste Buch von Jung-Stilling's
> Lebensgeschichte, Adalbert Stifter's Nachsommer und Gottfried Keller's Leute von
> Seldwyla, – und damit wird es einstweilen zu Ende sein.[434]

---

[432] C. A. Bernoulli: Franz Overbeck und Friedrich Nietzsche, Bd. 1, S. 235.
[433] KGW IV/3, S. 375.
[434] Ebd., S. 237.

Im Weiteren las er Johann Georg Hamanns *Schriften und Briefe*, die er sich im Januar 1873 auf der Universitätsbibliothek ausgeliehen hatte und war davon «sehre erbaut: man sieht in die Gebärzustände unsrer Deutschen Dichter- und Denker-Kultur. Sehr tief und innig, aber nichtswürdig unkünstlerisch»,[435] wie es Anfang 1873 an Erwin Rohde heißt. Geprägt durch ein christliches Erweckungserlebnis war der pietistische Hintergrund in Leben und Denken des Philosophen und Schriftstellers Hamann immer präsent, wenn er auch nicht mit fliegenden Fahnen ins Lager der Frommen überlief.

*

Endlich ist noch auf Nietzsches eifrige Bibellektüre hinzuweisen – «das beste deutsche Buch. Gegen Luther's Bibel gehalten ist fast alles Übrige nur 'Litteratur'»,[436] wie er einmal sagte – was auch daran sichtbar wird, dass er des Öfteren in Briefen und Werken Bibelstellen wie selbstverständlich zitiert und kommentiert. In seiner persönlichen Bibliothek findet sich ebenfalls eine Lutherbibel, gedruckt 1818 in Halle – demnach ein Kind aus Frank'scher Tradition – die auffallend viele Lesespuren aufweist. Auch damit schwamm er in pietistisch-erwecklichem Fahrwasser. Die Bedeutung der Bibel als Offenbarungsquelle und normativer Autorität für Pietisten und Erweckte kann kaum überschätzt werden. Dabei ging es ihnen vorwiegend um das richtige Verstehen und die zutreffende Auslegung. Biblische Inhalte und Zusammenhänge sollten dadurch für das eigene Leben bedeutsam werden. Deshalb wurde im Bildungswesen der Beschäftigung mit der Bibel und biblischen Texten auf verschiedenen Ebenen ein erheblicher Anteil eingeräumt. Was in der Folge zu einem vermehrten und vertieften Umgang breiter Kreise mit der Bibel führte. Zahlreiche Bibel- und Traktatgesellschaften, beides Kinder der Erweckungsbewegung, sorgten für eine weite Verbreitung der Bibel. Eine der ersten ins Leben gerufenen Bibelgesellschaften wurde 1804 unter dem Dach der Basler Christentumsgesellschaft gegründet. Besonders erfolgreich sollte dann die 1812 von Personen aus dem Umfeld dieser Gesellschaft gegründete Württembergische Bibelanstalt unter der Leitung des unermüdlichen ehemaligen Sekretärs dieser Gesellschaft in Basel, Karl Friedrich Adolf Steinkopf, werden. Im 19. Jahrhundert war man zudem um allgemeinverständliche, erbauliche Bibelauslegungen bemüht, die in großer Zahl auf den Markt kamen und meist hohe Auflagenzahlen erreichten. Den Bibelgesellschaften folgten

---

[435] KGB II/3, S. 121.
[436] KGW VI/2, S. 199.

später weitverbreitete Bibelkränzchen, Bibelstunden und Bibelbesprechungen. Sie alle haben in hohem Maß zur Prägung der religiösen und
ethischen Vorstellungen beigetragen. Es drängte die Pietisten geradezu
zur persönlichen Nutzung der Bibel. Die Bibel war der soziale Kristallisationspunkt dieser Glaubensbewegung. Noch in Turin, wo Nietzsche
geistig schwer erkrankte, habe er, wie er seiner Mutter erzählte und
diese dies nicht ohne Stolz den Overbecks nach Basel meldete, «die
ganze Bibel studiert […] und sich tausenderlei [sc. dazu] notiert».[437]

*

Hatte Nietzsche je länger, je heftiger gegen christliche Dogmen, Tugenden und Lebensweisen polemisiert, so ist dennoch nicht zu übersehen, dass damit für ihn zu diesem Thema noch nicht alles gesagt war.
Selber in pietistisch-erwecklichem Geist aufgewachsen, hat er die besonders von Anhängern dieser Glaubensüberzeugung gelebte subjektive Echtheit des Glaubens immer geschätzt und auch für sich selber
nicht gänzlich verworfen. Er vermerkte in Notizen zu seinem späten
Werk *Ecce homo:*

> Wenn ich dem Christenthum den Krieg mache, so steht dies mir einzig deshalb zu,
> weil ich nie von dieser Seite aus Trübes oder Trauriges erlebt habe, – umgekehrt die
> schätzenswerthesten Menschen, die ich kenne, sind Christen ohne Falsch gewesen.[438]

Und Meta von Salis, Historikerin und bekannte Vorkämpferin für die
Rechte der Frau, die 1884 zum ersten Mal mit Nietzsche zusammengetroffen war, sich später mit ihm angefreundet und den Denker von 1886
bis 1888 während der Sommermonate in Sils besuchte und ihn dort auf
ausgedehnten Wanderungen im Oberengadin begleitete, berichtet:

> Die Anwesenheit vieler Basler in Sils und der Verkehr mit den ihm bekannten unter
> ihnen versetzte Nietzsche lebhaft in die Zeit seiner Professur zurück. Er hatte im Gan
> zen und Grossen von Basel einen guten Eindruck gewonnen und bewahrt […] Wir
> gedachten wiederholt der Erscheinung, dass strenge Christen und politisch Conserva
> tive der Person eines außerhalb der Parthei stehenden häufiger gerecht werden, als
> die sog. Freien aller Art […] Die würdige Haltung der Basler Orthodoxen Nietzsche
> gegenüber hat sich auch im schwierigsten Augenblick nicht verleugnet.[439]

In einem Brief an seine Mutter, die ihn über den Tod seiner frommen
Tante Friederike Daechsel, einer Halbschwester seines Vaters, infor-

---

[437] Erich Podach: Der kranke Nietzsche, S. 87.
[438] KGW VIII/3, S. 434.
[439] Meta von Salis: Philosoph und Edelmensch, S. 55f.

miert hatte, kam er auf sich selber und seine eigene Vergangenheit zu sprechen:

> Gerade weil ich wenig von meinem Vater weiss und ihn mir mehr aus gelegentlichen Erzählungen errathen muss, waren mir seine nächsten Anverwandten mehr als sonst Tanten zu sein pflegen. Ich freue mich, wenn ich an Tante Rieckchen, wie an die Plauenschen usw. denke, dass sie alle eine sonderliche Natur bis ins hohe Alter festhielten und in sich Halt hatten, um weniger von aussen her und von dem so zweifelhaften Wohlwollen der Menschen abzuhängen: ich freue mich dessen, weil ich darin die Raçeeigenschaft derer, die Nietzsche heissen, finde und sie selbst habe.[440]

Gemäß diesem Zeugnis fand auch er Halt, in welcher Art auch immer, in den von seinem Elternhaus überlieferten Traditionen weltlicher und spiritueller Art. Nietzsche vergaß seine Herkunft nicht, verleugnete sie auch dann nicht, wenn er gnadenlos gegen das Christentum anschrieb. Es sei nur erinnert an seine eigene tiefe Einsicht: «Wogegen ich kämpfe, da bin ich mitten drinn», oder anders gesagt: «Was ich angreife, ehre ich».[441]

*

In einem Abschnitt aus Nietzsches Buch *Morgenröthe. Gedanken über die moralischen Vorurtheile* stehen die Sätze: «Die Schlange, welche sich nicht häuten kann, geht zu Grunde. Ebenso die Geister, welche man verhindert, ihre Meinungen zu wechseln; sie hören auf, Geist zu sein.»[442] Unüberhörbar postulierte Nietzsche hier den neuen Menschen. Das war, wenn auch in einem anderen Horizont gedacht, ebenso das Anliegen der Pietisten. Es ging auch ihnen innerhalb ihres Urthemas der Wiedergeburt um den neuen Menschen und um die neue Menschheit, um eine volle Weltverwandlung durch Menschenverwandlung. Von dieser Glaubensüberzeugung war auch Nietzsche hergekommen. Deshalb soll nun im Folgenden noch den Spuren dieser religiösen Erneuerungsbewegung in seinen Schriften und Notizen, entstanden während seiner Basler Zeit, nachgegangen werden.

---

[440] KGB II/3, S. 159.
[441] Zitiert nach Karl Jaspers: Martin Heidegger – Karl Jaspers, Briefwechsel 1920–1963, S. 292.
[442] KGW V/1, S. 334.

4. NIETZSCHES PIETISTISCHES ERBE

4.1 Ursprünge, Anfänge und die Sprache Kanaans

Nietzsches Kontakt mit dem Erweckten Robert Buddensieg in Schulpforta. Der Schüler Nietzsche und das Zinzendorf'sche Gedankengut. Der Ausdruck «Sünderheiland». Die Geltung des Johannesevangeliums bei den Erweckten und bei Nietzsche. Der Evangelist Johannes. Johann Heinrich Jung-Stilling.

Der siebzehnjährige Schulpforta-Schüler Nietzsche bemerkte in seinem Aufsatz *Fatum und Geschichte:* «Wir sind durch die Eindrücke unsrer Kindheit, die Einflüsse unsrer Eltern, unsrer Erziehung so in unserm Innersten bestimmt, daß jene tief eingewurzelten Vorurtheile sich nicht so leicht durch Vernunftgründe oder bloßen Willen herausreißen lassen.»[443] Verinnerlicht hat Friedrich Nietzsche das pietistisch-erweckliche Gedankengut in seinem Elternhaus in Röcken und Naumburg. Buchstabieren und verstehen gelehrt hat ihn dieses der Erweckte Robert Buddensieg, sein Religionslehrer und Konfirmator in Schulpforta. Buddensieg hatte sich während seines Theologiestudiums eng an Friedrich August Gottreu Tholuck angeschlossen. Tholuck war der maßgebliche Vertreter der Erweckungstheologie gewesen und führte während seiner fünfzigjährigen Tätigkeit in Halle als Professor der Theologie zahlreiche Theologen der Erweckungsbewegung zu. In Ablehnung jeder optimistischen Anthropologie legte er die Lehre von der Erbsünde als konstituierendes Element seiner Theologie zugrunde. Sein theologisches Denken zentrierte er ganz auf die Inspiration der Schrift und auf die Gottheit Christi. Wenn er sich auch fleißig der neutestamentlichen Exegese und der Kirchengeschichte widmete, so fehlt dennoch eine systematische Besinnung auf das Wesen des Christentums. Das erbauliche und seelsorgerische Moment in der Theologie war ihm wichtiger als das wissenschaftlich-methodische. So verdankte er seinen tiefen und weitreichenden Einfluss mehr seiner unermüdlichen und mächtig andringenden Predigttätigkeit und seiner hingebenden Studentenseelsorge als seiner wissenschaftlichen Leistung. Diesem seinem Lehrer hatte Buddensieg rückblickend auf seine Studienzeit in Halle mitgeteilt:

---

[443] BAW 2, S. 55.

> Wie könnte ich Sie auch vergessen, daß ich doch Ihr Brot gegessen und an Ihrem Geist und Glauben mich genährt habe. Sie waren ja der Mann, der mich einst weit hielt über den Wogen des Zweifels und unter Gottes Beistand die geängstigte Seele rettete aus ihrer Angst, als ich Schiffbruch leiden wollte am Glauben. Von Ihnen geführt habe ich den ewigen Grund meiner Seligkeit gefunden, Wahrheit und Frieden im Glauben an Jesum Christum, Gottes ewigen Sohn. Das kann ich Ihnen nie vergessen, und nur Gott kann's Ihnen lohnen.[444]

Dass Buddensieg als Lehrer in seinem Unterricht inhaltlich aus dieser Frömmigkeitsrichtung schöpfte, muss nicht besonders betont werden, war doch gerade die Übereinstimmung von Wort und Tat für diese Glaubensart essentiell. Und dass die Schüler, die sich wie Friedrich Nietzsche eng an ihren Religionslehrer angeschlossen hatten, wesentliche Inhalte von dessen Glaubensüberzeugung, wenn auch nicht immer bewusst, rezipierten, liegt auf der Hand. Das soll zunächst an vier ausgewählten Texten des Schülers Nietzsche verifiziert werden. In seinem ersten und dritten Jahr in Schulpforta besuchte Nietzsche den Religionsunterricht bei Robert Buddensieg. Schon kurze Zeit nach seinem Schuleintritt am 5. Oktober 1858 schrieb Nietzsche das folgende Gedicht:

REU UND LEID

Wer vor der Sünden Strafe bebt,
Und nicht vor ihrem innern Tod erschrecket
Noch fremde Schuld in seine webt
In dem ist noch die Buße nicht erwecket.
Wer seine Zeit und die Gebrechlichkeit
In seiner eigenen Schuld wagt anzuklagen
Dem hat die Reue und das bittre Leid
Noch nicht so recht an's kranke Herz geschlagen.

O wie selig sind die Wunden
Die das Wiedersehn erschließt
Das Verlorne, Alles ist gefunden
Und das liebe, ewge Leben mir das Herz durchfließt! (BAW 1, S. 49f.)

Im Juli 1860 weilte Nietzsche mit seinem Jugendfreund Wilhelm Pinder in Gorenzen bei seinem Onkel Edmund Richard Oehler in den Sommerferien. Dort lernte er, wie er notierte, «Gedichte und Volkslieder» kennen. Zwei davon hatten ihn sehr angesprochen. Deshalb hielt er sie schriftlich fest. Aus einem dieser beiden Lieder, das möglicherweise einem Kirchenliederbuch entnommen ist und die Kreuzi-

---

444 Tholuck-Archiv, Bibliothek des katechetischen Oberseminars Naumburg; Brief vom 26. April 1847, S. 1 [B III 2431].

gungsgeschichte Jesu zum Inhalt hat, gebe ich hier einen Teil der dritten und letzten Strophe wieder:

Da kam die liebe Mutter Maria gegangen
Und sah ihren lieben Sohn vor Augen hangen.
«O du meines Herzens Kron' und Licht!»
Da neigte der liebe Herr Jesus sein Angesicht:
«Johannes, nimm sie bei der Hand
Und führ' sie weg von dannen
Daß sie nicht sieht die Mörder an!» –
Die hohen Bäume neigen sich
Die harten Steine knirschen sich,
Die kleinen Waldvöglein
Lassen ihr Singen sein. –
Wer dies Gebet recht beten kann,
Der bete es den Tag oft für sich.
So wird seine Seele ewiglich
Vor den lieben Gott bestahn. - (BAW 1, S. 217)

Datiert mit 27. Apr. 1862 findet sich zum Thema «Die christliche Anschauungsweise» der folgende Text:

Das Christentum ist wesentlich Herzenssache; erst wenn es sich in uns verkörpert hat, wenn es Gemüth selbst in uns geworden ist, ist der Mensch wahrer Christ. Die Hauptlehren des Christentums sprechen nur die Grundwahrheiten des menschlichen Herzens aus […] Durch den Glauben selig werden heißt nicht(s) als die alte Wahrheit, daß nur das Herz, nicht das Wissen, glücklich machen kann. (BAW 2, S. 63)

Und im August desselben Jahres dichtete der inzwischen bald achtzehnjährige Nietzsche folgende Zeilen:

DU HAST GERUFEN: HERR, ICH KOMME

Du hast gerufen:
Herr, ich eile
Und weile
An deines Thrones Stufen.
Von Lieb entglommen
Strahlt mir so herzlich,
Schmerzlich
Dein Blick ins Herz ein: Herr, ich komme.

Ich war verloren,
Taumeltrunken,
Versunken,
Zur Höll' und Qual erkoren.
Du standst von ferne:
Dein Blick unsäglich
Beweglich
Traf mich so oft: nun komm' ich gerne.

Ich fühl' ein Grauen
Vor der Sünde
Nachtgründe
Und mag nicht rückwärts schauen.
Kann dich nicht lassen,
In Nächten schaurig,
Traurig
Seh' ich auf dich und muß dich fassen.

Du bist so milde,
Treu und innig,
Herzminnig,
Lieb' Sünderheilandsbilde!
Still' mein Verlangen,
Mein Sinn'n und Denken
Zu senken
In deine Lieb', an dir zu hangen. – (BAW 2, S. 80)

Dass Pietisten und Erweckte eine eigene Sprache geschaffen haben, ist nicht weiter verwunderlich. Ist ein eigener Sprachcode doch charakteristisch für Kreise, die sich gegenüber der 'Außenwelt', in welcher Form auch immer, abgrenzen wollen, nicht zuletzt, um damit ihre innere Eigenständigkeit zu betonen. Eine solche Eigensprachlichkeit pflegten auch pietistische Erwecktenkreise ganz bewusst und intensiv. Ausdrücklich hat vornehmlich Zinzendorf die Notwendigkeit, eine neue religiöse Sprache zu schaffen, erkannt und dies vornehmlich mit den von ihm und seiner Gemeinde gedichteten geistlichen Liedern tatsächlich auch verwirklicht. Als Quelle für diese «Eigensprache» dienten den Pietisten Sprachelemente aus der mittelalterlichen Mystik und die Lutherbibel. Die Bibel, von Pietisten und Erweckten hochgeschätzt, diente ihnen als zentrales Medium zur gemeindlichen und täglichen privaten Erbauung. So erstaunt es nicht, dass ihre «Eigensprache» geradezu biblisch durchtränkt ist. Zudem ist eine Neigung zum allegorisch-bildhaften Stil zu beobachten. Das Reden in Bildern war typisch für die mittelalterliche mystische Theologie, denn es bot ihr die Möglichkeit, sich gegenüber Andersgläubigen abzugrenzen und sich so die Intimität der eigenen Gemeinschaft zu sichern. Außerdem konnten religiöse Sachverhalte und theologische Spekulationen mittels einprägsamer Bilder eindrücklicher zur Anschauung gebracht werden als mit Hilfe von sprachlichen Mitteln, wovon auch exzessiv Gebrauch gemacht wurde. So wurde, um ein Beispiel zu geben, die spirituelle Entwicklung des einzelnen Menschen von der Sünde zur Wiedergeburt bis hin zur Erneuerung mit Sinnbildern der Fahrt und Wanderung, mit einer Art von Weg- und Reisemetaphorik anschaulich gemacht. Im Weiteren war diese neue Ausdrucksform vorwiegend gefühlsbetont und stark subjektiv geprägt. Man legte größten Wert auf die individuelle Herzens-Erneuerung und auf ein praktisches Tatchristentum jedes einzelnen Gläubigen. Gefühl und Empfindung galten als der allein verlässliche Grund der Religion. Die Rolle des Gefühls als Erkenntnisprinzip bestimmte die Absicht, mit Hilfe bildhafter Sprache alle Sinne anzusprechen und dadurch intuitive Erkenntnis zu vermitteln. Man war überzeugt, dass allein eine intuitive, nicht rationale Erkenntnis echte Glaubensgewissheit ermöglichte und bestärkte. Dabei wurden die Begriffe Gefühl, Empfindung und Gemüt meist synonym benutzt. Zudem verwies Zinzendorf mit Vorliebe auf das Herz, sprach vom Glauben als einer «Hertzens-Sache» und verordnete seinen Anhängern eine «Hertzens-Sprache», da alles «Vernünfteln über die Bibel» vergeblich sei. Es war seine Überzeugung, dass der Mensch die Erlösung durch Christus weniger mit der Vernunft begreifen als vielmehr in seinem Herzen fühlen sollte. Die «Hertzens-Religion» war für ihn dem «Meynungs-Gebäude» weit überlegen.

Gewiss können Texte nicht allein aufgrund ihrer sprachlichen Ausdrucksweise einer bestimmten Glaubensart zugeordnet werden. Immer ist auch auf den Inhalt zu achten. Gleichwohl ist der gewählte sprachliche Ausdruck ein wichtiges Indiz, das wesentliche Hinweise liefert auf die Tradition, in der der Schreibende wurzelt und aus der heraus er denkt. Das gilt auch für Nietzsche. So enthalten der erste und dritte der oben wiedergegebenen Texte des Schulpforta-Schülers vom Inhalt her deutliche Spuren des Unterrichts seines erweckten Religionslehrers Robert Buddensieg. Dabei fußt der dritte Text mit seiner Betonung, dass «das Christenthum […] wesentlich Herzenssache» sei; dass «die Hauptlehren des Christenthums […] nur die Grundwahrheiten des menschlichen Herzens aussprechen und dass durch den Glauben selig werden nicht[s][sc. anderes] heisst als die alte Wahrheit, dass nur das Herz, nicht das Wissen, glücklich machen kann» deutlich in der Zinzendorf'schen Sprachtradition. Dass Buddensieg sich ausführlich mit Zinzendorf beschäftigt und dabei manches für sich übernommen hatte, wird ersichtlich aus überlieferten Predigten und Schriften von seiner Hand.[445] Und es besteht gar kein Zweifel, dass er Zinzendorf'sches Gedankengut auch an seine Schüler weitergegeben hat. Dass ebenso Nietzsche Zinzendorf'sche Schriften gelesen und sich damit auseinandergesetzt hat, hat er selber verschiedentlich festgehalten, auch wenn es keine genauen Angaben über den Zeitpunkt dieser Lektüre gibt.[446] Hierhin gehört auch

---

445 Vgl. dazu Martin Pernet: Das Christentum im Leben des jungen Friedrich Nietzsche, S. 78, bes. Anm. 94.
446 KGW VII/1, S. 505, 518 u.ä.; vgl. auch die Parodie auf Zinzendorf'sches Glaubensgut im Zarathustra: KGW VI/1, S. 224.

der Hinweis auf Nietzsches bekannten Text vom «Genie des Herzens» in seinem Spätwerk *Jenseits von Gut und Böse* (1886). Der Ausdruck «Genie des Herzens» atmet Zinzendorf'schen Geist, entstammt in jedem Fall pietistischem Erbe. Dass auch Nietzsches Sprache immer wieder biblisch durchtränkt und zudem eine ausgesprochene Metaphernsprache ist, hat nicht zuletzt mit seiner Herkunft aus der pietistischen Tradition zu tun. Pietistisch-erweckliches Gedankengut enthält ebenso der letzte der zitierten Texte. Auffällig ist zudem der im vierten zitierten Text benutzte Begriff «Sünderheiland». Ihm sei in Folge etwas ausführlicher nachgegangen.

*

Der Begriff «Sünderheiland» wurde im 19. Jahrhundert populär und ist wesentlich eine Schöpfung der Erweckung. Die Begriffe «Heiland der Sünder» und «sünder Heiland» sind älter, sie fanden vorwiegend in pietistischen Gesangbuchliedern Verwendung und damit gerade auf diesem Weg eine ungeheure Verbreitung. Denn der Pietismus war eine Lieder- und Singbewegung, und das Gesangbuch diente dabei dem öffentlichen Gottesdienst wie auch der individuellen Andacht. Vornehmlich Zinzendorf sorgte mit seiner eigenen poetischen Begabung und der Hochschätzung des Singens in seiner Brüdergemeine für eine reiche Gesangbuchkultur. Dank seiner Initiative erschienen immer wieder neue Gesangbücher, so 1735 das *Gesangbuch der Gemeine in Herrn-Huth* und 1753/54 das bekannte *Londoner Gesangbuch*. Hier taucht der Begriff «sünder Heiland» in manchen Liedern auf. So etwa im Lied von Ernst Schlicht «Allein Gott in der höh sey ehr», wo es im dritten Vers heißt: «Nun unser lieber heil'ger Christ, der du der sünder Heiland bist …». Oder im Lied von Henriette Katharina von Gersdorf: «Jesu, du mein Heil und Schild», wo es im zehnten Vers heißt:

> O! wie tröstlich ist mir doch dieses meines Freundes Stimme,
> die versichert mich, daß noch stets sein Herz vor Liebe glimme,
> daß er unaufhörlich treu, und der sünder Heiland sey.

Dabei griff Zinzendorf häufig auch auf Lieder von Johann Freylinghausen, dem Mitarbeiter, Schwiegersohn und Nachfolger August Hermann Franckes in Halle, zurück. Freylinghausen hatte das wichtigste Gesangbuch des Halle'schen Pietismus herausgegeben. Und da heißt es in einem seiner Lieder, das Zinzendorf in eines seiner Gesangbücher aufgenommen hat: «Zwing unser fleisch, Herr JESU Christ, der du der sünder Heiland bist, / dass wir, indem du uns machst rein, theilhaftig deines sieges seyn.»

Darüber hinaus taucht der Begriff «Sünderheiland» auch in theologischen Werken bekannter Erweckter auf. So etwa bei Georg Ludwig Harms, einem der bedeutendsten Erweckungsprediger des 19. Jahrhunderts und Begründer eines Missionshauses in Hermannsburg in der Lüneburger Heide, dem wichtigsten Zentrum der Erweckungsbewegung Niedersachsens. Harms notierte in einer seiner Predigten: «O ich möchte nicht eine einzige Predigt tun, von der nicht Jesus Christus der Gekreuzigte der Eckstein wäre, es möchte ja ein betrübter Sünder in meiner Kirche sein, der Jesum, den Sünderheiland, suchte und den ich dann um seine Seligkeit betröge.»[447] Auch Tholuck benutzte dieses Wort immer wieder. So etwa in seinem weitverbreiteten und viel gelesenen Buch *Stunden christlicher Andacht*. In einer Betrachtung über den Verrat des Judas sagte er: «Vielleicht war es ja damals, als er [sc. Judas] vor die Hohenpriester hintrat und sprach: 'Ich habe übel gethan, daß ich unschuldig Blut verrathen habe' – vielleicht war es damals noch Zeit, den Sünderheiland selbst aufzusuchen.»[448] Übrigens ist es durchaus möglich, dass Nietzsche Tholuck persönlich begegnet ist. An den vom Vater von Nietzsches Jugendfreund Wilhelm, Eduard Pinder, dem eigentlichen *spiritus rector* der Naumburger Erweckungsbewegung, initiierten Missionsfesten nahm als Gast verschiedentlich auch Tholuck teil. Der junge Nietzsche war zusammen mit seiner Mutter ebenso regelmäßiger Teilnehmer dieser Feste, so dass eine persönliche Begegnung durchaus möglich ist. Nietzsche ist zweifellos in Buddensiegs Religionsunterricht mit diesem erweckungstheologisch bedeutenden Begriff «Sünderheiland» bekannt geworden. Ob aufgrund eines Textes oder eines Gesangbuchverses, ist allerdings nicht mehr auszumachen.

Im zweiten der oben zitierten Texte des jugendlichen Nietzsche beschreibt dieser eine Situation aus der biblischen Passionsgeschichte: Jesus, eben ans Kreuz geschlagen, spricht mit seiner Mutter Maria, die zusammen mit ihrer Schwester und anderen aus dem Bekanntenkreis Jesu der Kreuzigung beiwohnten. Von der vier Evangelien berichtet einzig das Johannesevangelium, dass die Mutter Jesu und einzelne seiner Gefährten aus dem Kreis der Jünger bei der Kreuzigung anwesend waren. Die anderen Evangelisten sprechen nur ganz allgemein vom Volk, das an dieser Hinrichtung spottend und lästernd teilnahm. Dass Nietzsche hier auf die johanneische Version der biblischen Passionsgeschichte zurückgegriffen hat, kommt nicht von ungefähr. Er hat das Johannesevangelium lebenslang den anderen Evangelien vorgezogen.

---

[447] Zitiert nach Hugald Grafe: Die volkstümliche Predigt des Ludwig Harms, S. 71.
[448] Friedrich August Tholuck: Stunden christlicher Andacht, S. 281f.

Schon während seiner Schulzeit wurde er mit dieser biblischen Schrift näher bekannt – der zweite der oben zitierten Texte des Schülers Nietzsche gibt die johanneische Version der Passionsgeschichte wieder – und in seinem ersten Studiensemester an der Universität Bonn hatte Nietzsche auch theologische Vorlesungen belegt und hörte dabei Teile einer Vorlesung über das Johannesevangelium beim Exegeten Constantin Schlottmann.

Schlottmann, ein Schüler August Neanders und eine vermittelnde Persönlichkeit mit starken Sympathien für die Erweckungsbewegung, war neben seiner akademischen Tätigkeit auch in der Missionsarbeit überaus aktiv tätig.[449] Pietisten und Erweckte vertrauten damals weitgehend auf das Johannesevangelium. In ihm sah man das Fundament, auf das die Theologie das Leben Jesu aufbauen konnte. Erst David Friedrich Strauss hat sich hinsichtlich der Lokalität und der Chronologie des Lebens Jesu gegen Johannes entschieden und mit dem Fall dieses sicheren Felsens in der Theologenwelt und vornehmlich in pietistisch-erwecklichen Kreisen einen Sturm der Entrüstung ausgelöst. Denn damit hatte Strauss die Reihenfolge der Entstehung der Evangelien überhaupt umgestoßen: aus Johannes, Lukas, Matthäus wurde jetzt Matthäus, Lukas, Johannes. Markus hielt Strauss für absolut sekundär. Liegt vielleicht hier ein Grund für Nietzsches Unmut gegen Strauss, dem er in seiner ersten *Unzeitgemässen Betrachtung* so schonungslos Ausdruck gegeben hat?

Dass Nietzsche seinen Blick mit Vorliebe immer wieder von neuem auf dieses Evangelium gerichtet hat, verraten überdies seine Schriften. In den Vorbereitungsarbeiten zu seinem Werk *Die Geburt der Tragödie* spielt dieses Evangelium eine wichtige Rolle. So enthält ein Nachlassfragment aus der ersten Hälfte des Jahres 1871 den erstaunlichen Hinweis: «Das *Johannesevangelium* aus griechischer Atmosphaere, aus dem Boden des Dionysischen geboren; sein Einfluss auf das Christenthum, im Gegensatz zum Jüdischen.» Und in der dieser Bemerkung unmittelbar folgenden Planskizze zur *Geburt der Tragödie* trägt der vierte Abschnitt die Überschrift «Johannes».[450] An gleicher Stelle wird ihm diese biblische Schrift gar zum Inbegriff der griechischen Heiterkeit:

Die *griechische Heiterkeit* ist die Lust des Willens, wenn eine Stufe erreicht ist: sie erzeugt sich immer neu: Homer, Sophokles, das Johannesevangelium – drei Stufen derselben [...] Das Johannesevangelium als Triumph der Mysterienseligkeit der Heiligung.

---

[449] Vgl. dazu M. Pernet: Das Christentum im Leben des jungen Friedrich Nietzsche, S. 76, 86–89, 96, 99.
[450] KGW III/3, S. 147.

Es folgen weitere Notizen zu diesem Thema, darunter Anfang 1871 das offene Wort Nietzsches, dass «mit dem ersten Hervortreten des Christenthums [...] seine schönste Frucht, das Johannesevangelium, geboren»[451] worden sei. Dieser schönsten Frucht des Christentums versagte Nietzsche auch weiterhin seine Hochachtung nicht. Im vierten Teil des Buches *Also sprach Zarathustra* (1885) stellt Zarathustra die Eselsanbeter zur Rede. Als er den Papst außer Dienst ob eines solchen Tuns kritisiert, erwidert ihm der, man möge ihm vergeben, aber in Dingen Gottes sei er aufgeklärter als Zarathustra. Was er auch begründet, indem er einen der wichtigsten Sätze des Johannesevangeliums, nämlich «Gott ist Geist, und die ihn anbeten, müssen ihn in Geist und Wahrheit anbeten» (Joh. 4,24), als Zeugnis des Glaubens umdeutet. Den Titel eines seiner letzten Bücher: *Ecce homo* (Joh. 19,5) entlieh sich Nietzsche ebenfalls aus diesem Evangelium, und schließlich folgte er in seinem *Antichrist* in §46 der Darstellung des Statthalters Pilatus, die Johannes in seinem Evangelium gibt, nämlich in seiner berühmten Antwort an Jesus: «Was ist Wahrheit?» (Joh. 18,38).

*

Johannes war kein Augenzeuge des Lebens Jesu. Er war Theologe einer späteren Zeit, stammte wahrscheinlich aus dem kleinasiatischen Raum und hat aufgrund eigener umfangreicher Traditionen das Leben Jesu bedacht. Die theologische Basis des johanneischen Denkens ist die Wesens- und Wirkeinheit von Gott Vater und Sohn, sein Zentrum die Menschwerdung Gottes in Jesus Christus. In seinem Evangelium entfaltet Johannes den Offenbarungsweg des Logos unter den Menschen und verdeutlicht, dass der Inkarnierte kein anderer ist als der Gekreuzigte. Am Kreuz erfüllt der Sohn den Willen seines Vaters. Damit setzt dieser Evangelist den Glauben an Jesus gleich mit dem Glauben an den sich in der Sendung des Sohnes offenbarenden Gott. Und dieser Glaube erschließt dem Glaubenden das Heilsgut des ewigen Lebens. Wobei sich Gott gemäß der johanneischen Auffassung nur denen gegenüber als Liebe bezeugt, die er sich auf besondere Weise als seine Kinder auserwählt hat. Erst in der nachapostolischen Theologie eines Johannes stoßen wir auf die Vorstellung, nach der niemand ohne Wiedergeburt durch Wasser und Geist ins Reich Gottes kommt und ebenso wenig jemand das ewige Leben erreicht ohne gläubige Teilhabe am heiligen Abendmahl. Dass die pietistisch Erweckten

---

[451] KGW III/3, S. 215, 354. Weitere entsprechende Hinweise ebenda auf S. 218, 234; ebenso KGW III/2, S. 262ff.

gerade in diesem Evangelium ihre theologischen Hauptaussagen fanden, erstaunt nicht.

Schon für Luther war Johannes das 'Hauptevangelium' gewesen und auch Zinzendorf setzte dieses Evangelium mit seinem Christuszeugnis an die Spitze. Erst in ihm, so seine Überzeugung, sei das vollgültige Zeugnis von Jesus Christus ans Licht gekommen. Und auch für die schwäbischen Pietisten, für den Apokalyptiker und Biblizisten Albrecht Bengel und den Theosophen Friedrich Oetinger und viele andere pietistisch Erweckte war das Johannesevangelium das bedeutendste von allen. Vornehmlich in dieser Theologie sahen sie ihren Glauben bestätigt. Ob sie allerdings mit ihrem Verständnis des vierten Evangelisten diesem auch gerecht wurden, ist eine ganz andere Frage. Immerhin ist die Präferenz dieser biblischen Schrift wie bei vielen pietistisch Erweckten und auch bei Nietzsche augenfällig. Was durchaus mit seiner Herkunft und den Einflüssen während der Schulzeit zu erklären ist.

*

Ebenso interpretierte der von Nietzsche hochgelobte Jung-Stilling auf den Spuren Bengels in einer Schrift aus dem Jahr 1799 das johanneische Schrifttum als Siegesgeschichte des Christentums und bekundete damit seine Hochschätzung gegenüber diesem biblischen Schriftsteller. Jung-Stilling entstammte armen, engen und einfachen kleinbäuerlichen Verhältnissen. Ungewöhnlich war die Erziehung durch seinen früh verwitweten Vater. Dieser, von separatistischen Pietisten beeinflusst, erzog sein einziges Kind einseitig und überaus streng. Er lehrte seinen Sohn beten, lesen und schreiben. Lesestoff waren die Bibel und fromme Schriften pietistischer Herkunft. Für seine Bekehrung gab Jung-Stilling, wie bei den Erweckten üblich, einen genauen Zeitpunkt an, nämlich den Monat Juli des Jahres 1762. In seinem Vaterhaus war die Grundlage für seinen Glauben gelegt worden, der in der festen Überzeugung von der unmittelbaren göttlichen Leitung des Weltgeschehens wie auch seines eigenen Lebensgangs wurzelte. Dieser Glaube an Gottes gnädige Vorsehung blieb ihm zeitlebens Glaubensgrundlage. In seinen jungen Jahren schlug sich Jung-Stilling als Dorfschullehrer, Schneidergeselle, Hauslehrer und Verwalter einer Eisenhandelsfirma durchs Leben. Später finanzierte ihm ein Gönner das Medizinstudium, und nach erfolgter Ausbildung arbeitete er sechs Jahre als Arzt und Augenarzt in Elberfeld. Schließlich erhielt er eine Berufung als Professor der Kameralwissenschaften, heute Staatswissenschaften resp. Volks- und Betriebswirtschaft genannt, und lehrte nacheinander in Kaiserslautern, Heidelberg und Marburg. In dieser Aufgabe hatte er seinen Lebensberuf gefunden. Nebenbei betätigte er sich als Schriftsteller, namentlich als Verfasser seiner autobiographischen Lebensgeschichte, die 1777 erschien und ihn weitherum bekannt machte. Nach seiner Emeritierung 1803 widmete er sich in Heidelberg ganz und gar der fromm-erwecklichen Schriftstellerei.

Im Laufe der Jahre wurde Jung-Stilling zum viel gelesenen und verehrten Schriftsteller, dem später die ehrende Bezeichnung «Patriarch der Erweckung» beigelegt wurde. Jung-Stilling wirkte nicht nur als Schriftsteller weit über die Grenzen seines Heimatlandes Deutschland hinaus, sondern war ebenso als überaus fleißiger Briefseelsorger und Briefpartner mit einer beträchtlichen Anzahl von Erweckten aus allen sozialen Schichten in ganz Europa in Kontakt und war so für Unzählige eine geistlich-seelsorgerische Autorität geworden. So stand er über viele Jahre auch mit der Basler Christentumsgesellschaft in regem Briefverkehr. Mit zunehmendem Alter und angesichts der nach seiner Überzeugung nahe bevorstehenden Wiederkunft Christi zog er sich immer mehr aus der Öffentlichkeit zurück. Jung-Stillings vollständige Lebensgeschichte, ein Konvolut von knapp 900 Seiten, gehört zu den bedeutendsten deutschen Autobiographien des 18. Jahrhunderts. Mit dieser Schrift, deren erste drei Teile in rascher Folge 1777 und 1778, die weiteren jedoch erst viele Jahre später erschienen, verband Jung-Stilling die Absicht, werbend und überzeugend für seinen persönlichen christlichen Gottesglauben einzustehen. Dabei rückte der Leitgedanke einer gottgewollten Führung immer mehr in den Vordergrund und brachte ihn in der Folge zur Überzeugung, dass Gott ihn von Anfang seines Lebensweges an zu seiner letzten Bestimmung, der zum religiösen Schriftsteller, gelenkt habe. Damit hatte er seine Lebensgeschichte vom Gottesbeweis zum Beweis seiner eigenen Sendung umgedeutet. Der erste Teil dieser Schrift stand in Nietzsches persönlicher Bibliothek und war von ihm aufmerksam gelesen worden. Den von Nietzsche auffällig hervorgehobenen ersten Teil charakterisiert ein Kenner Jung-Stillings wie folgt:

Der Reiz der Darstellung liegt hier in der gelungenen dichterischen Verklärung der Jugendschicksale. Abgesehen von dem spürbaren literarischen Ehrgeiz des Verfassers, der in der Anwendung der Stilmittel der Geniezeit und des Zeitalters der Empfindsamkeit zu erkennen ist, hat die pseudonyme Verschlüsselung wichtiger Orts- und Eigennamen dazu beigetragen, über jene Jahre einen romanhaften Schleier zu breiten. Dieser Zusammenklang von Dichtung und Wahrheit war es, der schon auf die Zeitgenossen anziehend wirkte und der auch heute den Leser in seinen Bann zu schlagen vermag [...] Darin sollte das Lehrhaft-Nützliche mit dem Ästhetisch-Angenehmen, das religiöse mit dem dichterischen Moment und seine Glaubensüberzeugung mit der Poesie verbunden werden.[452]

---

452 Gustav Adolf Benrath: Johann Heinrich Jung-Stilling: Lebensgeschichte, S. Xf.

Nietzsches Bildungsbegriff und dessen Nähe zum pietistisch-erwecklichen Bildungsziel Karl Ludwig Roths. Bildung als Beförderung zum Genius. Pietismus und Geniekult: Lavater, Hamann, Klopstock. Nietzsches zweite Unzeitgemässe Betrachtung: *Alternative von 'Wissenschaft' und 'Leben', 'Wahrheit' und 'Gerechtigkeit'.* Der Antichrist: Jesus, das «leibhaftige Evangelium der Liebe», Paulus, der 'Dysangelist'. Die Geschichte des Christentums, eine Geschichte des Abfalls und Verfalls: Gottfried Arnold, Franz Overbeck. Nietzsches theologisches Vokabular.*

In diesem Kapitel soll den Spuren einer pietistisch-erwecklichen Tradition in Nietzsches Schriften, Briefen und Fragmenten nachgegangen werden. Setzt sich der Denker auch nirgendwo direkt mit dieser Glaubensart auseinander, so ist diese demungeachtet bei ihm im Hintergrund immer präsent. Und wie selbstverständlich schöpft er immer wieder daraus. Allerdings sollen einige wenige Hinweise genügen. Es geht nicht an, jedes Wort auf seine Herkunft aus diesem Glaubensgut hin 'abzuklopfen'.

*

Im Rahmen eines von der Freiwilligen Akademischen Gesellschaft in Basel finanzierten Vortragszyklus hatte Nietzsche zugesagt, zum Thema «Ueber die Zukunft unserer Bildungsanstalten» vorzutragen. Dabei hielt er im Lauf der ersten drei Monate des Jahres 1872 von den sechs angekündigten Vorträgen deren fünf. Im 19. Jahrhundert war die Schulpolitik zu einem neuen, brisanten Thema geworden. Der Staat lief Gefahr, zum Schulstaat zu werden. Denn eine Volksgemeinschaft, die im Zuge einer immer stärkeren Spezialisierung der Wissensformen einer zunehmend Nützlichkeitserwägungen unterworfenen, berufsbezogenen Bildung das Wort redete, nahm damit insofern Einfluss auf die Schul- und Bildungsziele der Kinder, als die Allgemeinbildung stark an Bedeutung zu verlieren drohte. Diese neuen pädagogischen Ziele lehnte Nietzsche entschieden ab und kritisierte die moderne 'Massenbildung', die sich dieser Tendenz anschließe. Wo allein Fortschritt und Wohlstand als übergeordnete Ziele der Bildung leitend seien, wo die allseitige Verbreitung von Bildung propagiert werde, nur um Vorteile für die ökonomische Entwicklung des Staates zu erreichen, dort sah Nietzsche die Bildung selbst bedroht. Denn eine Anpassung der Bildung an die Bedürfnisse der Zeit führe, wie er befürchtete, zu Spezialistentum, Brotgelehrsamkeit und der von ihm besonders verachteten Journalistik – er nannte diese verächtlich «Dienerin des Augenblicks» – und bringe damit notwendigerweise eine Verminderung und Verflachung mit sich, der zu wehren sei.[453]

Entschieden wandte sich Nietzsche gegen eine 'Verzweckung' der Bildung, die er abschätzig als «Pseudo-Bildung» bezeichnete. Im Hinblick auf die Zukunft der Bildungseinrichtungen plädierte er dafür, von einer Zeitbezogenheit des Bildungsbegriffs abzukommen und sich gegen alle Nützlichkeitserwägungen zu stellen. In seinen Augen war Bildung kein Mittel zum Zweck, sondern Selbstzweck, der entsprechende Hingabe erforderte. Sie diene ausschließlich sich selbst und sei niemandem zugänglich außer den wenigen, die die Natur dazu ausgewählt habe. «Wahre Bildung» sei «mühselig» und mache «einsam», sie verbrauche viel Zeit, ohne einen messbaren Nutzen zu erbringen. Für sein Bildungsideal waren ihm die Griechen das wichtigste Vorbild. Im postulierten «mühseligen Kampf» ortete er die Grundstimmung des urhellenischen Daseins, wo der Künstler das zentrale Vorbild war. «Wie man nur ein ganzes Volk verherrlichen und preisen kann! Die Einzelnen sind es, auch bei den Griechen.»[454] In einer Nachlassnotiz hielt Nietzsche fest:

> Was ist Bildung? [...] Verständniß und Förderung seiner edelsten Zeitgenossen [...] *Aufgabe der Bildung:* zu *leben* und zu *wirken* in den edelsten Bestrebungen seines Volkes oder der Menschen. Nicht also nur recipieren und lernen, sondern leben [...] Bildung ist das Leben im Sinne großer Geister mit dem Zwecke großer Ziele.[455]

Damit sprach Nietzsche einer elitären Bildungsphilosophie das Wort. Folgerichtig wies er im fünften und letzten Vortrag mit Hilfe des «Orchestergleichnisses» darauf hin, dass

> alle Bildung [...] mit dem Gehorsam, mit der Unterordnung, mit der Zucht, mit der Dienstbarkeit [sc. anfange]. Und wie die großen Führer der Geführten bedürfen, so bedürfen die zu Führenden der Führer [...] Wenn ihr jetzt (nachdem ein Genie den Taktstock ergriffen hat) [...] das erhaben stürmende oder innig klagende Orchester betrachtet, wenn ihr behende Spannung in jeder Muskel und rhythmische Nothwendigkeit in jeder Gebärde ahnt, dann werdet ihr mitfühlen, was eine prästabilierte Harmonie zwischen Führer und Geführtem ist, und wie in der Ordnung der Geister alles auf eine derartig aufzubauende Organisation hindrängt.[456]

---

[453] KGW III/2, S. 163.
[454] KGW IV/1, S. 118.
[455] KGW III/3, S. 267f.
[456] KGW III/2, S. 242, 243f.

Nur die Führung durch ein «wirkliches Genie» entwickelt nach Nietzsche die Kräfte der anderen und bringt sie in einen sinnvollen, harmonischen Zusammenhang. So enthält Nietzsches Bildungsbegriff ein Doppeltes: die Bildung soll den Menschen als Einzelnen zu seinen höchsten Möglichkeiten fortentwickeln. Und dies hat durch Orientierung an einem und Unterwerfung unter einen Genius oder Führer zu erfolgen.

*

Am 23. Januar 1872 lieh sich Nietzsche in der Basler Universitätsbibliothek die *Gymnasial-Pädagogik*[457] von Karl Ludwig Roth aus. Roth wirkte nach dem Studium der Philologie und der Theologie am Tübinger Stift als Gymnasiallehrer in Stuttgart, später in Nürnberg, wo er als Rektor über zwei Jahrzehnte das städtische Gymnasium leitete. Aufgrund seines pädagogischen Wirkens und mehrerer Publikationen verlieh ihm die theologische Fakultät der Universität Erlangen 1843 die theologische Ehrendoktorwürde. In diesen Publikationen hatte er vornehmlich die Idee eines «erziehenden Unterrichts» als Hauptprinzip seiner Gymnasialpädagogik entwickelt und immer wieder auch auf die Pflicht der Gymnasien hingewiesen, den religiösen Sinn der Jugendlichen zu wecken und so die Jugend mit der christlichen Religion vertraut zu machen. Im gleichen Jahr zog Roth in seine württembergische Heimat zurück, wo er zunächst die Leitung der evangelischen Klosterschule in Schönthal und sieben Jahre später das Rektorat des Stuttgarter Gymnasiums übernahm. Schließlich habilitierte er sich als 69-Jähriger an der Universität Tübingen und hielt bis wenige Monate vor seinem Tod Vorlesungen über klassische Philologie und Gymnasialpädagogik. Die Hauptinhalte seiner Vorlesungen über die Gymnasialpädagogik hat er in dem von Nietzsche ausgeliehenen Buch festgehalten. Die Gymnasialbildung seiner Zeit befand sich nach Roths Dafürhalten in einem bedenklichen Zustand. Den Grund dafür formulierte er in dem Satz: «Das Gymnasium erzieht nicht mehr.» Konkret verortete er das «den Gymnasien gemeinsame Übel» einmal «im durchgängigen Zwang, welche jene Vorschriften dem Schüler hinsichtlich der Benützung der Lehrpensen auferlegen» würden. Dagegen gebiete die Zeit eine Reduktion des Lehrstoffes, «aber der [sc. wäre] umso vertiefter» anzubieten. Im Weiteren würde «die ansehnliche Zahl verschiedenartiger, im Gymnasium zusammengehäufter Lehrfächer [...] das eigentliche Arbeiten der Lehrer zum Zwecke der Erziehung unmöglich machen [...] [sc. und führten zu einem] Zerflattern der Thätigkeit der Gymnasien». Und schließlich

---

[457] Karl Ludwig Roth: Gymnasial-Pädagogik, Stuttgart 1865.

drohe sich «der Sinn für die Wahrheit [...] mehr und mehr abzuschwä-
chen. [...] [Sc. Denn] wir pflegen mit allem Unterrichten den Schein
statt der Wahrheit.»[458] Schon diese wenigen Zitate machen deutlich, wie
eng verwandt sich Nietzsche mit seinen Erwägungen Roth gegenüber
fühlen musste.[459] Tatsächlich schloss er sich dann in manchen Passagen
seiner Vorträge eng an Roths Überlegungen an. Von Interesse in unserem Zusammenhang ist auch, dass Roths Vorstellung von Unterricht
ganz in der christlichen Erziehung gipfelte. Folgerichtig war für ihn

> der wichtigste und zugleich schwierigste Unterricht, den die Schule zu geben hat,
> [...] der in der Religion. [...] [Sc. Dabei] will [...] der Religionsunterricht durch sei-
> nen Inhalt selbst erziehen, d.h. die Seele des Schülers in diejenige bleibende Stim-
> mung versetzen, bei welcher derselbe den geoffenbarten Willen Gottes in sein Wol-
> len aufnimmt und diesem geoffenbarten Willen Gottes gemäß innerlich und
> äußerlich zu leben anfängt.

Zudem sei darauf zu achten, dass man dem «noch im kindlichen Alter
stehenden Menschen [sc. nur] solche Theile der göttlichen Offenbarung
[sc. vortrage], welche in dem kindlichen Gemüthe eine Ahnung oder
ein Fühlen der Wahrheit erwecken können». Und dies vermöge nur
durch «Anhalten zum aufmerksamen Lesen der heiligen Schrift» erreicht werden. Roth wurde nicht müde, darauf hinzuweisen, dass

> wir [...] namentlich im Schulunterricht zur heiligen Schrift zurückkehren» [sc. müs-
> sen], weil [...] nur der fleißige Verkehr mit dem Worte Gottes dazu dienen kann, der
> Jugend die Religion wichtig und zugänglich zu machen [...] [Sc. Und] wenn [...] der
> Religionsunterricht seine Pflicht erfüllt, den Schüler mit der heiligen Schrift vertraut
> zu machen und ihn in eine lebendige Erkenntniß des Ganges der Offenbarung einzu-
> führen [...] [sc. so werde in ihm damit] ein Bewußtsein [...] erweckt davon, was wir
> an dem Schatze der Offenbarungswahrheit haben.[460]

Damit gibt sich Roth als Anhänger der pietistisch-erwecklichen Glaubensart zu erkennen. Weitere Äußerungen von ihm machen diese Zu-
ordnung noch deutlicher. So wenn er sich energisch gegen den «Rationalismus der allergewöhnlichsten Sorte» wandte, wie er ihm im
bayrischen Nürnberg begegnet war. Dort sei auch «die Pflege des Religionsunterrichts [...] wozu ich mich und die Lehrer verbunden erkannten [...] in den Augen der Menge und der Wortführer in der Gesellschaft, ja selbst im Munde von Geistlichen das, was man [...] Mysticismus

---

458 Ebd. (zitiert nach der zweiten Auflage von 1874), S. 1, 8, 17.
459 Vgl. dazu: Jörg Schneider: Nietzsches Basler Vorträge «Über die Zukunft unserer Bil-
     dungsanstalten» im Lichte seiner Lektüre pädagogischer Schriften.
460 Karl Ludwig Roth, Gymnasial-Pädagogik, S. 258, 260, 456, 455.

nannte».[461] Tatsächlich wurden Erweckte immer wieder als Mystiker bezeichnet und so auch verbal angefeindet. Auch ließ Roth, wenn er von der Aufklärung sprach, keinen Zweifel an seiner Ablehnung dieser Zeitepoche aufkommen und charakterisierte sie als «hohle Aufklärung». Dass ihm schließlich die theologische Fakultät der Universität Erlangen, die sich damals unter der Leitung des Dogmatikers und Neutestamentlers Christian Krafft, der 1821 seine Bekehrung erlebt und sich ganz der Erweckung zugewandt hatte, den Ehrendoktor verlieh, kann als weiterer Hinweis auf Roths Zugehörigkeit zur Erweckung gelten.

Obwohl Nietzsche in vielen Punkten Roths Kritik an den gegenwärtigen Bildungszielen der Gymnasien teilte und seine Auffassung darin bestätigt fand, so muss doch das von Roth hochgehaltene «religiöse Prinzip», sein pietistisch-erweckliches Bildungsideal, für Nietzsche unannehmbar gewesen sein. Dennoch weist trotz dieses unterschiedlichen Bildungsziels Nietzsches Konzept eines «Führers» oder «Genius» mindestens seiner inneren Absicht nach Ähnlichkeiten mit Roths Entwurf einer christlichen, pietistisch-erwecklichen Erziehung auf, in dem, wie Jörg Schneider schreibt, «jegliches pädagogische[s] Handeln dem 'religiösen Prinzip' untergeordnet wird.» Im Weiteren hält Schneider zu Recht fest:

> Bei beiden wird [...] die Einsicht der Erzieher und die der Zöglinge zur Unterordnung unter die den Erziehungsprozeß bestimmenden Prinzipien herbeigeführt. Roth bietet Erlösung in 'Gottesfurcht' und einer 'Gesinnung', in der die 'tiefe und unbewusste Sehnsucht der Menschen' nach 'der Wiederkehr des Lichtes' gut aufgehoben ist [...] Nietzsche dagegen bietet Erlösung in der Kunst, den Werken der Genien [...] Die Koinzidenz der Argumentationsstruktur, die Berufung beider auf einen transzendenten Begründungszusammenhang überrascht nicht, wenn man Nietzsches Erziehung in einem strengen christlichen Elternhaus berücksichtigt. Wenn er sich auch von Gott losgesagt hat, bleibt er dem religiösen Denken doch verhaftet.[462]

Tatsächlich ist es erstaunlich, wie intensiv Nietzsche Roth gelesen und rezipiert hat, trotz dessen deutlicher Verortung in einem pietistisch-erwecklichen Christentum. Nietzsche hat sich daran nicht gestoßen, und fremd war ihm diese Überzeugung ebenso wenig.

*

Gymnasium und Universität sollten für Nietzsche nicht der Bearbeitung von Sachen und der Lösung von Problemen dienen, sondern der Entwicklung des Menschen zu seiner ethischen und intellektuellen Reife

---

461 Ebd., S. 406.
462 Jörg Schneider: Nietzsches Basler Vorträge, S. 318.

bis hin zur Beförderung zum Genius oder wenigstens dem Dienst am Genius verpflichtet sein:

> *Aufgabe der Bildung* [...] Die höchsten Geister zu perpetuieren: Bildung ist Unsterblichkeit der edelsten Geister.

> Für jedes Individuum ist Bildung, daß es ein Continuum von Erkenntnissen und edelsten Gedanken hat und in ihm weiter lebt.

> Das richtige Erziehungsprincip kann nur sein, die größere Masse in das rechte Verhältniß zu der *geistigen Aristokratie* zu bringen: das ist die eigentliche *Bildungsaufgabe.*[463]

Erst durch den wahren Erzieher, den Philosophen, den Künstler, den Heiligen, ja den Genius als dem wahren Gebildeten werde der Mensch zu sich selbst befreit.

> Weder der Staat, noch das Volk, noch die Menschheit sind ihrer selbst wegen da, sondern in ihren Spitzen, in den großen 'Einzelnen', den Heiligen und den Künstlern liegt das Ziel. [...] Dieses Ziel aber weist durchaus über die Menschheit hinaus [...] Aus alledem wird klar, daß der Genius nicht der Menschheit wegen da ist: während er allerdings derselben Spitze und letztes Ziel ist. Es giebt keine höhere Kulturtendenz als die Vorbereitung und Erzeugung des Genius.[464]

Und in seiner dritten *Unzeitgemässen Betrachtung* mit dem Titel *Schopenhauer als Erzieher* notierte Nietzsche:

> Es ist dies der Grundgedanke der *Kultur*, in sofern diese in jedem Einzelnen von uns nur Eine Aufgabe zu stellen weiss: *die Erzeugung des Philosophen, des Künstlers und des Heiligen in uns und ausser uns zu fördern und dadurch an der Vollendung der Natur zu arbeiten.* Denn wie die Natur des Philosophen bedarf, so bedarf sie des Künstlers, zu einem metaphysischen Zwecke, nämlich zu ihrer eignen Aufklärung über sich selbst, damit ihr endlich einmal als reines und fertiges Gebilde entgegengestellt werde, was sie in der Unruhe ihres Werdens nie deutlich zu sehen bekommt – also zu ihrer Selbsterkenntniss.[465]

Auch mit diesen Aussagen wurzelte Nietzsche wiederum tief in der pietistischen Tradition. Johann Caspar Lavater, evangelischer Theologe und Schriftsteller, stand sowohl der Aufklärung, aber mit seiner biblisch-spiritualistischen Frömmigkeit auch dem Pietismus nahe. Lavaters Bedeutung in unserem Zusammenhang besteht darin, dass er in der sogenannten Genieperiode des Sturm und Drang eine Art Mittlerstellung zwischen Pietismus und Ästhetentum einnahm. In sei-

---

[463] KGW III/3, S. 267, 271, 401.
[464] KGW III/3, S. 370f.
[465] KGW III/1, S. 378.

nen *Physiognomischen Fragmenten* notierte er in dem berühmten
Genie-Artikel:

> Nenn's und beschreib's, wie du willst und kannst – allemal bleibt das gewiß – das Un-
> gelernte, Unentlehnte, Unlernbare, Unentlehnbare, innig Eigenthümliche, Unnach-
> ahmliche, Göttliche – ist Genie – das Inspirationsmässige ist Genie, hieß bey allen Na-
> tionen, zu allen Zeiten Genie – und wird's heißen, so lange Menschen denken und
> empfinden und reden.[466]

Damit erhob Lavater die Inspiration ganz in pietistischem Sinn zum entscheidenden Merkmal des Geistes. Denn das 'inspirierte' Reden und
Singen ist ein Charakteristikum zunächst radikal-pietistischer, später
auch moderaterer pietistischer Kreise. Tatsächlich waren es pietistische
Visionäre und Inspirierte mit ihrem religiösen Vorbild gewesen, die dem
Geniekult jener Zeit den Boden bereitet hatten. Nur nebenbei sei bemerkt, dass die meisten Exponenten des Sturm und Drangs pietistischen
Elternhäusern oder Erziehungsinstituten entstammten. So auch der bereits genannte und Nietzsche bekannte Johann Georg Hamann. Hamann diente der Genie-Gedanke vornehmlich als willkommenes Hilfs-
mittel bei der Auseinandersetzung mit den Rationalisten. Die
Eigenschaft des Genies, der bloßen Vernunft zu spotten und diese damit
als höchste Instanz zu entthronen, machte es in seinen Augen zu einem
idealen Alliierten im religiösen Kampf gegen die Aufklärung. Damit
fußte auch Hamann ganz in der Tradition des Pietismus.

Ebenso dachte Friedrich Gottlieb Klopstock, wie Nietzsche einst
Schüler in Schulpforta, dem sein Dichtertum eine geradezu religiöse Berufung war. Dichtung galt ihm als die Überbringung subjektiver Gefühle, was den Dichter jeder Norm und Autorität enthob. Und diese
Sonderstellung des Poeten nannte Klopstock genial. «Die höhere Poesie ist ein Werk des Genies», der ideale Dichter, dessen Werk im Herzen seinen Ursprung hat, der Inbegriff des Genies und deshalb höchste
Autorität. Dass Klopstock dem Pietismus nahestand, erstaunt angesichts
seines beinahe religiös anmutenden Berufungsgefühls, in dem religiöses Gefühl und Gefühlsreligion nahtlos ineinander übergehen, wenig.
Nietzsche, der Klopstock bereits als Schüler in Schulpforta eifrig gelesen hatte, notierte ganz im Sinn seines eigenen Genieverständnisses:
«Ein großer Künstler könnte jetzt noch das Christenthum wieder her-
stellen, vor allem seine Feste. Klopstock hatte eine Ahnung von diesem

---

[466] J. C. Lavater: Physiognomische Fragmente zur Beförderung der Menschenkenntnis,
S. 294f.

Privilegium des Genie's»[467] und schlug damit geradezu einen Bogen zur
religiösen Genievorstellung der Pietisten. Zwischen dem «theoretischen» und dem «religiösen» Genie bestanden für Nietzsche durchaus
Gemeinsamkeiten:

> Kampf dieser beiden Formen der Kunst: die philosophischen Weltbilder behaupten
> sich als erweisbare Wahrheit, die religiösen als nicht erweisbare, darum geoffenbarte
> W(ahrheit). Gegensatz des theoretischen Genies und des religiösen Genies. Es ist eine
> Vereinigung möglich: einmal schärfste Bestimmung der Grenze des Logischen, an-
> derseits die Erkenntniß, daß zu unsrer Existenz der Schein nöthig ist.[468]

Auch anlässlich der Niederschrift seiner Bildungsvorträge hatte Nietzsche Klopstock höchstwahrscheinlich zu Rate gezogen, sich ihm allerdings später immer mehr entfremdet.

Dieses intensive Berufungsbewusstsein mancher Dichter jener Epoche erinnert lebhaft an führende Gestalten aus dem Pietismus, wie überhaupt das religiöse, dem Pietismus entstammende Gefühl des Erwählt-
seins und der damit verbundenen Heilsgewissheit eine der wichtigsten
Wurzeln der späteren Genieauffassung darstellt. Haben Erwählung und
Genie doch miteinander gemeinsam, dass sie nicht erworben, sondern
nur verliehen werden können. Nach Zinzendorf werden die 'Adepti'
nicht durch Kunst und Studieren gebildet, sondern sie werden so geboren: «Was man einen genium, einen δαίμονα nennen kann, die werden
nicht opera et studio.»[469] Diese Einsicht musste gerade einer subjektiv-
emotionalen Religiosität mit ihrer Betonung der Spontaneität der persönlichen Gotteserfahrung besonders naheliegen. So kannte auch der
Pietismus zahlreiche religiöse Genies, die, durch göttliche Gnade auserwählt, sich als Gesendete empfanden und eine zahlreiche Anhängerschaft um sich sammelten wie etwa die bereits genannten Jakob Böhme,
Friedrich Christoph Oetinger und Heinrich Jung-Stilling. Auch in diesem Punkt stimmte Nietzsche mit den Überzeugungen pietistisch-
erwecklicher Kreise überein.

*

Die erste von seinen ursprünglich dreizehn geplanten *Unzeitgemässen Betrachtungen* schrieb Nietzsche Anfang 1873. Damit hatte er beabsichtigt,

> erst einmal den ganzen polemisch-negativen Stoff in mir auszustossen; ich will unver-
> drossen erst die ganze Tonleiter meiner Feindseligkeiten absingen, auf und nieder,

---

[467] KGW III/4, S. 195.
[468] KGW III/3, S. 139.
[469] Zitiert nach Otto Uttendörfer: Zinzendorfs religiöse Grundgedanken, S. 11.

recht greulich, dass das Gewölbe wiederhallt [...] und ich glaube fast, *wir* müssen das Alles thun, um frei zu werden: die ganze schreckliche Summe alles dessen, was wir fliehen, fürchten und hassen, muss erst zusammen gerechnet sein – dann aber auch kein Blick mehr zurück in's Negative und Unfruchtbare! Sondern nur noch pflanzen, bauen und schaffen![470]

Bis zum Abbruch des Projektes entstanden in der Folge vier Abhandlungen. Dabei befasste sich Nietzsche mit David Friedrich Strauss, dem Problem des modernen Historismus, Arthur Schopenhauer und Richard Wagner. Diese Themenwahl verrät freilich nicht den Gräzisten, der Nietzsche noch immer war, und dessen erste bedeutende Veröffentlichung dem Problem der Entstehung der griechischen Tragödie gewidmet war. Vielmehr beabsichtigte Nietzsche nun, sich als philosophischer Kulturkritiker zu etablieren, eine Kritik der Modernität in Sprache und Literatur, Erziehung und Unterricht, Historie und klassischer Philologie sowie in Moral, Religion und Philosophie zu Papier zu bringen. Für unseren Zusammenhang von Bedeutung ist nun die Zweite *Unzeitgemässe Betrachtung, Vom Nutzen und Nachtheil der Historie für das Leben.* Schon der Titel zeigt die Fragestellung auf, die Nietzsche damals bewegte. Er wollte der Absolutsetzung der Geschichte, wie sie der Historismus behauptete, eine anthropologische Betrachtung unter positiven und negativen Vorzeichen entgegenstellen. Dabei ging es ihm wesentlich darum, «immer besser zu lernen, Historie zum Zwecke des *Lebens* zu treiben! [...] Die Frage aber, bis zu welchem Grade das Leben den Dienst der Historie überhaupt brauche, ist eine der höchsten Fragen und Sorgen in Betreff der Gesundheit eines Menschen, eines Volkes, einer Cultur.»[471] An einem Übermaß von historischem Bewusstsein kann menschliches Leben verkümmern und der Einzelne daran gehindert werden, zu einer Persönlichkeit zu reifen. Menschliche Existenz ist zwar ohne die Fähigkeit, Gewesenes zu vergegenwärtigen, unvorstellbar; aber ohne die Fähigkeit des Vergessens ist Leben ebenso unmöglich. Denn es gibt einen Grad an Erinnerung und historischem Bewusstsein, bei dem das Lebendige zu Schaden kommt und schließlich zugrunde geht.

In dieser Analyse formulierte Nietzsche seinen lebensphilosophischen Ansatz, seine emphatische Überzeugung von der «ungebrochenen Kraft des Lebens». Die Historie hat sich nicht auf die Geschichte als das Gewesene und Gewordene, auf eine Überflutung des Einzelnen mit historischen Informationen zu fixieren, denn dadurch nimmt sie dem

---

[470] KGB II/3, S. 210, 224.
[471] KGW III/1, S. 253.

Leben seine Kraft und zerstört dessen Willen. Sie hat allein dem Leben
zu dienen, dem Leben, das «im Dienste einer unhistorischen Macht [sc.
steht].» Damit postulierte Nietzsche einen Vorrang des Lebens vor der
Geschichte und stellte dabei Wissenschaft und Leben als zwei voneinander getrennte Bereiche dar.

> Die Geschichte als reine Wissenschaft gedacht und souverän geworden, wäre eine Art
> von Lebens-Abschluss und Abrechnung für die Menschheit. Die historische Bildung
> ist vielmehr nur im Gefolge einer mächtigen neuen Lebensströmung, einer werden-
> den Cultur zum Beispiel, etwas Heilsames und Zukunft-Verheissendes, also nur dann,
> wenn sie von einer höheren Kraft beherrscht und geführt wird und nicht selber
> herrscht und führt.[472]

Da die Geschichtsschreibung die ganze menschliche Wirklichkeit einerseits als eine geschichtliche, in der nichts Bestand hat, verstehe und andererseits als Wissenschaft, die diese Wirklichkeit im Licht nüchterner
Objektivität – für Nietzsche nichts anderes als «ein Aberglaube»[473] – zu
sehen behaupte und sich diese Haltung auf das allgemeine Bewusstsein
übertragen habe, so könnten die Folgen nur ein platter Relativismus
und öde Langeweile sein.

Damit bliebe angesichts einer geschichtlich stets zum Scheitern verurteilten Außenwelt dem Einzelnen nur die Flucht in die Egozentrik
der Innerlichkeit. Was für Nietzsche einem Verlust an kraftvollem,
gestaltendem Leben gleichkam.

> Gewiss, wir brauchen die Historie, aber wir brauchen sie anders, als sie der verwöhnte
> Müssiggänger im Garten des Wissens braucht [...] wir brauchen sie zum Leben und
> zur That [...] Nur soweit die Historie dem Leben dient, wollen wir ihr dienen; aber es
> giebt einen Grad, Historie zu treiben und eine Schätzung derselben, bei der das Le-
> ben verkümmert und entartet.[474]

Dabei werde echtes Leben, wie Nietzsche meinte, nicht so sehr wie die
Wissenschaft

> durch das Wissen, sondern durch Instincte und kräftige Wahnbilder beherrscht [...]
> Alles Lebendige braucht um sich eine Atmosphäre, einen geheimnissvollen Dunst-
> kreis; wenn man ihm diese Hülle nimmt, wenn man eine Religion, eine Kunst, ein Ge-
> nie verurtheilt, als Gestirn ohne Atmosphäre zu kreisen: so soll man sich über das
> schnelle Verdorren, Hart- und Unfruchtbar-werden nicht mehr wundern [...] Aber
> selbst jedes Volk, ja jeder Mensch, der *reif* werden will, braucht einen solchen umhül-
> lenden Wahn, eine solche schützende und umschleiernde Wolke; jetzt aber hasst man

---

472 KGW III/1, S. 253.
473 KGW III/1, S. 285f.
474 KGW III/1, S. 241.

das Reifwerden überhaupt, weil man die Historie mehr als das Leben ehrt. Ja man tri-
umphirt darüber, dass jetzt 'die Wissenschaft anfange über das Leben zu herrschen':
möglich, dass man das erreicht; aber gewiss ist ein derartig beherrschtes Leben nicht
viel werth, weil es viel weniger *Leben* ist und viel weniger Leben für die Zukunft ver-
bürgt, als das ehemals nicht durch das Wissen, sondern durch Instincte und kräftige
Wahnbilder beherrschte Leben.[475]

Nietzsche wurde nicht müde, seine Vorstellung von der Beeinträchti-
gung, ja Zerstörung der Lebenskraft durch das Wissen und durch den
Glauben an die Macht der Vergangenheit immer wieder von neuem an-
zuprangern. Die Wurzeln und Voraussetzungen für diese polarisierende
Alternative zwischen 'Wissenschaft' und 'Leben' und Nietzsches Einstehen für Letzteres sind in seiner pietistisch-erwecklichen Erziehung
und Beschäftigung mit dieser Frömmigkeitsrichtung zu suchen.

Kennzeichnend für den Pietismus war der unversöhnliche Gegensatz
zwischen Wissenschaft, also Lehre, Lehrgebäude, Dogma, einerseits und
Leben, Leben im Sinn einer *praxis pietatis*, einem aus dem Glauben heraus gelebten Leben, andererseits. Der Pietismus verschob den Akzent
von der reinen Lehre auf das fromme Leben, von der Rechtgläubigkeit
auf die Frömmigkeit, von der Rechtfertigung auf die Heiligung. Hinzu
kam, dass viele Pietisten und Erweckte, an vorderster Front die Christentumsgesellschaft, offensiv Stellung gegen die Ideen der Aufklärung
bezogen, und was in den verschiedensten Disziplinen der Wissenschaft
vornehmlich im 19. Jahrhundert an neuen Erkenntnissen erforscht und
erarbeitet wurde, nahmen die meisten von ihnen kaum zur Kenntnis.
Der Wissenschaftsgläubigkeit des gebildeten Bürgertums setzten die
pietistisch Erweckten ihren Glauben und ihre Hoffnung auf das Kommen des Reiches Gottes entgegen. Dabei kann nun allerdings nicht
übersehen werden, dass einzelne Pietisten und Erweckte, wenn sie in
leitender Stellung einer eigenen Firma vorstanden, alles, was die Wissenschaft für eine Produktionssteigerung an Material zur Verfügung
stellte, selbstverständlich in ihre eigenen Fabrikationsstätten aufnahmen und dort verwendeten, was durchaus auch für erfolgreiche Vertreter des «Frommen Basel» zutraf. Ebenso nutzten sie die modernen Erkenntnisse zur Führung der von Erweckten gegründeten Unternehmen
wie die Basler Mission und andere derartige Institutionen, sofern sie
auch dort in leitender Stellung tätig waren. Freilich ist diese Einstellung
nicht repräsentativ für die weitverbreitete pietistisch-erweckliche Überzeugung, die auf einer Ablehnung von Wissenschaft und Kultur bestand,
was dann eben auch zu einer gewissen Rückständigkeit in diesen Berei-

---

[475] KGW III/1, S. 294f.

chen führte. Zudem nahmen die meisten Erweckten von den Erkenntnissen der wissenschaftlichen Theologie, den Erkenntnissen aus der historisch-kritischen Erforschung der Schriften des Alten und Neuen Testaments, bewusst keine Notiz, sondern verharrten stattdessen im 'einfachen' Glauben.

In seiner Gegenüberstellung der beiden Bereiche Wissenschaft und Leben ergriff Nietzsche leidenschaftlich Partei für Letzteres. Er propagierte eine historische Wissenschaft um des Lebens und nicht um der Wissenschaft willen:

> Dann wollen wir den Ueberhistorischen gerne zugestehen, dass sie mehr Weisheit besitzen, als wir; falls wir nämlich nur sicher sein dürfen, mehr Leben als sie zu besitzen: denn so wird jedenfalls unsere Unweisheit mehr Zukunft haben, als ihre Weisheit.[476]

Die Frage nach dem Leben, nach dem Wert des Lebens, ist durch das ganze Werk Nietzsches hindurch das Kardinalproblem, auf das er alle übrigen Probleme des Denkens und der Geschichte zurückbezieht. 'Leben' bedeutete ihm so viel wie «schöpferische Potenz», und er kämpfte gegen alles, was diese Potenz auch nur im Geringsten einzuschränken beabsichtigte, eine Einschränkung, die, wie in seiner *Zweiten Unzeitgemässen Betrachtung* dargestellt, dem Leben etwa durch das Wissen und den Glauben an die Macht der Vergangenheit drohte.

Auch die Autoren des Neuen Testaments, vornehmlich der Evangelist Johannes – wieder dieser Evangelist! – wurden nicht müde, immer wieder vom Leben, der ζωή zu reden, für den Evangelisten Johannes ein Synonym für 'ewiges Leben' als dem einzig echten, eigentlichen Leben im Gegensatz zum menschlich natürlichen, dem unechten, uneigentlichen Leben. Johannes lässt Jesus sagen: «Wer mein Wort hört und dem glaubt, der mich gesandt hat, der hat ewiges [sc. das meint wirkliches] Leben» (5,24). Diese Idee eines neuen Lebens, erfahren durch die Wiedergeburt, hat im Pietismus, der sich dabei hauptsächlich auf den Evangelisten Johannes berief, essentiellen Einfluss erhalten. Es genügte den Pietisten und Erweckten nicht, Frömmigkeit als notwendige Folge wahrer Lehre zu praktizieren, sondern sie drängten darauf, erfahrbare Frömmigkeit und Wiedergeburt als Voraussetzung wahrer Lehre zu behaupten. Und erfahrbar wurde ihnen solche Glaubenserkenntnis allein im christlichen Lebensvollzug und durch die in ihm wahrnehmbare Führung Gottes. Dabei sollte die Lehre «ins Leben verwandelt», der Glaube als «Glaubensleben» einsichtig werden. Philipp Jacob Spener forderte dazu auf, «den Kopf ins Herz zu bringen». Allein wo dies geschehe, sei

---

[476] KGW III/1, S. 253.

der Glaube lebendig und hätte der Mensch als Wiedergeborener Anteil an der göttlichen Natur. Lebenserfahrbarkeit und Lebendigkeit des christlichen Glaubens wurden zu entscheidenden Charakteristika dieser epochalen Glaubensbewegung.

Gewiss verstand Nietzsche unter Leben nicht das, was das Neue Testament und die Pietisten darunter verstanden haben. Doch sind innerhalb der Vorstellung Nietzsches vom Leben und der Vorstellung der neutestamentlichen Schriftsteller und der Pietisten nicht zu übersehende Verstehenskomponenten auszumachen, die auf eine tiefe Vertrautheit Nietzsches mit diesem biblischen Verständnis schließen lassen.

*

Gleichermaßen trifft dies auch auf Nietzsches Verständnis von 'Wahrheit' zu. In seiner *Zweiten Unzeitgemässen* notierte er dazu:

> Der Wahrheit dienen Wenige in Wahrheit, weil nur Wenige den reinen Willen haben gerecht zu sein und selbst von diesen wieder die Wenigsten die Kraft, gerecht sein zu können.

Und weiter: Der Mensch,

> welcher den Trieb und die Kraft zur Gerechtigkeit besitzt [...] das *ehrwürdigste* Exemplar der Gattung Mensch [...] will [...] Wahrheit, doch nicht nur als kalte folgenlose Erkenntniss, sondern als die ordnende und strafende Richterin, Wahrheit nicht als egoistischen Besitz des Einzelnen, sondern als die heilige Berechtigung, alle Grenzsteine egoistischer Besitzthümer zu verrücken, Wahrheit mit einem Wort als Weltgericht und durchaus nicht etwa als erhaschte Beute und Lust des einzelnen Jägers.[477]

Wenn Nietzsche Wahrheit und Gerechtigkeit als Normen verstand, die unlösbar zusammengehören, dann gründete er auch hier auf dem Neuen Testament, erneut auf dem Johannesevangelium, ebenso auf pietistischem Erbe. Das Johannesevangelium ist durchzogen von dem Gedanken, dass Jesus, der selber die Wahrheit ist und bleibt, die Jünger angewiesen hat, als Zeugen vor aller Welt Gottes Gerechtigkeit aufzuweisen und für sie einzustehen (Joh. 16, 8–11). Und in Johannes 3,21 heißt es: «Wer die Wahrheit *tut*, kommt zum Licht, damit offenbar wird, dass seine Werke in Gott getan sind.» Und wer die Wahrheit erkennt, den wird sie frei machen (8,32). Pietistische Weltverantwortung ihrerseits postulierte das prophetische Ideal von Wahrheit und Gerechtigkeit gegenüber anderen, besonders bedürftigen Menschen, mit der Verpflichtung, dem Kommen des Reiches Gottes den Weg zu bereiten. Dabei sa-

---

[477] KGW III/1, S. 283, 282f.

hen sich manche Pietisten von «Wahrheit und Gerechtigkeit umgeben». Es ist schon früher darauf hingewiesen worden, dass es frommen, der Erweckungsbewegung nahestehenden Unternehmern wie dem Basler Karl Sarasin – aber auch anderen wie etwa dem badischen Seidenband-fabrikanten Carl Mez – ein persönliches Anliegen gewesen war, angesichts der wachsenden sozialen Nöte, die eine fortschreitende Industrialisierung mit sich brachte, innerhalb ihres patriarchalisch geführten Unternehmens ihrer sozialdiakonischen Aufgabe gerecht zu werden und an ihren Arbeitern und Arbeiterinnen Gerechtigkeit zu üben, indem sie soziale Verantwortung in Form von sozialer Fürsorge für sie übernahmen. Der Erweckte Mez hat seiner Überzeugung folgendermaßen zum Ausdruck gebracht:

> Der Mensch muss höher geachtet werden, als die Materie, Waare oder Maschine; [...] Nur wer von dieser Seite auch den geringsten Arbeiter als sein zu ganz gleichem Beruf bestimmtes Mitgeschöpf betrachtet, wird die rechte Fürsorge haben können für seine Mitarbeiter.[478]

Diese Überzeugung in die Praxis umgesetzt hieß für Mez, die Einführung von Kündigungsfristen, einer Pflichtkrankenversicherung mit einem relativ hohen Arbeitgeberanteil, einer Betriebssparkasse und weiterer sozialen Einrichtungen, und dies alles in der Mitte des 19. Jahrhunderts! Wahrheit und Gerechtigkeit sahen und verstanden diese Männer niemals als getrennte, vielmehr nur als kongruente, aufeinander bezogene Werte. Wenn Nietzsche Wahrheit und Gerechtigkeit als voneinander nicht zu trennende Größen postulierte, so fußte er auch damit wiederum auf der biblisch-johanneischen und pietistisch-erwecklichen Tradition.

*

Weitere, überaus deutliche Hinweise auf Nietzsches pietistischen Hintergrund finden sich in seinem *Antichrist*, einem seiner letzten und erst nach seiner geistigen Erkrankung erschienenen Bücher. Beinahe zehn Jahre, nachdem Nietzsche Basel verlassen hatte, verfasste er diesen «Vernichtungsschlag gegen das Christenthum». Seinen dannzumal unerbittlichen Kampf gegen das Christentum verstand er als die konsequente Fortsetzung seiner Kulturkritik. Diese hatte sich für ihn aus der Einsicht ergeben, dass die gesamte abendländische Bildung und Kultur christlich infiltriert sei, was sie auf die schiefe Ebene der Dekadenz gebracht habe. Ihre beiden tragenden Stützen, die Philosophie und die Moral, waren in seinen Augen brüchig geworden: sie hatten die Lebens-

---

[478] Zitiert nach: Peter Kriedte: Wirtschaft, S. 603.

feindlichkeit zum Prinzip erhoben. Die Philosophie, weil sie sich seit Platon einer idealen 'Hinterwelt' verschrieben und somit die Wirklichkeit, zumal das Leibliche, zum Schein erklärt und so der Leibfeindlichkeit vorgearbeitet habe; die Moral, weil sie seit jeher dem Widerwillen gegen das Leben das Wort geredet habe. Deshalb wollte er «die Moral vernichten, um das Leben zu befreien». Das war denn auch der entscheidende Vorwurf Nietzsches an das Christentum, das auch nach seiner Erledigung noch durch seine Werte fortfährt, die Menschen zu bestimmen, ihren Lebenswillen zu schwächen, ja selber nur ein Synonym dieser Schwächung sei, «die Partei alles Schwachen, Niedrigen, Missrathenen [...], ein Ideal aus dem *Widerspruch* gegen die Erhaltungs-Instinkte des starken Lebens».[479] Demgegenüber wollte Nietzsche eine antichristliche Umwertung vornehmen, «die der Menschheit neue Horizonte eröffnet, indem sie sie von allem Christlichen befreit. [...] [sc. und dabei sollte die] Buchreligion Christentum durch ein [sc. anderes] Buch [...] ein singuläres Buch überwunden werden»,[480] eben durch sein Buch, *Der Antichrist* und nicht etwa durch eine Person. Wenn Nietzsche in diesem Buch in einer polemischen Schärfe seinem «Fluch auf das Christenthum» freien Lauf lässt und

> gegen die christliche Kirche die furchtbarste aller Anklagen, die je ein Ankläger in den Mund genommen hat [...] [sc. erhebt angesichts dessen, dass] die christliche Kirche [...] Nichts mit ihrer Verderbniss unberührt, [...] aus jedem Werth einen Unwerth, aus jeder Wahrheit eine Lüge, aus jeder Rechtschaffenheit eine Seelen-Niedertracht gemacht [...] gegen Gesundheit, Schönheit, Wohlgerathenheit, Tapferkeit, Geist, *Güte* der Seele, *gegen das Leben selbst*[481]

gemacht habe, so fällt auf, dass dieser Kampf, wie Karl Jaspers eindrücklich nachgewiesen hat, letztlich «aus seiner eigenen Christlichkeit erwachsen ist»,[482] nämlich konkret aus der religiösen Erneuerungsbewegung des Pietismus und der Erweckung.

*

Nietzsche suchte den «psychologischen Typus des Erlösers» zu erfassen. Das war die erklärte Absicht seiner Jesusdarstellung. Der auffallendste Zug, den Nietzsche dabei an der Person Jesu hervorhob, war die bei Jesus festgestellte, vollkommene Einheit von Wahrheit und Leben. Die Verkündigung Jesu zielte nicht, so Nietzsche, auf eine Lehre ab, son-

---

479 KGW VI/3, S. 169.
480 A. U. Sommer: Art. Antichrist, in: Nietzsche-Lexikon, S. 27.
481 KGW VI/3, S. 250f.
482 Karl Jaspers: Nietzsche und das Christentum, S. 7.

dern erfüllte und bewahrheitete sich ausschließlich in seinem Leben. Darin sah er die Einheit von Person, Verkündigung und Leben verwirklicht. In Jesus erkannte Nietzsche «das leibhafte Evangelium der Liebe».[483] Und an anderer Stelle heißt es:

> Die 'gute Botschaft' ist eben, dass es keine Gegensätze mehr giebt; das Himmelreich gehört den *Kindern;* der Glaube, der hier laut wird, ist kein erkämpfter Glaube, – er ist da, er ist von Anfang, er ist gleichsam eine ins Geistige zurückgetretene Kindlichkeit [...] Ein solcher Glaube zürnt nicht, tadelt nicht, wehrt sich nicht: er bringt nicht 'das Schwert', – er ahnt gar nicht, in wiefern er einmal trennen könnte. Er beweist sich nicht, weder durch Wunder, noch durch Lohn und Verheissung, noch gar 'durch die Schrift': er selbst ist jeden Augenblick sein Wunder, sein Lohn, sein Beweis, sein 'Reich Gottes'. Dieser Glaube formulirt sich auch nicht – er *lebt,* er wehrt sich gegen Formeln.[484]

Alles, was Jesus kannte und lebte, sein Lebensverständnis, steht jeder Formel, jedem Gesetz, jedem Glauben und Dogma entgegen. Jesus lebte in schlechthinniger Einheit mit sich und der Welt. Sein Medium waren nicht Begriffe und Lehrsätze, sondern seine eigene Lebenspraxis. Allerdings sei Jesus, so Nietzsche, seit jeher missverstanden worden. Was sich christlich nennt und damit auf Jesus als seinen Ursprung bezieht, ist in Wahrheit unchristlich. «Das 'Christenthum' ist etwas Grundverschiedenes von dem geworden, was sein Stifter that und wollte»,[485] notierte Nietzsche 1887/88. Das Christentum ist ihm nur noch ein 'Christenthum' in Anführungszeichen. Und wenig später hielt er fest:

> Man soll das Christenthum nicht mit jener Einen Wurzel verwechseln, an die es mit seinem Namen erinnert: die *andern* Wurzeln, aus denen es gewachsen ist, sind bei weitem mächtiger, wichtiger als sein Kern gewesen; es ist ein Mißbrauch ohne Gleichen, wenn solche schauerlichen Verfalls-Gebilde und Mißformen, die «christliche Kirche» «christlicher Glaube» «christliches Leben» heißen, sich mit jenem heiligen Namen abzeichnen. Was hat Chr[istus] *verneint?* – Alles, was heute christlich heißt.[486]

In Nietzsches Augen stand das Lebensverständnis Jesu jeder Dogmatisierung entgegen. Genauso war auch der Pietismus immer wieder bestrebt gewesen, innerhalb der Kirche dogmatische Fixierungen zugunsten eines persönlichen, lebendigen Glaubens zurückzustellen. Überdies war Nietzsche davon überzeugt, dass Jesu Wirklichkeit mit der Geschichte des Christentums nichts zu tun hatte. Denn es gab für ihn

---

[483] KGW VI/2, S. 282.
[484] KGW VI/3, S. 201.
[485] KGW VIII/2, S. 356.
[486] KGW VIII/3, S. 313.

nur Einen Christen, und der starb am Kreuz. Das 'Evangelium' *starb* am Kreuz. Was von diesem Augenblick an 'Evangelium' heisst, war bereits der Gegensatz dessen, was *er* gelebt: eine 'schlimme Botschaft', ein *Dysangelium*. Es ist falsch bis zum Unsinn, wenn man in einem 'Glauben', etwa im Glauben an die Erlösung durch Christus das Abzeichen des Christen sieht: bloss die christliche *Praktik*, ein Leben so wie der, der am Kreuze starb, es *lebte*, ist christlich [...] Heute noch ist ein *solches* Leben möglich, für *gewisse* Menschen sogar nothwendig: das echte, das ursprüngliche Christenthum wird zu allen Zeiten möglich sein [...] *Nicht* ein Glauben, sondern ein *Thun*.[487]

Und: «Die Praxis des Christenthums ist keine Phantasterei [...] sie ist ein Mittel, glücklich zu sein.»[488] Dass auch Pietisten und Erweckte um eine Rückkehr zum Ursprung, zu Jesus und dem Urchristentum bemüht waren, deren Geist sie in ihrer Gegenwart wieder zu erwecken hofften, und dass das Christentum auch nach ihrer Überzeugung nicht so sehr Wissen als vielmehr Tat war, die sich im Leben jedes einzelnen Wiedergeborenen als echt und aufrichtig zu erweisen habe, ist bereits dargelegt worden. Die subjektive Echtheit des Glaubens war den Erweckten viel bedeutsamer als seine objektive Wahrheit. Das Wesentliche am Leben Jesu ortete Nietzsche in der «christlichen Praktik», die er hinter dem neutestamentlichen Begriff der ζωή vermutete. Das Wesen dieser ζωή Ἰησοῦ, dieses Lebens Jesu, fasste er in seinem *Antichrist* in einem einzigen Satz zusammen:

> Jesus hatte ja den Begriff 'Schuld' selbst abgeschafft, – er hat jede Kluft zwischen Gott und Mensch geleugnet, er *lebte* diese Einheit von Gott als Mensch als *seine* 'frohe Botschaft'.[489]

Diese These von der gelebten Einheit von Gott und Mensch erweist sich Nietzsche als Resultat seiner Exegese von Johannes (!) 14,6, wo dieser Evangelist Jesus sagen lässt: «Ich bin der Weg, die Wahrheit und das Leben; niemand kommt zum Vater ausser durch mich.» Pervertiert hat, so Nietzsche, diesen Kern der Botschaft nach Jesu Tod der Apostel Paulus, indem er durch die Begriffe Schuld, Strafe, Sünde, Gerechtigkeit und Lohn die wahren Aussagen des Evangeliums in ihr Gegenteil verkehrt habe. Darum sei der «Dysangelist» Paulus als 'Stifter' des Christentums anzusehen und nicht Jesus und damit auch zu dessen entschiedenem Antipoden geworden, ein «Gegensatz-Typus» zum «frohen Botschafter».[490] Trotz alledem hielt Nietzsche ein christliches Leben – «Das Christenthum ist jeden Augenblick noch möglich [...] Es ist an keines der unverschämten Dogmen gebunden, welche sich mit seinem

---

[487] KGW VI/3, S. 209.
[488] KGW VIII/2, S. 404.
[489] KGW VI/3, S. 213.
[490] KGW VI/3, S. 213.

Namen geschmückt haben»[491] –, ausgerichtet auf die Praxis und nicht
auf dogmatische Festlegungen, auch hier wiederum in Übereinstimmung mit der Überzeugung von Pietisten und Erweckten, durchaus
noch für möglich. Auch die Überzeugung, dass die Geschichte des Urchristentums selbst, ausgelöst durch Paulus, eine Verfallsgeschichte,
eine *Décadence*-Erscheinung ist gemessen am Evangelium und seinem
ursprünglichen Verkünder, teilte er mit den Pietisten und Erweckten.

Allerdings unterschied sich Nietzsche dabei von den Pietisten insofern, als dass er den Anfang des Missverständnisses gegenüber der Absicht Jesu schon bei den ersten Jüngern verortete, wogegen nach pietistischer Überzeugung dieser 'Abfall' erst allmählich geschah und im
vierten nachchristlichen Jahrhundert mit der Konstantinischen Wende
allgemein sichtbar geworden war. Das ändert aber nichts an der Tatsache, dass für beide historisch gesehen das Christentum schon bald nach
dem Tod Jesu in seiner weiteren Entwicklung den Absichten seines Stifters zuwiderlief. In einem Nachlassfragment schrieb Nietzsche:

> So hatte man in der zweiten Generation nach Jesus bereits alles das als christlich, was
> am tiefsten den evangelischen Instinkten zuwider ging [...] eine Theologie statt einer
> Praxis, ein 'Glaube' statt einer Lebensweise [...] in die Lehre Jesus hineingetragen.[492]

Und ähnlich:

> Die Geschichte des Christenthums – und zwar vom Tode am Kreuz an – ist die Ge-
> schichte des schrittweise immer gröberen Missverstehens eines *ursprünglichen* Sym-
> bolismus.

Schließlich die Bemerkung:

> Ohne die römischen Cäsaren und die römische Gesellschaft wäre der Wahnsinn des
> Christenthums nicht zur Herrschaft gekommen [...] als Nero und Caracalla oben saß,
> entstand die Paradoxie: der niedrigste Mensch ist *mehr werth* als der da oben! Und
> ein *Bild Gottes* brach sich Bahn, welches möglichst *entfernt* war vom Bilde der Mäch-
> tigsten – der Gott am Kreuze! – die Römer [...] haben Extreme zur Herrschaft ge-
> bracht und *extreme Paradoxien* , wie den 'Gott am Kreuze'.[493]

Anzumerken ist, dass die Formel «Gott am Kreuz» Zinzendorf'schen
Ursprungs ist!

*

---

[491] KGW VIII/2, S. 404.
[492] KGW VIII/2, S. 420.
[493] KGW VII/2, S. 98f.

Es war der Kirchenhistoriker und Radikalpietist Gottfried Arnold, der mit seiner berühmten *Unparteiischen* [*d.h. überkonfessionellen*] *Kirchen- und Ketzerhistorie von Anfang des Neuen Testaments bis 1688* (erschienen 1699) die klassische Darstellung der Verfallsidee vorlegte. Dabei hatte Arnold klar erkannt, dass der 'Beweis' für die Wahrheit des Christentums weder dogmatisch noch theoretisch geführt werden konnte, sondern auf dem Boden der Erfahrung und darum geschichtlich geführt werden muss. Auf seiner Suche nach den Wurzeln des reinen Glaubens war Arnold auf das Urchristentum als Idealbild gestoßen. Als ideal erschien ihm dabei, dass die ersten Christen ihre Gottesdienste nicht in Tempeln, sondern in Privathäusern feierten, ohne liturgische Formen und Festzeiten. Sie kannten noch kein besonderes Priestertum, sondern hielten am Priestertum aller Getauften fest; den Frauen wurden größere Rechte, auch im Gottesdienst, eingeräumt und es gab in der Gemeinde keine Kluft zwischen Arm und Reich. Damit propagierte Arnold, indem er die tiefste Schicht eines nichtkultischen, aus einer einfachen Herzensfrömmigkeit heraus lebenden Laienchristentums freilegte, das Idealbild einer apostolischen Kirche, die mehr pietistischen Konventikeln glich als den Amtskirchen. Arnold wollte, dass sich die wiedergeborenen Leser des ausgehenden 17. Jahrhunderts im Spiegel dieser ersten Christen betrachteten und ihr eigenes Leben daraufhin prüften, um so den Willen Gottes zu erkennen. In der Darstellung des Lebens und Glaubens der ersten Christen sah er so etwas wie eine Abbildung der notwendigen unparteiischen «lebendigen Gliedmassen der unsichtbaren heiligen Gemeine Jesu Christi». Von diesem Ideal abgekommen sei man allerdings schon bald nach der Zeit der ersten Apostel, und der Zerfall des Christentums hätte in Folge alle christlichen Kirchen erfasst. «Der beste und vortrefflichste Zustand der Gemeinen [sei der] unter Creutz und Leid gewesen»,[494] und die endgültige Verweltlichung habe schließlich die Konstantinische Wende mit ihrer auf Institutionen und Hierarchien aufgebauten sichtbar verfassten Kirche im vierten nachchristlichen Jahrhundert gebracht, für Arnold das Jahrhundert des Beginns eines definitiven Zerfalls.

Seitdem standen die wahre, urchristliche, reine Gemeinde Christi und die falsche, abgefallene Kirche einander unversöhnlich gegenüber. Folgerichtig zeichnete Arnold den ganzen Verlauf der Kirchengeschichte nicht als kontinuierlichen Verlauf, sondern als Abfalls- und Verfallsgeschehen, als eine einzige Katastrophe. Wenn Arnold seine Kirchenge-

---

494 Zitiert nach Katharina Greschat: Gottfried Arnolds 'Unparteiische Kirchen- und Ketzerhistorie', S. 50f.

schichte «unparteiisch» genannt hat, so sagte er sich damit zugleich von jedem kirchlichen Christentum los – ein typisches Charakteristikum des unkirchlichen mystischen Spiritualismus mit seiner Nähe zur urchristlichen Theologie, dem er sich zugehörig wusste. Geradezu modern klingt Arnolds Devise, die er umfassend historisch belegte: Christentum ohne Kirche – Christentum gegen die Kirche – Christentum als persönliche durch und durch private Entscheidung. Das fatale Scheinchristentum, das sich in Kultus und Institutionen erschöpfte, anstatt den ganzen Menschen zu verändern, war ihm zutiefst zuwider. Seiner Absage an jedes kirchliche Christentum setzte Arnold das asketische, von der Welt abgewandte Leben der Einsiedler und Mönche, der Mystiker und Schismatiker als wahre Christen entgegen. Und wie diese Eremiten, die einst aus der zu weltförmig gewordenen Kirche in die Wüste geflohen waren, um dort das unverfälschte Christentum leben zu können, so sollten auch die gegenwärtigen Christen sich ganz für Christus offen halten, ohne sich dafür an Institutionen zu binden. Arnold war tief davon überzeugt, dass die Zeit zu einer solchen Haltung drängte, da schon sehr bald Gott selbst die ursprüngliche Unparteilichkeit herbeiführen werde. Den unmittelbaren Anbruch des Tausendjährigen Reiches erwartete er wie viele andere auch für das Jahr 1700, das typische chiliastische Motiv streng pietistisch Gläubiger.

*

Arnolds Kritik am Christentum seiner Zeit weist nicht nur unübersehbar Parallelen zu Nietzsches Christentumskritik auf, auch Overbecks enge Verbundenheit mit Arnolds Thesen ist evident. Denn auch für Overbeck war die Norm, an der er das Christentum aller Zeiten maß, das Urchristentum und dessen Eschatologie. Am Urchristentum wurde ihm das Eigentliche eines Phänomens der Geschichte fassbar, was ihn zu Aussagen bewog wie: etwas sei «echt christlich, weil urchristlich» und das Urchristentum habe eben mit dem baldigen Ende der bestehenden Welt gerechnet. Deshalb waren für Overbeck Weltflucht, Weltentsagung, Weltverneinung, Glaube an die Nähe des Weltendes zentrale Begriffe, mit denen er das ursprüngliche, echte Christentum, das Urchristentum, beschrieb. Und wie bei Arnold genoss auch bei Overbeck das Mönchtum eine besondere Schätzung, weil in seinem weltverneinenden, asketischen Charakter «die innerste Seele des Christentums» liege. Doch wie das Christentum, so habe sich im Lauf der Zeit auch das Mönchtum der fortschreitenden Verweltlichung nicht entziehen können, eine Tatsache, die Overbeck zur Annahme einer Theorie des Verfalls innerhalb einzelner geschichtlicher Phänomene geführt hat.

Das besonders hervorragende Wesen einer histor. Reihe kann man nie an ihrer all-
mäl. Entwickelung darlegen, sondern, zunächst wenigstens, nur an ihrem ersten, sie
anführenden Gebilde od. Gliede. An der ganzen Reihe ist, der Natur der Sache nach,
nie etwas Anderes als die 'Vergänglichkt' des Ganzen darzulegen, sein Verfall. Es
fängt besonders kräftig an und wächst, bis es verfällt, und so auch das Xsthm, wenn
es wirklich und ernstlich *historisch* betrachtet wird.[495]

Im Mönchtum erkannte er den Versuch des Christentums, seiner Assi-
milation durch die Welt zu entgehen, ein Versuch, der schließlich gescheitert sei. Die Welt sei eben von vornherein stärker gewesen als das
Christentum. Zudem habe es in der ersten Hälfte des vierten Jahrhunderts, nachdem das Christentum zur Staatsreligion geworden war, seine
ursprünglichen, weltflüchtigen Ideale dadurch verraten, dass es sich als
weltliche Kirche organisiert, einen Kanon der biblischen Bücher geschaffen und sich so notwendigerweise eine Theologie habe zurechtle-
gen müssen. Damit sei dann das ursprüngliche Christentum an sein
Ende gelangt. Overbecks Analyse der Geschichte des Christentums en-
det mit der Feststellung einer absoluten Unmöglichkeit jeder Gleich-
zeitigkeit von Moderne mit dem echten urchristlichen Christentum.

Nur schon diese wenigen Hinweise zeigen Overbecks enge Verbundenheit mit Arnolds Geschichtsverständnis. Er hatte Arnold aufmerksam gelesen, insbesondere anlässlich der Abfassung seiner Schrift *Über
die Christlichkeit unserer heutigen Theologie*, die, wie schon dargestellt,
sozusagen in Anwesenheit Nietzsches geschrieben worden war. Daher
wird Nietzsche bei dieser Gelegenheit sich ebenfalls mit Arnolds Kir-
chen- und Ketzerhistorie beschäftigt haben. Seine Vertrautheit mit dieser Schrift und die Parallelen, die seine Verfallstheorie mit Arnolds Texten aufweisen, sind zahlreich und unübersehbar. Auch er war sich sicher,
dass das Christentum zum Zeitpunkt, als es zur Herrschaft kam, seine
Praxis, wie sie jener frohe Botschafter verkündet und gelebt, in der
Folge verraten hatte:

Manche Dinge werden erst dauerhaft, wenn sie schwach geworden sind: bis dahin bedroht sie die Gefahr eines plötzlichen Unterganges: das Christenthum wird jetzt so
fleissig vertheidigt, weil es die bequemste Religion geworden ist; jetzt hat es Aussicht
auf Unsterblichkeit.[496]

*

[495] Franz Overbeck: Werke und Nachlass, Bd. 5, S. 611.
[496] KGW III/4, S. 330.

Abschließend soll noch ein kurzer Hinweis auf das von Nietzsche ver-
wendete theologische Vokabular gegeben werden, das er oft genug
pietistisch-erwecklicher Überlieferung entnahm. Zu nennen sind in diesem Zusammenhang etwa die Begriffe 'Sünde', 'Sündhaftigkeit', 'las-
terhafte Verdorbenheit', 'Gnadenwirkungen' und 'Erlösungsbedürftig-
keit'. Er benutzte diese Wörter meist dann, wenn er sich zum Thema
Christentum Notizen machte. Schon wenige Beispiele –

> ähnlich wie das Christenthum in Hinsicht auf sündhafte Verdorbenheit und Erlösungs-
> bedürftigkeit die Menschen als gleich nahm …

> Wir haben uns frei gemacht von vielen Vorstellungen – Gott ewiges Leben vergel-
> tende jenseitige und diesseitige Gerechtigkeit, Sünde Erlöser Erlösungsbedürftig-
> keit …

> daß gerade unter Juden die christliche Lehre von der gänzlichen Sündhaftigkeit und
> Verwerflichkeit des Menschen entstanden ist …[497]

– machen eine Vertrautheit Nietzsches mit dem genannten Vokabular
deutlich. Evident wird dies auch im 1. Band seines Buches *Menschliches,
Allzumenschliches*, wo Nietzsche notierte:

> Ist nun der Christ, wie gesagt, durch einige Irrthümer in das Gefühl der Selbstverach-
> tung gerathen […] so muss er mit höchstem Erstaunen bemerken, wie jener Zustand
> der Verachtung, der Gewissensbisse, der Unlust überhaupt, nicht anhält […] und er
> sich wieder frei und muthig fühlt. […] aber gerade diese […] neue Selbstschätzung,
> kommt ihm unglaublich vor, er kann in ihr allein das gänzlich unverdiente Herabströ-
> men eines Gnadenglanzes von Oben sehen. Wenn er früher in allen Begebnissen War-
> nungen, Drohungen, Strafen und jede Art von Anzeichen des göttlichen Zornes zu
> erblicken glaubte, so *deutet* er jetzt in seine Erfahrungen die göttliche Güte *hinein*.[498]

In seinem *Dionysos-Dithyrambus* «Die Klage der Ariadne» (1888) hält
Nietzsche dem Gott Dionysos entgegen: «Muss man sich nicht erst hassen, wenn man sich lieben soll?»[499] Damit erinnert er an das Diktum des
von ihm so geschätzten Philosophen Blaise Pascal: «Le moi est toujours
haïssable» sowie an die typisch pietistische Überzeugung der eigenen
Verwerflichkeit.

Stellt Nietzsche den Glauben am Maßstab des Sinnes objektiver
Wahrheit in Frage, so ist augenfällig, dass die hier genannten Triebfe-
dern und christlich-protestantischen Verhaltensweisen der pietistischen

---

497 KGW IV/2, S. 508, 538, 395.
498 KGW IV/2, S. 128f.
499 KGW VI/3, S. 399.

Lebensweise entsprechen, mit ihrem bekannten «Wechsel der Stimmungen». Und wenn er sich schließlich die eindringliche Frage stellt:

> Ist noch Alles christlich, was sich so nennt? Oder, ausführlicher und zugleich bedenklicher gefragt, was ist überhaupt, in unserem jetzigen Leben, noch wirklich christlich, was dagegen nennt sich nur so, aus Angewöhnung oder Furchtsamkeit?[500]

dann waren es gerade die pietistisch Erweckten, die sich immer wieder von neuem einer solchen Selbstprüfung unterzogen, um nach einer Läuterung zu suchen. Mit ihnen zusammen beklagte Nietzsche «das ganze unwahre Christenthum unserer Zeiten»,[501] zog daraus allerdings andere Schlüsse als jene. Doch trotz all seinen Einwänden, die er einem pietistisch-erwecklichen Christentum je länger je mehr entgegenhielt, gestand er dieser, und zwar ausschließlich dieser christlichen Lebensform, noch eine randständige Existenzberechtigung zu. In einer nachgelassenen Notiz vom Herbst 1887 hielt er fest: «Das Christenthum ist möglich als *privateste* Daseinsform; es setzt eine enge, abgezogene, vollkommen unpolitische Gesellschaft voraus, – es gehört ins Conventikel.»[502]

Aus Sils-Maria gestand er 1881 seinem Freund Heinrich Köselitz:

> Mir fiel ein, lieber Freund, daß Ihnen an meinem Buche [sc. *Menschliches, Allzumenschliches*] die beständige innerliche Auseinandersetzung mit dem *Christenthume* fremd, ja peinlich sein muß; es ist aber doch das beste Stück idealen Lebens, welches ich wirklich kennen gelernt habe, von Kindsbeinen an bin ich ihm nachgegangen, in viele Winkel, und ich glaube, ich bin *nie* in meinem Herzen gegen dasselbe gemein gewesen. Zuletzt bin ich der *Nachkomme* ganzer Geschlechter von christlichen Geistlichen – vergeben Sie mir diese Beschränktheit![503]

Und in einer Notiz, geschrieben kurz vor dem Ausbruch seiner geistigen Umnachtung, gestand er unumwunden:

> Die schätzenswerthesten Menschen, die ich kenne, sind Christen ohne Falsch gewesen, ich trage es den Einzelnen am letzten nach, was das Verhängniß von Jahrtausenden ist. Meine Vorfahren selbst waren protestantische Geistliche: hätte ich nicht einen hohen und reinlichen Sinn von ihnen her mitbekommen, so wüßte ich nicht, woher mein Recht zum Kriege mit dem Christenthum stammte.[504]

Damit erwies er nicht nur seiner Familie, sondern ebenso seinen vielen frommen Basler Freunden und Bekannten die Reverenz.

---

[500] KGW III/4, S. 367.
[501] KGW IV/1, S. 151.
[502] KGW VIII/2, S. 198.
[503] KGB III/1, S. 108f.
[504] KGW VIII/3, S. 434.

Quellen- und Literaturverzeichnis

Kapitel 1+2

Quellen Staatsarchiv Basel

Basler Nachrichten: Zur Debatte im Grossen Rat über die Bekenntnisfrage, Ausgaben 3.–6. und 8.–11. Mai 1871.
Christlicher Volksbote aus Basel, Nr. 35, 1. September 1858.
Grossratsprotokolle 1871 Bekenntnisfrage: Protokolle Grosser Rat 29.
Kirchenrat: Bericht an die Synode über den Entwurf eines Beschlusses betr. Aenderung der Gottesdienstordnung (1876/77): Kirchenarchiv E 7.
Kirchenrat Sitzungsprotokolle (1853–1880): Kirchenarchiv D 1,9.
Stadtmission, Korrespondenzen: PA 771, D 1 A 15.
Leichenrede für Adolf Christ (21. Oktober 1877): Bibl. LB 20/25.
Leichenrede für Eduard Thurneysen-Gemuseus (13. November 1900): Bibl. LB 18/25.
Leichenrede für Christian Friedrich Spittler (11. Dezember 1867), Basel 1868: Bibl. LB 24.
Ludwig, Andreas: Tagebücher: PA 771a A1 11.
Missionsgesellschaft, evangelische: Kirchen-Acten R 1.
Nachlass Christ, Adolf: PA 611-17- 05, 66.
Nachlass Merian, Christoph: PA 79b A,1-7.
Nachlass Familie Vischer-Bilfinger: PA 611-17-05.
Schweizerischer evangelischer-kirchlicher Verein, Sitzung vom 30. September 1879 in Olten: PA 511 L 30,19.
Schweizerischer Volksfreund. Anzeigeblatt der Stadt Basel, Nr. 115, 18. Mai 1877; Nr.121, 25. Mai 1877.
Soziale Frage: Drei Konferenzen über die soziale Frage 1869: PA 212 R 16,5.
Volksblatt für die reformirte Kirche der Schweiz, Nr. 22/23 Mai/Juni 1873.

Literatur

Aagaard, Johannes: Mission, Konfession, Kirche. Die Problematik ihrer Integration im 19. Jahrhundert in Deutschland, Bd. 2, Gleerups 1967.
Adler, Georg: Basels Sozialpolitik in neuester Zeit, Tübingen 1896.
Altherr, Alfred: Ein Abschiedswort an seine Gemeinde und Freunde, Zürich 1911.
[Anonym:] Die Bekenntnisfrage gegenüber den Basler Pfarrern. Von einem Reformfreunde, Basel 1871.
[Anonym:] Die Kriegserklärung des prot.-kirchl. Hülfsvereins in Basel, St. Gallen 1877.

[Anonym:] Trennungswirren 1833, in: Basellandschaftliche Zeitung von Anfang August 1983, Spezialausgabe «150 Jahre unterwegs», hg. anlässlich des 150. Geburtstages des Kantons Baselland.

Anstein, Hans: Das christliche Vereinshaus am Nadelberg in Basel. Rückblick auf das erste Jahrhundert seines Bestehens, Basel 1917.

Bachofen, Johann Jakob: Gesammelte Werke, 10. Bd., Briefe, hg. von F. Husner, Basel 1967.

Barth, Dietrich: Die protestantisch-konservative Partei in Genf in den Jahren 1838 bis 1846, in: Basler Beiträge zur Geschichtswissenschaft, Bd. 4, Basel 1940.

Barth, Karl: Die protestantische Theologie im 19. Jahrhundert, Zürich 1946.

Baur, Wilhelm: Geschichts- und Lebensbilder aus der Erneuerung des religiösen Lebens in den deutschen Befreiungskriegen, Bd. 2, Hamburg 1871.

Benrath, Gustav Adolf: Autobiographie, in: Theologische Realenzyklopädie, Bd. IV, Berlin 1979, S. 772–789.

– Die Basler Christentumsgesellschaft in ihrem Gegensatz gegen Aufklärung und Neologie, in: Pietismus und Neuzeit. Ein Jahrbuch zur Geschichte des neueren Protestantismus, Bd. 7, Göttingen 1981, S. 87–114.

– Erweckung/Erweckungsbewegungen, in: Theologische Realenzyklopädie, Bd. X, Berlin 1982, S. 205–220.

Beyreuther, Erich: Die Erweckungsbewegung, Göttingen ²1977.

– Geschichte des Pietismus, Stuttgart 1978.

– Ludwig Hofacker, Wuppertal 1988.

Blaser, Klauspeter: Mission und Erweckungsbewegung, in: Pietismus und Neuzeit, Ein Jahrbuch zur Geschichte des neueren Protestantismus, Bd. 7, Göttingen 1981, S. 128–146.

Bohley, Reiner: Nietzsches christliche Erziehung, in: Nietzsche-Studien. Internationales Jahrbuch für die Nietzsche-Forschung, Bd. 16, Berlin 1987, S. 164–196.

Bollinger, Andrea; Trenkle, Franziska: Nietzsche in Basel, Basel 2000.

Bonjour, Edgar: Die Universität Basel von den Anfängen bis zur Gegenwart 1460–1960, Basel ²1971.

– Die Schweiz und Europa, Bd. VI, Basel 1979.

Brecht, Martin: Der Pietismus als Epoche der Neuzeit, in: Verkündigung und Forschung, 21. Jg., München 1976, S. 46–81.

– Pietismus und Erweckungsbewegung, in: Pietismus und Neuzeit. Ein Jahrbuch zur Geschichte des neueren Protestantismus, Bd. 30, Berlin 2004, S. 30–47.

Brüdersozietät Basel [Festschrift], hg. von der Brüdersozietät Basel, Basel 1990.

Bücher, Karl: Lebenserinnerungen, Bd. 1, 1847–1890, Tübingen 1919.

Buess, Eduard; Mattmüller, Markus: Prophetischer Sozialismus: Blumhardt, Ragaz, Barth, Freiburg/Schweiz 1986.

Burckhardt, Daniel: Aus der Chronik der Basler Sonntagssäle für Knaben und Lehrlinge, Basel 1907.

Burckhardt, Jacob: Briefe, Bd. IV–V, hg. und kommentiert von Max Burckhardt, Basel 1961, 1963.

Burckhardt, Max: Aus den deutschen Studienjahren des Ratsherrn Andreas Heusler, in: Basler Jahrbuch 1955, S. 40–63.

– Politische, soziale und kirchliche Spannungen in Basel um 1870, in: Franz Overbecks unerledigte Anfragen an das Christentum, hg. von R. Brändle und E. W. Stegemann, München 1988, S. 47–66.

Burckhardt, Paul: Die Geschichte der Stadt Basel von der Trennung des Kantons bis zur neuen Bundesverfassung 1833–1848, II. Teil, in: 91. Neujahrsblatt, hg. von der Gesellschaft für das Gute und Gemeinnützige, Basel 1913.
– Geschichte der Stadt Basel von der Zeit der Reformation bis zur Gegenwart, Basel ²1957.

Christ, Adolf, weiland Rathsherr von Basel, Bern 1884.

Dellsperger, Rudolf: Eduard Zellers Verdrängung aus der Theologie, in: Kirchengemeinschaft und Gewissensfreiheit. Studien zur Kirchen- und Theologiegeschichte der reformierten Schweiz, Bern 2001, S. 261–285.

Epple, Ruedi: Geschichte des Kantons Baselland, Bd. 5: Armut und Reichtum, 19. und 20. Jahrhundert, Liestal 2001.
Enequist, Ludwig: Kurzer Abriss der Geschichte der Brüder-Societät zu Basel zur 150-jährigen Jubelfeier am 19. Januar 1890, Basel 1890.
Eppler, Christoph Friedrich: Der Basler Rathsherr Adolf Christ. Nach seinem innern und äußern Leben, Basel 1888.

Finsler, Georg: Geschichte der theologisch-kirchlichen Entwicklung in der deutsch-reformierten Schweiz seit den dreissiger Jahren, Zürich 1881.
Flückiger, Felix: Die protestantische Theologie im 19. Jahrhundert, Göttingen 1975.

Gäbler, Ulrich: Erweckung im europäischen und amerikanischen Protestantismus, in: Pietismus und Neuzeit, Bd. 15, Göttingen 1989, S. 24–39.
– «Auferstehungszeit». Erweckungsprediger des 19. Jahrhunderts, München 1991.
– «Hoffen auf bessere Zeiten». Daseinsangst und Zukunftssehnen der Pietisten, in: Angst und Hoffnung. Grunderfahrungen des Menschen im Horizont von Religion und Theologie. Stuttgart 1997, S. 105-121.
– (Hg.): Geschichte des Pietismus, Bd. 3: Der Pietismus im 19. und 20. Jahrhundert, Göttingen 2000.
–; Schram, Peter (Hg.): Erweckung am Beginn des 19. Jahrhunderts. Referate einer Tagung an der Freien Universität Amsterdam 26.–29. März 1985, Amsterdam 1986.
Gauss, Karl: Die Kirche des Baselbiets während der Zeit der Mediation und Restauration, in: Aus fünf Jahrhunderten schweizerischer Kirchengeschichte. Zum 60. Geburtstag von Paul Wernle, Basel 1932, S. 221–256.
Geiger, Max: Das Problem der Erweckungstheologie, in: Theologische Zeitschrift Nr. 14, Basel 1958, S. 430-450.
– Basel, «Christentumsgesellschaft», in: Theologische Realenzyklopädie, Bd. V, Berlin 1980, S. 276–278.
Gilg, Peter: Die Entstehung der demokratischen Bewegung und die soziale Frage. Die sozialen Ideen und Postulate der deutsch-schweizerischen Demokraten in den frühen 60er Jahren des 19. Jahrhunderts, Diss., Bern 1951.
Greschat, Martin (Hg.): Zur neueren Pietismusforschung, Darmstadt 1977.
Grieder, Fritz: Ein Basler Drucker und Verleger im Dienste des Pietismus: Felix Schneider (1768–1845), in: Basler Jahrbuch 1946, Basel 1946, S. 124–153.
Gubler, Jakob: Kirche und Protestantismus. Ein Gang durch die neuere evangelische Kirchengeschichte der Schweiz, St. Gallen 1959.

Hadorn, Wilhelm: Geschichte des Pietismus in den schweizerischen reformierten Kirchen, Emmishofen 1901.

Haeberli, Wilfried: Der erste Klassenkampf in Basel (Winter 1868/69) und die Tätigkeit der Internationalen Arbeiter-Association (1866–1876), in: Basler Zeitschrift für Geschichte und Altertumskunde, Bd. 64, Basel 1964, S. 93–216.

– Die drei ersten Jahrzehnte des Basler Grütlivereins, in: Basler Stadtbuch 1964, S. 77–106.

Hauri, Ernst: Die Evangelische Gesellschaft für Stadtmission in Basel. Kurze Darstellung ihrer Entwicklung von 1859–1959, Basel 1959.

Hauzenberger, Hans: Basel und die Bibel, in: Jubiläumsschrift der Basler Bibelgesellschaft, 174. Neujahrsblatt, hg. von der Gesellschaft für das Gute und Gemeinnützige, Basel 1996.

Hebeisen, Erika: Pietistische Gemeinschaftsbildung am Übergang in die Moderne, in: Basel-Geschichte einer städtischen Gesellschaft, hg. von G. Kreis und B. v. Wartburg, Basel 2000, S. 339–348.

Hedtstück, Heinrich: Die Sozialpolitik des Kantons Basel-Stadt, Diss., Basel 1936.

Henrici, Hermann: Die Entwicklung der Basler Kirchenverfassung bis zum Trennungsgesetz (1910), in: Zeitschrift der Savigny-Stiftung für Rechtsgeschichte, Bd. 35, Weimar 1914, S. 151–262.

Hermelink, Heinrich: Geschichte der evangelischen Kirche in Württemberg von der Reformation bis zur Gegenwart, Stuttgart 1949.

Herter, Hans: Aus der Geschichte der klassischen Philologie in Bonn, in: Kleine Schriften, hg. von Ernst Vogt, München 1975, S. 648–664.

Hirsch, Emanuel: Geschichte der neuern evangelischen Theologie, Bd. 4, Gütersloh 1951.

Hesse, Joachim: Joseph Josenhans. Ein Lebensbild, Stuttgart 1895.

His, Eduard: Basler Handelsherren des 19. Jahrhunderts, Basel 1929.

Hödl, Hans Gerald: Der letzte Jünger des Philosophen Dionysos. Studien zur systematischen Bedeutung von Nietzsches Selbstthematisierungen im Kontext seiner Religionskritik, Berlin 2009.

Hollenweger, Walter J.: Erweckung/Erweckungsbewegung, in: Theologische Realenzyklopädie, Bd. 10, Berlin 1982, S. 220–227.

Hörler, Franz: Zur Revision unseres Kirchenwesens, Basel 1858.

Hübinger, Paul Egon: Heinrich v. Sybel und der Bonner Philologenkrieg, in: Historisches Jahrbuch, hg. von Johannes Spörl, 83. Jahrgang, München 1964, S. 162–201.

Im Hof, Ulrich: Isaak Iselin. Sein Leben und die Entwicklung seines Denkens bis zur Abfassung der «Geschichte der Menschheit» von 1764, 2. Teil: Iselins Stellung in der Geistesgeschichte des 18. Jahrhunderts, Basel 1944.

Isenschmid, Heinz: Wilhelm Klein 1825–1887. Ein freisinniger Politiker, in: Basler Beiträge zur Geschichtswissenschaft, Bd. 124, Basel 1972.

Kaegi, Werner: Jacob Burckhardt. Eine Biographie, Band I, Basel 1947.

Kambli, Hans: 50 Jahre freien Christentums in Klein-Basel, Basel 1929.

Kantzenbach, Friedrich Wilhelm: Die Erweckungsbewegung, Neudettelsau 1957.

Keller, Jakob: Zinzendorfs Aufnahme in der Schweiz, in: Basler Jahrbuch 1888, Basel 1888, S. 39–79.

Klein, Wilhelm: Ob Frieden oder Krieg?, Sechs Antworten auf sechs Briefe des Herrn Daniel Schenkel, Basel 1847.

Kober, Johannes: Christian Friedrich Spittler's Leben, Basel 1887.

Koenigs, Diemuth: Carl Koechlin (1856–1914), Basel 2003.

Kuhn, Thomas: Basel-ein «Liebling Gottes», in: Theologische Zeitschrift, 56. Jg., Heft 1 (2000) S. 165–185.

–; Sallmann, Martin: Das «Fromme Basel». Religion in einer Stadt des 19. Jahrhunderts, Basel 2002.

Lehmann, Hartmut: Neupietismus und Säkularisierung, in: Pietismus und Neuzeit, Jahrbuch zur Geschichte des neueren Protestantismus, Bd. 15 (1989) S. 41–51.

Licht und Schatten. 200 Jahre römisch-katholische Kirche Basel-Stadt, hg. im Auftrag des Kirchenrates der römisch-katholischen Kirche Basel-Stadt, Basel 1997.

Lindt, Andreas: C. F. Spittler und W. M. L. De Wette. Zur Begegnung von Erweckungsfrömmigkeit und Universitätstheologie im Basel des 19. Jahrhunderts, in: Gottesreich und Menschenreich, Ernst Staehelin zum 80. Geburtstag, hg. von Max Geiger, Basel 1969, S. 361–384.

– 200 Jahre Christentumsgesellschaft in Basel, in: Basler Stadtbuch 1980, Ausgabe 1981, 101. Jahr, S. 133–146.

– Christian Friedrich Spittler und Basel, in: Pietismus und Neuzeit. Ein Jahrbuch zur Geschichte des neueren Protestantismus, Bd. 7, Göttingen 1981, S. 115–127.

Loch, Werner: Pädagogik am Beispiel August Hermann Frankes, in: Geschichte des Pietismus, Bd. 4 [Glaubenswelt und Lebenswelten], Göttingen 2004, S. 264–308.

Ludwig, Alfred: Die Finanzpolitik der Basler Konservativen von 1833–1914, Weinfelden 1946.

Lüthi, Walter: Die Struktur des Basler Grossen Rates von 1875–1914 nach politischer Parteizugehörigkeit und sozialer Schichtung, in: Basler Zeitschrift für Geschichte und Altertumskunde, 62. Band, Basel 1962, S. 125–164.

Mattmüller, Markus: Die reformierte Basler Kirche vor den Herausforderungen der Neuzeit, in: Ecclesia semper reformanda. Vorträge zum Basler Reformationsjubiläum 1529–1979, hg. von Hans R. Guggisberg und Peter Rotach, Basel 1980, S. 76–99.

– Basler Blaukreuzgeschichte – ein Kapitel Basler Sozial- und Kirchengeschichte, in: Bleibender Auftrag, 100 Jahre Blaues Kreuz Basel 1882–1982, Basel 1982, S. 5–22.

– Das Evangelium in einer Industriestadt: Die Gründung der Basler Stadtmission (1859), in: Pietismus und Neuzeit. Ein Jahrbuch zur Geschichte des neueren Protestantismus, Bd. 11, Göttingen 1985, S. 159–172.

– Kirchliche Zustände in Basel vor der Trennung von Kirche und Staat, in: Basler Zeitschrift für Geschichte und Altertumskunde, Bd. 91, Basel 1991, S. 271–279.

Mauerhofer, Armin: Eine Erweckungsbewegung im 19. Jahrhundert. Karl von Rodt und die Entstehung der Freien Evangelischen Gemeinden in der Schweiz, Basel 1996.

Maurer, Martin: Die soziale Differenzierung in Stadt und Landschaft Basel als Ursache der Kantonstrennung 1833, in: Quellen und Forschungen zur Geschichte und Landeskunde des Kantons Baselland, Bd. 22, Liestal 1985.

Meyer, Dietrich: Brüderunität/Brüdergemeine, in: Theologische Realenzyklopädie, Bd. VI, Berlin 1980, S. 225–233.

Meyer, Urs: Der Streit um den «Leitfaden» von Eduard Langhans (1866–1868), in: Humanität und Glaube. Gedenkschrift für Kurt Guggisberg, hg. von U. Neuenschwander und R. Dellsperger, Bern 1973, S. 171–191.

Miville, Johann Jakob (u.a.): Die Kirche und ihr Bekenntnis. Ein Wort der Pfarrer von Basel-Stadt an ihre Gemeinden, Basel 1871.

Nietzsche, Friedrich, Werke, Kritische Gesamtausgabe, hg. von G. Colli und M. Montinari, ca. 40 Bde. in 9 Abteilungen, Berlin 1972ff. [im Text abgekürzt **KGW**].

Nietzsche, Friedrich, Briefwechsel, Kritische Gesamtausgabe, hg. von G. Colli und M. Montinari, 24 Bde. in 3 Abteilungen, Berlin 1975ff. [im Text abgekürzt mit **KGB**].

Nietzsche, Friedrich, Frühe Schriften, Bde. 1–5, hg. von H. J. Mette, K. Schlechta, C. Koch, München 1994 [im Text abgekürzt mit **BAW**].

Nietzsche, Friedrich, Werke in drei Bänden, hg. von K. Schlechta, München 1977.

Nigg, Walter: Geschichte des religiösen Liberalismus. Entstehung–Blütezeit–Ausklang, Zürich 1937.

Oehler, Richard: Friedrich Nietzsche und die Vorsokratiker, Leipzig 1904

Ohlemacher, Jürg: Evangelikalismus und Heiligungsbewegung im 19. Jahrhundert, in: Geschichte des Pietismus, 19. und 20. Jahrhundert, Bd. 3, Göttingen 2000, 371–391.

Otte, Klaus: Alfred Altherr, in: Der Reformation verpflichtet, Basel 1979, 131–136.

Pernet, Martin: Das Christentum im Leben des jungen Friedrich Nietzsche, Oppladen 1989.

– Friedrich Nietzsche über Gustav Krug, seinen «ältesten Freund und Bruder in arte musica», in: Nietzsche-Studien. Internationales Jahrbuch für die Nietzscheforschung, Bd. 19, Berlin 1990, S. 488–518.

– Religion und Bildung. Eine Untersuchung zur Geschichte von Schulpforta, Würzburg 2000.

Pfister, Rudolf: Kirchengeschichte der Schweiz, Bd. 3, Zürich 1985.

Raith, Michael: Adolf Christ, in: Der Reformation verpflichtet, Basel 1979, S. 97–104.

– Pietismus in Riehen, in: Jahrbuch «z'Rieche 1982», Basel 1982, S. 7–31.

Ramstein, Christoph: Die Erweckungsbewegung in Basel im 19. Jahrhundert, Basel 1987.

Raupp, Werner: Ludwig Hofacker und die schwäbische Erweckungspredigt, Basel, Giessen 1989.

Ribbeck, Otto: Friedrich Wilhelm Ritschl. Ein Beitrag zur Geschichte der Philologie, Leipzig 1879–1881.

Rennstich, Karl: «... nicht jammern, Hand anlegen!» Christian Friedrich Spittler, sein Werk und Leben, Metzingen 1987.

Riggenbach, Johannes: Wider den Anzug des Herrn Hörler, Basel 1858.

Rinderknecht, Peter: Der «Eidgenössische Verein» 1875–1913. Die Geschichte der protestantisch-konservativen Parteibildung im Bundesstaat, in: Zürcher Beiträge zur Geschichtswissenschaft, Bd. 3, Zürich 1949.

Rohde, Erwin: Friedrich Ritschl, in: Kleine Schriften, 2. Band, Tübingen 1901, S. 452–462.

Roth, Dorothea: Zur Vorgeschichte der liberal-konservativen Partei in Basel 1846–1874, in: Basler Zeitschrift für Geschichte und Altertumskunde, Bd. 68, Basel 1968, S. 177–221.

Ruh, Hans: Christologische Begründung des ersten Artikels bei Zinzendorf, in: Basler Studien zur historischen und systematischen Theologie, hg. von M. Geiger, Bd. 7, Zürich 1967.

Sandreuter, Martin: Der erste Richtungskampf um eine Basler Pfarrstelle vor hundert Jahren, Basel 1975.

Sarasin, Adolf: Theophil Passavant. Abriss seines Lebens, Basel 1865.

Sarasin, Philipp: Sittlichkeit, Nationalgefühl und frühe Ängste vor dem Proletariat. Untersuchungen zu Politik, Weltanschauung und Ideologie des Basler Bürgertums in der

Verfassungskrise von 1846/47, in: Basler Zeitschrift für Geschichte und Altertums-kunde, Bd. 84, Basel 1984, S. 51–127.

– Stadt der Bürger. Bürgerliche Macht und städtische Gesellschaft, Basel 1846–1914, Göttingen 1997.

– Stiften und Schenken in Basel im 19. und 20. Jahrhundert. Überlegungen zur Erfor-schung des bürgerlichen Mäzenatentums, in: Bürgerkultur und Mäzenatentum im 19. Jahrhundert, hg. von J. Kocka und M. Frey, Zwickau 1998, S. 192–211.

Schäfer, Gerhard: Ludwig Hofacker und die Erweckungsbewegung in Württemberg, in: Bausteine zur geschichtlichen Landeskunde von Baden-Württemberg, hg. Kommis-sion für geschichtliche Landeskunde in Baden-Württemberg, Stuttgart 1979, S. 357–379.

Schaffner, Martin: Die Basler Arbeiterbevölkerung im 19. Jahrhundert, in: Basler Bei-träge zur Geschichtswissenschaft, Bd. 123, Basel 1972.

Schaub, Emil: Eine Separatistengemeinde in Basel. Bilder aus dem religiösen Leben Basels ums Jahr 1830, in: Basler Jahrbuch 1909, Basel 1909, S. 217–261.

Schäublin, Johann Jakob: Erinnerungen aus meinem Leben, Basel 1902.

Schlatter, Wilhelm: Geschichte der Basler Mission 1815–1915, Bd. 1: Die Heimatge-schichte der Basler Mission, Basel 1916.

Schmid, Wolfgang: Aus der Geschichte der klassischen Philologie vor Usener und Bü-cheler. Friedrich Ritschl und Jacob Bernays, in: Ausgewählte philologische Schriften, hg. von H. Erbse und J. Küppers, Berlin 1984, S. 695–717.

Schmidt, Martin: Pietismus, Stuttgart 1972.

Schmutz, Lukas: Pietismus in Basel-Wellenbewegung einer geistigen Strömung, in: Basler Stadtbuch 1990, Ausgabe 1991, 111. Jahr, S. 155–159.

Schneider, Hans: Der radikale Pietismus in der neueren Forschung, in: Pietismus und Neuzeit. Ein Jahrbuch zur Geschichte des neueren Protestantismus, Bd. 8, Göttingen 1982, S. 15–42.

Schopenhauer, Arthur: Die Welt als Wille und Vorstellung, Bd. 1, hg. von Freiherr von Löhneysen, Frankfurt a.M. 1986.

Schrader, Hans-Jürgen: Die Sprache Canaan. Pietistische Sonderterminologie und Spe-zialsemantik als Auftrag der Forschung, in: Geschichte des Pietismus, Bd. 4 [Glau-benswelt und Lebenswelten], Göttingen 2004, S. 404–428.

Stroux, Johannes: Nietzsches Professur in Basel, Jena 1925.

Senn, Hans: Deutsch-französischer Krieg, in: Historisches Lexikon der Schweiz, Bd. 3, Basel 2004, S. 673–674.

Shanahan, William O.: Der deutsche Protestantismus vor der sozialen Frage 1815–1871, München 1962.

Siegfried, Paul: Geschichte der Gemeinnützigen Gesellschaft in Basel von 1777–1926, Basel 1927.

Sommer, Andreas Urs: Die Ambivalenz der «Vermittlung»: Karl Rudolf Hagenbach (1801–1874), in: Im Spannungsfeld von Gott und Welt. Beiträge zu Geschichte und Gegenwart des Frey-Grynäischen Instituts in Basel 1747–1997, hg. von A. U. Sommer, S. 91–110.

Speiser-Sarasin, Paul: Erinnerungen aus meiner öffentlichen Tätigkeit von 1875–1919, Basel 1935.

Staehelin, Andreas: Gold aus Seide, in: Schaffendes Basel. 2000 Jahre Basler Wirtschaft, hg. von Hansrudolf Schwabe, Basel 1957.

Stähelin, Benjamin: Die Anfänge der Brüdersozietät in Basel (1739–1759), in: 200 Jahre Brüdersozietät in Basel, Basel 1940, S. 3–44.

Staehelin, Ernst: Liberalismus und Evangelium. Die Stellung des schweizerischen Protestantismus zum Aufbruch des Liberalismus in der Regenerationszeit, in: Basler Universitätsreden, 5. Heft, Basel 1934.

– Die Basler Kirche in den Basler Revolutionswirren von 1830–1833, in: Aus fünf Jahrhunderten schweizerischer Kirchengeschichte. Zum 60. Geburtstag von Paul Wernle, Basel 1932, S. 257–298.

Staehelin, Johann Jakob (u.a.): Gutachten der theologischen Fakultät betr. die Stilllegung des Herrn Cand. Wilh. Rumpf jünger, Basel 1857.

Staehelin, Walter: Die gesegneten Früchte, Basel 1943.

Stolz, Peter: Basler Wirtschaft in vor- und frühindustrieller Zeit, Zürich 1977

Suter, Peter: Die Einzelhöfe von Baselland, Liestal 1969.

Teuteberg, René: Basler Geschichte, Basel 1986.

Thun, Alphons: Die Vereine und Stiftungen des Kantons Baselstadt im Jahre 1881, Basel 1883.

Thurneysen, Eduard: Die Basler Separatisten im 18. Jahrhundert, in: Basler Jahrbuch 1896, Basel 1896, S. 54–106.

Vischer, Eberhard: Die Lehrstühle und der Unterricht an der theologischen Fakultät Basels seit der Reformation, in: Festschrift zur Feier des 450jährigen Bestehens der Universität Basel, Basel 1910.

Vischer, Eduard: Die Wandlungen des Verhältnisses der Schule zu Kirche und Staat in Basel von der Mitte des 18. bis gegen das Ende des 19. Jahrhunderts, Diss., Zürich 1931.

Vischer, Wilhelm: Basel in der Zeit der Restauration 1814–1830, in: 84. Neujahrsblatt, hg. von der Gesellschaft zur Beförderung des Guten und Gemeinnützigen, Basel 1906.

Von Wilamowitz-Moellendorf: Erinnerungen 1848–1916, Leipzig 1916.

Wagner, Falk: Bekehrung, in: Theologische Realenzyklopädie, Bd. V, Berlin 1980, S. 463–469.

Wanner, Gustaf Adolf: Christoph Merian 1800–1857. Zur hundertsten Wiederkehr seines Todestages im Auftrag der Chr. Merianschen Stiftung, Basel 1958.

– Christian Friedrich Spittler, in: Der Reformation verpflichtet, hg. vom Kirchenrat der Evangelisch-reformierten Kirche Basel-Stadt, Basel 1979, S. 85–89.

– Karl Sarasin, in: Der Reformation verpflichtet, hg. vom Kirchenrat der Evangelisch-reformierten Kirche Basel-Stadt, Basel 1979, S. 113–117.

Weidkuhn, Peter: Strukturlinien des baslerischen Pietismus, in: Schweizerisches Archiv für Volkskunde, Bd. 62, Basel 1966, S. 160–192.

Wendland, Johannes: Hermann von der Goltz in Basel (1865/1873) und die kirchlich-theologischen Kämpfe seiner Zeit. Ein Zeitbild aus dem Basel des vorigen Jahrhunderts, Basel 1933.

Werner, Martin: Der protestantische Weg des Glaubens, Bd. 1, Bern 1955.

Wernle, Paul: Bernhard Huber, der helvetische Grossrat und Basler Dichter, in: Basler Zeitschrift für Geschichte und Altertumskunde, Bd. 20, Basel 1922, S. 59–126.

– Der schweizerische Protestantismus im 18. Jahrhundert, Bd. 1 und 2, Tübingen 1923–1924.

Wirth, Zwingli: Die sozialen Grundsätze des Christenthums, in: Schweizerisches Protestantenblatt, Jan./April 1886.

– Das liberale Christenthum und die religiösen Bedürfnisse des Volkes, St. Gallen 1872.

Wyss, Edmund: Die soziale Politik des konservativen Bürgertums in Basel (1833–1875), Diss., Basel 1948.

Zäslin, Eduard: Nikolaus von Brunn, einer der Gründer der Basler Mission, Bd. 1, Basel 1906.

Ziegler, Alfred: Die evangelisch-soziale Bewegung der Schweiz, Diss., Zürich 1939.

Zumstein, Otto: Beiträge zur Basler Parteiengeschichte 1848–1910, Basel 1936.

Zur Verantwortung des christlichen Glaubens. Zehn Vorträge gehalten von Männern aus allen Ständen, Basel 1861.

KAPITEL 3

Quellen

Staatsarchiv Basel

Basler Nachrichten vom 8. Okt. 1864.

Christ Adolf (1807–1877): Briefe an Wilhelm Vischer-Bilfinger: PA 611-17-05, 66.

Semesterberichte 1877–1878: Erziehungsakten CC15, CC 57, X 34.

Ansprache bei dem Begräbnis von Pfarrer Theophil Wilhelm Ecklin, Basel 1876: PA 576 E23 114.

Humanistisches Gymnasium, Lehrerberichte 1852–1880: Erziehungsakten 9.7.

Immermann Hermann (1838–1899), Prof. der Pathologie, Basel: PA 511A 619-16-05 210.

Kautzsch, Emil: Dossiers, PA 511a 619-16-05 222 und PA 182a B 42 13 5.

Kirchenarchiv St. Leonhard: BB 26.4.

Korrespondenzen betreffend Berufung von Professoren aus der Zeit der Leitung der Kuratel durch Herrn Wilhelm Vischer-Bilfinger (1864–1878): AHA-X-14a.

Gottesdienst und Predigtordnung überhaupt (1641-1898): Kirchenarchiv E7.

Lebenslauf Andreas Heusler: PA 329 N4.

Lehrerkonferenzen Pädagogium: Protokolle T 3,2.

Leichenrede zur Erinnerung an Herrn Professor Hermann Immermann von Basel: LA 1899 Juni 9.

Leichenrede zum Andenken an Herrn Dr. Eduard Thurneysen-Gemuseus: Bibl. LB 18/25.

Leichenrede zum Andenken an Herrn Professor Franz Dorotheus Gerlach: PA 576, E 23 114.

Liebermeister, Carl von (1833–1910), Prof. med.: PA 511a 619-05-05 259.

Miaskowski, August, von: Briefe: PA 513 IE 5 A11.

Nekrolog Rudolf Massini: PA 743, E1.

Protocolles du consistoire de l'église française à Bâle: PA 141, A 11.

Thurneysen Eduard an Sophie Vischer-Heussler: PA 511a 619-21-02.

Lektionskataloge, Vorlesungsverzeichnisse: Universitätsarchiv AA2.

Vischer-Sarasin, Eduard (1843–1929): Lebenserinnerungen: PA 511-622-02-11.

Vischer-Heusler, Wilhelm: Unterlagen Kirchenrat: PA 511 619-10-01.

– Theologische Notizen und Briefe: PA 511 619-10-02.

– Zum Andenken an Herrn Professor Wilhelm Vischer: Bibl. LB 13/26.

– Gedichte von Wilhelm Vischer, o.J: PA 513a IV 5,5.
– Nachlass Wilhelm Vischer: PA 511, L30,19.
Volksblatt für die reformirte Kirche der Schweiz, IV. Jg., Nr. 1 vom 6. Jan. 1872.
Zur Erinnerung an Herrn Professor Jakob Mähly, Basel 1902: Bibl. LB 19.

Goethe-Schiller Archiv in Weimar

Briefe Elisabeth Förster-Nietzsches an ihre Mutter Franziska: GSA 100/531.
Tagebücher der Elisabeth Förster-Nietzsche: GSA 72/855.

Handschriftenabteilung der Universitätsbibliothek Basel
Nachlass Franz Overbeck (1837–1905).

Literatur

Andreas-Salomé, Lou: Friedrich Nietzsche in seinen Werken, Frankfurt 1994.
[Anonym:] Adolf Vischer, gestorben in Bern den 13. Mai 1902, in: Allgemeine Schweizer Zeitung, Nr. 221 vom 15. Mai 1902.
[Anonym:] Adolf Vischer – Sarasin. Ein Zeuge der Wahrheit, in: Christlicher Volksbote Nr. 21 vom 21. Mai 1902, S. 162–164.
[Anonym:] Discours prononcés aux funérailles de M.Charles-François Girard et de Mme Johanna-Théodora Girard née Blumer, Lausanne 1976.
[Anonym:] Ein Wort über Bildung und ihre höheren Zwecke, hg. von E. E. Ministerium, Basel 1822.
[Anonym:] Erinnerungen an Emanuel von Fellenberg, in: Protestantische Monatsblätter für innere Zeitgeschichte, hg. von Dr. Heinrich Gelzer, 28. Bd., Gotha 1866, S. 230–238.
[Anonym:] Kautzsch, Emil Friedrich, in: Biographisches Jahrbuch und Deutscher Nekrolog, hg. von Anton Bettelheim, XV. Bd., Berlin 1913, S. 133–139.
[Anonym:] Nachruf auf Theophil Burckhardt-Biedermann, in: Basler Nachrichten, 70. Jg., Nr. 245, 29. Mai 1914.
[Anonym:] Sieber, Ludwig Dr., geboren 17.3.1833 gestorben 21.10.1891, Basel 1891.
[Anonym:] Dr. Eduard Thurneysen, in: Basler Nachrichten Nr. 312 vom 15. November 1900.
[Anonym:] Heusler im Basler Musikleben, in: Basler Nachrichten 29./30. September 1934, 1. Beilage zu Nr. 266.
[Anonym:] Festschrift zum 150-jährigen Bestehen der Allgemeinen Lesegesellschaft in Basel (1787–1937), Basel 1937.

Bachofen, Johann Jakob: Gesammelte Werke, Bd. 10, Briefe, hg. von F. Husner, Basel 1967.
– Eine Selbstbiographie, zugleich ein Gedenkblatt zu seinem hundertsten Geburtstag (22. Dezember 1918), in: Zeitschrift für vergleichende Rechtswissenschaft, Bd. 34, Stuttgart 1916, S. 337–380.
– Johann Jakob Bachofen (1815–1887). Eine Begleitpublikation zur Ausstellung im Historischen Museum, Basel 1987.

– Oknos der Seilflechter. Ein Grabbild. Erlösungsgedanken antiker Gräbersymbolik, hg. und eingeleitet von Manfred Schroeter. München o. J. [1922?].

– Der Mythos von Orient und Occident. Eine Metaphysik der alten Welt, hg. von Manfred Schroeter, München 1926.

– Die Sage von Tanaquil. Eine Untersuchung über den Orientalismus in Rom und Italien, Heidelberg 1870

– Urreligion und antike Symbole, Bd.1, Leipzig 1926

Baeumler, Alfred: Bachofen und Nietzsche, Zürich 1929.

Balmer: Die Predigt des Evangeliums im modernen Geistesleben von Julius Kaftan, in: Volksblatt für die reformirte Schweiz, XI. Jg., Nr. 34 vom 23. August 1879, S. 133–135.

Barth, Karl: Die protestantische Theologie im 19. Jahrhundert, Basel 1946.

Bernoulli, Carl Albrecht: Franz Overbeck und Friedrich Nietzsche. Eine Freundschaft, 1. und 2. Bd., Jena 1908.

– Franz Overbeck, in: Basler Jahrbuch 1906, S. 136–192.

– Johann Jakob Bachofen und das Natursymbol. Ein Würdigungsversuch, Basel 1924.

– Nietzsche und die Schweiz, Leipzig 1922 [Reprint des Originals: Paderborn 2011].

Bertholet, Alfred: Professor Emil Kautzsch, in: Basler Nachrichten, 2. Beilage zu Nr. 127 vom 12. Mai 1910.

Bianquis, Jean: Les origines de la Société des Missions Evangéliques de Paris 1822–1829, 3 Bde., Paris 1930–1935.

Bischoff, Carl: Andreas Heusler II, in: Basler Jahrbuch, Basel 1923, S. 1–53.

Brändle, Rudolf; Stegemann Ekkehard: Franz Overbecks unerledigte Anfragen an das Christentum, München 1988.

Brosamen aus den Allianz-Versammlungen in Basel vom 4. bis 11. April 1875, Basel o.J. [1875].

Bücher, K.: Miaskowski, August von, in: Allgemeine Deutsche Biographie, Bd. 52, S. 372–374.

Buess, H.: Hermann Immermann (1838–1899) und der Umschwung im klinisch-therapeutischen Denken der Aerzte des 19. Jahrhunderts, in: Schweizerisch Medizinische Wochenschrift, 79. Jg. (1949) S. 629–634.

Bunners, Christian: Musik, in: Geschichte des Pietismus, Bd. 4 [Glaubenswelt und Lebenswelten], Göttingen 2004, S. 428–455.

Burckhardt, Achilles: Wilhelm Vischer, in: 7. Jahresschrift des Vereins Schweizerischer Gymnasiallehrer, Aarau 1876.

– Worte der Erinnerung an Wilhelm Vischer, in: Beiträge zur vaterländischen Geschichte, Bd. 12, Basel 1886, S. 345–355.

Burckhardt-Werthemann, Daniel: Vom alten Basel und seinen Gästen, Basel 1948.

Burckhardt, Jacob: Briefe. Vollständige und kritische Ausgabe, hg. von Max Burckhardt, Bde. I–X, Basel, Stuttgart 1949–1986.

– Weltgeschichtliche Betrachtungen, hg. von Rudolf Marx, Stuttgart 1963, S. 39.

Burckhardt-Biedermann, Theodor: Vischer, Wilhelm, in: Allgemeine Deutsche Biographie, Bd. XL, S. 67–70.

– Geschichte des Gymnasiums zu Basel 1589–1889. Zur dritten Säcularfeier im Auftrag der Schulbehörde verfasst 1889, Nachdruck zum Jubiläum 400 Jahre Humanistisches Gymnasium, Basel 1989.

Cesana, Andreas: Bachofen und Nietzsche, in: Nietzsche und die Schweiz, hg. von David M. Hoffmann, Zürich 1994, S. 55–63.

Dellsperger, Rudolf: «Ich aber behaupte den Gott am Kreuze». Zinzendorfs Auftritt vor den Genfer Theologen (1741), in: Pietismus und Neuzeit. Ein Jahrbuch zur Geschichte des neueren Protestantismus, Bd. 34, S. 115-134.

Diethe Carol: Nietzsches Schwester und *Der Wille zur Macht*. Biografie der Elisabeth Förster-Nietzsche, Wien 2001.

Dürr, Emil: Adolf Baumgartner (1855–1930), in: Basler Jahrbuch 1932, S. 211–242.

Egger, P.: Professor Dr. Rudolf Massini, in: Correspondenzblatt für Schweizer Ärzte, 33. Jg., Nr. 1 (1903) S. 49–54.

Enequist, Ludwig: Kurzer Abriss der Geschichte der Brüder-Societät zu Basel zur 150-jährigen Jubelfeier am 19. Januar 1890, Basel 1890.

Eucken, Rudolf: Philosophische Schriften, Heidelberg 1908.

Fichter, Franz: Jules Piccard, in: Verhandlungen der Naturforschenden Gesellschaft in Basel, Bd. 45, Basel 1934, S. 35–42.

Fichtner Gerhard: Liebermeister, Carl von, in: Neue Deutsche Biographie, Bd. 14 (1985) S. 486.

Förster-Nietzsche, Elisabeth: Das Leben Friedrich Nietzsche's, 2. Bd., Leipzig 1897.

Gäbler, Ulrich: Evangelikalismus und Réveil, in: Geschichte des Pietismus, 19. und 20. Jahrhundert, hg. von Ulrich Gäbler, Göttingen 2000, S. 27–87, spez. S. 39–56 [der Genfer Réveil].

Gauss, Karl: St. Romey, in: Basellandschaftliche Zeitung Nr. 270, 1924.

Gelzer, Thomas: Die Bachofen-Briefe. Betrachtungen zu Vision und Werk, Wirklichkeit und Leben. J. J. Bachofen anhand von Band X der «Gesammelten Werke», in: Schweizerische Zeitschrift für Geschichte, 19. Jg., Basel 1969, S. 777–869.

Gennrich, D.: Goltz, A. G. M. Hermann, in: Biographisches Jahrbuch und Deutscher Nekrolog, Bd. XI, Berlin 1908, S. 22–31.

Gerland, E.: Heinrich Gelzer, in: Byzantinische Studien, hg. von Karl Krumbacher, 16. Bd. (1907) S. 417–430.

Gilman, Sander L. (Hg.): Begegnungen mit Nietzsche, Bonn 1981.

Guggisberg, Hans R.: Ein transatlantischer «Brückenbauer»: Der Kirchenhistoriker Philip Schaff (1819–1893), sein Amerikabild und seine Beziehungen zu Basel, in: Basler Zeitschrift für Geschichte und Altertumskunde, 91. Bd., Basel 1991, S. 251–270.

Guggisberg, Kurt: Philipp Emanuel von Fellenberg und sein Erziehungsstaat, Bd. I: Die Vorbereitung, Bern 1953; Bd. II: Das Werk, Bern 1953.

– Bernische Kirchengeschichte, Bern 1958.

Gutzwiller, Hans: Friedrich Nietzsches Lehrtätigkeit am Basler Pädagogium 1869–1876, in: Basler Zeitschrift für Geschichte und Altertumskunde, Bd. 50, Basel 1951, S. 147–224.

Gonzenbach von, August: Lebensbild des Prof. Dr. Wilhelm Vischer in Basel, in: Kleine Schriften von Wilhelm Vischer, 2. Bd. (Archäologie und epigraphische Schriften), hg. von Dr. Achilles Burckhardt, Leipzig 1878.

Gossmann, Lionel: Basle, Bachofen and the Critique of Modernity in the Second Half of the Nineteenth Century, in: Journal oft the Warburg and Courtauld Institutes, Vol. XLVIII (1984), S. 136–185.

Gunkel, Hermann: Kautzschs Biblische Theologie des Alten Testaments, in: Deutsche Literaturzeitung, Nr. 18, XXXIII. Jg., 4. Mai 1912, S. 1093–1101.

Guthe: Kautzsch, Emil, in: Realenzyklopädie für protestantische Theologie und Kirche, Bd. 23, S. 747–752.

Hagenbach, Karl Rudolf: Ueber Ziel und Richtpunkte der heutigen Theologie, in: Kirchenblatt für die reformirte Schweiz, 23. Jg. (1867), Nro. 3, S. 17-21; Nro 4, S. 25-31; Nro 5, S. 35-39; Nro 6, S. 43-48; Nro. 7, S. 51-55; Nro. 8, S.59-63.

Hammann, Gottfried: Eglises et communautés réligieuses, in: Histoire du Pays de Neuchâtel, tome 3, hg. von Jean-Marc Bavrelet, Hauterive 1993, S. 219–249.

Hartwig, Otto: Ludwig Sieber zum Gedächtnis, in: Separatdruck aus dem Centralblatt für Bibliothekswesen, Leipzig 1892, S. 89–92.

Hauzenberger, Hans: Der «Verein zur Beförderung christlich-theologischer Wissenschaft und christlichen Lebens» und seine Stiftungsprofessur in Basel, in: Dürr Hans, Ramstein Christoph: Basileia – Festschrift für Eduard Buess, Basel 1993, S. 127–144.

Heise, Ulf: «Ei da ist ja auch Herr Nietzsche». Leipziger Werdejahre eines Philosophen, Beucha 2000.

Heusler-Sarasin, Andreas: Wilhelm Vischer-Heusler, in: Basler Jahrbuch 1891, S. 1–9.

Hirzel-Strasky, Anna Carolina: «Menschliche Werkzeuge göttlicher Erziehung». Die Evangelische Predigerschule in Basel (1876–1915) und ihre Schüler, Basel 2000.

His, Eduard: Basler Gelehrte des 19. Jahrhunderts, Basel 1941.

– Andreas Heusler, in: Zeitschrift für Schweizerisches Recht, Neue Folge, 41. Bd., Basel 1922, S. 1–73.

– Andreas Heusler (1834–1921), in: Schweizer Juristen der letzten hundert Jahre, o. J., S. 256–288.

– Johann Jakob Bachofen, in: Basler Gelehrte des 19. Jahrhunderts, Basel 1941, S. 155–175.

Holl, Hanns Peter: Jeremias Gotthelf, Zürich 1988.

Jacob, Michael: Gott am Kreuz. Studien, Thesen und Texte zur Relation von metaphysischer Gottesrede und Leben Jesu bei Friedrich Nietzsche, 1978.

Jaquet, Alfred: Professor Dr. Hermann Immermann, in: Correspondenzblatt für Schweizer Ärzte, 29. Jg. (1899) S. 396–400.

Joel, Karl: Jacob Burckhardt als Geschichtsphilosoph, in: Festschrift zur Feier des 450jährigen Bestehens der Universität Basel, hg. von Rektor und Regenz, Basel 1910, S. 337–476.

Jaspers, Karl – Heidegger, Martin: Briefwechsel 1920–1963, hg. von Hans Saner und Walter Biemel, München 1992.

Junod, Louis: Histoire de l'église française de Bâle, Lausanne 1868.

Im Hof, Ulrich: Isaak Iselin, 2. Teil: Iselins Stellung in der Geistesgeschichte des XVIII. Jahrhunderts, Basel 1947.

Kaegi, Werner: Jacob Burckhardt. Eine Biographie, Bde. I–VII, Basel, Stuttgart 1947–1982.

Kaftan, Julius: Aus der Werkstatt des Übermenschen, in: Deutsche Rundschau, 31. Jg. (1905) S. 237–260.

Kantzenbach, Friedrich Wilhelm: Die Erlanger Theologie, München 1960.

Kappeler, Ernst: Conrad von Orelli. Sein Werden und Wirken, Zürich 1916.

Kattenbusch, F.: Emil Kautzsch, in: Theologische Studien und Kritiken, 83. Jg. (1910) 4. Heft, Gotha 1910, S. 627–642.

Kelterborn, Louis: Über die Bekanntschaft mit Nietzsche in den Jahren 1869–1880, in: KGB II 7/1, Berlin 1998, S. 580–600.

Kestner-Köchlin, Hermann: Briefwechsel zwischen August Kestner und seiner Schwester Charlotte, Strassburg 1904.

Kiefer, Robert: Nietzsche und Overbeck – eine Arbeitsgemeinschaft, in: Zeitschrift für Kirchengeschichte, Dritte Folge VIII, Bd. 57, Stuttgart 1938, S. 523–553.

Kohlschmidt: Schultz, Heinrich Hermann, in: Biographisches Jahrbuch und Deutscher Nekrolog, hg. von Anton Bettelheim, VIII. Bd., Berlin 1905, S. 137.

Krehl: Liebermeister, Karl von, in: Biographisches Jahrbuch und Deutscher Nekrolog, hg. von A. Bettelheim, Bd. VI, Berlin 1904, S. 361–363.

Kriedte, Peter: Wirtschaft, in: Geschichte des Pietismus. Glaubenswelt und Lebenswelten, Göttingen 2004, S. 585–616.

Kuhn, Thomas K.: «Dem Nebellande müssigen Grübelns ferngeblieben». Lehre und Lehrer bei Karl Rudolf Hagenbach, in: Im Spannungsfeld von Gott und Welt. Beiträge zu Geschichte und Gegenwart des Frey-Grynaeischen Instituts in Basel 1747–1997, hg. von A. U. Sommer, Basel 1997, S. 293–311.

Lange, Dieter: Eine Bewegung bricht sich Bahn. Die deutschen Gemeinschaften im ausgehenden 19. und beginnenden 20. Jahrhundert und ihre Stellung zu Kirche, Theologie und Pfingstbewegung, Giessen 1979.

Leuenberger, Peter Manuel: Heinrich Schiess (1833–1914). Ein Lebensbild – Beitrag zur Kulturgeschichte Basels und zur Geschichte der Augenheilkunde, Basel 1968.

Lindt, Andreas: C.F. Spittler und W. M. L. De Wette: Zur Begegnung von Erweckungsfrömmigkeit und Universitätstheologie im Basel des 19. Jahrhunderts, in: Gottesreich und Menschenreich. Ernst Staehelin zum 80. Geburtstag, hg. von Max Geiger, Basel 1969, S. 363–384.

Lotz, Christoph: Heimatkunde von Lauwil 1863, hg. von der Gemeinde Lauwil, Liestal 1988.

Mähly, Jacob Achilles: Friedrich Nietzsche, in: Die Gegenwart, Nr. 36 (S. 148–150), Nr. 42 (S. 246–250), Berlin 1900.

Martin, Alfred von: Nietzsche und Burckhardt, München 1940.

Meier, Nikolaus: Zu Jacob Burckhardt und Friedrich Nietzsche. Ein Stück spekulativer Quellenkritik, in: Basler Zeitschrift für Geschichte und Altertumskunde, 81. Bd., Basel 1981, S. 97–117.

Meyer, Friedrich: Das Humanistische Gymnasium 1889–1989, Basel 1989.

Meyer, Paul: Basels Concertwesen 1804–1875, in: Basler Jahrbuch 1890, S. 76–111.

Miaskowski, J., von: Erinnerungen an Charlotte Kestner, eine Tochter von Werthers Lotte, in: Sonntagsblatt der Basler Nachrichten, Sonntag, 20., 27. Mai; 3., 10. Juni 1906, 1. Jg., Nr. 20–23.

Miaskowski, Kurt, von: Basler Jugenderinnerungen, in: Basler Jahrbuch, Basel 1929, S. 78–137.

Nägeli, Markus: Die Evangelische Gesellschaft des Kantons Bern in der Auseinandersetzung mit der Heiligungs-Bewegung, in: Auf dein Wort. Beiträge zur Geschichte und Theologie der Evangelischen Gesellschaft des Kantons Bern im 19. Jahrhundert, hg. von R. Dellsperger, M. Nägeli, H. Ramser, Bern 1981, S. 223–281.

Nietzsche Werke und Nietzsche Briefe, vgl. dazu Literaturverzeichnis Kapitel 1+2.

Nietzsche, Friedrich: Chronik in Bildern und Texten, Stiftung Weimarer Klassik, München 2000.

Nigg, Walter: Franz Overbeck. Versuch einer Würdigung, München 1931.

Nordmann, Theodor: Aus dem Basel des 19. Jahrhunderts, in: Sonntagsblatt der Basler Nachrichten, Sonntag, 18. Mai 1941, 35. Jg., Nr. 20.

Overbeck, Franz: Werke und Nachlass, Bde. 1–8, Stuttgart 1994–2010.
– Christentum und Kultur. Gedanken und Anmerkungen zur modernen Theologie. Aus dem Nachlass hg. von Carl Albrecht Bernoulli, Basel 1919.
– Über die Christlichkeit unserer heutigen Theologie, Leipzig ²1903.
– Franz Overbeck – Erwin Rhode. Briefwechsel, hg. von Andreas Patzer (= Bd.1 Supplementa Nietzscheana), Berlin 1990.
– Über Entstehung und Recht einer rein historischen Betrachtung der neutestamentlichen Schriften in der Theologie. Antrittsvorlesung vom 7. Juni 1870 in Basel, in: Werke und Nachlass, Bd.1, hg. von E. Stegemann und N. Peter, Stuttgart 1994.
Overbeckiana. Übersicht über den Franz-Overbeck-Nachlass der Universitätsbibliothek Basel, in: Studien zur Geschichte der Wissenschaften in Basel, Bde. XII & XIII: Teil I: Die Korrespondenz Franz Overbecks, hg. von Ernst Staehelin, Basel 1962; Teil II: Der wissenschaftliche Nachlass Franz Overbecks, hg. von Martin Tetz, Basel 1962.

Pagel: Sieber, Ludwig, in: Allgemeine Deutsche Biographie, Bd. 34, Leipzig 1892, S. 179f.
Pédézert, Jean: Souvenirs et études, Paris 1888.
Peter, Niklaus: Im Schatten der Modernität. Franz Overbecks Weg zur «Christlichkeit unserer heutigen Theologie», Stuttgart 1992.
Peters, H. F.: Zarathustras Schwester. Fritz und Lieschen Nietzsche – ein deutsches Trauerspiel, München 1983.
Pfeiffer, Arnold: Franz Overbecks Kritik des Christentums, Göttingen 1975.
Pfister, Rudolf: Kirchengeschichte der Schweiz, Bd. 3, Zürich 1984.
Podach, Erich (Hg.): Der kranke Nietzsche. Briefe seiner Mutter an Franz Overbeck, Wien 1937.

Ramstein, Christoph: Die Evangelische Predigerschule in Basel – die treibenden Kräfte und die Entwicklung der Schule, Diss., Bern 2001.
Rappard, Dora: Lichte Spuren, Giessen 1953.
Rappard, Carl Heinrich: Ein Lebensbild von seiner Gattin, Giessen 1911.
Refardt, Ernst: Die Bedeutung Hans Hubers für das Basler Musikleben, in: Basler Jahrbuch 1924, S. 51–74.
Reich, Hauke: Nietzsche-Zeitgenossenlexikon, Basel 2004.
Riggenbach, Christoph J. (Hg.): Siebente Hauptversammlung der Evangelischen Allianz gehalten in Basel vom 31. August bis 7. September 1879. Berichte und Reden, 2 Bde., Basel 1879.
Rinderknecht, Peter: Der «Eidgenössische Verein» 1875–1913. Die Geschichte der protestantisch-konservativen Parteibildung im Bundesstaat [= Bd. 3 der Zürcher Beiträge zur Geschichtswissenschaft], Zürich 1949.
Romundt, Heinrich: Die Verwandtschaft moderner Theologie mit Kant, in: Monatshefte der Comenius-Gesellschaft, Bd. 7, Berlin 1898, S. 54–58.

Scharpff, Paulus: Geschichte der Evangelisation, Giessen 1964.
Schleiermacher, Friedrich: Die Weihnachtsfeier, ein Gespräch, Berlin 1806.
Schröder, Edward: Heyne, Moritz, in: Biographisches Jahrbuch und Deutscher Nekrolog, hg. von Anton Bettelheim, Bd. XI., Berlin 1908, S. 68–70.
Siegfried, Traugott: Erinnerungen an den Gymnasiallehrer Friedrich Nietzsche. Zu Nietzsches 85. Geburtstag am 15. Oktober 1929, in: Sonntagsblatt der Basler Nachrichten vom 13. Oktober 1929, 23. Jg., Nr. 41.

Smend, Rudolf: Traditionsbewusste Erneuerung der alttestamentlichen Wissenschaft: Emil Kautzsch, in: Im Spannungsfeld von Gott und Welt. Beiträge zu Geschichte und Gegenwart des Frey-Grynaeischen Instituts in Basel 1747–1997, hg. von A. U. Sommer, Basel 1997, S. 111–122.

Sommer, Andreas Urs: Die Ambivalenz der «Vermittlung». Karl Rudolf Hagenbach, in: Im Spannungsfeld von Gott und Welt. Beiträge zu Geschichte und Gegenwart des Frey-Grynaeischen Instituts in Basel 1747–1997, hg. von A. U. Sommer, Basel 1997, S. 91–110.

– Friedrich Nietzsche als Basler Philosoph, in: Philosophie in Basel. Prominente Denker des 19. und 20. Jahrhunderts, hg. von E. Angehrn und W. Rother, Basel 2011, S. 32–60.

Staehelin, Andreas (Hg.): Professoren der Universität Basel aus fünf Jahrhunderten. Bildnisse und Würdigungen, Basel 1960.

– Die Anfänge des Neuhumanismus in Basel. Ein Beitrag zur Basler Bildungsgeschichte, in: Basler Stadtbuch 1960, Basel 1960, S. 140–157.

Staehelin, Ernst: Dewettiana. Forschungen und Texte zu Wilhelm Martin Leberecht de Wettes Leben und Werk, Basel 1956.

Stähelin, Felix: Adolf Baumgartner, in: Basler Zeitschrift für Geschichte und Altertumskunde, Bd. 30, Basel 1931, S. 1–5.

Stange, Erich: Über Julius Kaftan, in: Die Religionswissenschaft der Gegenwart in Selbstdarstellungen, hg. von Erich Stange, Leipzig 1928, S. 201–232.

Staub, Hans: Hermann Immermann, in: Zur Geschichte der medizinischen Klinik Basel 1865–1945, Basel 1945, S. 28–35.

Stephan, Horst; Schmidt, Martin: Geschichte der deutschen evangelischen Theologie seit dem deutschen Idealismus, Berlin 1960.

Stettbacher, Hans: Philipp Emanuel von Fellenberg, 1771–1844, Münchenbuchsee 1974 [= Heft 9 Beiträge zur Geschichte von Münchenbuchsee, hg. von der Einwohnergemeinde Münchenbuchsee].

Stingelin, Martin: Ludwig Sieber und Eduard Wölfflin. Aus ihrem Briefwechsel, in: Für Christoph Vischer, Direktor der Basler Universitätsbibliothek 1959–1973, hg. von seinen Mitarbeitern, Basel (Universitätsbibliothek) 1973, S. 349–370.

Stockmeyer, Karl: Prof. Dr. Herrmann Schultz, in: Kirchenblatt für die reformirte Schweiz, 18. Jg., Nr. 23, 7. Juni 1903.

Strasser, Otto Erich: Alexandre Vinet. Sein Kampf um ein Leben der Freiheit, Erlenbach 1946.

Stutz, Ulrich: A. Heusler, ein Nachruf, in: Zeitschrift der Savigny-Stiftung für Rechtsgeschichte, Germanistische Abteilung, Bd. 43, Köln 1922.

Suter, Paul: Die Einzelhöfe von Baselland, Liestal 1969.

Thurneysen, Eduard: Die Basler Separatisten im achtzehnten Jahrhundert, in: Basler Jahrbuch 1896, Basel 1896, S. 54–106.

Tissot, F.: Die französische Kirche, in: Basler Kirchen, hg. von E. A. Stückelberger, 4. Bd., Basel 1922, S. 21–27.

Titius, Arthur: Julius Kaftan, in: Zeitschrift für Theologie und Kirche, NF 8 (1927) S. 1–20.

Treiber, Hubert: Gruppenbilder mit einer Dame, in: Forum, Ausgabe Jan./Febr. 1988, S. 40–54.

Veiel, Friedrich: Die Pilgermission von St. Chrischona, Basel 1940.

Vinet, Alexandre: Lettres, hg. von Pierre Bovet, tome deuxième 1828–1837, Lausanne 1948.

Vischer, Eberhard: Schultz, Hermann, in: Realenzyklopädie für protestantische Theologie und Kirche, Bd. 17, Leipzig 1913, S. 799–804.
–   Overbeck, Franz Camille, in: Realenzyklopädie für protestantische Theologie und Kirche, 24. Bd., Leipzig 1913, S. 295–302.
–   Overbeck redivivus, in: Die Christliche Welt, 36. Jg., Stuttgart 1922, Nr.7–9, 109-112; 125-130; 142-148.
–   Das Christentum und die Geschichte. Antwort auf einen Vortrag von Professor Dr. Adolph von Harnack, Basel [2]1897.
Vischer, Eduard: Wilhelm Vischer. Gelehrter und Ratsherr 1808–1874 im Spiegel seiner Korrespondenz mit Rudolf Rauchenstein, Basel 1958.
–   Ludwig Ross und Wilhelm Vischer. Zu einem Gelehrten-Briefwechsel aus der Mitte des 19. Jahrhunderts, in: Zeitschrift für Schweizerische Geschichte, 29. Jg., Nr. 2 (1949) S. 227–256.
Vischer, Fritz: Die Familie Vischer in Colmar und Basel, Basel 1933.
Vischer, Wilhelm: Der eidgenössische Verein 1875–1885 Vortrag, Basel 1885.
–   Ueber die Grenzen des historischen Wissens, in: Preussische Jahrbücher, Bd. 46, Berlin 1877, S. 1–14.
Von Allmen, Samuel: L'église française de Bâle de 1572 a nos jours, Basel o. J.
Von der Goltz, Hermann: Ueber sittliche Werthschätzung politischer Charaktere, in: Deutsche Blätter. Eine Monatszeitschrift für Staat, Kirche und sociales Leben, hg. von G. Füllner, Gotha 1872, S. 771–790.
Von Orelli: Prof. Dr. Emil Kautzsch, in: Der Kirchenfreund, XLIV. Jg., Nr. 15, Basel 22. Juli 1910, S. 225-230.
Von Salis, Arnold: Zum hundertsten Geburtstag Jacob Burckhardt's. Erinnerungen eines alten Schülers, in: Basler Jahrbuch 1918, hg. von A. Huber und E. Jenny, Basel 1918, S. 270–306.
Von Salis, Meta: Philosoph und Edelmensch. Ein Beitrag zur Charakteristik Friedrich Nietzsches, Leipzig 1897.
Von Zahn, Agnes: Adolf von Harnack, Berlin 1951.
Von Ziemssen: Hermann Immermann, in: Deutsches Archiv für klinische Medizin, Bd. 63, Berlin 1899, S. I–VIII.

Wagner, Cosima: Die Tagebücher 1–4, München 1982.
Wallraff, Martin: Karl Rudolf Hagenbach als Dogmenhistoriker, in: Schweizer Kirchengeschichte – neu reflektiert. Festschrift für Rudolf Dellsperger zum 65. Geburtstag, hg. von Ulrich Gäbler u.a., Bern 2011, S. 291–305.
Weber, Alfred: August, in: Aus der Geschichte der Historischen und Antiquarischen Gesellschaft zu Basel, Festgabe zum 150jährigen Bestehen der Historischen und Antiquarischen Gesellschaft zu Basel, Basel 1986, S. 57–66.
–   Hieronymus Falkeisen, in: Der Reformation verpflichtet, Basel 1979, S. 73–77.
Wehrli, Rudolf: Alter und Tod des Christentums bei Franz Overbeck, Zürich 1977.
Wernich, A.: Immermann, Karl Ferdinand Hermann, in: Biographisches Lexikon der hervorragenden Ärzte aller Zeiten und Völker, München, Berlin 1962, S. 370.
Wernle, Paul: Autobiographie, in: Die Religionswissenschaft der Gegenwart in Selbstdarstellungen, hg. von Erich Stange, Bd. 5, Leipzig 1929, S. 207–251.
Wigand, Paul: Heinrich W. J. Thierschs Leben, Basel 1888.
Wilcken, Ulrich: Worte zum Gedächtnis an Heinrich Gelzer, in: Berichte über die Verhandlungen der königl. sächsischen Gesellschaft der Wissenschaften zu Leipzig, 58. Bd., Leipzig 1906, S. 199–205.

Wilson, John Elbert: Heinrich W. J. Thiersch und sein Lehrer Schelling, Bern 1985.
– Die Zweideutigkeit in Franz Overbecks Aussagen über seinen Unglauben, in: Theologische Zeitschrift, 40. Jg., Basel 1984, S. 211–220.
Wollkopf Roswitha: Elisabeth Nietzsche – Nora wider Willen? Ein bisher unentdecktes Manuskript, in: Nietzscheforschung. Jahrbuch der Nietzsche-Gesellschaft, Bd. 1, Berlin 1994, S. 261–266.
Wolters, Friedrich: Die Deutschen. Bd.1, Paderborn 1926.
Wyss Bernhard: Wilhelm Vischer-Bilfinger (1808–1874) und das philologische Seminar der Universität Basel, in: Museum Helveticum, 19. Jg. (1962) S. 225–231.

Zobel, Hans-Jürgen: Kautzsch, Emil, in: Neue Deutsche Biographie, Bd. 11, Berlin 1977, S. 376–377.
Zschokke, F.: Professor Eduard Hagenbach-Bischoff, in: Basler Jahrbuch 1912, S. 146–191.

KAPITEL 4

Literatur

Arnold, Gottfried: Unparteyische Kirchen- und Ketzer-Historie. Vom Anfang des Neuen Testaments bis auf das Jahr Christi 1688 von 1699/1700, Frankfurt a.M. 1729.

Benrath, Gustav Adolf: Johann Heinrich Jung-Stilling: Lebensgeschichte, Darmstadt 1976.
Berger, Klaus: Wahrheit und Geschichte, in: «Vom Nutzen und Nachteil der Historie für das Leben», hg. von D. Borchmeyer, Frankfurt 1996, S. 89–107.
Benz, Ernst: Nietzsches Ideen zur Geschichte des Christentums, Stuttgart 1938.
Biser, Eugen: Gottsucher oder Atheist? Nietzsches provokative Kritik des Christentums, Salzburg 1982.
Bunners, Christian: Gesangbuch, in: Geschichte des Pietismus, Bd. 4 [Glaubenswelt und Lebenswelten], Göttingen 2004, S. 121–142.

Geiger, Max: Aufklärung und Erweckung. Beiträge zur Erforschung Johann Heinrich Jung-Stillings und der Erweckungstheologie, Zürich 1963.
Geisenhanslüke, Achim: Der Mensch als Eintagswesen. Nietzsches kritische Anthropologie in der zweiten Unzeitgemässen Betrachtung, in: Nietzsche-Studien. Internationales Jahrbuch für die Nietzsche-Forschung, Bd. 28 (1999) S. 125–140.
Grafe, Hugald: Die volkstümliche Predigt des Ludwig Harms. Ein Beitrag zur Predigt- und Frömmigkeitsgeschichte im 19. Jahrhundert, Göttingen ²1974.
Greschat, Katharina: Gottfried Arnolds 'Unparteiische Kirchen- und Ketzerhistorie' von 1699/1700 im Kontext seiner spiritualistischen Kirchenkritik, in: Zeitschrift für Kirchengeschichte, 116. Bd., 4. Folge LIV, Stuttgart 2005, S. 46–62.

Henke, Dieter: Gott und die Grammatik. Nietzsches Kritik der Religion, Pfullingen 1981.
Hübner, Hans: Nietzsche und das Neue Testament, Tübingen 2000.
Hübner, Kurt: Vom theoretischen Nachteil und praktischen Nutzen der Historie, in: «Vom Nutzen und Nachteil der Historie für das Leben», hg. von D. Borchmeyer, Frankfurt 1996, S. 28–47.

Jaspers, Karl: Nietzsche und das Christentum, München 1952.

Kemper, Hans-Georg: Deutsche Lyrik der frühen Neuzeit, Bd. 6/1: Empfindsamkeit, Tübingen 1997.
Kriedte, Peter: Wirtschaft, in: Geschichte des Pietismus, Bd. 4 [Glaubenswelt und Lebenswelten], Göttingen 2004, S. 584–616.

Langen, August: Deutsche Sprachgeschichte. Vom Barock bis zur Gegenwart, in: Deutsche Philologie im Aufriss, hg. von Wolfgang Stammler, Bd. 1, Berlin 1957, Sp. 931–1395.
– Der Wortschatz des deutschen Pietismus, Tübingen ²1968.
Lavater, Johann Caspar: Physiognomische Fragmente zur Beförderung der Menschenkenntnis und der Menschenliebe, hg. von Ch. Siegrist, Stuttgart 1984.
Löwith, Karl: Jacob Burckhardt. Der Mensch inmitten der Geschichte, in: Karl Löwith: Sämtliche Schriften, Bd.7 , Stuttgart 1984, S. 39–361.

Niemeyer, Christian: Nietzsches Bildungsvorträge von 1872, in: Nietzscheforschung, Bd. 12, Berlin 2005, S. 35–52.
Nietzsche, Friedrich: Jugendschriften, hg. von H. J. Mette, Bde. 1 und 2, München 1994 [zitiert mit: **BAW** 1 und 2].
Nietzsche Werke und Nietzsche Briefe, vgl. dazu Literaturverzeichnis Kapitel 1+2.
Nietzsche-Lexikon, hg. von Chr. Niemeyer, Darmstadt ²2011.

Oelkers, Jürgen: Friedrich Nietzsches Basler Vorträge im Kontext der deutschen Gymnasialpädagogik, in: Nietzscheforschung, Bd. 12, Berlin 2005, S. 73–96.
Overbeck, Franz: Werke und Nachlass, Bd. 3: Schriften bis 1898 und Rezensionen, Stuttgart 1999.
– Werke und Nachlass, Bd. 5: Kirchenlexicon. Texte, Ausgewählte Artikel, Stuttgart 1995.

Pestalozzi, Karl: Overbecks 'Schriftchen' «Über die Christlichkeit unserer heutigen Theologie» und Nietzsches «Erste unzeitgemässe Betrachtung: David Strauss. Der Bekenner und Schriftsteller», in: Franz Overbecks unerledigte Anfragen an das Christentum, hg. von R. Brändle und E. W. Stegemann, München 1988, S. 91–107.
Peucker, Paul: Herrnhuter Wörterbuch. Kleines Lexikon von brüderischen Begriffen, Herrnhut Unitätsarchiv 2000.
Planck, Max: Roth, Karl Ludwig, in: Allgemeine Deutsche Biographie, Bd. 29 (1889) S. 333–338.

Reichel, Jörn: Dichtungstheorie und Sprache bei Zinzendorf. 12. Anhang zum Herrnhuter Gesangbuch, Bad Homburg u.a., S. 196.
Roth, Karl Ludwig: Gymnasial-Pädagogik, Stuttgart 1865, ²1874.
Salaquarda, Jörg: Dionysos gegen den Gekreuzigten. Nietzsches Verständnis des Apostels Paulus, in: Nietzsche. Wege der Forschung, Bd. 521, Darmstadt 1980, S. 288–322.
Schmid, Wolfgang: Die Grundlegung der Bildung im Denken des jungen Friedrich Nietzsche, Köln 1971.
Schneider, Jörg: Nietzsches Basler Vorträge «Über die Zukunft unserer Bildungsanstalten» im Lichte seiner Lektüre pädagogischer Schriften, in: Nietzsche-Studien, Bd. 21 (1992) S. 308–325.

Schrader, Hans-Jürgen: Die Literatur des Pietismus – Pietistische Impulse zur Literaturgeschichte. Ein Überblick, in: Geschichte des Pietismus, Bd. 4 [Glaubenswelt und Lebenswelten], Göttingen 2004, S. 386–403.

Schwiege, Gerhard: Jung-Stilling als Erbauungsschriftsteller der Erweckung, Göttingen 1994.

Sommer, Andreas Urs: Nietzsche und die Bibel, in: Jahrbuch für internationale Germanistik, 40. Jg. (2008) S. 49–64.

Tholuck, Friedrich August Gottreu: Stunden christlicher Andacht, Hamburg [4]1847.

Uttendörfer, Otto: Zinzendorfs religiöse Grundgedanken, Herrnhut 1935.

Vom Orde, Klaus: Carl Mez. Ein Unternehmer in Industrie, Politik und Kirche, Karlsruhe 1992.

Wallmann, Johannes: Der Pietismus, in: Die Kirche in ihrer Geschichte, Bd. 4, Lieferung O1, Göttingen 1990.

Welte, Bernhard: Nietzsches Atheismus und das Christentum, Darmstadt 1964.

Willers, Ulrich: Friedrich Nietzsches antichristliche Christologie. Eine theologische Rekonstruktion, Wien 1988.

PERSONENREGISTER